Tala svenska

Schwedisch

A2-B1

Übungsbuch

von
Erbrou Olga Guttke

Gestaltung:
Stefan Guttke

GROA
VERLAG

Illustrationen und Gestaltung: Stefan Guttke
Umschlagfoto: © Maridav - stock.adobe.com
Druck: Westermann Druck, Crimmitschauer Str. 43, 08058 Zwickau, Deutschland

Weiteres Kursmaterial:

Tala svenska A2-B1 Lehrbuch, ISBN 978-3-933119-05-6
Audiomaterial
Die Download-Materialien zu diesem Übungsbuch können auf unserer Homepage www.groa.de im Downloadbereich unter Angabe des unten angegebenen Codes kostenlos heruntergeladen werden.
Ein **Aussprachetrainer** kann im Downloadbereich des Übungsbuches auf www.groa.de heruntergeladen werden.

1. Auflage

Druck 2 Jahr 2026

Alle Drucke dieser Auflage sind inhaltlich unverändert und können im Unterricht nebeneinander verwendet werden.

ISBN 978-3-933119-15-5

CODE: **B1U2Xg7k**

Besuchen Sie uns im Internet unter: **www.groa.de**
GROA Verlagsgesellschaft mbH, Friedrich-Lamp-Str. 5, 24306 Plön, Deutschland, kundenservice@groa.de

Einleitung

Dieses Übungsbuch ist eine wichtige Ergänzung zum Lehrbuch, nicht nur im Unterricht, sondern auch für das Nacharbeiten und Wiederholen zu Hause. Hier findest du schriftliche Übungen, Leseverständnisübungen, den Lektionswortschatz, eine Grammatikübersicht mit Erläuterungen auf Deutsch, ein Grammatik-Sachregister, Redemittel-Checks, vier Tests und die Lösungen zu den Übungen. Außerdem enthält das Übungsbuch Audiomaterial mit Hörverständnis- und Ausspracheübungen zum Download auf www.groa.de.

Die Vokabellisten sind abschnittweise chronologisch geordnet und mit Hinweisen zu »false friends« versehen. Die schwedischen Wörter dieser Vokabellisten sind zum Trainieren der Aussprache eingesprochen und können von der Downloadseite auf www.groa.de heruntergeladen werden.

Hier folgt eine Übersicht über die in diesem Buch verwendeten Übungstypen und Zeichen:

LB 3 Ein **Verweissystem** stellt direkte Bezüge zum Lehrbuch her, »LB 3« z. B. bedeutet, dass die Übung sich eignet, nachdem Nummer 3 eines Abschnitts im Lehrbuch bearbeitet wurde.

Die **Hörverständnisübungen** nehmen Bezug zum Thema und erweitern es. Sie finden die Texte im Lösungsteil des Buches.

(35) Dieses Zeichen bedeutet, dass es zu dieser Übung eine Einspielung mit gleicher Nummer gibt (Download auf www.groa.de).

Die **Grammatik-Übungen** üben und festigen die Grammatik des jeweiligen Abschnitts.

In den **Übungen mit der Schatztruhe** werden Wortschatz und Redemittel geübt, wiederholt und gefestigt.

In jedem Abschnitt findet man eine **Leseverständnisübung**. Hier geht es darum, das Wesentliche zu verstehen und Fragen zum Text zu beantworten.

In den Übungen der Rubrik »**Freies Schreiben**« hast du die Möglichkeit, dich frei und persönlich auszudrücken.

Übungen mit diesem Zeichen trainieren die Aussprache und das Hörverstehen.

ABC Aufgaben zur **Rechtschreibung**

Aufgaben zu **starken Verben**

Die jeweils vorletzte Übung eines jeden Abschnitts übt **gängige und wichtige Redemittel**, die im Abschnitt durchgenommen wurden.

Die **Redemittel-Checkliste** dient der eigenen Überprüfung der Redemittel des Abschnitts.
Mit dieser Checkliste kann auf unterschiedliche Art und Weise gearbeitet werden. Kursteilnehmerinnen und Kursteilnehmer können sich z. B. gegenseitig abhören. Es können die einzelnen Redemittel auch auf Karteikarten geschrieben werden und man kann z. B. Quizspiele daraus machen. Natürlich kannst du diese Listen zur Wiederholung und zum Memorieren auch systematisch durcharbeiten.

Der GROA Verlag wünscht »Lycka till!«

Inhalt

Inhalt

Heja, heja ... ! Avsnitt 1

1 LB 1-3 **Vilken aktivitet ser du? Fyll i korsordet!**

2 LB 3 **Skriv vad personerna brukar göra!**

→ grammatik s. 258

1. Eva brukar måla .... på kvällarna.
2. Sven .... på helgen.
3. Sten .... hemma.
4. Lotta .... på semestern.
5. Lennart .... på fritiden.
6. Karl .... varje onsdag eftermiddag.
7. Lasse .... på lördagarna.
8. Pia .... med kompisarna.
9. Åsa .... framför tv:n.
10. Katarina .... när det är fint väder.

3 LB 4 **Hur ofta? Fyll i rätt preposition.**

→ grammatik s. 258

1. Vi träffas en gång .... veckan.
2. Vi rider två gånger .... månaden.
3. Han tränar en gång .... dagen.
4. Vi reser utomlands en gång .... året.

4 Sortera in orden i rutan i rätt spalt.

LB 1-4

tv	fotboll	kurs	konsert	skogen	innebandy
piano	bio	skridskor	kort	ishockey	auktioner
museum	skidor	basket	skatebord	film	trumpet

Spela ...	Titta på ...	Gå på ...	Gå i ...	Åka ...

5 Skriv en liten text till veckans fråga.

LB 1-4

? Veckans fråga: Vad brukar du göra på fritiden?

....

....

....

....

....

6 Fyll i *ja, ju* eller *jo*!

→ grammatik s. 258

LB 5

1. Jag arbetar .... på helgen.
2. - Är inte du sångerska? - ...., det är jag.
3. - Jobbar du i affären här? - ...., det gör jag.
4. Det var .... jättekul att du fick jobb! Grattis!
5. - Var inte du i Madrid i maj? - ...., det var jag.
6. - Har du ledigt idag? - ...., det har jag.

7 Skriv preteritum av följande verb.

LB 5

1. Jag .... inte med bussen. hinna
2. Du .... i ett dansband sist vi träffades, eller hur? sjunga
3. .... inte du bli sångerska? vilja
4. Vi .... gå på yoga. Men nu mediterar vi. bruka
5. Helen .... tennis igår. spela
6. Nej, jag .... andra planer. ha
7. .... inte hon till lärare? plugga
8. Han spelar piano och .... hemma i går kväll. öva

8 Vilket tidsadverb är det frågan om?

→ grammatik s. 258

LB 5

1. dirlag aldrig	6. åd hoc åd	11. danse ....
2. åd	7. un	12. sörft ....
3. tillda	8. nälsal	13. ligganed ....
4. labind	9. nestag	14. i gomnor ....
5. fato	10. farortfenda	15. gida ....

9 Fritidsintressen i Sverige

LB 5, 6

a Vilket verb? Skriv under bilderna. Välj bland orden till höger.

1. ....

2. ....

3. ....

4. ....

5. ....

6. ....

dreja
drömma
spela teater
styrketräna
gå på gympa (gymnastik)
öka

b Lyssna och kryssa för rätt eller fel. (1)

	rätt	fel
1. 50 % av alla svenskar tycker att man blir lycklig av att ha en hobby.	☐	☐
2. Många svenskar drömmer om att ha ett hobbyrum hemma.	☐	☐
3. Intresset för politik ökar inte.	☐	☐
4. Män skriver gärna om sin hobby på Facebook.	☐	☐
5. En del har fritidsintresset som jobb.	☐	☐

! en man – två män

c Lyssna igen! (1)

1. Vad ligger i topp i Sverige? Rangordna (1-6) följande intressen:
   ◯ teknik ◯ resor ◯ husdjur ◯ film och tv ◯ musik ◯ god mat
2. Vilka intressen gillar män? Nämn minst tre.
   ....
3. Vilka intressen gillar kvinnor? Nämn minst tre.
   ....

10 Lyssna och skriv upp orden. (2)

LB 7

1. .... 2. .... 3. .... 4. ....
5. .... 6. .... 7. .... 8. ....

11 Fyll i så många sporter du kan komma på!

LB 8

12 Läs texten och kryssa för rätt eller fel.

LB 9

Friluftsliv har stor betydelse för vår hälsa. Naturen är friluftslivets arena och källan till rekreation och upplevelser.
Men det är lika viktigt att träffa andra människor och ha kul tillsammans. Friluftsfrämjandet kan ge dig denna kombination, ett perfekt sätt att umgås, träffa nya människor och må bra.
Friluftsfrämjandet är en ideell organisation som finns sedan 1892. Vi vill främja fritid och därmed verka för folkhälsa och livsglädje.
Friluftsfrämjandet arrangerar t.ex. vandringar nästan dagligen, året runt. Här får du sällskap med andra, och duktiga guider visar vägen. Du går i den takt du själv väljer och stannar när du vill. Alla vandringar är olika och kanske får du uppleva naturen från en annan vinkel. Här finns urskogar, berg, skärgårdens unika miljö och mycket annat.
Följ med oss ut i naturen!

ur www.frilufts.se

	rätt	fel
1. Friluftsliv är viktigt för att vi ska må bra.	☐	☐
2. Friluftsfrämjandet arrangerar vandringar ibland.	☐	☐
3. Man vandrar inte i grupp.	☐	☐
4. Friluftsfrämjandet är en ideell organisation.	☐	☐
5. Organisationen finns sedan 1890.	☐	☐
6. Man måste gå i en viss takt.	☐	☐
7. Det finns guidade turer.	☐	☐

hälsa – *Gesundheit*
främja – *fördern*
verka – *wirken*
sällskap – *Gesellschaft*

13 Bilda bestämd form plural av dessa ord.

→ grammatik s. 259

LB 11

	Obestämd form plural	Bestämd form plural
1. blomma		
2. stol		
3. hotell		
4. hjälm		
5. fisk		
6. äpple		
7. vykort		

	Obestämd form plural	Bestämd form plural
8. nyckel		
9. klubba		
10. lag		
11. kille		
12. handske		
13. knä		
14. barn		

14 LB 11

Vilken sport är det? Vad behöver man? Skriv meningar.

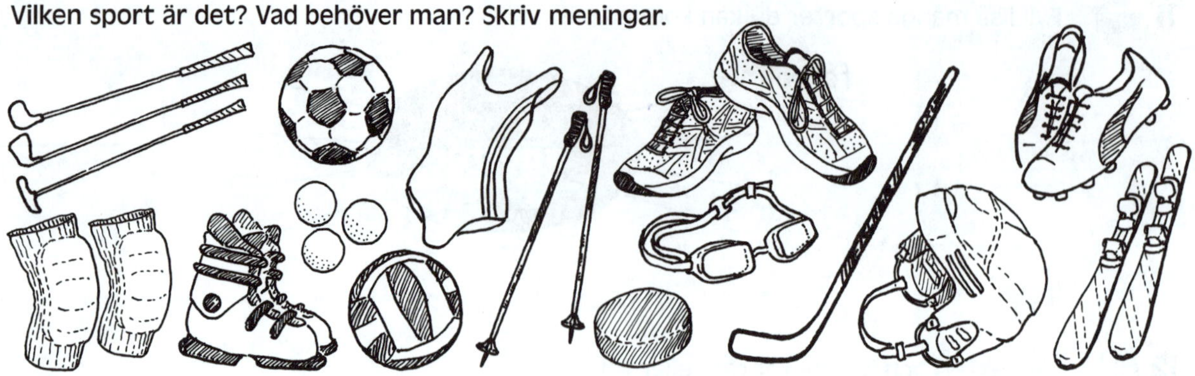

! simglasögon

Sport	Vad behöver man?
Ex. fotboll	Man behöver en boll och fotbollsskor.
1.	
2.	
3.	
4.	
5.	

15 LB 12

Skriv pluralformen till följande substantiv.

→ grammatik s. 259

1. en hand ....
2. ett land ....
3. en strand ....
4. en stad ....
5. en and ....
6. en bokstav ....
7. en tand ....
8. en man ....
9. en natt ....
10. en fot ....
11. en bok ....
12. en son ....
13. en dotter ....
14. en rot ....

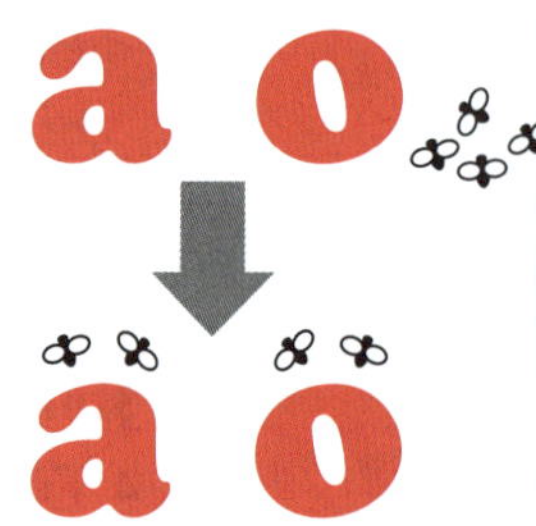

! en and – *Stockente*
rot – *Wurzel*

16

De har ont. Var?

Ex.: Anna har ont i benet.

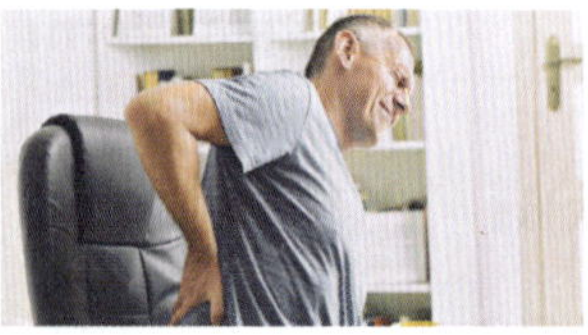

1. Bernt har ....

2. Lisbet ....

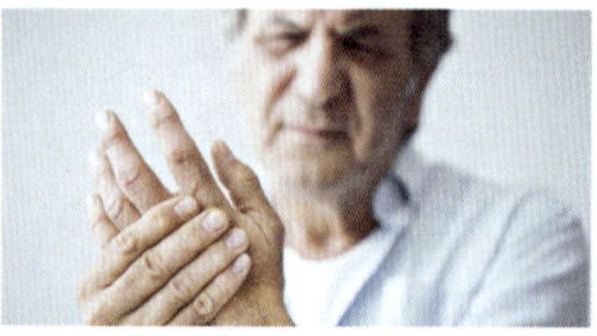

3. Mårten ....

4. Ulla ....

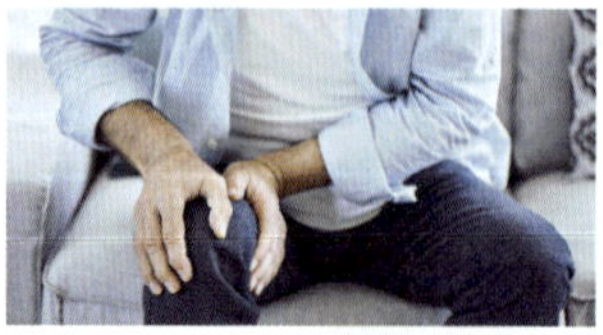

5. Jan ....

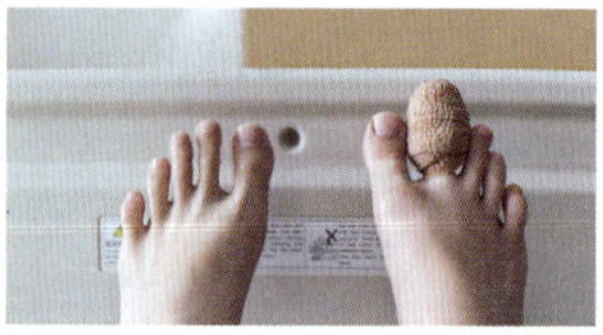

6. Karin ....

17 Personord. Skriv på linjen!

LB 13

1. Den som åker skidor är en skidåkare.
2. Den som åker skridskor är en ....
3. Den som spelar fotboll är en ....
4. Den som spelar tennis är en ....
5. Den som orienterar är en ....
6. Den som simmar är en ....
7. Den som spelar golf är en ....
8. Den som friidrottar är en ....

18 *Där* eller *som*? Fyll i!

→ grammatik s. 259

LB 14

1. Finns det någon restaurang, ... man kan äta fisk och skaldjur?
2. Vi hyrde en stuga .... hade rätt hög standard.
3. Jag skulle vilja hyra ett hus, ... man har tillgång till pool.
4. Vi var i fjällen, ... det fanns massor av mygg.
5. Jag vill hyra en stuga .... ligger vid havet.
6. Per hade semester på Österlen, ... vädret var varmt och skönt.

19 Gör verb av substantiven.

LB 14

1. en snorkling	snorkla	6. en tävling	....
2. en träning	....	7. en träff	....
3. en simmare	....	8. ett skratt	....
4. en paddling	....	9. ett boende	....
5. en dykning	....	10. en hoppning	....

20 Vad säger man?

1. Du fragst, was Peter in seiner Freizeit macht.
2. Du bedauerst etwas und sagst:
3. Du sagst, dass Djurgårdens IF das Spiel gewonnen hat.
4. Du bestätigst etwas und sagst:
5. Du bittest Lena, den Helm zu holen.
6. Du sagst, dass du dich für Sport interessierst.
7. Du sagst, dass du Montags Handball spielst.
8. Du sagst, dass du einmal in der Woche reitest.

21 Din checklista över viktiga vardagsuttryck

Eine Gewohnheit ausdrücken

- [ ] Jag brukar spela fotboll på måndagar.

Etwas überlegen

- [ ] Tja ... vad gör jag?

Über Interessen und Freizeitbeschäftigungen sprechen

- [ ] Vad är du intresserad av?
- [ ] Vad brukar du göra på fritiden?
- [ ] Vad gör du på din lediga tid?
- [ ] Jag är intresserad av sport/att läsa.
- [ ] Jag brukar spela handboll.
- [ ] Jag gillar att sy på min fritid/lediga tid.

Häufigkeit ausdrücken

- [ ] en gång om dagen
- [ ] en gång om året
- [ ] en gång i veckan
- [ ] en gång i månaden
- [ ] en gång i sekunden/i minuten/i timmen

Auf eine Negation im Satz antworten

- [ ] - Ville inte du åka skidor på semestern?
  - Jo, men jag blev sjuk

Etwas ausdrücken, das bereits bekannt ist

- [ ] Jag jobbar ju på måndagar.

Etwas bedauern

- [ ] Vad synd!

Etwas kommentieren

- [ ] Suveränt!
- [ ] Inte illa!
- [ ] De spelade superbra!

Etwas bestätigen

- [ ] Just det!
- [ ] Precis!

Sich über Sport unterhalten

- [ ] Såg du matchen?
- [ ] Vem spelade de mot?
- [ ] Göteborg vann med 1-0.
- [ ] Sten Andersson gjorde målet.
- [ ] Det var synd att Malmö FF förlorade.

Darum bitten, dass etwas geholt wird

- [ ] Kan du hämta ...?

Darum bitten, dass etwas gereicht wird

- [ ] Kan du ge mig ...?

Sich als Fan für einen Verein bezeichnen

- [ ] Jag håller på Malmö FF.
- [ ] Jag hejar på Malmö FF.

Zweifel ausdrücken

- [ ] Jag får väl se.

Skytte är en social sport. Man kan träffa många vänner.

Varför är språkexperter bra på skidåkning? De är bra på att stava.

- Nere i Schweiz är det så fint eko att det tar fem minuter innan man hör det.
- Det var väl inget. När jag var i Arizona brukade jag gå ut på balkongen och ropa:
- Nur går vi upp!

Och precis klockan sju kom ekot och väckte mig.

Snygg tröja! Avsnitt 2

1 LB 2

Vilken färg förknippar man med följande substantiv?

1. svensk stuga ....röd....
2. gräsmatta ....
3. sol ....
4. himmel ....
5. jord ....
6. mus ....
7. natt ....
8. snö ....

2 LB 2

Gör substantiv av adjektiven.

1. lojal ....
2. harmonisk ....
3. romantisk ....
4. kvinnlig ....
5. ren ....
6. auktoritär ....
7. sorglig ....
8. elegant ....
9. stabil ....

3 LB 3

Vilket adjektiv?

1 ilnte	2 parktiks	3 ångl	4 yrd	5 snggy	6 dlågi
....	....	....	....	....	....
7 luf	**8 magmal**	**9 orst**	**10 rtok**	**11 kopraktis**	**12 arb**
....	....	....	....	....	....

4 LB 3

Fyll i rätt form av adjektivet!

→ grammatik s. 260

1. brun	En	....	hund.	Många	....	hundar.
2. stor	Ett	....	hus.	Många	....	hus.
3. gul	En	....	lök.	Många	....	lökar.
4. röd	Ett	....	paraply.	Många	....	paraplyer.
5. bra	En	....	resväska.	Många	....	resväskor.
6. svart	En	....	stol.	Många	....	stolar.
7. rolig	En	....	fest.	Många	....	fester.
8. söt	Ett	....	barn.	Många	....	barn.
9. lila	En	....	blomma.	Många	....	blommor.
10. gullig	Ett	....	paket.	Många	....	paket.
11. grå	En	....	elefant.	Många	....	elefanter.
12. vacker	En	....	utsikt.	Många	....	utsikter.

5 LB 3

Fyll i rätt form av adjektivet! → grammatik s. 260

Hannas garderob

Hanna har en .... (1. stor) garderob. Hon jobbar för ett mycket .... (2. stor) företag och behöver .... (3. snygg) kläder. Hennes favorit är en .... (4. röd) klänning med .... (5. svart) prickar. Till det bär hon ofta ett .... (6. läcker), ... (7. svart) skärp. Hon har många .... (8. fin) blusar, men faktiskt bara en som är .... (9. prickig). Igår köpte hon ett .... (10. ny) linne som var rätt .... (11. dyr). Hanna älskar skor. Hon har tre par .... (12. brun) stövlar, sju par .... (13. elegant) pumps, två par .... (14. praktisk) sportskor, ett par .... (15. gammal) sandaler och tolv par skor med .... (16. hög) klackar. Hanna är ofta på .... (17. stor) fester och då har hon på sig en .... (18. underbar) aftonklänning. Men på ett .... (19. liten) party räcker det med .... (20. bekväm) jeans och kanske en .... (21. blommig) blus.

en klack - *Absatz*
hög - *hoch*

6 **Vilken text passar till skämtteckningarna? Skriv rätt bokstav i rutorna!**

a - Vi hyr en liten, söt stuga.
b - Titta Lennart, vilken underbar utsikt!
c - Oj, vad mycket folk det var här idag!
d - Vad letar du efter, Göran?
e - Den här semestern börjar bli lite jobbig, Åke!

1.

2.

3.

4.

5.

7 LB 5

a **Fyll i *en sådan, ett sådant, sådana.*** → grammatik s. 261

1. Titta, vilken snygg jacka! En sådan skulle jag vilja ha!
2. Titta, vilket fint bälte! .... skulle jag vilja ha!
3. Titta, vilka tjusiga skor! .... skulle jag vilja ha!
4. Titta, vilken elegant klänning! .... skulle jag vilja ha!
5. Titta, vilka snygga stövlar! .... skulle jag vilja ha!
6. Titta, vilket underbart nattlinne! .... skulle jag vilja ha!

b **Fyll i *vilken, vilket, vilka.*** → grammatik s. 261

1. .... fin blus!
2. .... snygga byxor!
3. .... trevlig butik!
4. .... roligt mejl!
5. .... härligt väder!
6. .... underbar soffa!
7. .... bra cyklar!
8. .... elegant skärp!
9. .... vackra hus!

8 LB 6

Lös korsordet!

1. En kostym består av ett par byxor och en ... .
2. I stället för en jacka kan kvinnor ta på sig en ... .
3. »Kleid« heter ... på svenska.
4. Till kjol eller jeans bär kvinnor ofta en ... .
5. Många kvinnor har på sig en ... .
6. En ... är ett klädesplagg som inte har ärmar.
7. Har kvinnor på sig i stället för byxor.
8. Kvinnor har trosor, män har ... .
9. Kvinnor har på sig en blus, t-shirt eller en ... .
10. Behöver man, när man fryser om händerna.
11. Har man på fötterna på vintern.
12. Affärsmän har ofta ... på sig.
13. Män tar inte på sig en blus utan en ... .
14. Är ofta långt och av läder.
15. Ett annat ord för jumper.
16. Jacka och kjol tillsammans är en ... .
17. Har man ofta på fötterna.
18. Både vuxna och barn har ... på fötterna.

9 LB 6

Sara och Björn, som tycker om kläder, köpte sex olika klädesplagg. Vilket mönster har de?

1. ett mönstrat linne
2. ....
3. ....
4. ....
5. ....
6. ....

10 LB 6

Skriv singular och plural i obestämd och bestämd form.

→ grammatik s. 259

	Singular		Plural	
	obestämd	bestämd	obestämd	bestämd
1.	en kjol	kjolen	kjolar	kjolarna
2.	en mössa			
3.				byxorna
4.			kostymer	
5.	en jacka			
6.		skon		
7.			blusar	
8.		handsken		

11 LB 6 **Skötselråd [*Pflegeanweisung*]. Ordna symbolerna till rätt text. Fyll i siffrorna.**

1. 2. 3. 4. 5. 6. 7. 8.

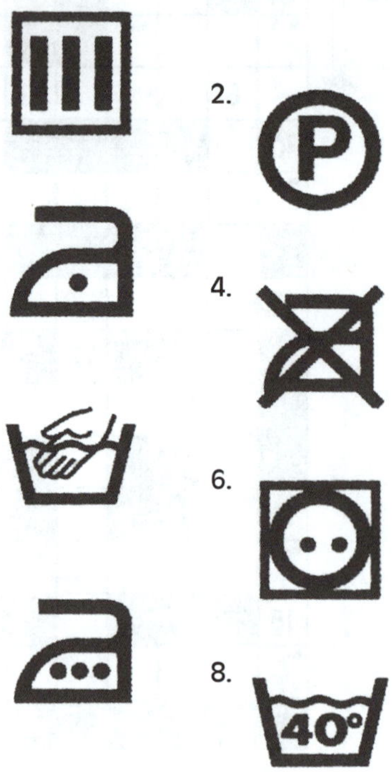

- [ ] Vattentvätt. Man anger gradantal.
- [ ] Endast handtvätt i max 40°. Ingen gnuggning. Ingen vridning.
- [ ] Man kan kemtvätta plagget (bokstaven anger den kemtvättsvätska som ska användas).
- [ ] Torktumling.
- [ ] Tål högst 200° stryktemperatur, t.ex. bomull, viskos och linne.
- [ ] Tål högst 110° stryktemperatur, t.ex. natursiden, polyamid och akryl.
- [ ] Tål ej strykning.
- [ ] Dropptorkning. Man hänger upp plagget efter tvätt utan att vrida ur det.

12 LB 10 **Läs två och två och fyll i luckorna medan ni läser.**

Inne i butiken

M: Maja E: expedit

E: Hej, vad kan jag hjälpa dig med?
M: Jag letar efter en sidenblus.
E: Vilken ___ tänker du på?
M: Både grönt och rött är fint. Den ska ___ en svart sammetskjol.
E: Till svart ___ ju alla färger. Då ska vi se... vilken ___ har du?
M: Storlek 40.
E: Jaha ... här har vi en ___ blus.
M: Prickig! Jätterolig! Men jag ska på ___, så jag tänkte på något mer ___.
E: Den här kanske?
M: Ja ... orange! En knallig färg! Blusen är ___ elegant! Problemet är att jag har röda skor. Du har ___ i rött?
E: Nej tyvärr, ... eller ___ lite, tycker du om den här blusen? Det här är en härlig färg! Men det är inte ___ Det är 74 % bomull, 23 % polyamid och lite elastan.
M: Ok. Men den ___ lite och ser festlig ut. En jättesnygg ___.
E: Ja, den är ___ och lite sportig faktiskt!
M: Då skulle jag gärna vilja ___ den!
E: Självklart! ___ är där till vänster, bakom aftonklänningarna.
M: Tack så hemskt mycket för hjälpen!

ingenting
vänta
prova
glänser
festligt
tjusig
Provrummet
bröllop
trendig
matcha
verkligen
siden
storlek
färg
passar
modell

13 LB 10

Lyssna på minidialogerna och kryssa för rätt svar. (3)

1. Jan handlar kläder. Vad söker han?
   ☐ en t-shirt ☐ en kostym ☐ ett par jeans
2. Ulla vill köpa ett par jeans. Vilken storlek har hon?
   ☐ 38 ☐ 40 ☐ 42
3. Av vilket material är blusen som Eva köper?
   ☐ siden ☐ bomull och polyester ☐ polyester
4. Vad betalar Pelle för träningsskorna?
   ☐ ingenting ☐ 499 kronor ☐ 599 kronor

14 LB 11

a Vilket ljud hör du? (4)

	sj-ljud	tj-ljud
1.	☐	☐
2.	☐	☐
3.	☐	☐
4.	☐	☐
5.	☐	☐
6.	☐	☐
7.	☐	☐
8.	☐	☐
9.	☐	☐
10.	☐	☐

b Skriv upp orden du hör. (5)

1. ....
2. ....
3. ....
4. ....
5. ....
6. ....
7. ....
8. ....

15 LB 12

Din kompis skickade en selfie. Skriv tillbaka och ge en komplimang.

....

....

....

....

....

....

16 LB 13

Arne provar kläder. Tyvärr passar de inte så bra. Vad kan du säga om dem?

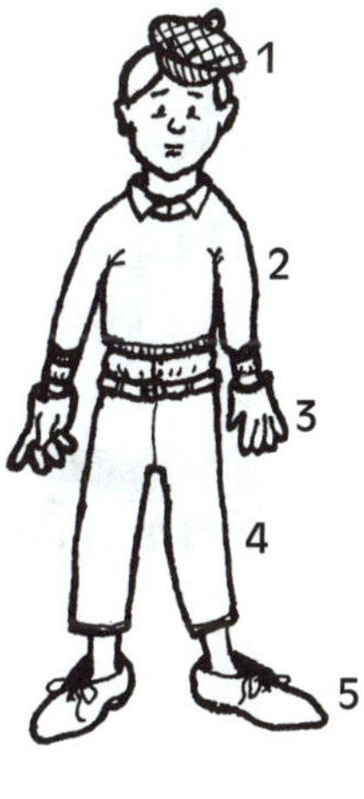

1. ....
2. ....
3. ....
4. ....
5. ....
6. Vilken tur! Skjortan är precis ....

17 Bilda meningar med subjunktionen *även om*. → grammatik s. 284

LB 15

1. Lasse/äta glass/han/ ha ont i magen — Lasse äter glass även om han har ont i magen.
2. De/vilja gå ut i skogen/ det/regna
3. Jens/vilja ha på sig jeans/ han/sitta i rullstol
4. Lotta/jobba/hon/ må dåligt
5. Jan/jogga/han/ ha ont i benet

18 Stava rätt! Rätta till felen i annonserna.

19 Vad säger man?

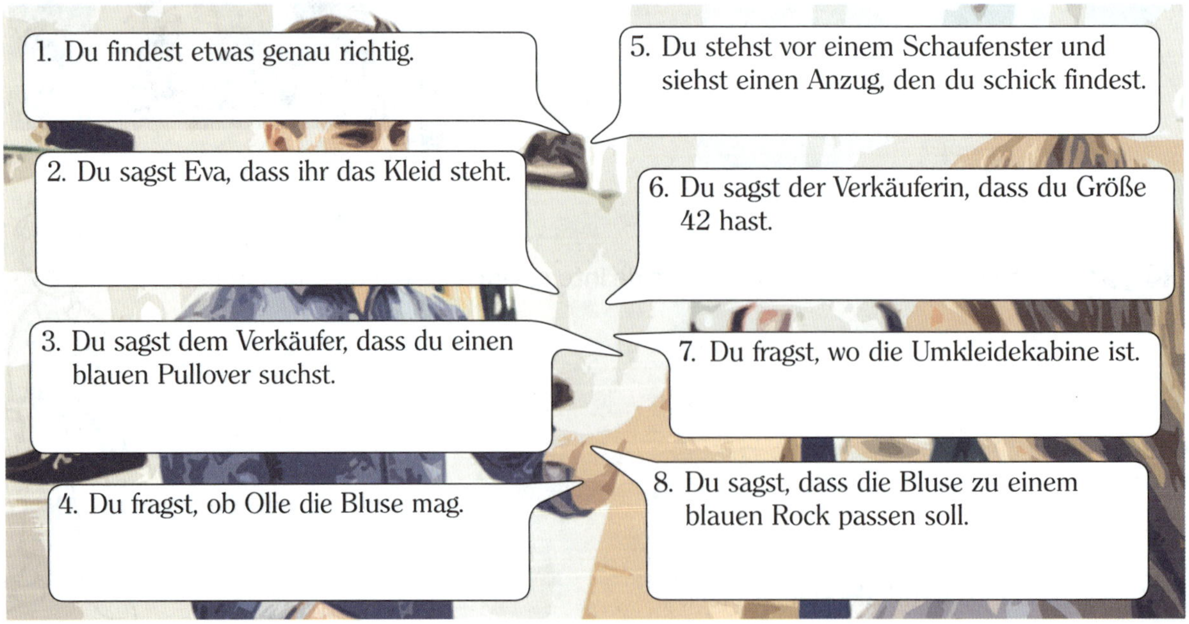

1. Du findest etwas genau richtig.
2. Du sagst Eva, dass ihr das Kleid steht.
3. Du sagst dem Verkäufer, dass du einen blauen Pullover suchst.
4. Du fragst, ob Olle die Bluse mag.
5. Du stehst vor einem Schaufenster und siehst einen Anzug, den du schick findest.
6. Du sagst der Verkäuferin, dass du Größe 42 hast.
7. Du fragst, wo die Umkleidekabine ist.
8. Du sagst, dass die Bluse zu einem blauen Rock passen soll.

20 Din checklista över viktiga vardagsuttryck

Nachfragen

- ☐ Jag letar efter en sidenblus.
- ☐ Jag söker dalahästarna.
- ☐ Förlåt, var har ni ... .
- ☐ Jag undrar, var hittar jag ... .

Eine Vorliebe ausdrücken

- ☐ Jag gillar blått.
- ☐ Jag tycker bäst om grönt.
- ☐ Min favoritfärg är rött.

Ausrufe

- ☐ Titta, vilken snygg klänning!
- ☐ Vilken elegant blus!
- ☐ Den är tjusig!
- ☐ Och kolla där!

Jemandem Recht geben

- ☐ Det har du rätt i.
- ☐ Absolut!

Eine Vermutung ausdrücken

- ☐ Jag tror att ...
- ☐ Kanske är ...
- ☐ Jag är inte helt säker, men jag tror att ...

Nach der Größe fragen und darauf antworten

- ☐ Vilken storlek?
- ☐ (Jag har) storlek 40.

Um einen Moment Geduld bitten

- ☐ Vänta lite ...

Gewünschte Eigenschaften eines Kleidungsstückes angeben

- ☐ Ni har ingenting i rött?
- ☐ Blusen ska matcha en svart sammetskjol.

Nach der Qualität fragen und darauf antworten

- ☐ Vad är det för kvalitet/material?
- ☐ Det är siden/sammet/bomull/ylle/läder.
- ☐ Det är fin kvalitet.

Ausdrücken, dass etwas passt/nicht passt

- ☐ Den/Det/De passar.
- ☐ Den/Det/De passar inte.
- ☐ Den är för stor/liten/trång/lång.
- ☐ Det är för stort/litet/trångt/långt.
- ☐ De är för stora/små/trånga/långa.
- ☐ Tröjan är precis lagom.
- ☐ Till svart passar ju alla färger.

Etwas anprobieren wollen

- ☐ Jag skulle vilja prova ...

Eine Kaufabsicht ausdrücken

- ☐ Jag tar blusen.

Ein Kompliment machen und darauf reagieren

- ☐ Vilken fin tröja du har!
- ☐ Vad fin du är!
- ☐ Snygg tröja, den klär dig verkligen!
- ☐ Tack! Tycker du?
- ☐ Tack, du med!

På Mallorca gick en äldre herre omkring och letade efter något vid stranden.
- Vad letar du efter, undrade en han mötte.
- Efter mina glasögon. Jag tappade dem här i Atlanten ...
- Men det här är ju Medelhavet.
- Hm. Ja, där ser man hur fel man kan ta, när man inte har glasögonen på sig!

Melker mötte sin hustru i tamburen. Hon var spritt naken.
- Är du inte klok, ska du gå ut så där?
- Just det. Jag ska visa hela stan att jag aldrig får några kläder av dig!
- Så du menar att du tänker gå hela Storgatan fram, utan en tråd på kroppen?
- Jajamän.
- Förbi posten också?
- Det kan du tro!
- I så fall kan du väl posta det här brevet åt mig!

Media   Avsnitt 3

1 LB startsidan

Vilket medium/vilka medier passar? Skriv på linjen.

1. göra foton ……… en kamera, en mobil
2. hitta en väg eller adress ………
3. ringa någon ………
4. söka information ………
5. lyssna på musik ………
6. spela gamla vinylskivor ………
7. surfa på nätet ………
8. läsa en roman ………
9. skriva ett mejl ………
10. lyssna på nyheterna ………
11. chatta med kompisar ………
12. titta på en film ………
13. läsa en debattartikel ………

2 LB 1

a Skriv frågor.

→ grammatik s. 284

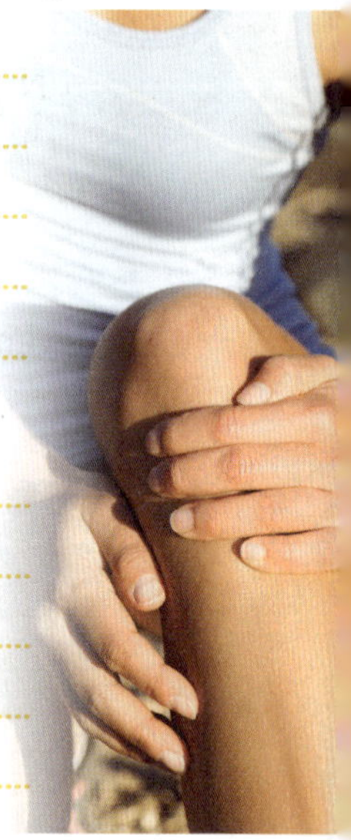

1. Niklas kom för sent till kursen. ……… Varför kom Niklas för sent till kursen?
2. Eva har ont i benet. ………
3. Göran kommer inte till kalaset. ………
4. Malin kom inte till mötet. ………
5. Datorn startar inte. ………

b Hitta på svaren till meningarna i övning a. Jämför parvis.

1. Han kom för sent därför att han ………
2. ………
3. ………
4. ………
5. ………

3 LB 1

Skriv av meningarna och sätt in ordet »inte«.

→ grammatik s. 262

1. Datorn startar. ………
2. Pelle tankar. ………
3. Anna vill flytta. ………
4. Johan ska köra till Uppsala. ………
5. Mia behövde hjälp med laptoppen. ………
6. Han ringde upp Mia. ………

4 Du hör tre dialoger. Vad behöver personerna hjälp med? (6)

LB 1

1. Jörgen behöver hjälp med ....
2. Lotta behöver hjälp med ....
3. Peter behöver hjälp med ....

5 Minns du vad symbolerna betyder?

LB 2

1.  ....
2.  ....
3.  ....
4.  ....
5.  ....
6.  ....
7.  ....
8.  ....
9.  ....

6 Lös korsordet!

LB 2

1. USB-Stick
2. Drucker
3. Bildschirm
4. Kabel
5. Kugelschreiber
6. Kopierer
7. Maus
8. Ordner
9. Computer
10. Schere
11. Tastatur

7 Dra streck till det rätta tyska ordet.

LB 2

1. fet stil	Ausrufezeichen
2. punkt	kursiv
3. arkiv	Fragezeichen
4. frågetecken	fett
5. utropstecken	Betreff
6. redigera	Rechtschreibung
7. ämne	Ordner
8. kursiv stil	bearbeiten
9. stavning	Punkt

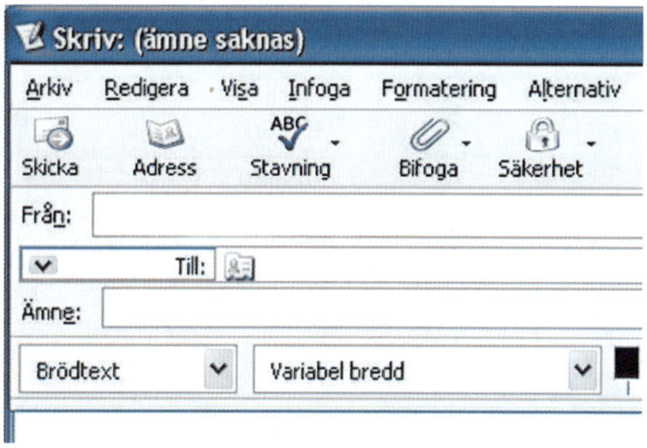

8 LB 3

Läs meningarna och fyll i rätt ord i rätt form.

koppla	ladda ner	en skärm	ett lösenord	en fil	knappa in	krascha
stänga av	skriva ut	logga in	fylla på	starta om	installera	en kabel

1. Kan du .... (skriva ut) den här artikeln åt mig?
2. Vi måste .... papper! Det är slut.
3. .... datorn nu, är du snäll. Det räcker för idag!
4. Kan du .... ditt ....
5. Vill man läsa en tidning på nätet måste man .... först.
6. Ska jag .... (ladda ner) ett antivirusprogram åt dig?
7. Den här .... är jättebra, tunn och elegant!
8. Med den här .... kan du .... datorn till skrivaren.
9. Nej, datorn ....! Testa att .... Det funkar rätt ofta.
10. Jag tänker .... ett nytt program.
11. Ha inte för många .... öppna samtidigt.

! **fil** -en -er - *Datei*

9 LB 3

Klarade Mia tentan? Skriv mejlet som Mia skrev till Johan efter onsdagens tenta.

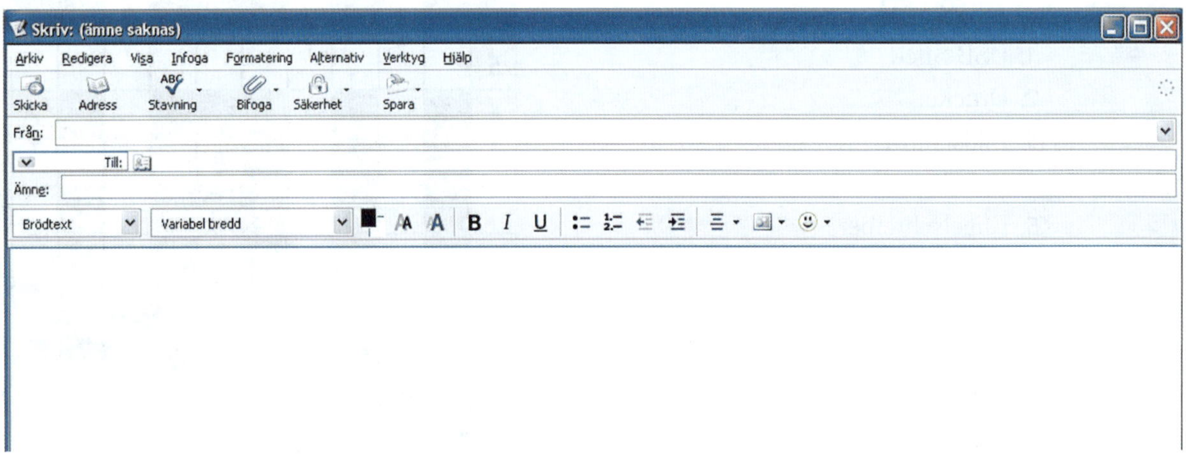

10 LB 3

Fyll i orden i tabellen.

	Infinitiv	Presens	Preteritum
1.			körde
2.	koppla		
3.		laddar	
4.	försöka		
5.			hjälpte
6.		bjuder	
7.			satte
8.	göra		

11 Rätta till felen i texten. Det kan gälla stavfel, grammatiska fel eller fel ordföljd.

Jag är programerare och jobbar med datorn många timmar i veckan. Jag är acktiv på sociala medier. Jag gilar Facebook och har många vännen. Men ändå jag kände mig lite ensam. Träffade sällan kompisar på riktigt. Så jag blev sugen på att koma ut, göra någon tillsammans med andra och känna riktig gemenskap. Jag bestämte mig för att börjar köra mountainbike. Så nu jag ser altid fram emot helg. Då stänger jag av mobil några timmar, tar fram min MTB och kör tillsammans med andra som älska den här sporten. Jag njuter av livet myket mer!

programmerare, ...

! njuta av - *genießen*
ensam - *einsam*
MTB - mountainbike

12 Kan vi leva utan mobilen?

a Lyssna på radioprogrammet. Vilken rubrik passar bäst? (7)

- ☐ Mobilen, en liten, intelligent maskin
- ☐ Mobilen på fikastunden
- ☐ Stäng av mobilen och lev här och nu!
- ☐ Nomofobi

b Lyssna en gång till. Kryssa för rätt eller fel. (7)

	rätt	fel
1. Johan tycker att multitasking är bra.	☐	☐
2. Han tycker att mobilen är praktisk.	☐	☐
3. Nomofobi innebär att man inte kan leva utan mobilen.	☐	☐
4. Johan njuter av fikapauserna.	☐	☐
5. Att prata med varandra verkar vara sekundärt, menar Johan.	☐	☐

c Lyssna igen, om ni vill. Svara muntligt på frågorna. (7)

1. På vilket sätt är mobilen bra, tycker Johan?
2. Vad kritiserar han?
3. Vad tycker Johan är viktigt?

13 Vilken överskrift passar bäst?

Med datorn i knät tittar vi på tv, lyssnar på musik och svarar på sms. Nutidens vardag ökar vår simultankapacitet. Informationsfloden väller över oss. Men det finns en gräns för vad våra hjärnor klarar.
Hjärnforskaren Torkel Klingberg är professor på Karolinska Institutet i Stockholm. Han skrev boken "Den översvämmade hjärnan- en bok om arbetsminne, IQ och den stigande informationsfloden". Torkel Klingberg ser en framtid med teknik som hjälper oss att sålla intrycken. Snart tränar vi "våra mentala muskler".
Hur tränar man sin mentala förmåga? Vi ska försöka hitta en optimal balans och flow. Man måste förstå sig själv och sin omgivning. Man ska under någon del av sin arbetsdag vara helt koncentrerad på det arbete man gör, säger Torkel Klingberg.

ur Svenska Dagbladet

- ☐ I en professors hjärna
- ☐ Med datorn i knät tittar vi på tv
- ☐ Förstå dig själv!
- ☐ Träna din mentala förmåga
- ☐ Sms varje dag

14 Hitta rätt svar. Vilket objektpronomen saknas?

→ grammatik s. 262

LB 5

1. Kan du stänga av tv:n?
2. Gillar du sociala medier?
3. Träffar du Johan i morgon?
4. Ska du se reportaget i kväll?
5. Tycker du om Mia?
6. Bjuder du Jan på kaffe?
7. Kommer du inte på lösenordet?
8. Ska jag hjälpa er med laptoppen?
9. Skriv ut sidorna, Lina!
10. Jag fattar inte hur man gör!

☐ Ja, jag tycker om ....

☐ Ja, hjälp ...., är du snäll!

☐ Ok, jag skriver ut .... genast!

☐ Absolut! Du hittar .... på Facebook.

☐ Nej, jag träffar .... först på fredag.

☐ Ja, jag bjuder .... på kaffe sedan.

☐ Jag kan visa .... ?

☐ Nej, så dumt! Jag kommer inte ihåg ....

☐ Visst, jag kan stänga av .... nu.

☐ Ja, jag ska se .... !

15 Personliga pronomen i objektsform: Fyll i rätt form!

→ grammatik s. 262

LB 5

1. Jag gav .... (Eva) en present.
2. Kan jag hjälpa .... (du)?
3. Kan du ringa upp .... (vi) i morgon?
4. Vi träffade .... (Lotta och Magnus) igår.
5. Eva väntade på .... (ni) igår.
6. Bilen gick sönder men Pelle lagade .... (bilen).
7. Kan du hjälpa .... (jag)?
8. Jag tycker om .... (Johan).

16 Översätt!

→ grammatik s. 262

LB 5

1. Ich treffe sie (Anna) morgen. ....
2. Grüß ihn von mir. ....
3. Kannst du uns mit dem Computer helfen? ....
4. Ich rufe dich am Dienstag an. ....
5. Das Spiel ist für euch. ....
6. Um drei Uhr war Johan bei ihr. ....
7. Siehst du sie (Pia und Göran) auf der Geburtstagsfeier? ....

17 LB 7

Många ord från engelskan skriver man annorlunda på svenska. Skriv numret i rutan.

1	2	3	4	5	6	7	8	9
mail	tape	skype	spray	smile	face	site	tight	date
skajp	smajl	tajt	fejs	sajt	mejl	dejt	tejp	sprej

18 LB 7

Fyll i *ofta, ibland, sällan* eller *aldrig*. → grammatik s. 258

	ofta	ibland	sällan	aldrig	
1. chatta	X				Jag chattar ofta.
2. söka information			X		
3. surfa		X			
4. spela dataspel				X	
5. titta på internet-tv		X			
6. handla			X		
7. mejla	X				
8. ladda ner musik				X	

19 LB 8

S, c eller z? Hur stavar man orden? Lyssna och skriv upp dem. (8)

1. cykel ....
2. ....
3. ....
4. ....
5. ....
6. ....
7. ....
8. ....

20 LB 11

Översätt! → grammatik s. 263

1. Benny und Anders wollen am Samstag eine Fahrradtour machen.
2. Morgen früh werden Karin und Olle nach Kreta fliegen.
3. Katja will Freitagabend ins Theater gehen.
4. Laut Wetterbericht wird es morgen regnen und gewittern.
5. Ulla und Lasse wollen am Nachmittag im Garten arbeiten.
6. Klas möchte nächste Woche mit seinen Freunden Karten spielen.

21 LB 11

Kombinera stödorden och skriv meningar som exemplet visar! → grammatik s. 263

1. Ulla - gå på teater på fredag kväll	köpa biljetterna - idag
2. Lasse - byta jobb	gå till arbetsförmedlingen - nästa vecka
3. Det - regna i eftermiddag	Karin - ta med sig paraplyet
4. Lotta - gå ut och dansa i Folkets Park på lördag	köpa en ny blus - i morgon
5. Per - åka utomlands i juni	boka hotell - på onsdag
6. Nilla - se på tv i kväll	köpa chips i eftermiddag
7. Eva - gå på bio med Janne kl. 19.00	träffas kl. 18.30 utanför Grand

1. Ulla ska gå på teater på fredag kväll, så hon tänker köpa biljetterna idag.
2. ......
3. ......
4. ......
5. ......
6. ......
7. ......

22 LB 11

Vilket tidsuttryck passar? → grammatik s. 263

1 januari	2 januari klockan 06:00	3 januari	8 januari	22 januari	1 april
idag	......	......	......	......	......

23

Vad säger man?

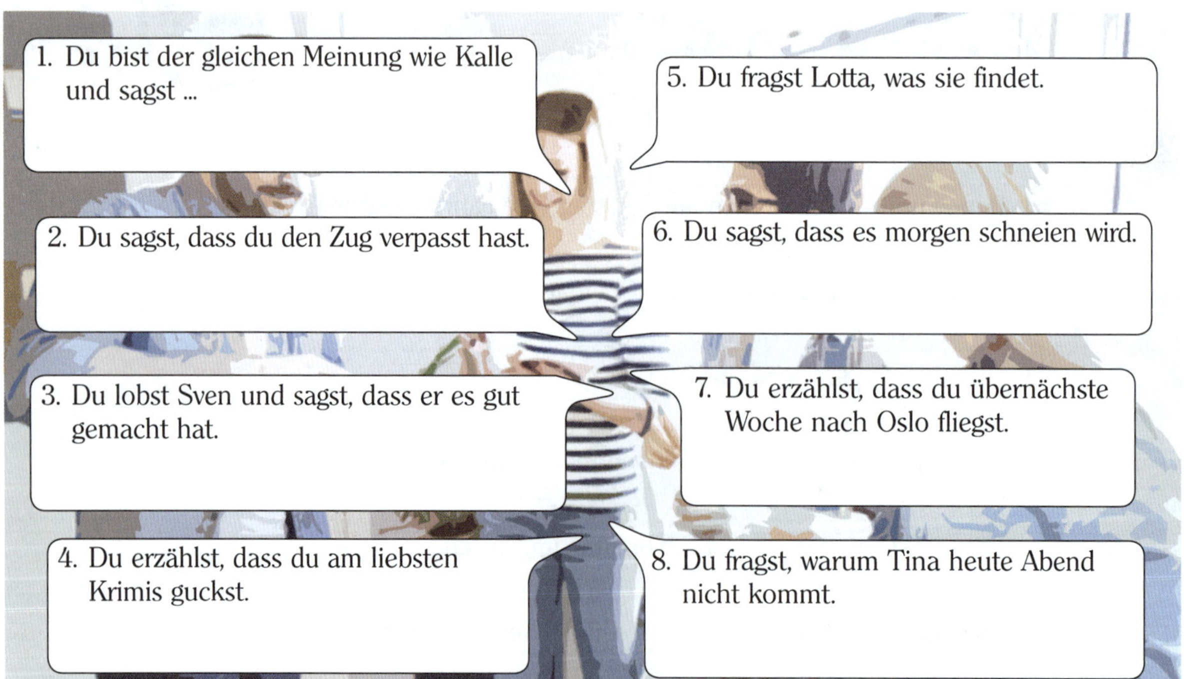

24 ☑ Din checklista över viktiga vardagsuttryck

Etwas bezweifeln

- [ ] Nej, det tror jag inte.
- [ ] Det tvivlar jag på.

Etwas für möglich halten

- [ ] Det är möjligt.

Um Hilfe bitten

- [ ] Kan du hjälpa mig?

Ausdrücken, dass man Glück/Pech hatte

- [ ] Jag hade tur.
- [ ] Jag hade otur.

Sagen, dass man den Bus/die Fähre/den Zug verpasst hat

- [ ] Jag missade bussen/färjan/tåget.

Eine Autopanne haben

- [ ] Jag fick motorstopp.

Ausdrücken, dass etwas funktioniert/nicht funktioniert

- [ ] Allt/Den/Det funkar.
- [ ] Den/Det funkar inte.
- [ ] Datorn la av.
- [ ] Datorn startade inte.
- [ ] Bilen krånglar.

Bedauern ausdrücken

- [ ] Stackars dig!
- [ ] Oj, vad dumt!

Etwas verneinen (als Ausruf)

- [ ] Nähä!

Verwunderung ausdrücken

- [ ] Vad konstigt!

Ausdrücken, dass man etwas nicht versteht

- [ ] Jag fattar inte det./Jag fattar det inte.

Etwas hoffen

- [ ] Jag hoppas att ...
- [ ] Det funkar nu, hoppas jag.

Etwas/jemanden loben

- [ ] Bra jobbat, Johan!
- [ ] Den/Det är toppen!
- [ ] Jättebra!

Erstaunen ausdrücken

- [ ] Men titta!

Dankbarkeit ausdrücken

- [ ] Det var verkligen bussigt av dig.
- [ ] Det var bussigt/snällt!

Nach einer Meinung fragen

- [ ] Vad tycker du om min laptop?

Über Computer, Handy sprechen

- [ ] Din mobil ser tunn och lätt ut.
- [ ] Den har bra batteritid/prestanda/högtalare/
- [ ] mikrofon/kamera.
- [ ] Den är prisvärd/strömsnål/snabb.
- [ ] Den har snygg design.

Etwas umtauschen

- [ ] Kan jag byta den/det/dem?

Etwas versprechen

- [ ] Jag lovar!

Eine Meinung wiedergeben

- [ ] Han säger/menar/anser/tycker att ...

Eine Meinung äußern

- [ ] Jag håller med ... /Jag håller inte med ...
- [ ] Jag tycker att ... / Jag tycker inte att ...
- [ ] Enligt min åsikt ...

Vorliebe äußern

- [ ] Jag tittar helst på naturprogram.

Über Zukunft sprechen

- [ ] Jag ska/tänker flyga till Reykjavik
- [ ] Det kommer att regna i morgon.
- [ ] Vi åker på semester på fredag.

- Jag kastade min mobil i poolen och den flöt. Varför?
- Den har simkort.

Mat och fest

Avsnitt 4

1 I rutan finns åtta maträtter från startsidan. De är gömda vågrätt och lodrätt.

LB startsidan

1. ....
2. ....
3. ....
4. ....
5. ....
6. ....
7. ....
8. ....

```
S D V U B Å N H I M Y R T G K L C B P
W Ö G M E Z P A K Ä J V Ö D Ö O H Y Y
E X Y J K N F Ö T V C B I H T R Å L T
K R O P P K A K O R Ä J E G T U F N T
T F O J U A L B R U Y S K L B N Ö K I
A B S G Ä S U Ö B T P A V T U U N O P
K A T O H V K S J K Å L D O L M A R A
U I K R I S O A M O D E K Ä L N O L N
P C A B E N R A G G M U N K A R H E N
C D K I F K V E T R G E R U R E J N A
N H A S S E L B A C K S P O T A T I S
T U N O M Ö L S Å F B Ä K U N P D S U
```

2 Vad heter bären? Slå upp orden du inte känner till.

LB 1

1. ....
2. ....
3. ....
4. ....

5. smultron
6. ....
7. ....
8. ....
9. ....

3 Fyll i tabellen.

→ grammatik s. 259

LB 2

	Singular		Plural	
	obestämd	bestämd	obestämd	bestämd
1.	ett enzym	enzymet	enzymer	enzymerna
2.	en burk			
3.				bakterierna
4.		fisken		
5.	en strömming			
6.			lukter	
7.		lägret		
8.			delikatesser	
9.	en svensk			
10.				premiärerna

4 Läs texten och svara på frågorna. Skriv i din anteckningsbok.

Haparanda – en stad i Norrbotten

Staden Haparanda ligger alldeles vid riksgränsen mot Finland. Den gränsar direkt till den finska staden Torneå. Det är en tätort i Norrbotten och centralort i Norrbottens län. På finska heter staden Haparanta. Ranta betyder strand. Staden har ca 6700 invånare och här talar man finska och mäenkieli som är områdets minoritetsspråk. Många Sverigefinländare bor i Haparanda.

Redan under medeltiden var Torneå en viktig marknadsplats. 1621 grundades staden och växte till en stor handelsstad. Vid fredsavtalet efter finska kriget 1809 förlorade Sverige hela Finland och en bit av Sverige. Man drog en ny gräns längs Torneälv. Nu ville man ersätta den förlorade staden och 1842 fick Haparanda stadsprivilegier. I båda världskrigen spelade Haparanda en viktig roll för olika gränsaffärer och man tog emot många flyktingar.

Viktigt för näringslivet i regionen är varuhuset IKEA som öppnade 2006. I många butiker i Haparanda kan man betala med euro.

Haparanda och Torneå har en gemensam grundskola, Språkskolan. Hälften av eleverna kommer från Torneå och den andra hälften från Haparanda. I Språkskolan talar man både svenska och finska.

1. Var ligger Haparanda?
2. Vad heter staden på finska?
3. Hur många invånare har Haparanda?
4. Vad är meänkieli?
5. Varför grundade man staden Haparanda?
6. När fick Haparanda stadsprivilegier?
7. Under vilken tid tog man emot många flyktingar i Haparanda?
8. Vad är Språkskolan?

! ett näringsliv – *Wirtschaft*
grundades - *wurde gegründet*

5 Bilda meningar där adjektivet står i bestämd form. → grammatik s. 264

LB 3

1. tomater ligger kylskåpet färsk i — De färska tomaterna ligger i kylskåpet.
2. vardagsmat förr enkel var svensk ....
3. samhälle i sockret vardagsmat modern blir ....
4. vetebröd färsk ligger bordet på ....
5. tradition har en maträtter lång regional ....
6. ostkaka från Småland smarrig kommer ....

6 Bilda substantiverade adjektiv i bestämd form. → grammatik s. 264

LB 3

1. Det finns ett rött och ett vitt bord. Vilket vill du ha? — Jag vill ha det vita.
2. Det finns både röda och gröna äpplen. Vilka vill du ha? ....
3. Det finns både franskt och spanskt vin. Vilket vill du ha? ....
4. Det finns en gammal och en ny bok. Vilken vill du ha? ....
5. Det finns söta och sura karameller. Vilka vill du ha? ....
6. Det finns både stora och små ägg. Vilka vill du ha? ....
7. Det finns ett rutigt och ett randigt tyg. Vilket vill du ha? ....

7 LB 3

Bilda adjektiv i bestämd form. Rätta gemensamt och jämför!

bekväm	lyxig	vacker	~~färsk~~	gullig	snygg
antik	smarrig	god	italiensk	gammal	mumsig

1 
den färska frukten

2 
....

3 
....

4 
....

5 
....

6 
....

7 
....

8 
....

9 
....

10 
....

11 
....

12 
....

8 LB 4

Gör utrop med *vilken, vilket, vilka.*

→ grammatik s. 261

1. dgo - xal Vilken god lax!
2. sarigrm - kttböulalr ....
3. musimg - spannkaffkranosar ....
4. nif - fsik ....
5. gylix - gotrapattänigs ....
6. kissmag - karganmurg ....
7. gondakon - kasatok ....
8. kastinfast - keltäsg ....

9 LB 6

Fyll i rätt adjektiv i rätt form.

→ grammatik s. 264

1.  .... mat
2.  .... oliver
3.  .... paella
4.  .... sesamolja
5.  .... köttbullar
6.  .... mousserande vin
7.  .... fårost
8.  .... vin
9.  .... surströmming
10.  .... glasnudlar
11.  .... dolmas
12.  .... naanbröd

10 LB 8

Vad heter sakerna? Skriv singular och plural.

1. ....
2. ....
3. ....
4. ....
5. ....
6. ....
7. ....
8. ....
9. ....
10. ....
11. ....

11 LB 9

Sätt in ordet som passar till ordspråket!

smakar äter smulor maten mätt vatten fiskar öl

1. Ingen är så .... att han inte kan äta en plätt.
2. .... och tidningar är bäst när de är färska.
3. Man .... inte haren förrän man har en.
4. Låt .... tysta munnen.
5. Allt .... vill till havet.
6. .... det, så kostar det.
7. .... gör stora ord.
8. .... är också bröd.

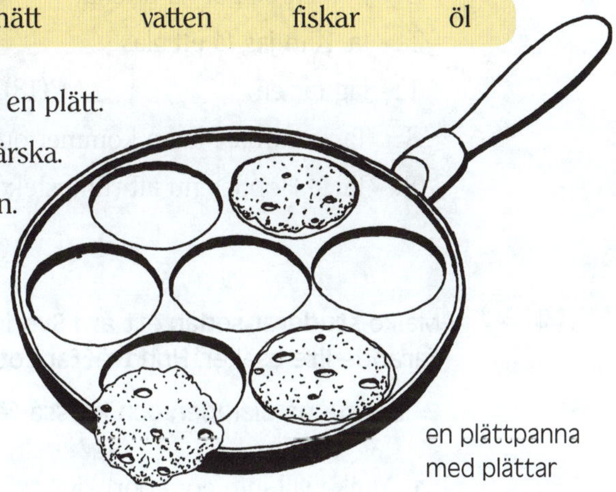

en plättpanna med plättar

12 LB 9

Vid middagsbordet. Vilken replik passar i vilken pratbubbla? Fyll i!

Kan jag få saltet?
Lite mera vin?
Skål!
Nej tack, det är bra.
Åh, vad gott!
Varsågod!

13 Lyssna på dialogen och fyll i orden som fattas. (9)

LB 9

T: Tanja J: Jan S: servitör

Tanja och Jan går in på en trevlig restaurang.

J: Ska vi .... (1) bordet här, Tanja?

T: Kan vi inte .... (2) här vid fönstret? Här är en underbar utsikt över .... (3).

J: Javisst, det kan vi .... (4).

T: Det ska bli gott att äta något. Jag är verkligen .... (5).

S: Hej! Varsågoda, här är .... (6).

J: Tack. Vad vill du .... (7), Tanja?

T: Jag tar en räksallad som .... (8). Sedan skulle jag vilja ha en rumpstek med champinjoner i gräddsås, ärtor och .... (9). Och du då, Jan?

J: Ja, då ska vi se. Som förrätt tar jag en .... (10). Sedan skulle jag vilja ha spagetti med köttfärssås och .... (11).

S: Ja tack. Något att dricka?

T: Ja. Kan jag få ett glas .... (12), tack.

J: Jag tar en .... (13).

S: Tack, gärna. Maten kommer om en .... (14) ungefär.

T: Tack. Hoppas nu att rumpsteken är mör och .... (15).

14 Maike studerar sedan ett år i Sverige. Hon är bjuden på ett födelsedagskalas men känner sig fortfarande lite osäker. Hon träffar Lotta som berättar lite om etikettsregler på en svensk bjudning.

LB 11

a Lyssna på dialogen och kryssa för rätt eller fel. (10)

	rätt	fel
1. Maike vill inte göra bort sig.	☐	☐
2. Det är jätteviktigt att komma i tid.	☐	☐
3. Man behöver inte ta med sig någon present.	☐	☐
4. Man behåller ytterskorna på.	☐	☐
5. Man tar med sig ett par finskor.	☐	☐
6. Man visar att man tycker om maten.	☐	☐
7. Efter maten säger man »Tack för idag!«	☐	☐
8. Man tackar för senast innan man går hem.	☐	☐
9. Man kan mejla eller ringa och tacka för senast.	☐	☐

b Skriv upp de sju viktiga tipsen!

! göra bort sig - *sich blamieren*

15 LB 12

Bilda meningar med orden i glöggkopparna, så får du fram ett glöggrecept. Börja med ordet som är understruket. Skriv på ett extra papper.

Det här behöver du:

2 1/2 dl vatten
1 litet pomeransskal
1 bit ingefära
2 bitar hel kanel
8 kryddnejlikor
1 tsk kardemummakärnor
1 flaska (0,75 l) rödvin
1 dl socker
mandlar, russin

! en kryddlag – *Kräutersud*
sila – *seihen*
skållade – *blanchiert*

16 LB 12

Sätt dig in i följande situation: Inbjudningskortet till höger fick du en dag från dina svenska vänner. Du tackade ja, eftersom du lyckligtvis skulle vara i Sverige just den veckan. Det blev en mycket trevlig kväll. Skriv ett litet »tackkort«! Stödorden i rutan hjälper dig.

tack	koppla av
senast	semester
roligt	njuta av
trevligt	väder
uppleva	(inte) bra
god mat	regn/sol

17 LB 14

Läs dialogen. Stryk bort bokstäverna som man inte uttalar och stryk under orden som förändras. Lyssna och träna uttalet. (11)

- ■ Tjena, hur är det?
- ▸ Tack bra, och själv då?
- ■ Bara bra. Jag var i London några dagar. Det var härligt.
- ▸ Jaså, vad roligt! Det står i tidningen idag att de strejkar.
- ■ Vilka då?
- ▸ Busschaufförerna i London.
- ■ Jaha. ... Ses vi i morgon?
- ▸ Javisst! Hos mig klockan fem.
- ■ Ok. Ha en bra dag!
- ▸ Detsamma!

18 LB 15

Fyll i sin, sitt eller sina!

→ grammatik s. 265

1. Sture målar .... stol.
2. Märta tar .... paraply.
3. Jan tvättar .... bil.
4. Göran äter .... smörgåsar.
5. Han bor i .... hus i Västerås.
6. Märta hälsar på .... släktingar.
7. Hon kammar .... hår.
8. Eva lagar .... cykel.

19 LB 15

Fyll i rätt pronomen.

→ grammatik s. 265

1. Lotta har många vänner. .... vänner är trevliga.
2. Linus går på bio med .... fru.
3. Barnen ligger i .... sängar och sover. .... sängar är bekväma.
4. Kalle gillar .... jobb. .... jobb är stressigt.
5. Olle har ont i .... arm.
6. Katarina säger att .... son är sjuk.
7. Eva pratar med .... man när han kommer hem.
8. Hen talar med .... granne.
9. Vilma och .... familj äter middag.
10. Vilma lagar alltid mat åt .... familj.

20 LB 15

a Sätt in *hans, hennes, deras* eller *sin, sitt, sina*.

→ grammatik s. 265

Idag fick jag följande fråga: Känner du dina grannar?
Ja, jag bor i ett trevligt hyreshus, där vi alla känner varandra. Till vänster om mig bor en tjej med ....(1) katter. ....(2) katter är jättegulliga! Ibland matar jag ....(3) katter. Det är när Agnes är på semester med ....(4) kille. Ibland får hon besök av ....(5) föräldrar. Förra veckan hälsade jag på ....(6) föräldrar i trapphuset.
Till höger om mig bor en 80-årig kvinna. Hon sitter ofta på ....(7) balkong och läser i en av ....(8) böcker. ....(9) barnbarn är ofta på besök. ....(10) undulat kan man höra ibland. Alma älskar ....(11) fågel!
Under mig bor en ung kille som heter Nicke. ....(12) musiksmak är inte min precis! Ofta spelar han ....(13) musik på hög volym. Det är jobbigt. Dessutom festar han ofta med ....(14) vänner. Men ....(15) hund är jättesöt! Ibland träffar jag honom när han är ute och springer. Då har han alltid med sig ....(16) hund.
Över mig bor ett par med ....(17) tre barn. Oj, ibland är det stoj i ....(18) lägenhet! Jag brukar hjälpa Karin och Anders med att vara barnvakt åt ....(19) barn. Jag kan ofta se att de gör en utflykt med ....(20) cyklar eller kör iväg med ....(21) söner i ....(22) bil. De njuter verkligen av ....(23) familjeliv!
Mittemot bor en pensionär med ....(24) fru. De sålde ....(25) bil förra året. Nu kommer ....(26) dotter och kör dem till affären eller vårdcentralen en gång i veckan.

b Skriv lite om dina grannar. Använda sin, sitt, sina. Läs upp för gruppen.

21 LB 15

Berätta historien. Du har hjälp av stödorden. Tänk på att använda *sin, sitt, sina, hans* och *hennes* så ofta som möjligt. Skriv i din anteckningsbok.

→ grammatik s. 265

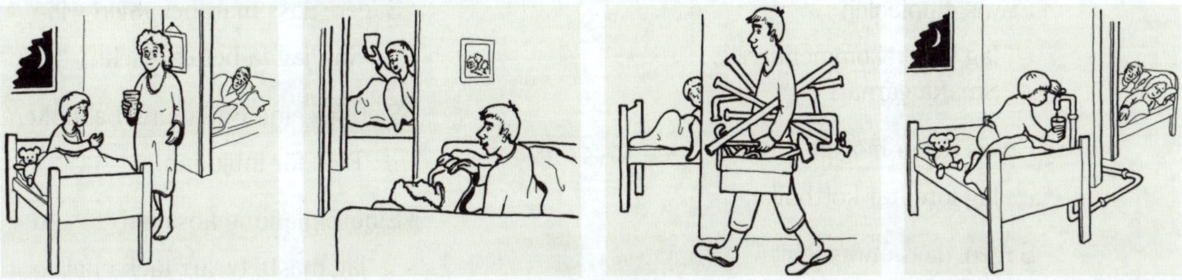

det ✦ natt ✦ Olle ✦ törstig ✦ ropa på ✦ mamma ✦ heta ✦ Eva ✦ hämta ✦ glas ✦ vatten ✦ till ✦ son ✦ man ✦ sova

Olle ✦ fortfarande ✦ törstig ✦ vilja ha ✦ något ✦ dricka ✦ ropa på ✦ mamma ✦ mamma ✦ sova ✦ då ✦ ropa på ✦ pappa ✦ komma

pappa ✦ trött ✦ ha ✦ idé ✦ hämta ✦ rör ✦ verktyg

pappa ✦ installera ✦ vattenledning ✦ till Olles rum ✦ nu ✦ föräldrar ✦ sova ✦ Olle ✦ dricka ✦ när ✦ törstig

Det är natt och Olle är törstig.

ett verktyg - *Werkzeug*
en vattenledning - *Wasserleitung*
ett rör - *Rohr*
fortfarande - *noch immer*
ropa på - *rufen*
hämta - *holen*
när - *wenn*

22 LB 16

Skriv en synonym. Du hittar orden i texten på s. 54 i läroboken.

1. klurig ....
2. hektisk ....
3. testa ....
4. finna ....
5. arbeta ....
6. kompisar ....
7. investera ....
8. tänka kring ....
9. begåvning ....
10. tycka om ....
11. studera ....
12. gemytlig, trevlig ....

23

Vad säger man?

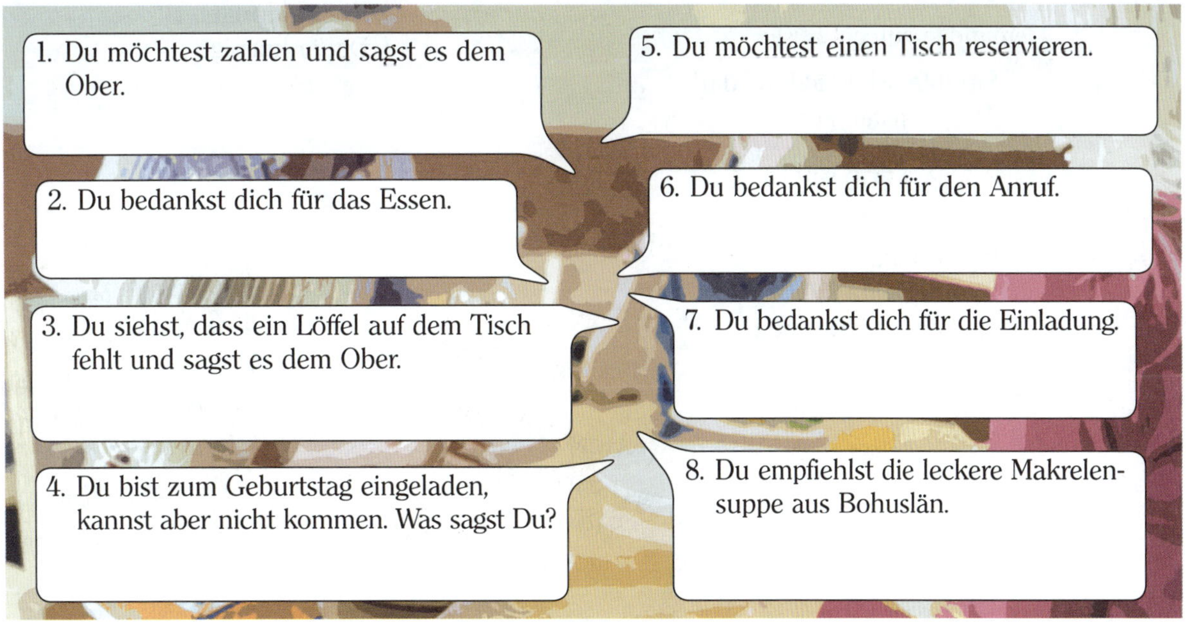

24 ☑ Din checklista över viktiga vardagsuttryck

Etwas empfehlen

- ☐ Jag kan rekommendera ... .
- ☐ Smaka gärna ... .

Etwas lieber mögen

- ☐ Jag föredrar köttbullar.

Sagen, dass etwas fehlt

- ☐ Det fattas en kniv.

Einen Tisch reservieren

- ☐ Har ni ett bord för fyra personer kl. 19?
- ☐ Jag skulle vilja boka ett bord för ... .

Etwas im Restaurant bestellen

- ☐ Jag skulle vilja ha torskfilé med remouladsås.
- ☐ Då tar vi två portioner köttbullar med potatismos.
- ☐ Kan jag få en fisksoppa, tack?

Guten Appetit wünschen

- ☐ Smaklig måltid!

Das Essen loben

- ☐ Åh, det är gott.
- ☐ Strömmingen är färsk och fin.
- ☐ Det var jättegott!
- ☐ Det smakar mycket bra.
- ☐ Det smakar jättebra.

Um etwas bitten

- ☐ Kan jag få saltet?
- ☐ Kan du skicka saltet?

Jemanden zurechtweisen

- ☐ Sitt inte och kladda så där!
- ☐ Ät upp maten nu!

Sagen, dass man satt ist

- ☐ Tack, det är bra.
- ☐ Jag är mätt.
- ☐ Jag orkar inte mer.
- ☐ Jag är nöjd. (höfliche Form)

Sagen, dass man bezahlen will

- ☐ Kan jag få betala, tack!

Sich für eine Einladung bedanken

- ☐ Tack för inbjudan.

Eine Einladung absagen

- ☐ Jag måste tyvärr tacka nej.
- ☐ Jag är hemskt ledsen, men jag är upptagen.
- ☐ Jag kan tyvärr inte komma.

Eine Einladung zusagen

- ☐ Jag kommer gärna.
- ☐ Vad trevligt/roligt/kul!

Eine Idee äußern

- ☐ Vet du vad?
- ☐ Vad sägs om att ... ?

Etwas bedauern

- ☐ Ja, det är tråkigt.
- ☐ Det menar du inte!
- ☐ Det var verkligen synd.
- ☐ Jag är hemskt ledsen.

Viel Spaß wünschen

- ☐ Ha det nu så kul på lördag!

Ein Telefongespräch abschließen

- ☐ Tack för (att) du ringde!
- ☐ Vi hörs!

Sagen, dass etwas schwierig ist

- ☐ Det är klurigt ... .
- ☐ Det är knepigt ... .

- Vad heter McDonalds nya fiskburgare?
- McRill

Kannibalerna hade tillfångatagit en finne och lät honom koka i stora festgrytan. Efter två timmar gläntade de på locket, varpå finnen reste sig och sa:
- Härligt bubbelbad! Kan jag få låna handduken och gå till bastun nu?

Vi ses i kväll! Avsnitt 5

1 LB startsidan

Skriv rätt uttryck vid symbolerna.

1. gå på teater
2. ....
3. ....
4. ....
5. ....
6. ....
7. ....
8. ....
9. ....
10. ....

2 LB 1

Vad heter yrkena?

1. En kvinna som sjunger är en ... .
2. En man som sjunger är en ... .
3. En man eller kvinna som spelar teater är en ... .
4. En man eller kvinna som arbetar med konst är en ....
5. En man eller kvinna som regisserar är en ... .
6. En man eller kvinna som spelar piano är en ... .
7. En man eller kvinna som håller föredrag är en ....
8. En man eller kvinna som dansar är en ... .
9. En man eller kvinna som spelar trumma är en ....
10. En man eller kvinna som spelar gitarr är en ... .

3 LB 2

Förstärk adjektiven. Du har hjälp av de tre första bokstäverna.

1. Det är mycket bra!
2. Det är him.............. roligt!
3. Det är oer.............. trevligt!
4. Det var otr.............. vackert!
5. Det var väl.............. fint!
6. Det var fan.............. roligt!

4 LB 3

Anna-Lena hade en riktig kulturvecka. Skriv vad hon gjorde!

→ grammatik s. 266

1. tisdag 2. onsdag 3. lördag 4. torsdag 5. fredag 6. söndag

1. I tisdags gick hon på bio.
2. ....
3. ....
4. ....
5. ....
6. ....

5 Vad gjorde Anna?

LB 3

→ grammatik s. 266

1. (åka skidor) Anna åkte skidor i vintras.
2. (resa till Stockholm) ....
3. (vara i sommarstugan) ....
4. (köpa en ny bil) ....

6 Ändra tidsuttrycken till dåtid!

LB 3

→ grammatik s. 266

1. (augusti) Stefan hälsade på sin mor ....
2. (i år) Vi hade semester i Spanien ....
3. (onsdag) Hon tentade ....
4. (idag) Mia messade till Johan ....
5. (på morgonen) Eva och Jan tog bussen till arbetet ....
6. (påsk) Jag var i Grövelsjön ....
7. (lördag) Ulla fyllde år ....
8. (juli) Hade du semester ....?
9. (tisdag) Lotta jobbade från 8.00 - 16.00 ....
10. (jul) Sven åkte hem ....

7 Lyssna på telefonsvararen och kryssa för rätt svar. (12)

LB 5

1. Vad ska Lotta och Karin göra?
   - ☐ gå på teater ☐ gå på opera ☐ gå på bio
2. När är föreställningen?
   - ☐ på torsdag kl. 18.30 ☐ på fredag kl. 19.30 ☐ på fredag kl 18.30
3. Vilken tid tycker Karin att de ska träffas?
   - ☐ klockan 18.00 ☐ klockan 15.00 ☐ klockan 17.00
4. Var tycker Karin att de ska träffas?
   - ☐ utanför Café Wasa ☐ inne på Café Wasa ☐ utanför Café Valborg
5. När kan Lotta ringa upp Karin på kvällen?
   - ☐ efter klockan 20.00 ☐ efter klockan 21.00 ☐ efter klockan 19.00

8 Bilda meningar med »antingen ... eller«.

LB 5

→ grammatik s. 278

Vi kan ...

1. se en skräckfilm/en kärleksfilm ....
2. gå på bio/på teater ....
3. laga något gott/gå ut och äta ....
4. gå på museum/gå på en utställning ....
5. ta flyget/tåget ....

9 Sätt orden i rätt följd.

LB 5

1. sex i är ok kvart ? ....
2. fint vi då ses ....
3. jag ordna biljetter ska ? ....
4. dig hämta jag kan ....

10 Bilda frågor till svaren.

LB 5

1. ....? 18.30.
2. ....? 140:-.
3. ....? På Saga.
4. ....? Se upp för dårarna.
5. ....? Rad 19, plats 487.

Saga salong 1
ons 21/2
Se upp för dårarna

Sekt	Rad	Stolsnr	Pris	Klockan
	19	487	140	18:30 Hö

11 Adjektiv eller adverb? Fyll i rätt form och kryssa för!

LB 6

→ grammatik s. 267

		Adjektiv	Adverb
1. (varm)	Höstsolen sken	☐	☐
2. (fin)	Hon sjunger mycket	☐	☐
3. (tråkig)	Föredraget är	☐	☐
4. (tidig)	De gick	☐	☐
5. (vacker)	Huset är stort och	☐	☐
6. (underbar)	Det doftar ....!	☐	☐
7. (skön)	Vi hade en .... paus.	☐	☐
8. (vacker)	Huset ligger väldigt .... vid en sjö.	☐	☐
9. (lång)	Pia har ett .... nattlinne på sig.	☐	☐
10. (souverän)	Han dansar	☐	☐
11. (förskräcklig)	De spelade	☐	☐
12. (trevlig)	Du har verkligen en .... syster!	☐	☐

12 Bilda korta meningar och bilda adverb.

LB 6

→ grammatik s. 267

1. smaka	äcklig	Det smakar äckligt.
2. köra	långsam	....
3. snöa	förskräcklig	....
4. stiga upp	tidig	....
5. komma	för sen	....
6. tala	tydlig	....
7. blåsa	kall	....
8. se	dålig	....
9. sjunga	professionell	....
10. öppna dörren	försiktig	....

13 Översätt! → grammatik s. 267

LB 6

1. Ich sehe so schlecht. ....
2. Ulla holte schnell ihren Regenschirm. ....
3. Kannst du bitte etwas langsamer sprechen? ....
4. Der Bus kam zu spät. ....
5. Das Haus liegt sehr hübsch am See. ....

14 Läs texten och kryssa för rätt eller fel.

LB 7

Drottningholms slottsteater

Drottningholmsteatern ligger på Lovön utanför Stockholm i Drottningholms slottsområde. Det är en unik teater från 1700-talet. Det var drottning Lovisa Ulrika som lät uppföra slottsteatern efter ritningar av Carl Fredrik Adelcrantz. Byggnaden stod färdig 1766. Teaterns storhetstid började 1777, då Gustaf III övertog Drottningholms slott. Innan Operan i huvudstaden var färdig 1782, hade många pjäser premiär här.
Efter Gustav III:s död 1792 stagnerade det svenska teaterlivet och man glömde bort Drottningholmsteatern. Men hovteatern återupptäcktes av litteratur- och teatervetaren Agne Beijer. Under hans ledning restaurerade man teatern och den 19 augusti 1922 gick ridån upp igen.
Slottsteaterns scen är 20 meter djup, vilket är ovanligt i Sverige. Ett avancerat scenmaskineri möjliggör snabba dekorationsväxlingar inför öppen ridå. Till scenen hör dessutom falluckor, rörliga vågor, ljusmaskineri, men även vind- och åskapparater som bidrar till att skapa föreställningarnas stämning. Salongen har en starkt sluttande parkett och inga skymda platser. Alla platser har ryggstöd och stoppade dynor.
Varje sommar ges ett antal opera-, balett- och musikföreställningar, som alltid lockar stor publik.

	rätt	fel
1. Drottningholmsteatern ligger på Lidingö.	☐	☐
2. Det är en teater från 1700-talet.	☐	☐
3. Drottning Lovisa Ulrika lät uppföra teatern.	☐	☐
4. Gustav III övertog teatern 1782.	☐	☐
5. Många pjäser hade premiär på teatern, innan Operan i Stockholm var färdig.	☐	☐
6. Hovteatern återupptäcktes av en naturvetare.	☐	☐
7. I augusti 1922 började man använda teatern igen.	☐	☐
8. Teatern har vind- och åskapparater.	☐	☐
9. I salongen har några platser ryggstöd och dynor.	☐	☐

15 Sätt in orden till höger i texten i rätt form. Alla orden har artikeln *en*.

LB 7

För första gången i mitt liv är jag på .... Jag är fem år och får följa med mina föräldrar. Jag minns foajén. Allt är så stort och vackert. Jag beundrar alla .... Så vackra de är! Vi går in i ...., går genom .... till våra .... Jag hör att en klocka ringer för tredje gången. Det blir mörkt, ... tystnar och jag ser det gröna ljuset från .... lysa mystiskt. Spänningen i mig stiger. Så plötsligt börjar .... spela och .... går långsamt upp. Det jag ser tar nästan .... ur mig. Det är verkligt, men ändå inte. Att det heter .... får jag veta senare. På .... står en kvinna med en underbar, vit klänning. Hon ser ut som en ängel. Hon gör en elegant .... med armen och börjar sjunga så otroligt vackert att jag får en känsla av att vara i himlen. Det var då, tror jag, i det ögonblicket, som jag bestämde mig för att bli ....

scen
operasångerska
kuliss
sittplats
orkester
andan
nödutgång
salong
ridå
publik
långklänning
opera
rad
rörelse

16 Lyssna på intervjun och fyll i orden som fattas. (13)

Violonist i Malmö symfoniorkester

Malmö Live är ett stadskvarter med bl.a. kongresscenter, hotell, ...(1) och kontor. Kärnan i området är Malmö Live Konserthus. Malmö Symfoniorkester (MSO) flyttade dit 2015. AnnSofi Backman Fröberg har sin arbetsplats där. Hon är violonist i symfoniorkestern.

AnnSofi, hur är det att ha sitt jobb i en symfoniorkester?

Arbetet som ....(2) i en symfoniorkester är mycket roligt och berikande. Vi har ....(3) minst en gång i veckan och ny repertoar varje vecka. Våra arbetsveckor börjar med repetition måndag - ....(4) och vi har konsert på torsdag kväll. Fredagar och ibland lördagar har vi skivinspelningar eller matinékonserter. Vi ....(5) ägnar också mycket tid åt egen övning hemma.

Kan du berätta lite om Malmö Symfoniorkester?

Symfoniorkestern består av 55 stråkmusiker, 26 blåsmusiker, 4 slagverkare och en harpist. Och just nu är vi musiker från 14 olika ....(6).

Konsertsalen lär vara ett mästerverk. Varför det?

Ja, den har ju en akustik i världsklass och man har lagt ner ett otroligt arbete för att få en bra akustik, att klangen är behaglig och ....(7). För oss musiker är det fantastiskt! Vi kan höra varandra på ett balanserat sätt.

Hela konsertsalen ....(8) på en geoanläggning som eliminerar alla ....(9) och vibrationer från omgivningen. Det är t.ex. bra när vi gör skivinspelningar.

Och designen?

Salen andas nordisk design. Väggarna är ....(10) med träpanel i jordiga ....(11) och har 1 600 publikplatser. Och takhöjden, den är ....(12), som i Lunds Domkyrka, 21 m.

Går du själv på konserter?

Om jag får tillfälle går jag gärna och lyssnar på andra ....(13) som besöker vår fina konsertsal. Har jag möjlighet passar jag även på att ....(14) andra konserthus i samband med privata resor.

Tack AnnSofi och lycka till!

AnnSofi Backman Fröberg

stadskvarter - *Stadtviertel*
kärna - *Kern*
område - *Gebiet*
berikande - *bereichernd*
minst - *mindestens*
repetition - *Proben*
ägna tid åt ngt - *Zeit in etwas investieren*
harpist - *Harfenist*
lär vara - *soll sein*
lägga ner - *hereinstecken*
andas - *atmen*
jordiga färger - *Erdfarben*
takhöjd - *Deckenhöhe*
tillfälle - *Gelegenheit*

17 Bilda meningar med »vore«.

LB 8

→ grammatik s. 267

1. trevlig Det vore trevligt!
2. jättekul
3. rolig
4. bra
5. suverän

18 Säg orden högt för dig själv och sortera in dem i rätt spalt. Lyssna sedan och kontrollera. (14)

LB 9

museum nervös musiker film regissör hellre kul orkester musik
killarna instrument grilla fängslande rad pianist reklam konserthus spelar

▬ bam	▬ ● bam-ba	● ▬ ba-bam	▬ ● ● bam-ba-ba	● ▬ ● ba-bam-ba	● ● ▬ ba-ba-bam

19 Föreslå något på sex olika sätt!

LB 8, 10

1. gå på bio
2. äta en bit mat
3. gå på teater
4. göra en sightseeingtur
5. gå på handbollsmatch
6. ta en långpromenad i skogen

20 Skriv ett meddelande. Tänk på att svara på alla frågorna.

LB 10

Jag har lust att gå på bio på fredag. Vill du följa med?
Det vore kul!
Vad går det för filmer just nu? Ska vi gå ut och äta
något gott först? Var tycker du vi ska träffas? På
fredag slutar jag kl. 15.
Hör av dig! 16:17

21 LB 10

Laila vill gå på bio eller göra något annat trevligt på fredag kväll. Hon ringer till Katarina. Lyssna och fyll i luckorna! (15)

L: Hejsan Katarina, det är Laila!

K: Nej men hej! ....(1) är det?

L: Tack, ...(2)! Har du lust att ....(3) med på bio?

K: Nja ... på bio ... jag vet inte. Vad går det för ....(4) just nu?

L: Jag ska titta i ....(5). Alltså, vi kan antingen se »Änglar och demoner« med Tom Hanks i ....(6) på Saga eller »Män som hatar kvinnor«. Den filmen ska vara så ....(7)! »Australia« med Nicole Kidman ....(8) också vara fängslande. Den går på Rigoletto.

K: Är det en ....(9)?

L: Ja, det är en riktig kärlekshistoria.

K: Nej, det är jag inte intresserad av. Jag skulle ....(10) vilja gå på ....(11). De uppför Mozarts »Requiem« i Vallentuna ....(12).

L: Men Mozarts »Requiem« ....(13) inte jag lyssna på i kväll. Men vad säger du om att gå på ....(14)? Det kanske går någon komedi.

K: Ja, det är en bra idé! Det vore faktiskt ....(15). Det var längesedan jag såg en bra ....(16).

L: Jag ska se. Här är en komedi ....(17) heter »Sylvia«. Men det står inte vilka ....(18) som medverkar.

K: Men det spelar ju ingen roll. Det blir säkert ....(19). Ska jag hämta dig?

L: Ja tack, om du ....(20), så vore det jättegulligt. Du vet ju hur det är med bussarna här på landet.

K: Fint, då ....(21) jag dig klockan 19.00. ....(22) nu inte att det är utsålt i kväll!

L: Nej, det ....(23) synd! Vad bra, då ses vi i kväll!

K: Hej så länge!

L: Hej då!

! utsålt – *ausverkauft*

22 LB 11

Vad heter filmtyperna? Lös korsordet!

1. handlar ofta om djur och natur
2. spännande, handlar ofta om mord
3. bildande, berörande
4. skildrar något spännande och farligt
5. filmen vill chockera och göra dig rädd
6. är tecknad med hjälp av dator
7. handlar ofta om framtiden
8. handlar om människor som blir kära i varandra
9. spännande, handlar t.ex. om spionage
10. det ingår specialeffekter och i filmen spelar även stuntmän
11. brukar vara rolig

23 Skriv ut presens particip!

LB 13

→ grammatik s. 268

1. Barn som leker är ....
2. En film som fängslar är en ....
3. En tid som passar är en ....
4. Ett väder som växlar är ett ....
5. En medicin som lugnar är en ....
6. Män som skrattar är ....
7. En film som underhåller är en ....
8. En skådespelerska som fascinerar är en ....
9. En vän som förstår är en ....
10. En artist som underhåller är en ....

24 Bilda infinitiv-, presens- och preteritumformen av följande verb som står i presens particip!

LB 13

→ grammatik s. 268

	Infinitiv	Presens	Preteritum
1. fascinerande			
2. skrattande			
3. underhållande			
4. stående			
5. fängslande			
6. lekande			
7. producerande			
8. gående			

25 Vad säger man?

1. Du fragst, welche Filme gerade im Kino laufen.
2. Du bist sehr müde und schaffst es nicht, heute ins Konzert zu gehen.
3. Du fragst deine Freunde, was ihr heute Abend machen wollt.
4. Du sagst zu Eva, dass du sie abholen kannst.
5. Du bittest Olle, dass er versprechen muss, dich um 15.00 Uhr anzurufen.
6. Du sagst, dass du den Film sehr sehenswert findest.
7. Du fragst, ob 15 Uhr passt.
8. Du sagst, dass der Film fesselnd ist.

26 Din checklista över viktiga vardagsuttryck

Eine Aussage verstärken

- ☐ Det är himla/oerhört/otroligt/väldigt bra!

Sagen, dass man müde ist / etwas nicht mehr schafft

- ☐ Jag orkar inte / Jag är för trött.

Verständnis zeigen

- ☐ Det är helt ok.

Vorlieben ausdrücken

- ☐ Min favoritskådis är ...

Etwas vorschlagen

- ☐ Ska vi gå på konsert?
- ☐ Har du lust att följa med på bio?
- ☐ Vi kan väl gå på teater i kväll?
- ☐ Om du vill, kan vi gå ut och äta.
- ☐ Vad sägs om att grilla?
- ☐ Varför gör vi inte en sightseeingtur?

Positiv auf einen Vorschlag antworten

- ☐ Det är/var en bra idé!
- ☐ Ja, det gör vi!
- ☐ Ja, jag följer med.
- ☐ Vad roligt/kul!
- ☐ Det vore trevligt/roligt/intressant.

Ohne konkretes Interesse auf einen Vorschlag antworten

- ☐ Det spelar ingen roll.
- ☐ Det gör detsamma.
- ☐ Kanske, men jag skulle hellre vilja ...
- ☐ Jag vet inte ...

Negativ auf einen Vorschlag antworten

- ☐ Nej, jag har ingen lust.
- ☐ Nej, jag kan inte.
- ☐ Jag orkar inte.
- ☐ Jag har (tyvärr) inte tid idag.
- ☐ Jag är inte intresserad av ...

Sicher/nicht sicher sein

- ☐ Jag är inte helt säker, men jag tror att ...
- ☐ Jag är säker på att ...

Sich anbieten, etwas zu machen

- ☐ Ska jag ordna/hämta biljetter?
- ☐ Jag kan ordna biljetter.
- ☐ Jag ordnar biljetter.

Vermutung aussprechen

- ☐ Det verkar ju vara ...

Sich verabreden

- ☐ Ska vi träffas hemma hos mig?
- ☐ Var ska vi träffas?
- ☐ Är sju ok?
- ☐ Passar det klockan sju?

Etwas versprechen

- ☐ Lova att komma i tid!
- ☐ Jag lovar att komma i tid.

Etwas bestätigen

- ☐ Självklart!

Positive Kritik äußern

- ☐ Filmen var jättebra!
- ☐ Konserten var superbra!
- ☐ Skådespelarna var suveräna/strålande!
- ☐ Pjäsen är toppen/underbar/fängslande.
- ☐ Utställningen var fantastisk.

Negative Kritik äußern

- ☐ Filmen var urdålig.
- ☐ Föredraget var långtråkigt/trist.
- ☐ Pjäsen var förskräcklig.
- ☐ Musikalen var botten.
- ☐ Han sjöng dåligt.

Bedauern ausdrücken

- ☐ Det var synd.
- ☐ Vad synd!
- ☐ Vad tråkigt.

Über einen Film erzählen

- ☐ Filmen handlar om en popartist.
- ☐ Filmen utspelar sig i ... .
- ☐ Huvudpersonen är ...
- ☐ Filmen är sevärd/berörande/fängslande/rolig/intressant.

Tonfisk bör ätas med stämgaffel.

– Oj titta! Alla noterna flyger iväg.
– Ja, det är en blåsorkester!

– Jaså, du blev underkänd i musik?
– Ja, jag var inte riktigt med på noterna.

1 Läs texten och sätt in rätt alternativ.

LB 1, 2

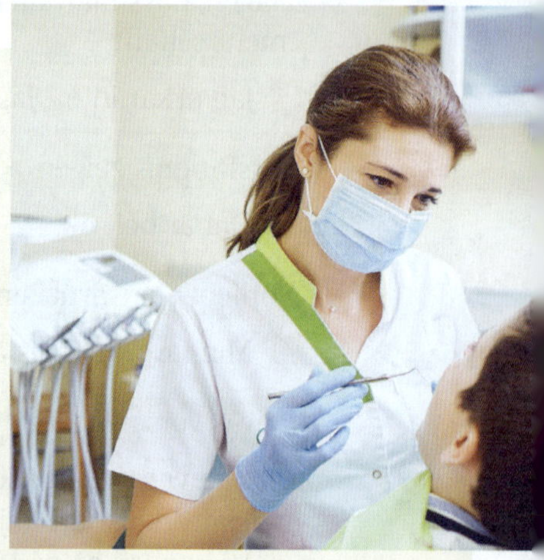

Tandläkare

Som tandläkare (1) måste man arbeta med människor och .... (2) känsla för service och kvalitet. Ofta .... (3) man med .... (4) personalgrupper inom tandvården. En tandläkare måste t.ex. .... (5) patienter och bestämma .... (6) behandling som ska utföras. Andra .... (7) är t. ex. att laga hål i .... (8) eller göra rotfyllningar. Att förebygga .... (9) på tänderna är en .... (10) uppgift. Du arbetar ofta i team tillsammans .... (11) en tandhygienist och en tandsköterska.

1. tandläkarna	tandläkare	tandläkaren
2. ha	har	hade
3. samarbetade	samarbeta	samarbetar
4. alla	andra	inga
5. undersöka	undersökte	undersöker
6. vilket	vilka	vilken

7. arbetsupp-gifterna	arbetsupp-gifter	arbetsupp-giften
8. tänderna	tanden	tand
9. skada	skadan	skador
10. viktigt	viktiga	viktig
11. mot	med	för

2 Vilket yrke passar till beskrivningen? Lös korsordet.

LB 1, 2

1. en ... undersöker sjuka djur.
2. en ... tar hand om och leker med barn.
3. en ... sotar skorstenar.
4. en ... installerar server.
5. en ... arbetar på en tidning.
6. en ... hjälper dig att få glasögon.
7. en ... klipper en snygg frisyr.
8. en ... vårdar patienter.
9. en ... vill se ditt körkort i en trafik-kontroll.
10. en ... tillverkar t.ex. stolar.
11. en ... predikar i kyrkan.
12. en ... skriver ut medicin.
13. en ... undervisar i skolan.
14. en ... lagar mat professionellt.
15. en ... mjölkar kor och kör traktor.
16. en ... organiserar transporter.

3 LB 5

Lyssna. Är vokalen ö lång eller kort? Kryssa för! (16)

1. ☐ lång ☐ kort
2. ☐ lång ☐ kort
3. ☐ lång ☐ kort
4. ☐ lång ☐ kort
5. ☐ lång ☐ kort
6. ☐ lång ☐ kort
7. ☐ lång ☐ kort
8. ☐ lång ☐ kort
9. ☐ lång ☐ kort

4 LB 7

Lyssna på »radioprogrammet« och svara på frågorna. (17)

1. Vad jobbar Göran med? ....
2. Var jobbar han? ....
3. Var kan man också jobba? ....
4. Vad har Göran för arbetsuppgifter? ....
5. Vad ska man vara bra på i Görans jobb? ....
6. Vilka språk är bra att kunna? ....
7. Är jobbet stressigt? ....

5 LB 7

Vad är viktigt att kunna i dessa båda yrken. Skriv en liten text.

....

6 LB 8

I rutan finns 8 substantiv ur texten om Janne. Orden är gömda vågrätt och lodrätt. De har minst tre bokstäver. Ringa in orden och skriv pluralformerna.

1. ....
2. ....
3. ....
4. ....
5. ....
6. ....
7. ....
8. ....

R E U L Ö B H Å M I N N Ä J T L O D E S S

H V S T Ä M N I N G I N S A C J P L I R U

T E A K L Å N V I L T Ö R M P E D I J A T

E N O C M K U R S Å S R I P U Ä V A D L R

K E N B T Ö R K O M E L Å O B H T A Ö C U

Ä M T A S S M U J L I F R A T Å S L O P S

B A M K U R F Å R Y T M S E N G I Å R Ä T

U N H D A P T I L Ä B Ö M R S T U T Å L N

F G N J U R K A S Å N R B O T S I T B R I

G L Å J H I L M A G Ö D U K L A M I S T N

Ö F Ö R E T A G S A R R A N G E M A N G G

7 LB 8

Vilken preposition?

1. ta hand ....
2. bjuda ....
3. handla ....
4. väcka intresse ....
5. investera ....

8 LB 8

Läs texten om Wilma i läroboken på s. 72 en gång till. Ställ frågorna till svaren.

1. ....?
   Jag jobbar som naturguide.
2. ....?
   Ja, jag leder människor i naturen och visar olika naturområden, t.ex fjällen. Dessutom leder jag kurser och håller föredrag.
3. ....?
   Ja, jag är ofta i fjällen, en terräng som inte är helt ofarlig.
4. ....?
   Vi har oregelbundna arbetstider och är ute i alla väder. Ibland är det tufft!
5. ....?
   Jag gick ett högskoleprogram i Kiruna.
6. ....?
   Där fick vi lära oss allt ifrån fjällsäkerhet till kulturhistoria, turism, ekologi, ledarskap och affärsutveckling.

9 LB 8

I texterna om Janne och Wilma finns många verb. Sätt in dem i rätt mening.

kunna vara möta känna ta hand om ha handla om jobba

Janne:

1. Jag .... den musikaliska underhållningen på fester och evenemang.
2. Det .... att skapa musik.
3. Nackdelen .... att man .... kvällar och helger.
4. Man .... nästan alltid höga ljud omkring sig.
5. Jag .... publiken, ... stämningar och .... leverera passande stil och rytm.

snöa leda älska spöregna se till hålla träffa ordna få försöka

Wilma:

6. Jag .... friluftsliv!
7. Jag .... att alla .... härliga naturupplevelser.
8. Jag .... väcka intresse för vårt kulturarv.
9. Ofta .... jag underbara människor.
10. Jag .... föredrag, ... kurser och .... utställningar.
11. Vi var ute när det .... och ....

10 Läs texten och kryssa för rätt eller fel.

LB 8

En intervju

R: reporter V: Veronica Ahnberg

Dolomite är ett företag i Anderstorp i Småland. Vi intervjuade Veronica Ahnberg som är marknadsassistent på Dolomite.

R: Veronica, du arbetar på Dolomite. Vad tillverkar företaget?
V: Dolomite utvecklar och tillverkar hjälpmedel för äldre och personer med funktionsnedsättning. Rollatorer (gånghjälpmedel) är vår huvudsakliga försäljning.
R: Hur stort är företaget?
V: Vi har ca 70 medarbetare.
R: Har Dolomite dotterbolag utomlands?
V: Nej, men vi har flera systerbolag, eftersom vi idag tillhör företaget Invacare. Totalt är vi representerade i ca 80 länder.
R: Vad har du för utbildning?
V: Tre och ett halvt år ekonomisk gymnasieutbildning och en högskolekurs i marknadsföring.
R: Vad är ditt jobb på Dolomite? Kan du berätta lite?
V: Jag tar fram diverse marknadsföringsmaterial, har hand om mässor, hemsida och säljsupport.

Rollator »Melody«

Veronica Ahnberg

R: Är du nöjd med dina arbetstider?
V: Ja, jag jobbar 8:00 - 15.00. Det passar mig bra, eftersom jag har barn som jag måste hämta och lämna på olika aktiviteter.
R: Trivs du med ditt yrke?
V: Ja, mycket. Jag gillar att vara kreativ och det får jag utlopp för i mitt jobb.
R: Kan du berätta lite om dig själv.
V: Jag är 35 år och arbetar på Dolomite sedan 8 år tillbaka. Jag har man och tre barn och bor i ett hus på landet. Jag tycker om att umgås med familj och vänner. Ett av mina andra stora intressen är att resa, därför att man får uppleva och se mycket.
R: Vad är typiskt för ett svenskt företag?
V: Man satsar på kvalitet och design, har en god personalpolitik och ofta väldigt bra arbetsmiljö.
R: Är Dolomite ett företag med goda framtidsutsikter?
V: Ja! Vi är ett av Sveriges ledande företag i branschen och exporten växer snabbt.
R: Varför det?
V: Därför att våra produkter är kända för kvalitet och ergonomisk design, och nu har vi många nya kanaler för att nå ut till fler kunder i världen via Invacare.
R: Tack ska du ha Veronica, och lycka till i framtiden!

	rätt	fel
1. Veronica är marknadsassistent.	☐	☐
2. Hon gick en högskolekurs i marknadsföring.	☐	☐
3. Dolomite utvecklar inte rollatorerna.	☐	☐
4. Företaget har 170 anställda.	☐	☐
5. Veronica jobbar från 8:00-17:00.	☐	☐
6. Veronica tycker att jobbet är tråkigt.	☐	☐
7. Veronica har hand om företagets hemsida.	☐	☐
8. Svenska företag satsar på kvalitet och design.	☐	☐
9. Svenska företag har en dålig personalpolitik.	☐	☐

! funktionsnedsättning - *Beeinträchtigung*
marknadsföringsmaterial - *Marketing-unterlagen*

11 Lite knep och knåp. Gunnar, Bengt och Per är grannar. Läs meningarna och skriv namn, yrke, anställning och arbetstid i rätt hus.

Namn:	Namn:	Namn: ....
Yrke:	Yrke:	Yrke: ....
Anställning:	Anställning:	Anställning: ....
Arbetstid:	Arbetstid:	Arbetstid: ....

1. En av männen jobbar heltid.
2. Bengt bor till vänster om Gunnar.
3. Nätverksteknikern jobbar deltid.
4. Mannen i det blåa huset jobbar halvtid.
5. En av männen jobbar på Andersson AB.
6. Gunnar jobbar mer än mannen i det röda huset.
7. Till vänster om speditören bor läraren som är anställd på en skola.
8. Per är anställd på Nilssons Frakt.

! knep och knåp - *Rätsel, etwas Kniffliges*

12 Här är sju platsannonser, där yrkesbeteckningen fattas. Vilket yrke passar till vilken annons? Sätt rätt bokstav framför yrkena. Två yrken passar inte!

LB 9

◯ Receptionist/Läkarassistent	◯ Snickare	◯ Läkare
◯ Säljare	◯ Kock	◯ Frisör
◯ Lönekontorist	◯ Byggnadsingenjör	◯ Matematiklärare

a

Har du en bakgrund från teknik eller försäljning och trivs med målinriktat arbete, där kunden är i centrum? Är du dessutom strukturerad och kan jobba både självständigt och i team? Välkommen till Sverigetruck AB!

Läs mer på www.personal.se eller ring Anna Samuelsson 048 - 453 14 34

SVERIGETRUCK AB

b

Är du kreativ och serviceminded? Då kanske du är just den vi söker. Heltid. Lön enligt avtal.

Plus har för närvarande 6 anställda. 2007 utökade vi vår verksamhet och etablerade ytterligare en salong i nya Gallerian.

Ansökan mejlas till info@salongplus.se

.... salong Plus

c

Vi behöver dig för ett vikariat.

Kvalifikationer
Du har adekvat, pedagogisk utbildning.

Kontaktperson
Sven Karlsson, rektor,
047 372 45

Gamleby kommun
www.gamleby.se

d

Du behövs till en centralt belägen mottagning. Yrkeserfarenhet 3-5 år. Du ska vara flexibel och stresstålig. Du är ansvarig för patientkontakten, tidsbokning på data och bistår läkaren i hans vardagliga arbete.

Skicka din ansökan till bo.svensson@malmholm.se

e

TTM AB som ingår i FoM-koncernen behöver utöka igen. Idag är vi 8 medarbetare, men vi behöver ytterligare en medarbetare som kan hjälpa till med våra hus. Du ska vara erfaren och händig. Vi bygger det mesta i Uppland och Södermanland.

TTM AB 084 - 757 040 www.ttm.se

f

Vi söker dig som kan arbeta självständigt och noggrant. Du har god samarbetsförmåga med anställda och kunder.

Arbetsuppgifter:
- ✓Att göra grundritningar och detaljritningar
- ✓Svara för materialbeställningar
- ✓Följa upp byggen på plats med montageteamen

Ansökan mejlas till hans.trollberg@andersson.se

ANDERSSON AB

g

Vi behöver komplettera vårt kök och söker dig som är erfaren och kreativ samt har ett stort intresse för matlagning.
Du jobbar bra både självständigt och i team.

Välkommen med din ansökan!

info@gamlebyhotell.se
Karin Eklund

Gamleby Konferenshotell

13 LB 9

a Emma Svanberg är inte nöjd med sitt jobb. Hon söker nytt arbete. Läs Emmas platsansökan och fyll i de ord som fattas. Välj bland orden i rutan!

lätt	ekonomisk	livet	svar	marknadsavdelning	företagsekonomi	kontakter
trivs	språk	positiv	bas	gymnasieutbildning	marknadsassistent	

Talko AB
Södra vägen 54
435 78 Göteborg

Hej!

Jag heter Emma Svanberg, är 40 år och står på två stadiga ben här i ....(1).
Jag såg annonsen i DN och tycker att arbetet som ....(2) på Talko AB verkar spännande.
Efter min ....(3) med ....(4) inriktning och tvåårig datautbildning började jag jobba som ekonomiassistent. Sedan 2004 arbetar jag som lönekontorist på en speditionsfirma. Den erfarenhet jag har inom ....(5) och data är en bra ....(6) för en vidare utveckling på ett företags ....(7).
Eftersom ett annat stort intresse är ....(8), har jag naturligtvis inget emot att arbetet medför internationella ....(9) i någon form.
Jag är en ....(10) och glad person och har ....(11) att anpassa mig. Dessutom är jag tolerant och ....(12) med teamwork.
Jag hoppas på ett positivt ....(13) och en chans att visa vem jag är och vad jag går för.

Göteborg 2020 - 05 - 31

Emma Svanberg
Emma Svanberg
Skolgatan 37
413 02 Göteborg

! DN - Dagens Nyheter

b Du söker jobbet som distriktssäljare på företaget Sempersko (LB 6, s. 73). Skriv en ansökan med hjälp av Emmas brev. Skriv i din anteckningsbok. Byt med en kurskamrat och rätta.

14 LB 9

Kombinera ord och förklaringar.

1. arbetslös	....	Man har ca 40 timmars arbetstid per vecka.
2. praktik	....	Man har mindre än 35 timmars arbetstid per vecka.
3. deltid	....	Man kan gå hit när man söker jobb.
4. heltid	....	Man är utan arbete.
5. vikarie	....	En anställning utan tidsbegränsning.
6. fast jobb	....	Man har rätt till fem veckors ledig tid per år.
7. arbetsförmedlingen	....	Man prövar ett arbete eller samlar yrkeserfarenhet.
8. semester	....	En ... är en person som arbetar i stället för någon annan.

15 LB 9

Talko AB söker en marknadsassistent. Företaget hade en annons i DN och fick många svar. Ulla Svensson tittar igenom ansökningarna. Hon väljer ut några som verkar intressanta. Nu talar hon med personalchefen och diskuterar Emmas ansökan.
Lyssna på deras samtal och fyll i uppgifterna som saknas. (18)

CV

Personuppgifter	Namn:		Telefon: 031 - 46 25 72
	Adress:		E-post: emma.svanberg@telia.se
	413 02		Född: ....
Anställningar	**Arbetsplats**	**Uppgift**	**Period**
	....	....	2004 -
	Senator	....	....
Utbildning	**Utbildning**		**Examen**
	....		....
	....		1999
Språk & datorprogram	Språk:	....	flytande i tal och skrift
		....	flytande i tal och skrift
		....	grundläggande kunskaper
	Datorprogram:	....	
		....	
Referenser	lämnas gärna på begäran.		

! uppgifter - *Daten*
cv (curriculum vitae) - *Lebenslauf*

16 LB 10

Skriv perfektformen till följande verb.

→ grammatik s. 269

a

1. berätta	har berättat	6. jobba	....
2. sluta	....	7. snöa	....
3. skicka	....	8. investera	....
4. expandera	....	9. hitta	....
5. starta	....	10. spela	....

b

1. resa	....	5. växa	....	9. bygga	....
2. ansöka	....	6. stänga	....	10. köpa	....
3. ringa	....	7. bo	....	11. köra	....
4. känna	....	8. lära sig	....	12. hyra	....

c

1. ha	har haft	5. vilja	....	9. göra	....
2. vara	....	6. gå	....	10. erbjuda	....
3. hålla	....	7. skriva	....	11. välja	....
4. kunna	....	8. få	....	12. dricka	....

17 LB 10

Översätt!

→ grammatik s. 269

1. Sie haben eine Einladungskarte geschickt. ....
2. Wir haben heute die Flugtickets gekauft. ....
3. Ich habe eine neue Wohnung gemietet. ....
4. Habt ihr einen Tisch reserviert? ....
5. Er ist aus England zurückgekommen. ....
6. Sie hat Schwedisch gelernt. ....

18 LB 10

Fyll i perfekt eller preteritum.

→ grammatik s. 269

1. Jag .... hela dagen idag.	jobba
2. Igår .... jag tennis med Eva.	spela
3. Jag .... kaffe i lugn och ro i morse.	dricka
4. Han .... jobbet i våras.	söka
5. Vi .... i stugan många helger i år.	vara
6. Förra veckan .... vi vårt silverbröllop.	fira
7. Det .... jättemycket på sista tiden.	regna
8. För två år sedan .... jag på Ikea.	arbeta

19 LB 12

Fyll i orden som fattas.

1. A: Mek AB, du .... med Sonja.
   B: Hej, Ulf Andersson här. Kan jag få .... med försäljningschefen?
   A: Nils Johansson. Javisst! Jag .... in dig. ... Du, han pratar i telefon. Kan jag .... ett ....?
   B: Nej tack. Jag .... upp lite senare.

2. A: Mek AB, du talar med Sonja.
   B: Hej! Mitt .... är Ann Eriksson. .... Gunnar Jönsson?
   A: Ett ....! Jag ska se om han är .... Hallå! Det är .... Kan du ringa upp lite ....?
   B: Javisst! Jag ....

3. A: Mek AB, du talar med Sonja.
   B: Åh, förlåt! Då har jag ringt ....
   A: Ingen fara! Hej!

20 Fyll i det som fattas i faktatexten om Lappland.

Lappland utgör ungefär en fjärdedel av Sveriges yta, ... Omkring .... av ytan ligger högre än .... över havet. Sveriges högsta bergstopp är Kebnekaise med sina .... Landskapsdjuret är .... och landskapsblomman .... Lappland har ett fuktigt, kalltempererat klimat. Längst i norr råder .... På vintern kan det vara upp till .... På sommaren kan Lappland trots det nordliga läget få rätt varmt väder med upp till 25 - 30 grader. Landskapet domineras av låga träd, bl.a. .... På .... växer bara buskar och gräs. Största sjö är .... Många ...., t.ex. Lule älv, Pite älv eller Ume älv flyter från .... ner till kusten. Det bor .... invånare per kvadratkilometer. .... är en stor naturresurs i Lappland och Sverige är en av Europas största järnmalmsproducenter. .... ligger bl.a. i Kiruna och Malmberget.

- fjällen
- 0.83
- tundran
- gruvorna
- järnmalmen
- polarklimat
- -40° C
- fjällbjörk
- 500 meter
- fjällräven
- 47 %
- Torne träsk
- 109 702 km²
- älvar
- 2 111 meter
- fjällsippan

21 Tidsprepositioner. Skriv meningar. → grammatik s. 270

LB 13

1. Hur länge har Martin bott på Gotland? (5 år) ....
2. När kom Eva till Lund? (4 år) ....
3. När skrev Lena meddelandet? (10 minuter) ....
4. Hur länge har Anja läst svenska? (4 terminer) ....
5. Hur ofta tränar du? (1 gång/vecka) ....
6. Hur länge har Eivor jobbat på sjukhuset? (20 år) ....

22 Vad säger man?

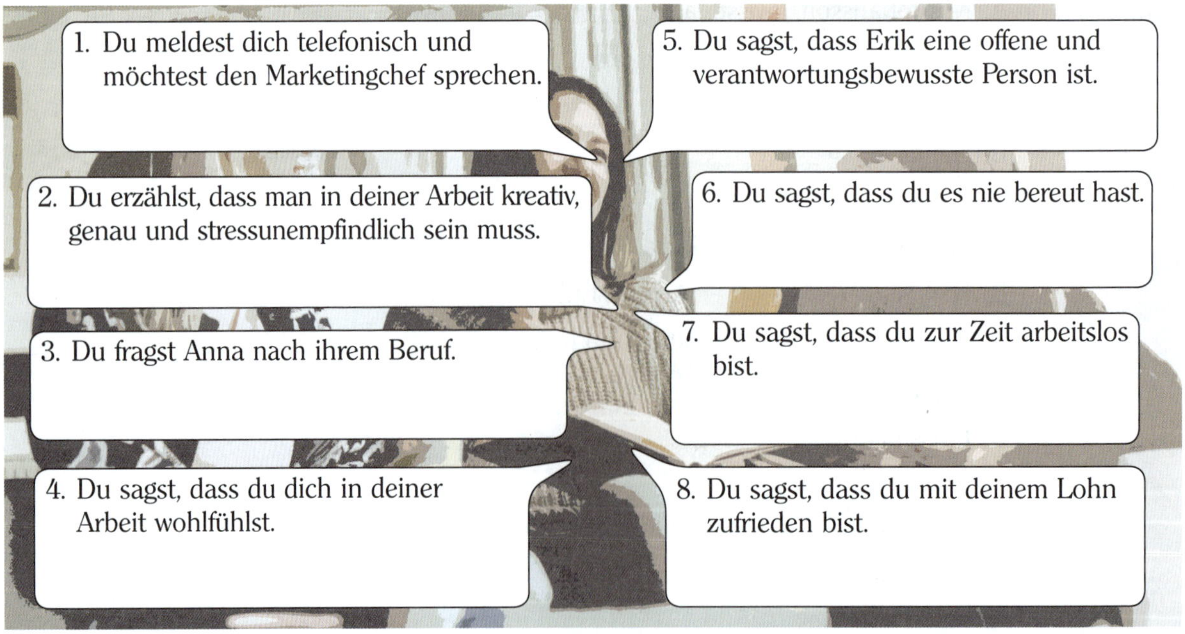

1. Du meldest dich telefonisch und möchtest den Marketingchef sprechen.
2. Du erzählst, dass man in deiner Arbeit kreativ, genau und stressunempfindlich sein muss.
3. Du fragst Anna nach ihrem Beruf.
4. Du sagst, dass du dich in deiner Arbeit wohlfühlst.
5. Du sagst, dass Erik eine offene und verantwortungsbewusste Person ist.
6. Du sagst, dass du es nie bereut hast.
7. Du sagst, dass du zur Zeit arbeitslos bist.
8. Du sagst, dass du mit deinem Lohn zufrieden bist.

23 ☑ Din checklista över viktiga vardagsuttryck

Erzählen, was man beruflich macht

- ☐ Hon är journalist.
- ☐ Jag jobbar som läkare.
- ☐ Jag arbetar som kassör.

Fragen, was jemand beruflich macht

- ☐ Vad sysslar du med?
- ☐ Vad jobbar du med?

Sagen, wo man arbeitet

- ☐ Jag jobbar på en skola/en fabrik/ett kontor/ett sjukhus/i en affär.

Nach den Arbeitsaufgaben fragen

- ☐ Vilka arbetsuppgifter har du?

Nach dem Berufsziel fragen

- ☐ Vad vill du bli (när du blir stor)?

Etwas bereuen/nicht bereuen

- ☐ Jag ångrar att jag inte läste vidare.
- ☐ Jag ångrar inte mitt val.

Etwas erinnern

- ☐ Jag minns att jag var där med mina föräldrar.

Eine Grafik auswerten

- ☐ 90 % (procent) av alla sjuksköterskor är kvinnor.
- ☐ Diagrammet visar att ...
- ☐ Man kan se att ...
- ☐ Andelen män/kvinnor som ...
- ☐ Det är nästan bara ...

Eine Bedingung ausdrücken

- ☐ Det är viktigt att en polis har god fysik.
- ☐ Man måste vara stresstålig som läkare.
- ☐ Man behöver ha god fysik som sotare.

Über Fähigkeiten sprechen

- ☐ En lärare måste vara bra på att förklara.
- ☐ Sven är bra på att räkna.
- ☐ En tandläkare behöver vara noggrann.

Etwas gut können

- ☐ Staffan är bra på att räkna.

Etwas anbieten

- ☐ Vi erbjuder dig ett inspirerande arbete.

Jemanden am Telefon sprechen wollen

- ☐ Är chefen inne?
- ☐ Kan jag få tala med marknadschefen?
- ☐ Jag söker personalchefen.
- ☐ Jag skulle vilja tala med Anna Persson.
- ☐ Träffas Olle Johansson?

Eine Nachricht hinterlassen

- ☐ Kan jag lämna ett meddelande?

Sagen, dass etwas besetzt ist

- ☐ Det är upptaget.

Sagen, dass man falsch verbunden ist

- ☐ Förlåt, då har jag kommit/ringt fel.

Sagen, dass jemand nicht im Hause ist

- ☐ Chefen är tyvärr inte inne.

Jag fick ingen högre lön,
men chefen lovade att försöka ordna så jag får jobb en
trappa upp.

Från förr:
- Och fröken behärskar tyska, franska, engelska och spanska.
- Jadå!
Och stenografi?
- Som en infödning.

Hus och hem

Avsnitt 7

1 Substantivera talen. → grammatik s. 271

LB 1

1.  en tvåa
2.  ....
3.  ....
4.  ....
5.  ....
6.  ....
7.  ....
8.  ....

2 Lyssna på samtalet och svara på frågorna. (19)

LB 1

1. Vem ringer till Pernilla? ....
2. Vad ska Pernilla göra i helgen? ....
3. Hur stor är lägenheten? ....
4. Hur många rum har den? ....
5. Hur är köket? ....
6. Har hon balkong? ....
7. Behöver hon hjälp? ....
8. När kommer Karin och Peter? ....
9. När tänker Pernilla ha inflyttningsfesten? ....
10. Vem ringer på dörren? ....

3 Läs texten. Kryssa för rätt eller fel.

LB 1

Flytta med oss

Svenska Flytt- och Städbyrån AB har sedan 20 år tillbaka hjälpt såväl privatpersoner som företag med flyttbestyr i Storstockholm med omnejd. Vi gör även transporter ut i landet, då vi får förfrågningar om detta. Ingen plats är för nära eller för långt bort, för att vi ska hjälpa till med vår kunskap och erfarenhet. Våra kunder återkommer ofta vid nästa tillfälle de ska flytta, då de upplevt trygghet och kvalitet. Vår försäkring täcker skador upp till 20 miljoner kronor hos försäkringsbolaget IS.
Svenska Flytt- och Städbyrån AB utför alla typer av flyttningar: villor, lägenheter, radhus, fritidshus, kontor, arkiv, lager, verkstäder, m.m.
Vi ordnar även packning och städning. Uthyrning av flyttkartonger finns.
Svenska Flytt- och Städbyrån AB har sitt kontor och magasin i Östberga/Stockholm, och våra samarbetspartner finns runt om i övriga landet.
www.svenskaflytt.se

	rätt	fel
1. Svenska Flytt gör transporter inom hela Sverige.	☐	☐
2. Svenska Flytt har en försäkring som täcker skador upp till 2 miljoner kronor.	☐	☐
3. Svenska Flytts kunder är ofta nöjda med servicen.	☐	☐
4. Svenska Flytt har sitt kontor i Helsingborg.	☐	☐
5. Man kan hyra flyttkartonger.	☐	☐

4 LB 2

Minns du orden?

5 LB 3

a Gör substantiv av verben. Tänk på artikeln.

1. inneha ....
2. äga ....
3. bo ....
4. reparera ....
5. kosta ....
6. förbättra ....

b Gör verb av substantiv.

1. ett erbjudande ....
2. en betydelse ....
3. en installation ....
4. en hyra ....
5. en betalning ....
6. ett ansvar ....

6 LB 4

Rätta stavfel och grammatiska fel.

.... Mäklaren hälsade vänlikt på oss när vi komm. Hon verkade glad och sympatiskt och vi fik veta att föreningen är stabil och har en bra ökonomi. Det är viktig för oss. Vi började se oss omkring i lägenheten. Hallen var pracktisk och stor, större än vad vi hade tänkt. Men oj, vad de hade stylat lägenhet! Seljarna hade städat jättemycket. Det stod designgrejer överallt, allt var perfekt!
Det var myket folk på visningen. Lägenheten verkade vara populär. Sanna gillade vardagsrumet, det var stor, social och ljust, ljusare och rymligare än hemma hos vi nu. Här kunde man få plats med en rejäl soffgruppen, ett matbord och vår fina gammla skåp! Mindre bra var balkonen, tyckte jag. Den var litet och smal. Men både Sanna och jag var nöjd med badrummet. Det var nytt och fräsch. Vi tyckte absolut att det var bättre än det vi har nu.
Bäst och en stor fördel med lägenheten var kök. Det var också rymligare än vad vi hadde trott. Det var ett vit Ikea-kök, allt var i toppskick. Det hade en öppen och snygg planlösning. Det här hade vi drömt om länge!
Mäklaren frågade oss, om vi var interesserade och ville lägger ett bud. Absolut, sa vi! Det här är ett lägenhet för oss! Nu blir det spänande, om det blir vi som får lägenheten. Håll tummarna!

vänligt, ...

7 LB 4

Här ser du Åsas och Torstens lägenhet. Lyssna och jämför beskrivningen du hör med planritningen. Det är åtta påståenden som inte stämmer. Vilka? (20)

! hatthylla - *Garderobe, Hutablage*
nattduksbord - *Nachttisch*

1. ....
2. ....
3. ....
4. ....
5. ....
6. ....
7. ....
8. ....

8 ÖB 5

Jämför bilderna och skriv så många meningar du kan komma på.

→ grammatik s. 271

Kaknästornet
Stockholm
155 m

Avicii Arena
Stockholm
85,20 m

Ulf

Linda

Stockholm
ca 1.000.000 invånare

Malmö
ca 300.000 invånare

Slottskyrkan
Stockholm
blev färdig 1754

Uppsala domkyrka
blev färdig 1435

Kaknästornet är högre än Avicii Arenan.

....

....

....

....

....

....

9 Översätt!

ÖB 5

→ grammatik s. 271

1. Im Februar ist es draußen schon heller als im Januar.

   ....

2. Johan ist müder als Anna.

   ....

3. Lottas Haus ist so groß wie Jörgens.

   ....

4. Malena ist älter als ihre Schwester.

   ....

5. Ulrik hat ein kleineres Auto als Lena.

   ....

6. Das Wetter in Uppsala ist besser als in Malmö.

   ....

7. Die Tasche ist leichter als der Koffer.

   ....

8. Die Truhe ist breiter als der Schrank.

   ....

10 Lika ... som

ÖB 5

→ grammatik s. 271

1. Ulrika är lika lång som Sara. — Ulrika - Sara - lång
2. .... — hund - varg - stor
3. .... — soffa - fåtölj - mjuk
4. .... — Olle - Kalle - snabb
5. .... — cykel - moped - dyr

11 Komparera adjektiv. Fyll i tabellen.

ÖB 5

→ grammatik s. 271

Positiv	Komparativ	Superlativ
söt		
pigg		
dålig		
dålig/illa		
enkel		
lång		
ung		
gammal		

Positiv	Komparativ	Superlativ
mogen		
tung		
hög		
låg		
vacker		
fin		
bra		
liten		

12 ÖB 6-7

Läs texten. Fyll i rätt alternativ.

Lycksele i somras

I somras hyrde (1) vi ett hus i närheten av Lycksele. Vi, ... (2) är jag, Anne, min man Karsten och .... (3) barn Jacob och Lina. Huset var .... (4) och bekvämt. Här kunde man .... (5) trivas. Det .... (6) vi genast. Värden hette Jörgen. Han mötte oss vid huset efter en lång, ... (7) resa med bil från Berlin. Han gav .... (8) nyckeln till huset och visade oss runt. Vardagsrummet var .... (9) och ljust med .... (10) fönster. Köket var hemtrevligt och .... (11). Från köket kom man ut på en underbar altan, där man hade utsikt .... (12) en liten sjö. Karsten hade tur. Han kunde .... (13) in sin dator också. Det fanns bredband. Vi .... (14) tillgång till tvättmaskin, strykjärn och brödrost. Trädgården var .... (15). Här fanns utemöbler, parasoll och en torkvinda. Vid .... (16) låg en liten roddbåt. Cyklarna hade vi med .... (17). Dem fick vi ställa in i ett litet garage, ... (18) faktiskt också fanns på tomten.
Semestern blev jättefin. Vi badade, lekte med barnen, kopplade av, ... (19) cykelturer, paddlade kanot och tittade på omgivningen. Det här huset .... (20) vi nästa år igen, sa vi, när vi lämnade tillbaka nyckeln till Jörgen .... (21) tre veckors fantastisk semester.

1.	hyra	hyrde	hyr
2.	det	den	dem
3.	vår	våra	vårt
4.	stor	stora	stort
5.	aldrig	verkligen	snart
6.	såg	se	säga
7.	varmt	varma	varm
8.	oss	vår	sig
9.	stort	stor	stora
10.	stort	stor	stora
11.	ren	rent	rena
12.	över	under	för
13.	kopplade	kopplar	koppla
14.	ha	hade	har
15.	vackert	vackra	vacker
16.	bryggan	brygga	bryggor
17.	mig	oss	er
18.	för	med	som
19.	göra	gjorde	gör
20.	hyr	hyra	hyrde
21.	efter	före	till

! ett strykjärn - *Bügeleisen*
en brödrost - *Toaster*
en torkvinda - *Wäschespinne*
en tomt - *Grundstück*

13 LB 7, 8

Berätta lite om stugan på bilden!

Svensköp 3 rok, 56 m²
HS = 3500:- LS = 2800:-

Den här stugan ligger ...

14 Vad betyder symbolerna?

LB 7

1. 
2. 
3. 
4. 
5. **rok**
6. 
7. 
8. 
9. 
10. 
11. 
12. 
13. 

14. **LS**

15 Läs dialogen och fyll i orden som fattas.

LB 9

förbi	hämta	ungefär	ut	ser
sälja	snacka	speciell	annonsen	fel
kosta	kvar	skick	namn	
hemma	angående	originalskick	sitsen	

A: Astrid S: Stefan

S: Persson!

A: Hej, mitt .... (1) är Astrid Lundin. Jag ringer .... (2) annonsen på Blocket. Är gungstolen .... (3) fortfarande?

S: Ja, det är den.

A: Hur .... (4) den .... (5)?

S: Ja, det är en fantastisk gungstol i fint .... (6), en amerikansk modell. Den är av trä och brun. Den är lite .... (7), för den har vackra blommor målade på .... (8). Den är .... (9) 100 år gammal.

A: Och den är i bra .... (10), sa du?

S: Absolut! Den är hel och målningarna är jättefina. Så gungstolen är det inget .... (11) på!

A: I .... (12) står det att den ska .... (13) 1 500 kronor. Kan du tänka dig att .... (14) den för 1 400?

S: Ja, vi kan .... (15) om saken.

A: Ok, då skulle jag hemskt gärna vilja titta på den.

S: Ja, jag bor i Timrå, på Nygatan 34.

A: Jaha, i Timrå. Vad bra! Vänta, jag ska bara .... (16) en penna ... Nygatan 34, sa du ... Jättebra! Kan jag komma .... (17) redan idag?

S: Det går bra! Vi är .... (18) vid femtiden. Då är du välkommen!

A: Tack! Hej så länge!

16 Vad heter möblerna?

LB 10

1. .... från Kalmar slott
2. Karin Larssons .... från Lilla Hyttnäs (Sundborn)
3. .... från Skåne
4. .... från Svenstorps slott
5. .... från Österlens museum
6. .... från Mårbacka - Selma Lagerlöfs hem
7. .... från IKEA
8. .... från Dalarna
9. .... från Orsnäsloftet, där Gustav Vasa sökte skydd
10. .... från Blekinge

17 Bilda obestämd och bestämd form.

→ grammatik s. 264

LB 10

		Obestämd form	Bestämd form
1.	stol / vit	en vit stol	den vita stolen
2.	bord / stor		
3.	fåtölj / bekväm		
4.	byrå / liten		
5.	bokhylla / modern		
6.	skåp / gammal		

18 Vilken instruktion i bruksanvisningen [Gebrauchsanweisung] passar till vilken bild? Fyll i siffrorna.

ÖB 10

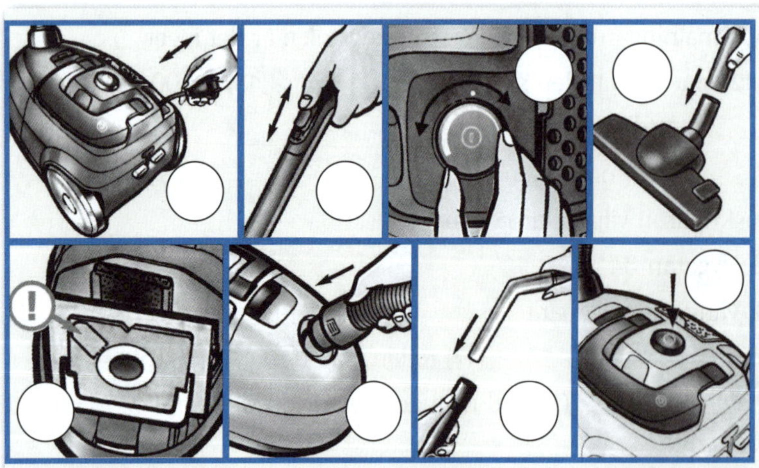

Dammsugare Volta Rolfy

Innan du börjar:

1. Kontrollera att dammpåsen är på plats.
2. Snäpp fast slangen i dammsugaren.
3. Sätt fast röret på slanghandtaget genom att trycka och vrida ihop det.
4. Sätt fast röret på golvmunstycket genom att trycka och vrida ihop det.
5. Dra ut sladden och anslut till vägguttaget.
6. Tryck på På/Av-knappen för att starta dammsugaren.
7. För att öka/minska sugeffekten, rotera På/Av-knappen.
8. För att justera sugeffekten på slanghandtaget, öppna/stäng ventilen.

19 Sätt in de rätta vokalerna och bilda sammansatta substantiv! → grammatik s. 273

LB 11

1. kk + brd köksbord
2. kff + brggr ....
3. vrdg + rm ....
4. brn + vgn ....
5. bttn + vnng ....
6. skr + brd ....
7. l + rknng ....
8. rbt + rm ....
9. bk + hll ....
10. tvtt + mskn ....

20 Lyssna och stryk under vilka stavelser som är betonade. (21)

LB 12

1. pepparkakshuset
2. köksbord
3. tunnelbanestation
4. arbetsmarknadsundersökning
5. gungstol
6. utrikesdepartementet
7. kursdeltagaravgift
8. vattenräkning

21 I rutan finns åtta substantiv ur texten »Hobbithuset«. De är gömda vågrätt och lodrätt och har minst tre bokstäver. Sätt dem i plural.

LB 16

```
F G K L C O N B S F P A M L Ä L T B Ö
H U M D T O M T A C Ö R V A G I S H B
Y N U M Ä R H E G V T E G E L M E A K
I N R G D Å S B A T J L Ä F C A T N M
Ö B K I L P Ä D H Å V T U K E S D D I
J T O R R D A S S T N U F Å G Ö P F H
T U L K N R L U M O H D R Ö M S T A Ö
S P L Ä F Ö U R D I B A K J Å H L T S
L E S F A M B U T S M Y C K N I N G L
U F H O G D S A R E T N U M I L Ä V T
```

en mur	murar
....	....
....	....
....	....
....	....
....	....
....	....
....	....

22 Vad säger man?

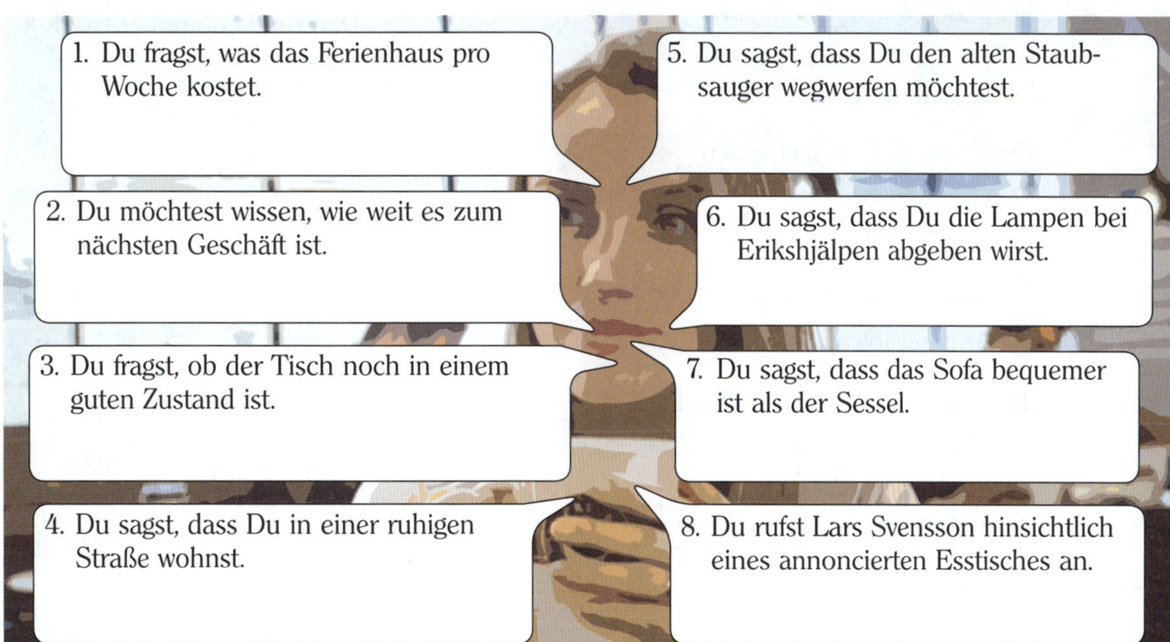

23 ☑ Din checklista över viktiga vardagsuttryck

Wohnungsgröße angeben

- ☐ en fyra
- ☐ en fyrarummare
- ☐ en fyrarumslägenhet
- ☐ en lägenhet på fyra rum och kök
- ☐ 107 m² (kvadratmeter)

Sagen, dass man etwas gut/wichtig findet

- ☐ Det känns bra.
- ☐ Det kändes viktigt.

Abschluss in Brief/E-Mail

- ☐ Ha det (så) bra!
- ☐ Kram

Etwas vermuten

- ☐ Jag antar/förmodar att ...
- ☐ Grannarna verkar trevliga.

Ein Angebot abgeben

- ☐ Bosse vill lägga ett bud.

Die Daumen drücken

- ☐ Vi håller tummarna!
- ☐ Håll tummarna!

Eine Befürchtung ausdrücken

- ☐ Tänk om det regnar!

Zustimmen

- ☐ Ja, det är klart.

Mit jmdm. etwas abstimmen

- ☐ Du kan väl höra med Anna.
- ☐ Jag kan höra med Olle.

Ein Telefongespräch einleiten

- ☐ Hej, mitt namn är ...
- ☐ Jag ringer angående ...

Fragen, ob etwas noch vorhanden ist

- ☐ Är gungstolen kvar?

Fragen, ob etwas gut erhalten ist und darauf antworten

- ☐ Är skrivbordet i gott/bra skick?
- ☐ Gungstolen är i gott/bra skick.
- ☐ Gungstolen är det inget fel på.

Nach dem Aussehen fragen

- ☐ Hur ser gungstolen ut?
- ☐ Hur ser den/det/de ut?

Fragen, ob man vorbeikommen kann

- ☐ Kan jag komma förbi idag?

Zeitangaben machen

- ☐ Vid femtiden är vi hemma igen.
- ☐ Vid sjutiden ...

Jmdn. verdächtigen

- ☐ Jag misstänker familjen Ohlsson.

Etwas leihen

- ☐ Bengt lånar häcksaxen av Göran.
- ☐ Får jag låna din häcksax?

Etwas vergessen

- ☐ Bengt glömmer att lämna tillbaka den.

Etwas verschenken

- ☐ Jag ger bort mitt gamla skrivbord.

Etwas weggeben

- ☐ Jag lämnade matbordet till Röda Korset.

Etwas wegwerfen

- ☐ Nä, nu slänger jag den här gamla dammsugaren!

Typisch für etwas sein

- ☐ Den runda dörren är typisk för ett hobbithus.

Han fick ett telefonsamtal från en vän, som han inte hade träffat på flera år, och frågade:
- Bor du kvar i det fina, gula huset med utsikt mot fängelset?
- Nej, sedan någon tid bor jag med utsikt mot det fina, gula huset.

Djur och natur

Avsnitt 8

1 Vilket adjektiv passar till respektive djur?

LB 1

1. en björn stark	5. en räv	9. en mus ....
2. ett bi	6. en uggla	10. en hare ....
3. en ål	7. en varg	11. en gås ....
4. en hund	8. en åsna	12. en myra ....

2 Vad heter djuren? Lös korsordet.

LB 1, 3

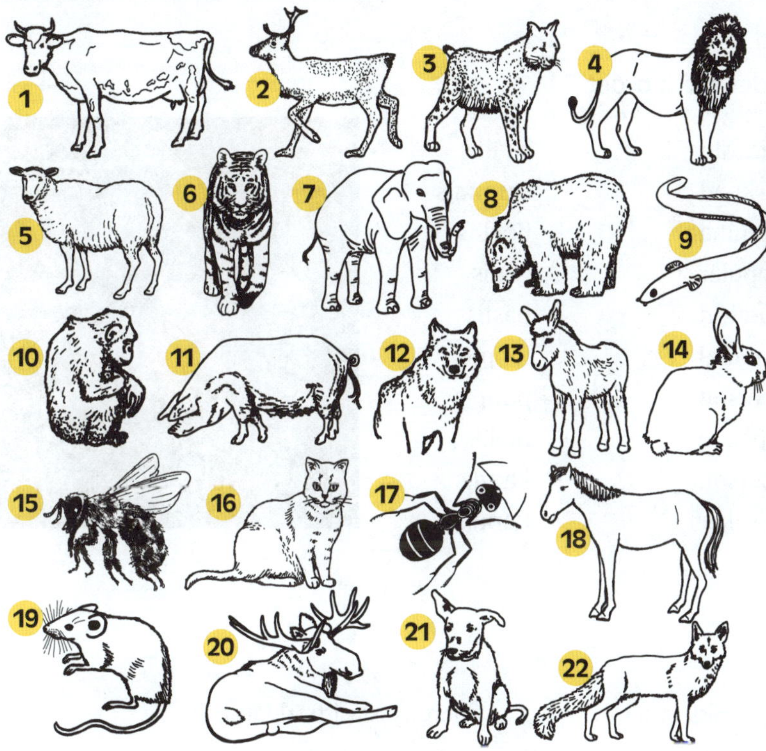

3 Gissa djurspåret!

LB 3

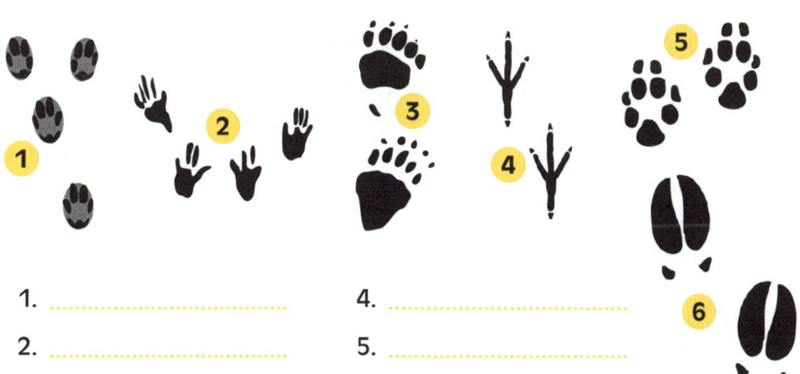

1. ....
2. ....
3. ....
4. ....
5. ....
6. ....

en kråka

en ekorre

4 Skriv på svenska.

LB 4

1. Wir wurden gleich beste Freunde! ....
2. Randis ist eine Heldenkatze. ....
3. Er ist schick und intelligent. ....
4. Zwei Mal hat er ihr Leben gerettet. ....
5. Ich nahm ihn mit nach Hause. ....
6. Ich fiel bewusstlos auf den Boden. ....
7. Aber alle verneinten. ....
8. Ich wachte im Krankenhaus auf. ....
9. Ich fühlte mich geborgen. ....
10. Sie fragten, ob ich Randis haben wollte. ....

5 Ord på -is. Dra streck till det rätta ordet

→ grammatik s. 266

LB 4

1. bästa vän	skådis
2. loppmarknad	trummis
3. person som spelar trumma	tjockis
4. populär	godis
5. konditori	bästis
6. mellanmål	loppis
7. känd person	poppis
8. skådespelare	mellis
9. tjock person	kändis
10. godsaker	kondis

6 Fyll i adverben.

→ grammatik s. 274

LB 5

1. ut ute utifrån

- Ska vi gå .... och pyssla i trädgården?
- Nja, jag vet inte. Det är så kallt .... Är fönstret öppet?
- Ja, jag kan stänga det, det drar verkligen jättekallt ....

2. hit här härifrån

- Hej! Är du .... Stockholm?
- Nej, jag kommer nerifrån Malmö. Jag flyttade .... för två år sedan.
- Trivs du i Stockholm?
- Ja, jag trivs jättebra ....!

3. in inne inifrån

- Du Olle, vad är det här för en gammal stuga?
- Jag vet inte. Det bor ingen där ...., tror jag.
- Men jag hör musik där ....
- Jaså! Vad underligt. Ska vi knacka på?
- Äh, vi går .... Det är säkert Kalle. Han kanske renoverar stugan nu.

4. upp uppe uppifrån

- Tyst! Vad är det för ett ljud?
- Det kommer .... vinden.
- Kom, vi går .... och kollar vad det är.
- Jag vågar inte. Där .... är det så läskigt.
- Nej, men kom nu, så går vi .... och tittar!

5. dit där därifrån

- Var ligger konstmuseet?
- Jag vet inte, jag har aldrig varit ....
- Då måste vi gå .... Jag har hört att det ska vara så jättebra.
- Ok! Men jag måste gå .... klockan fem. Jag har lovat att gå på bio med Anna i kväll.

6. bort borta bortifrån

- Titta, det står en älg i trädgården!
- Va? Var kommer den ifrån?
- Den kommer nog .... skogen.
- Ska vi jaga .... den? Jag är lite rädd faktiskt.
- Nej, den är ju fin. Låt den stå där .... och äta lite.

7. hem hemma hemifrån

- Är du .... på lördag, Linus?
- Ja, jag ska bara handla lite, men kommer säkert .... omkring ett.
- Kan du köra mig till stationen? Tåget går klockan tre.
- Javisst. Då måste vi köra .... klockan två.
- Bra, då hinner vi äta lite ...., innan vi kör.

8. fram framme framifrån

- När är vi .... i Östersund?
- Vi kommer .... omkring klockan fem.
- Ok. Har du sittplatsbiljetter?
- Javisst!
- Får jag se? Vagn nummer 105. Det är andra vagnen räknat ...., tror jag.
- Jaha!

7 Ordna adverben till rätt rubrik.

LB 5

→ grammatik s. 274

Var?	Vart?	Varifrån?

hit	ut
utifrån	där
upp	hemifrån
hemma	uppe
därifrån	

8 LB 7

Lyssna, så får du veta lite fakta om älgen, renen, lodjuret och järven. Kryssa för var djuren lever och vad de äter. Fyll i mankhöjden/längden, vikten och antal kalvar/ungar. (22)

väga - *wiegen*
landdäggdjur - *Landsäugetier*
hona - *Weibchen*
mård - *Marder*
rådjur - *Reh*
blad - *Blatt, Blätter*
mankhöjd - *Rückenhöhe*
unge - *Junges*

Älgen

1. Älgen lever i
2. Älgen äter
3. Mankhöjd:
4. Vikt:
5. Antal kalvar per år:

Renen

1. Renen lever i
2. Renen äter
3. Mankhöjd:
4. Vikt:
5. Antal kalvar per år:

Lodjuret

1. Lodjuret lever i
2. Lodjuret äter
3. Mankhöjd:
4. Vikt:
5. Antal ungar per år:

Järven

1. Järven lever i
2. Järven äter
3. Längd:
4. Vikt:
5. Antal ungar per år:

9 LB 7

Googla ett djur som intresserar dig på nätet. Skriv en liten text om detta djur och läs upp den för gruppen.

10 LB 9

Sätt bokstäverna i rätt ordning, så hittar du åtta naturord. Glöm inte artikeln!

1. å en å
2. gärrdsåk ...
3. kogs ...
4. vah ...
5. dranst ...
6. breg ...
7. jälfl ...
8. jös ...

11 LB 9

Här får du veta lite om Carl von Linné. Lyssna och kryssa för rätt svar. Läs igenom frågorna noga, innan du börjar! (23)

Carl von Linné

1. Carl von Linné kallas också för ...
   - ☐ Växtkungen ☐ Medicinkungen ☐ Blomsterkungen
2. När levde Carl von Linné?
   - ☐ 1717 - 1778 ☐ 1707 - 1778 ☐ 1707 - 1728
3. Linné var naturforskare men också bl.a. ...
   - ☐ tandläkare ☐ zoolog ☐ apotekare
4. Var är Linné född?
   - ☐ Småland ☐ Lappland ☐ Gotland
5. När blev Linné professor i Uppsala?
   - ☐ 1740 ☐ 1741 ☐ 1771
6. Grundade Linné ett sexualsystem för djurriket?
   - ☐ ja ☐ nej
7. Införde han släkt- och artnamn för växter och djur?
   - ☐ ja ☐ nej
8. När var Linné på gården Hammarby?
   - ☐ på vintern ☐ på sommaren ☐ på hösten
9. Sätt kryss för de landskap som Linné gjorde forskningsresor till.
   - ☐ Lappland ☐ Västergötland ☐ Blekinge ☐ Halland ☐ Gotland
   - ☐ Öland ☐ Dalarna ☐ Skåne ☐ Norrbotten ☐ Småland
10. Hur länge bodde Linné i huset i Uppsala?
    - ☐ 25 år ☐ 45 år ☐ 35 år

Linnea – Smålands landskapsblomma

12

Vad heter motsatsen? Lös uppgifterna 1-18. Bokstäverna i de markerade rutorna (från 1-18) bildar en liten vers som man ofta finner i svenska poesialbum.

! giltig - *gültig*
stadig - *stabil*

Ord		Motsats
liten	⟷	_ _ _ _
ung	⟷	_ _ _ _ _ _
ledig	⟷	U P P T A G E N
börja	⟷	_ _ _ _ _
trevlig	⟷	_ _ _ _ _ _ _ _
kort	⟷	_ _ _ _
dag	⟷	_ _ _
ful	⟷	_ _ _ _ _ _
regnigt	⟷	_ _ _ _ _ _
låg	⟷	_ _ _
mörk	⟷	_ _ _ _
vän	⟷	_ _ _ _
kallt	⟷	_ _ _ _ _
dålig	⟷	_ _ _
stadig	⟷	_ _ _ _ _ _ _
giltig	⟷	_ _ _ _ _ _ _
osynlig	⟷	_ _ _ _ _ _
ute	⟷	_ _ _ _

Här kan du skriva versen:

13 Var ligger ... ?

LB 10

→ grammatik s. 274

1. Lund Lund ligger i södra Sverige.
2. Göteborg ....
3. Kiruna ....
4. Stockholm ....
5. Jokkmokk ....
6. Kristianstad ....
7. Varberg ....
8. Visby ....

14 Fyll i väderstrecken och lös sedan gåtan [*Rätsel*]!

LB 10

→ grammatik s. 274

....

....  ....

....

En gåta

Två män var ute och rodde. Den ena rodde åt väst och den andra åt ost. Åt vilket håll rodde de?

Svar: ....

15 Läs texten och kryssa för rätt eller fel.

LB 10

Norrsken

Norrsken är ett otroligt vackert fenomen. I närheten av jordens poler kan man ibland se ett grönt, blått, rött eller gult sken. Det kallas norrsken, polarsken eller Aurora Borealis. Det ser ut som gardiner, bågar eller strålar som »dansar« fram över natthimlen. Polarskenszonen är ett område som sträcker sig genom norra Skandinavien över Island, Grönlands sydspets, genom norra Kanada och Alaska samt längs Sibiriens nordkust. Norrsken kan mycket sällan förekomma i södra Sverige och bäst kan man se det under vintermånaderna i Abisko och området runt Kiruna.

Polarskenen är svaga ljusfenomen som därför inte syns under dagen eller på sommaren, då nätterna är ljusa. Naturligtvis måste himlen vara molnfri för att man ska kunna se polarsken. Det visar sig oftast mellan kl 17:00-02:00 och framträder vanligtvis bara under några minuter. Norrsken är ett samspel mellan solens energi, jordens magnetfält och atmosfär. Det uppstår när laddade partiklar (huvudsakligen elektroner), som har accelererat till höga energier i jordens magnetosfär, kraschar i atmosfären och krockar med atomer och molekyler på 100-400 kilometers höjd.

	rätt	fel
1. Norrsken och polarsken är inte samma sak.	☐	☐
2. Ett annat namn för norrsken är Aurora Borealis.	☐	☐
3. Norrsken uppstår i samband med att partiklar från solen kolliderar med jordens atmosfär på 100-400 meters höjd.	☐	☐
4. Himlen måste vara molnfri för att man ska kunna se norrsken.	☐	☐
5. Norrsken förekommer aldrig i södra Sverige.	☐	☐
6. Man kan se norrsken dygnet runt.	☐	☐
7. Norrsken är ett ljusfenomen i olika färger.	☐	☐
8. Norrsken visar sig oftast mellan kl 20:00-02:00.	☐	☐
9. Polarsken förekommer även på Grönland.	☐	☐

! en sydspets - *Südspitze*
krocka -r - *kollidieren*
uppstå -r - *entstehen*

16 Vad behöver man när man campar? Skriv upp så många ord du kan.

LB 12

17 Lyssna. Vilken accent (1 eller 2) hör du? Kryssa för! (24)

LB 13

1.	☐ Accent 1	☐ Accent 2	5.	☐ Accent 1	☐ Accent 2	9.	☐ Accent 1	☐ Accent 2
2.	☐ Accent 1	☐ Accent 2	6.	☐ Accent 1	☐ Accent 2	10.	☐ Accent 1	☐ Accent 2
3.	☐ Accent 1	☐ Accent 2	7.	☐ Accent 1	☐ Accent 2	11.	☐ Accent 1	☐ Accent 2
4.	☐ Accent 1	☐ Accent 2	8.	☐ Accent 1	☐ Accent 2	12.	☐ Accent 1	☐ Accent 2

18 Läs texten och komplettera den.

LB 14

Allemansrätten

Sveriges n..........(1) står öppen för oss alla. Men: Du måste visa h..........(2) mot människor och djur.

Du får:

a) slå upp ett t..........(3) en n..........(4).

b) plocka blommor, b..........(5) och svamp.

c) göra upp e..........(6), där det inte är f..........(7) för brand.

d) gå, jogga, åka skidor, cykla och r..........(8) på vägar som inte går över privat t..........(9).

e) passera en grind om du s..........(10) den ordentligt efter dig.

f) bada och åka båt på s..........(11) och vattendrag.

Du får inte:

a) g..........(12) över privat tomt utan lov.

b) plocka blommor och växter som är f..........(13).

c) ta k..........(14), grenar, näver, bark, ollon och nötter från träd och b..........(15).

d) låta hunden springa lös under tiden 1 m..........(16) till 20 a..........(17).

Vi får inte s..........(18) ner eller orsaka annan s..........(19). Inte störa - inte f..........(20) är grundregeln i allemansrätten.

Liljekonvalj

19 Lyssna på en bit av en intervju och kryssa för. (25)

LB 14

1. Tycker Markus det är viktigt att hundar går i koppel?
   - ☐ Ja ☐ Nej
2. Markus har ...
   - ☐ en schäferhund ☐ två schäferhundar ☐ en terrier
3. Markus ...
   - ☐ springer med hundarna ☐ går med hundarna ☐ cyklar med hundarna
4. Var springer Markus hundar lösa ibland?
   - ☐ På stranden ☐ I bostadsområdet ☐ I skogen
5. Ett barn i 10-årsåldern klarar ... att hålla en stor hund i alla situationer.
   - ☐ alltid ☐ aldrig ☐ ofta

! hundrädd - *Angst vor Hunden*

20 Vad får man / får man inte göra här?

LB 15

1.  ....
2.  ....
3.  ....
4.  ....
5.  ....
6.  ....

21 Vad säger man?

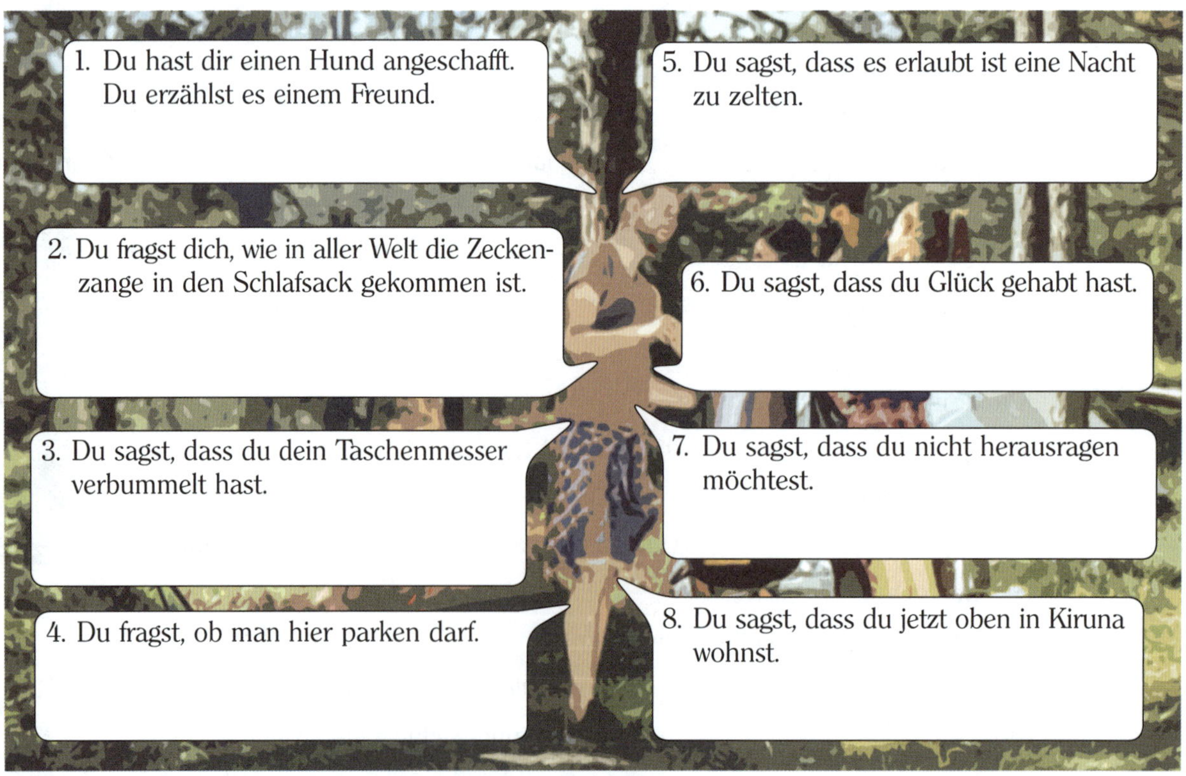

22 Din checklista över viktiga vardagsuttryck

Eine Vermutung äußern
- ☐ Det ska finnas ett sjöodjur.
- ☐ Jag tror att ...
- ☐ Det sägs att ...

Vergleichende Angaben machen
- ☐ Det är Sveriges näst största sjö.
- ☐ Det är Sveriges femte största sjö.

Eigenschaft benennen
- ☐ Hunden är lydig.
- ☐ Hunden är olydig.

Ein Tier beschreiben
- ☐ Det har korta ben, en lång hals och stora öron.
- ☐ Han var charmig, gullig och lekfull.

Lage des Wohnorts angeben
- ☐ Jag bor uppe i Umeå nu.
- ☐ Han bor nere i Skåne.

Sich etwas anschaffen
- ☐ Vi har skaffat en katt.
- ☐ Par som skaffar barn ihop väljer ofta ett nytt efternamn.

Sagen, dass man nicht gut drauf ist
- ☐ Jag var nere/deppig hela helgen.

Einen Einfall haben
- ☐ Då slog mig tanken att ...

Auffallen/Nicht auffallen wollen
- ☐ Svenskar vill sticka ut ibland.
- ☐ Jag vill inte sticka ut.

Wichtigkeit ausdrücken
- ☐ Det är viktigt.
- ☐ Man måste visa hänsyn.

Um Erlaubnis bitten und darauf reagieren
- ☐ Får man parkera här?
- ☐ Ja, det går bra.
- ☐ Ja, det får man.
- ☐ Nej, det får man inte.
- ☐ Är det tillåtet att parkera här?
- ☐ Ja, det är det.
- ☐ Nej, det är det inte.

Sagen, dass etwas erlaubt/nicht erlaubt ist
- ☐ Det är tillåtet att plocka bär.
- ☐ Du får parkera här.
- ☐ Det är inte tillåtet att ta nötter från träd.
- ☐ Man får inte rida här.

Etwas verlegen/verlieren
- ☐ Jag har slarvat bort ficklampan.
- ☐ Jag har tappat bort min pennkniv.

Erstaunen ausdrücken
- ☐ Hur tusan har jag kommit dit?
- ☐ Hur sjutton har den hamnat där?

Jemanden beruhigen
- ☐ Ta det lugnt, Anna!

Nervös werden
- ☐ Jag blir tokig!

- Vad är höjden av långsamhet?
- En snigel som saktar in i kurvan.

Katt åt paj, kom i form.

Katt åt hammare, blev slagfärdig.

Katt åt fönster, såg bra ut.

Hur känner du dig?

Avsnitt 9

1 LB startsidan

Vad är nyttigt/onyttigt? Skriv åtta exempel.

nyttigt	onyttigt
Det är nyttigt att	Det är onyttigt att ....
....	....
....	....
....	....

2 LB 1

Vilket idiomatiskt uttryck är det frågan om? Skriv färdigt meningen.

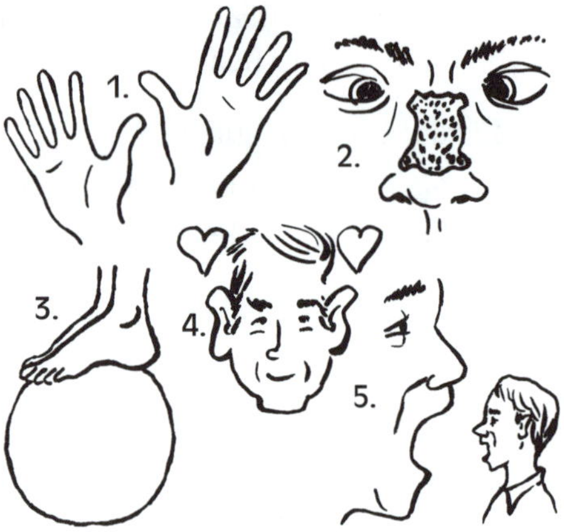

1. De träffades ....
2. Sara har ....
3. Han är ....
4. Olle är ....
5. De ....

3 LB 1

Fyll i kroppsdelarna i de idiomatiska uttrycken i rätt form.

1. Anna, vad kul att du är på .... igen!
2. Vad har du på ....?
3. Det står mig upp i ....
4. Alla pratade i .... på varandra.
5. Hon ryckte på ....
6. Han hade .... att tacka nej till inbjudan.
7. Hon har verkligen skinn på ....
8. Hon är upp över .... förälskad i Johan.
9. Johan är .... bakom den nya uppfinningen.
10. Det kan jag inte säga på rak ....
11. De satt och fikade på tu man ....
12. Olle var lite rund under ....
13. Nu måste jag sticka snabbt som ....!

4 Vad heter kroppsdelarna? Skriv både singular och pluralformen.

LB 2

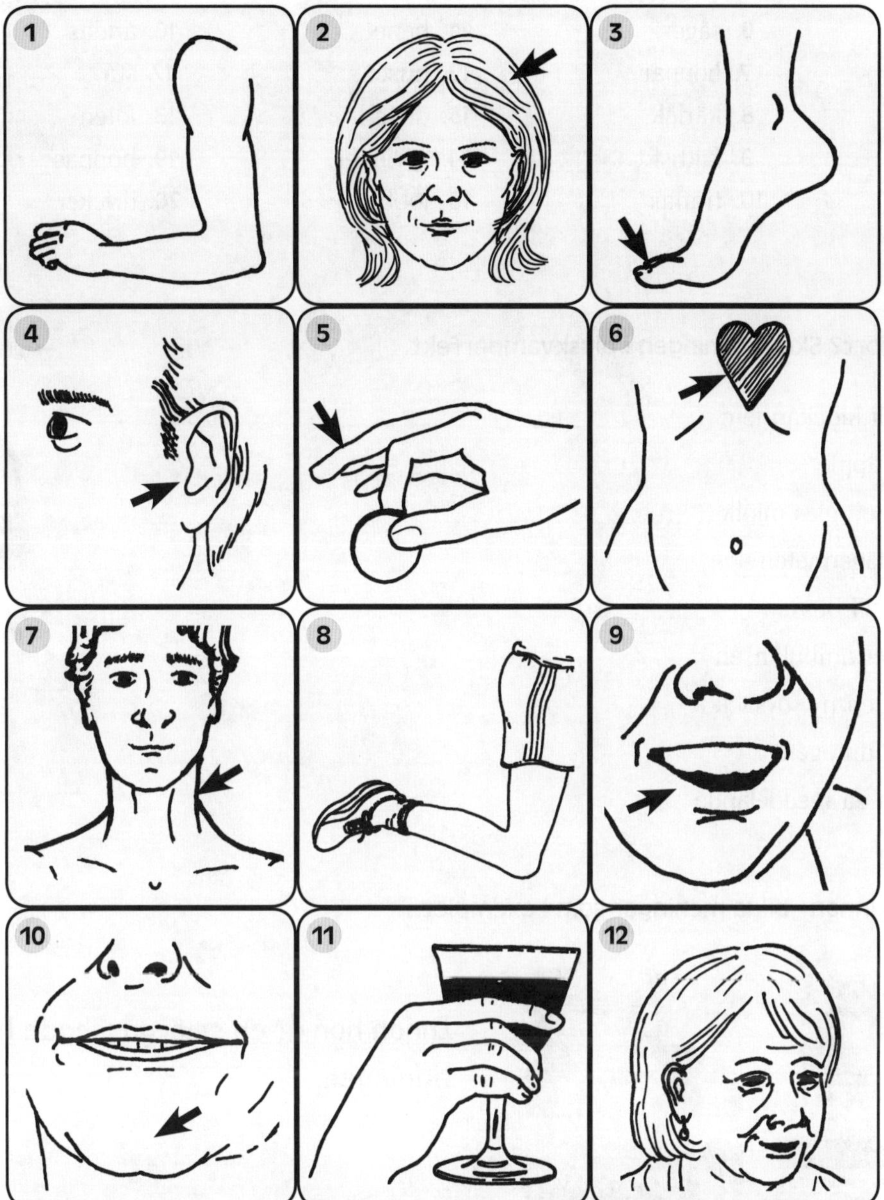

1. en arm / armar
2. ....
3. ....
4. ....
5. ....
6. ....
7. ....
8. ....
9. ....
10. ....
11. ....
12. ....
13. ....
14. ....
15. ....
16. ....
17. ....
18. ....
19. ....
20. ....

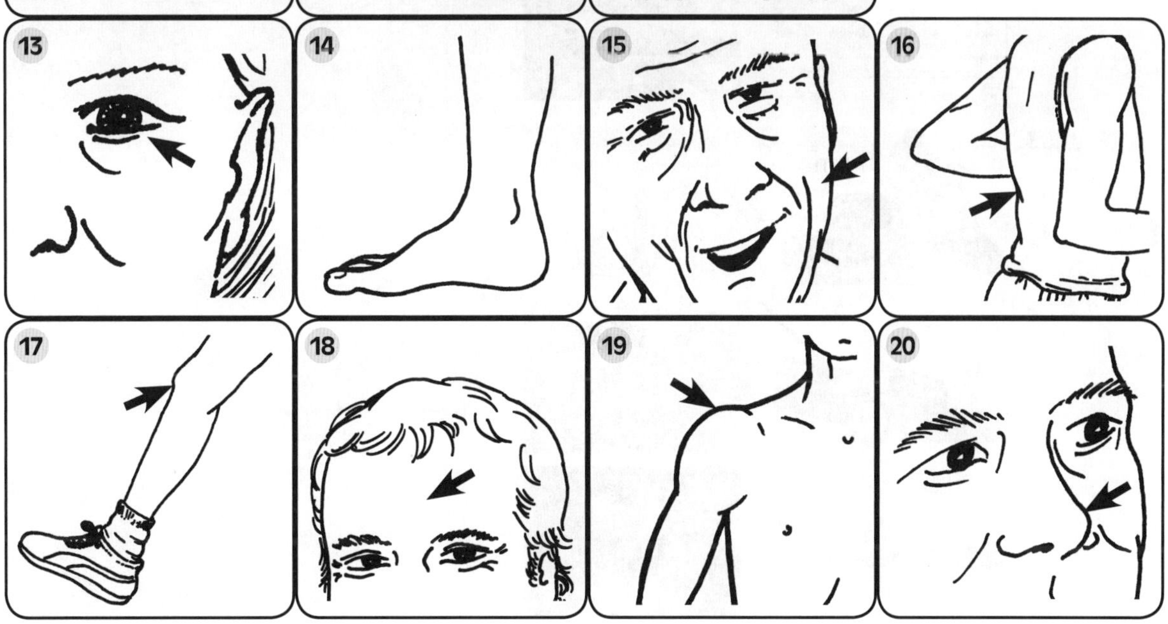

5 Lyssna. Vilka ord har accent 1? (26)

LB 5

1. tycker ☐	6. säger ☐	11. benet ☐	16. andas ☐
2. spelade ☐	7. hoppar ☐	12. huset ☐	17. stå ☐
3. matchen ☐	8. kärlek ☐	13. dusch ☐	18. foten ☐
4. vecka ☐	9. faktiskt ☐	14. springer ☐	19. hoppas ☐
5. kväll ☐	10. träffas ☐	15. jobb ☐	20. dricker ☐

6 Vad hade de gjort? Skriv meningen i pluskvamperfekt.

→ grammatik s. 275

LB 6

1. De/jobba till klockan fem ....
2. Eva/äta ett äpple ....
3. Han/dricka ett glas mjölk ....
4. Hon/städa lägenheten ....
5. De/springa till bussen ....
6. Vi/ringa efter ambulansen ....
7. Lasse/köpa en ny sovsäck ....
8. Anna/läsa tidningen ....
9. Linus/skriva ett meddelande ....

7 Subjunktionen innan - bilda meningar som i exemplet.

→ grammatik s. 275, 284

LB 6

1. 

Innan hon åt en smörgås, hade hon läst tidningen.

2. 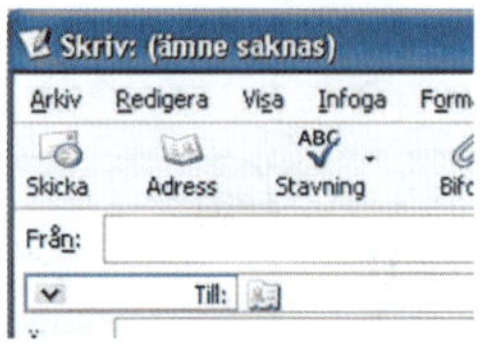

....

3. 

....

4. 

....

5. 

....

8 LB 6

Preteritum eller pluskvamperfekt? Välj rätt alternativ.

→ grammatik s. 275

1. Olle .... skolan 2004. **slutade/hade slutat**
2. När jag .... Lina i ett år gifte vi oss. **kände/hade känt**
3. Det .... hela dagen igår. **snöade/hade snöat**
4. Maja .... 30 i förrgår. **fyllde/hade fyllt**
5. När jag .... på mitt företag i 25 år, tog jag ett sabbatsår. **jobbade/hade jobbat**
6. Jag hittade mitt kreditkort, när jag .... efter det i en halvtimme. **letade/hade letat**
7. När jag ...., tog jag cykeln och cyklade till affären. **åt/hade ätit**
8. När jag .... ytterdörren ordentligt, gick jag till jobbet. **låste/hade låst**
9. Anders .... till Stockholm igår. **körde/hade kört**
10. Ulla .... två år i Lund, innan hon började plugga på universitetet. **bodde/hade bott**

9 LB 8

I rutan finns tolv substantiv ur dialogen »Hos läkaren«. Orden, som har minst tre bokstäver, är gömda vågrätt och lodrätt. Ringa in orden och skriv sedan pluralformerna!

```
F T A J N O B S Å L G R Ö H K E F
R G V U Z M E P A T I E N T G R O
H B A K T E R I E D T M O H S T Ä
K F K X S T Ö K N A B P Å M R A N
R E G M I J H A K L E T R A N U V
Ä N F E S T Å D I M H A P G M D R
F P A P O N S T P L T B R E F U N
T S D O V S R J V Ä N L A P L O K
A C Y P H N E U B C A E Ö K Ä G R
T R G H T U Z M I E O T R U K Ä I
V L N I N A M N K U T T R D A H B
A M G K E S F Y M P O C Ö Z R L Å
S R E C E P T H I R S B J V E I S
Å F T C K E G J T U N G A M H J O
N U G E A B R O H S D A K L E M T
```

1. ....
2. ....
3. ....
4. ....
5. ....
6. ....
7. ....
8. ....
9. ....
10. ....
11. ....
12. ....

10 LB 8

Bilda meningar. Börja med ordet som är understruket.

→ grammatik s. 284

! Subjunktion: eftersom - *weil*

1. hel älskar en kräftor jag jag <u>eftersom</u> del åt

....

2. eftersom bara tunn jag frös tröja hade <u>jag</u> en

....

3. frossa eftersom hade jag <u>jag</u> vaknade

....

4. hade ringde vårdcentralen <u>eftersom</u> hög jag feber jag

....

11 Hälso- och sjukvården i Sverige omfattar många olika delar. Här är några vanliga begrepp inom hälso- och sjukvård. Vilket begrepp passar till vilken textpassage? Sätt in rätt rubrik.

Specialistvård	Sluten vård	Akutvård	Närsjukvård	Tandvård
Hemtjänst	Vårdcentralen	Öppen vård	Planerad vård	

Sjukvård i Sverige

.... (1)

Ett samlingsbegrepp för vård som erbjuds nära hemmet är närsjukvård. Det är hit du i första hand ska vända dig med dina vårdfrågor. Inom närsjukvården finns vårdcentraler/husläkarmottagningar, mödra- och barnavårdscentraler, psykiatriska öppenvårdsmottagningar, rehabilitering m.m.

.... (2)

Om du behöver söka läkarvård, vänder du dig i första hand till vårdcentralen där du bor. Vårdcentral eller hälsocentral kallas en "enhet för öppen hälso- och sjukvård". I Sverige finns cirka 1000 vårdcentraler, som i de flesta fall drivs av landstingen eller de så kallade primärkommunerna. På vårdcentralerna finns bland annat allmänläkare, sjuksköterskor och sjukgymnaster. En distriktssköterska kan behandla många olika besvär. Det är inte alltid du behöver träffa en läkare.

.... (3)

När du hastigt blir allvarligt sjuk eller skadad, behöver du akutvård. Akutvård ges både inom närsjukvården, på vårdcentraler, närakuter och vid sjukhusens akutmottagningar.
Om du är akut sjuk eller skadad, ring 112!

.... (4)

Vård som inte behöver ges omedelbart. Du kan beställa tid i förväg.

.... (5)

Om du läggs in på ett sjukhus, kallas sjukvården du får för sluten vård.

.... (6)

Om du inte är inskriven på sjukhus utan bara får vård, oftast i samband med ett besök på en sjukvårdsmottagning, kallas det för öppen vård.

.... (7)

Specialistläkarvård kan t.ex. vara hos gynekolog, urolog eller öron-näsa-halsspecialist. Specialisterna finns dels på akutsjukhusen, dels som privatpraktiserande specialistläkare. Om du har remiss från din husläkare, går det ofta snabbare att få tid hos en specialist.

.... (8)

Barn och ungdomar får gratis tandvård till och med det år de fyller 19. Du väljer fritt mellan privattandläkare eller folktandvården. För vuxna gäller en tandvårdsförsäkring som gör att man slipper betala hela kostnaden, när du går till tandläkaren. Det är fri prissättning inom tandvården, vilket innebär att tandläkare och tandhygienister själva får bestämma kostnaden för olika behandlingar.

.... (9)

Den som har svårt att klara sig hemma på grund av ålder, sjukdom eller funktionshinder, kan få hjälp av kommunens hemtjänst. Hemtjänst är ett samlingsbegrepp för olika former av omsorg, stöd och service i hemmet och kan ges i form av personlig omvårdnad och hjälp med t.ex. inköp, städning eller tvätt. Det kan även gälla t.ex. trygghetslarm eller leverans av färdiglagad mat.

12 LB 8 **Vilken partikel fattas?** → grammatik s. 281

1. Räck .... tungan, är du snäll!
2. Andas .... djupt, är du snäll!
3. Eva ropar .... patientens namn.
4. Titta .... igen, om det inte blir bättre!
5. Jag ska skriva .... ett recept.

13 LB 8 **I den här övningen ska du få veta lite om kräftskive-traditionen i Sverige. Lyssna först på samtalet några gånger och svara sedan på frågorna.** (27)

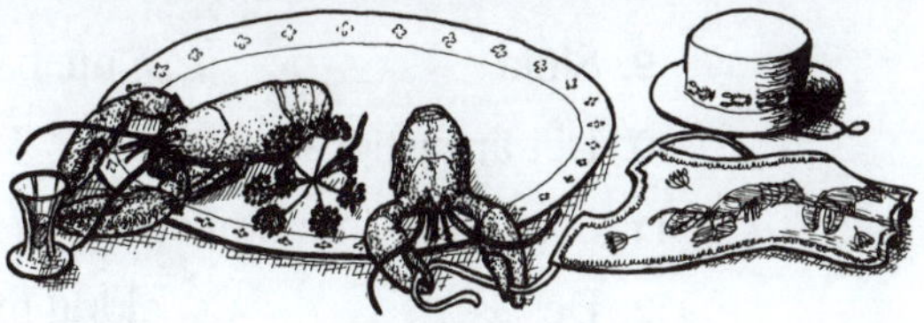

1. När har man oftast kräftskiva?

....

2. Varför måste man importera kräftor till Sverige?

....

3. Varför ser gästerna så roliga ut?

....

4. Med vilken kryddört kokar man kräftorna?

....

5. Vilket annat ord för snaps hör du i samtalet?

....

6. Varför sjunger man så mycket på en kräftskiva?

....

7. Hur äter man kräftor?

....

8. Äter man bara kräftor på en kräftskiva?

....

14 LB 8 **Skriv en liten berättelse! Använd bilderna eller skriv om en upplevelse du hade, när du själv var sjuk.**

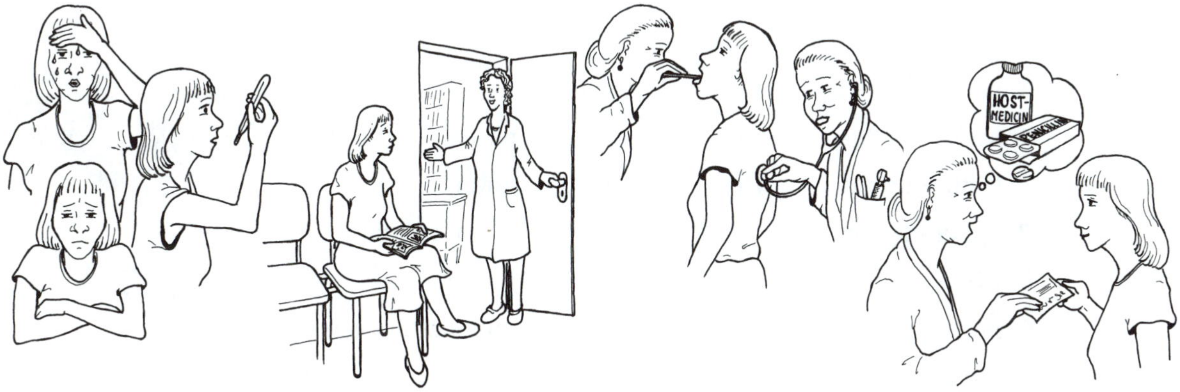

15 LB 10

Läs meningarna och sätt in rätt ord! Tänk på att sätta verbet i rätt tempusform. → grammatik s. 276

1. Det .... underbart att ha fått en liten dotter!
2. Det var 25°C i skuggan och Fredrik ....
3. - Jag .... att du kan komma på min 70-årsdag.
4. - Det är inget att .... för.
5. - Hovmästaren, det .... en kniv!
6. - Så där ja, ... in djupt!
7. Johan .... med sitt jobb som arkitekt. (presens)
8. Barnen .... att de var lejon.
9. Sluta .... nu, barn!
10. Det är nyttigt att .... ute i naturen.
11. Sven tålde inte kräftorna och ....
12. De .... aldrig med sina grannar numera.
13. Det har alltid .... röda stugor i Sverige.
14. Jag .... min första skoldag.
15. Göran hade verkligen .... bra med sina studier.

andas
kivas
kräkas
svettas
lyckas
kännas
finnas
fattas
minnas
hoppas
trivas
umgås
skämmas
låtsas
vistas

16 LB 10

Översätt! → grammatik s. 276

1. Atme tief ein. ....
2. Ich erinnere mich an Silvester 1999. ....
3. Es ist herrlich, sich im Wald aufzuhalten. ....
4. Es gibt viele Häuschen in Småland zu mieten. ....
5. Ich fühle mich in meinem Job wohl. ....
6. Wir hoffen, dass es dir gut geht, Jonas. ....
7. Wir halfen einander, Essen zu kochen. ....
8. Auf dem Tisch fehlt eine Gabel. ....

17 LB 10

Fyll i rätt verb i en form som passar. → grammatik s. 277

1. **krama - kramas** Alla sa »Hej då!« och .... efter festen.
2. **krama - kramas** Han .... sin mamma, innan han körde iväg.
3. **se - ses** Jonas .... en jättestor hund.
4. **se - ses** Jonas och Anna .... på jobbet.
5. **träffa - träffas** De .... på stan i onsdags.
6. **träffa - träffas** De .... varandra igår.
7. **kyssa - kyssas** Niklas .... sin nya tjej.
8. **kyssa - kyssas** De satt på en parkbänk och ....
9. **möta - mötas** De .... varandra i Göteborg i måndags.
10. **möta - mötas** Lena och Kalle .... i Stockholm.

18 Hoppas, hoppa, saknas, sakna, finnas, finna, kännas, känna - fyll i rätt ord i rätt form.

LB 10

→ grammatik s. 276, 277

1. Jag .... att vädret blir fint i morgon.
2. Lilla Klara .... gärna i vattenpölar.
3. Det .... tyvärr inget bra hotell här i närheten.
4. Datakillen har .... felet.
5. Det .... en kniv här!
6. Jag .... dig jättemycket, Mikael!
7. Jag .... mig lycklig och glad!
8. Jag har ont i halsen. Det .... inte alls bra.

19 Läs texten och sätt in rätt alternativ.

Löss - ett vanligt problem

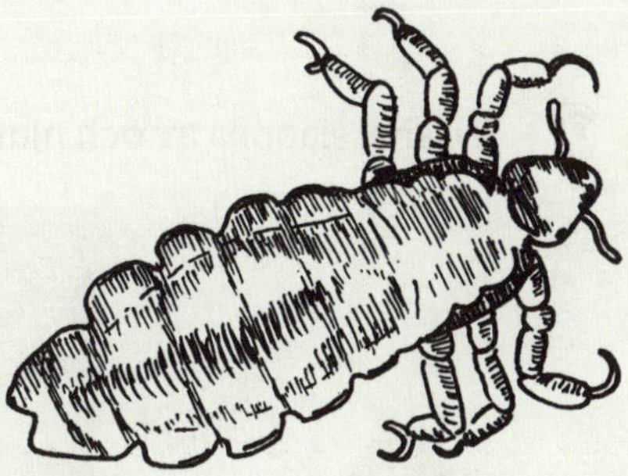

Efter ett ....(1) sommarlov är det skolstart igen. Det innebär inte sällan också start på höstens ....(2) lusepidemi. Löss, eller huvudlöss som ....(3) också ....(4), har blivit ett vanligt problem. Dessa ....(5) överförs mellan människor ....(6) tät kontakt.

Det är viktigt att betona att löss inte har ....(7) med dålig hygien att göra. Man kan få löss även ....(8) man duschar och tvättar håret varje dag.

Huvudlusen är en parasit ....(9) lever bland hårstråna ....(10) kroppen, oftast i huvudhåret. ....(11) är 2-3 mm lång och grågul. De gulvita ....(12) är ca 1 mm ....(13) och sitter fastklibbade vid hårstråna nära hårbotten. Lusen lever av människans blod, men är beroende av fuktighet och värme.

Löss kan ....(14) leva högst ett dygn utanför hårbotten. Spridningsvägen är ofta huvud ....(15) huvud. Men löss kan också spridas via borstar, kammar och mössor.

De första symptomen på att man har löss är att det kliar i hårbotten. Klådan är ihållande och irriterande. Använd en luskam och finkamma håret för ....(16) upptäcka lössen. Medel, som tar död på både löss och ägg, finns receptfritt ....(17) apoteket. Ofta krävs det flera behandlingar för att bli av med de förargliga ....(18) krypen.

1.	skön	skönt	sköna
2.	första	andra	sista
3.	det	den	de
4.	kallar	kallas	kalla
5.	insekt	insekten	insekter
6.	genom	mot	för
7.	någon	något	några
8.	i	på	om
9.	till	som	på

10.	på	i	över
11.	Den	Det	De
12.	ägget	ägg	äggen
13.	lång	långa	långt
14.	bara	också	inte
15.	i	på	mot
16.	att	om	i
17.	i	på	hos
18.	liten	små	lilla

20 LB 13

Lös korsordet.

1. tar man bort fästingar med
2. små läkemedel som man suger på eller sväljer
3. behövs när näsan är täppt
4. när det har hänt något allvarligt åker man till ...
5. används vid injektion
6. kräm med läkande egenskaper
7. skakningar förenade med köld-känsla
8. instrument som man mäter kroppstemperaturen med
9. katarr i näsans slemhinna
10. behövs när man har skurit sig
11. en bil för akut sjuktransport
12. ont i en tand

21 **Lyssna, slappna av och njut! Titta på orden innan du börjar.** (28)

ett lår - *Schenkel*
ett säte - *Gesäß*
en käke - *Kiefer*
ett ögonlock - *Lid*

22 LB 14

Översätt!

→ grammatik s. 277

1. Jeden Tag arbeite ich im Krankenhaus.

   ....

2. Das Wohnmobil stellen wir neben die anderen.

   ....

3. Jedes zweite Jahr fahren Gun und Anders durch Schweden.

   ....

4. Sie treffen sich im Urlaub.

   ....

5. Ungefähr jede zweite Woche gehen wir ins Kino.

   ....

6. Alle mochten das Krebse-Fest.

   ....

23 Fyll i ett passande indefinitpronomen!

LB 14

→ grammatik s. 277

1. Vi går på bio .... vecka.
2. Jag handlar .... dag.
3. .... tredje vecka badar jag bastu.
4. .... fjärde år reser vi till USA.
5. .... måste hålla hundarna i koppel.
6. Hälsa .... på jobbet!
7. - Något mer? - Tack, det var ....
8. På .... eller .... sätt kommer det funka.
9. Ska vi göra något .... ?
10. Ställ gärna cyklarna bredvid de .... där.
11. .... år springer jag maraton.
12. Det finns .... olika sjukdomar.
13. Vi äter .... grönsaker.
14. Av .... eller .... anledning fick jag inget jobb.
15. Jag gillar inte färgen på cykeln. Har du ingen .... ?

annan	varannan
annat	vartannat
en och annan	man
ett och annat	allt
vart	mycket
varje	många
andra	varenda
alla	vartenda
var	

24 Vad säger man?

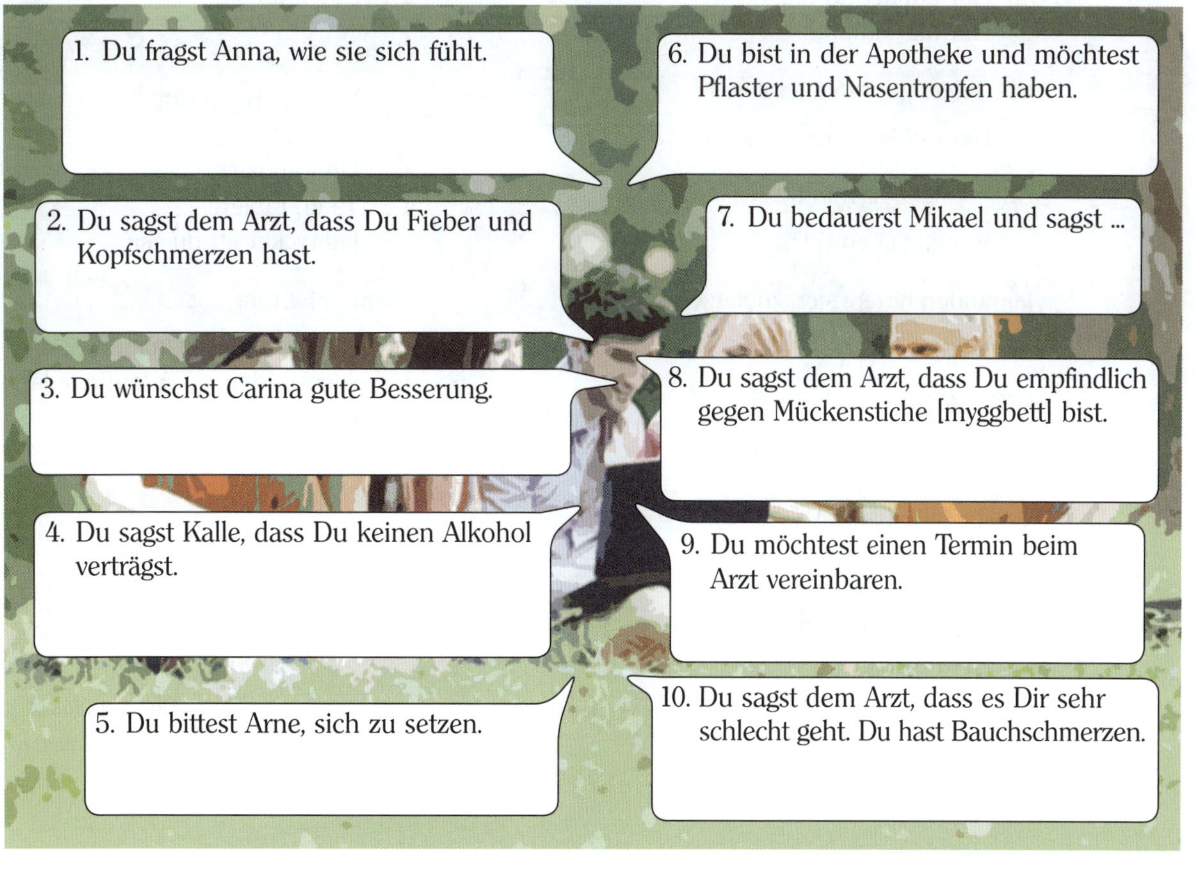

1. Du fragst Anna, wie sie sich fühlt.
2. Du sagst dem Arzt, dass Du Fieber und Kopfschmerzen hast.
3. Du wünschst Carina gute Besserung.
4. Du sagst Kalle, dass Du keinen Alkohol verträgst.
5. Du bittest Arne, sich zu setzen.
6. Du bist in der Apotheke und möchtest Pflaster und Nasentropfen haben.
7. Du bedauerst Mikael und sagst ...
8. Du sagst dem Arzt, dass Du empfindlich gegen Mückenstiche [myggbett] bist.
9. Du möchtest einen Termin beim Arzt vereinbaren.
10. Du sagst dem Arzt, dass es Dir sehr schlecht geht. Du hast Bauchschmerzen.

25 ☑ Din checklista över viktiga vardagsuttryck

Etwas abwägen

☐ Det beror på ...

Idiomatische Ausdrücke

☐ Du är på benen igen!
☐ Vad har du på hjärtat?
☐ Det står mig upp i halsen.
☐ Alla pratade i munnen på varandra.
☐ Sara ryckte på axlarna.
☐ Hon har skinn på näsan.
☐ Hon är upp över öronen förälskad.
☐ Han är hjärnan bakom cancerforskningen.
☐ Det kan jag inte säga på rak arm.
☐ De träffades på tu man hand.
☐ Han var rund under fötterna.
☐ Spring snabbt som ögat!

Eine Anweisung geben

☐ Böj benet!
☐ Sträck upp armarna!
☐ Lyft benet!
☐ Stå på tå!
☐ Hoppa upp och ner!

Nach dem Befinden fragen

☐ Vad är det för fel på honom?
☐ Hur känner du dig?
☐ Hur mår du?

Ein Telefongespräch einleiten

☐ Hej, det är ... . Jag ringer för att ...

Nach einem Termin fragen

☐ Kan jag få en tid?

Jemanden bitten, sich zu setzen

☐ Varsågod och sitt.

Hilfe anbieten

☐ Vad kan jag hjälpa dig med?

Sagen, dass man etwas nicht verträgt

☐ Jag tål inte mjölk.

Gute Besserung wünschen

☐ Krya på dig!

Sagen, dass man sich nicht gut fühlt

☐ Jag mår dåligt.
☐ Det känns inte (alls) bra.
☐ Jag känner mig (ur)kass.
☐ Jag är sjuk.
☐ Jag är ledsen.
☐ Jag är trött.

Über Beschwerden sprechen

☐ Jag har så ont i huvudet.
☐ Jag har feber.
☐ Jag har tandvärk.
☐ Jag mår illa.
☐ Jag har huvudvärk.
☐ Jag hostar/Jag har hosta.
☐ Jag är förkyld.
☐ Jag har ont i halsen.
☐ Jag har diarré.
☐ Jag har utslag.
☐ Jag har skurit mig.
☐ Jag känner mig yr.
☐ Jag har kräkts.
☐ Jag har frossa.
☐ Jag har bränt mig.

Jemanden bedauern

☐ Stackars dig!

Einen Rat geben

☐ Vill du att jag ska ...?
☐ Ska jag ...?
☐ Du kan väl ... ?
☐ Ta en tablett.
☐ Jag tycker att du ska ...

Seine Meinung sagen

☐ Enligt min åsikt/mening ...
☐ Å ena sidan ... / Å andra sidan ...
☐ Jag tycker/tror/anser att ...

Doktorn på sjukhuset:
- Vi blir nog tvungna att röntga din man.
- Det behövs inte. Honom har jag genomskådat för länge sedan.

Liv i förändring — Avsnitt 10

1 LB 1

I rutan finns 10 substantiv ur ordspråken. Orden är gömda vågrätt och lodrätt och har minst tre bokstäver. Ringa in orden och skriv pluralformerna.

1. ....
2. ....
3. ....
4. ....
5. ....
6. ....
7. ....
8. ....
9. ....
10. ....

K T O J B M E S A D V Ä R L D C F U H F E
Ä L I V M U L N T Y S G R I V H O J Å Ö B
Z Ö N T I R H Å B L A T U M J Ä C K P R G
E R G I L T A P R Å V I L F U S H Y T B I
K L E N T S F Ö R Ä N D R I N G S S Å Ä M
A V H E G M I J H A K L E P R F A U V T Ä
M E T A N K E I R G Å T K Ä H T B L Ö T N
S M I B S D A M Ä U N E P R O C E S S R H
E O G T A Y V K D R F H N V B O D Å K I E
R D O M S Ö J G S T E M I S S T A G Ä N S
T I F U E R D Ö L Å J O T P I O H M C G T
U M Ä N N I S K A S I B A M K L E S H I A

2 LB 2

Välj en av uppgifterna. Skriv ett kort till någon som ...

a) har fått barn.
b) gifter sig.
c) fyller år.
d) har guldbröllop.
e) har hjälpt dig med något.

3 LB 3

a Lyssna. Vilken reaktion passar bäst, a eller b? (29)

1. (a) Nej men oj, vad roligt! (b) Nej men usch, vad tråkigt!
2. (a) Lägg av! (b) Grattis!
3. (a) Du skojar! (b) Vad säger du?
4. (a) Det var som tusan! (b) Stackars honom!
5. (a) Så tråkigt! (b) Oj då!
6. (a) Va? Är det sant? (b) Usch, vad dumt!
7. (a) Jaså! Vad roligt! (b) Jaså! Vad tråkigt!

b Lyssna igen och skriv ett annat passande uttryck till varje exempel. (29)

1. Vad tråkigt att höra!
2. ....
3. ....
4. ....
5. ....
6. ....
7. ....

4 LB 4 **Lyssna och skriv upp det du hör.** (30)

1. ....
2. ....
3. ....
4. ....
5. ....
6. ....

5 LB 5 **Fyll i tabellen.**

	Infinitiv	Presens	Preteritum	Supinum
1.	hitta			
2.	efterlysa			
3.	tappa			
4.	höra av sig			
5.	identifiera			
6.	få			
7.	hända			
8.	ske			
9.	födas			
10.	kunna			

6 LB 5 **Risk eller chans?**

1. .... att få fyrlingar är mycket liten. (positivt)
2. .... att få fyrlingar är mycket liten. (negativt)
3. Det finns en .... att få influensa på vintern.
4. .... är stor att vi kan köpa huset.
5. Det finns en .... att Sverige vinner VM.
6. Det finns en .... att tåget är försenat.
7. .... är stor att vi förlorar matchen.

7 LB 5 **En annan otrolig historia. Fyll i adjektivet i rätt form.**

→ grammatik s. 260

»Kärleksportal« kallar Trafikverket ett .... (fin) projekt som ska få möss från två sidor av en .... (ny) väg att mötas. Den .... (liten) hasselmusen är sju cm .... (lång) och har en lika .... (lång, hårig) svans. Pälsen är .... (gulbrun). Hasselmöss har sedan länge gillat det .... (vacker) området i närheten av Stenshuvuds nationalpark i Skåne. Den .... (stor, ny) vägen ska inte störa mössens kärleksliv. Därför har man byggt en .... (liten) bro, så att de .... (liten) mössen ska kunna springa till varandra!

en mus - två möss

Trafikverket är en svensk myndighet som bl.a. ansvarar för byggande och underhåll av statliga vägar.

8 Svara på frågorna.

LB 6

→ grammatik s. 278

1. När ska jag komma? Du kan komma när som helst.
2. Vad ska vi äta idag? Vi kan
3. Var ska vi tälta?
4. Hur ofta ringer han?
5. Hur länge har de varit gifta?
6. Vart tycker du vi ska åka på semestern?
7. Hur många myror är det i en myrstack?
8. Är Karin lycklig nu?
9. Titta, är lilla Anna inte gullig?
10. Vilken färg ska vi ta?
11. Vem kan det vara som har snott mitt armband?
12. Vilka tomater ska jag ta?

9 Vad gör Lena i sitt jobb som volontär?

LB 8

1. .... 2. .... 3. .... 4. ....

10 Annika berättar lite om sin tid i fängelset. Vad betyder slangorden i texten? Fyll i rätt siffra till höger.

LB 8

Jag satt i **finkan** (1) i ett år för bokföringsbrott. Det var inte så **lattjo** (2) precis! Man fick ha på sig speciella **brallor** (3) och tröjor. Och när man skulle på **muggen** (4) på kvällen så hade man alltid en **snubbe** (5) i hälarna, en vakt som **kollade** (6) allt. Vi fick jobba fem timmar per dag. Jag **knegade** (7) faktiskt i träindustrin och tillverkade möbler. Jag gick alltid ut en timme efter lunchen, promenad kallades det. Man kunde **lira** (8) fotboll eller volleyboll, om man ville det, eller bara gå runt lite. **Käket** (9) var ok, vanlig husmanskost. **Najs** (10) med **frallor** (11) på morgonen. En gång i veckan **slog** jag **en pling** (12) hem, för att **snacka** (13) med **morsan** (14). Min **syrra** (15) kom och hälsade på ibland, men **brorsan** (16) vågade aldrig. Han är **schyst** (17), men en ängslig typ.
Ja, det var inlåsning klockan 20.00. Då fick man ha med sig **macka** (18) och te på bostadsrummet.
Dumburken (19) blev min räddning på kvällarna. Jag har aldrig sett så många **actionrullar** (20) som det året!

☐	bra	☐	byxor
☐	tv:n	☐	prata
☐	syster	☐	toaletten
☐	ringde	☐	mamma
☐	snäll	☐	smörgås
☐	kille	☐	roligt, kul
☐	småfranskor	☐	spela
☐	maten	☐	jobba
☐	actionfilmer	☐	brodern
☐	fängelse	☐	kontrollerade

11 Fyll i tabellen. → grammatik s. 259

LB 8

	Singular obestämd	Singular bestämd	Plural obestämd	Plural bestämd
1.		straffet		
2.				domarna
3.	ett fängelse			
4.			finkor	
5.		skatteskulden		
6.				poliserna
7.	ett brott			
8.			rättegångar	

12

LB 8

a Läs om olika hjälporganisationer på s. 89 och fyll i följande namn på rätt ställe.

Skydda skogen **Tjejzonen** **Cancerfonden**
Djurens rätt **Fältbiologerna**

b Läs texterna om Lukas, Maria, Anna, Christine och Arne. De vill engagera sig i en hjälporganisation. Vilken organisation/vilka organisationer på nästa sida skulle kunna passa bäst till var och en?

Lukas har just tagit studenten. Han är ihop med Mia som går sista året på gymnasiet. Lukas funderar på vad han ska göra efter skolan. Pausa ett år eller plugga biologi. Han är en positiv och glad kille som gillar musik, natur och djur.

Maria bor i Huddinge utanför Stockholm. Hon är 45 år, gift och har två barn. Hon jobbar som läkare på en psykiatrisk avdelning på ett stort sjukhus. Maria och hennes man spelar tennis på fritiden. Maria har en kristen livsinställning och brukar gå i kyrkan.

Anna är 39 år och singel. Hennes stora intressen är läsning, musik och natur. Hon älskar långa skogspromenader. Hon jobbar på ett bibliotek och är en mycket kommunikativ och glad person.

Christine kommer från Bohuslän. Hon är född och uppvuxen där. Hon är 54 år och jobbar som sjuksköterska. Hennes stora intresse är att resa. Hon älskar främmande länder. En gång om året brukar hon och hennes sambo flyga på en spännande semester. Förra året var de i Indien. I år vill de till Vietnam.

Arne är 67 år. Han jobbade som tågförare, men nu är han pensionär. Han är ensamstående sedan hans fru dog i cancer för fem år sedan. Han älskar djur och har två hundar och en katt. Han känner sig inte ensam. Han har ju sina djur och dessutom är han ofta hos sin bror och hans familj som har en stor ekologisk lantgård. Där finns både får, kor, grisar och hästar.

a

Håll Sverige rent arbetar för att förebygga och motverka nedskräpning. Vi samlar kunskap, och tar fram konkreta verktyg och lösningar för att stoppa skräpet. Håll Sverige rent är en ideell obunden stiftelse.

b

.... finns för att vi lever på en planet, där människors framfart äventyrar både vår och naturens framtid- därför behövs du. Som medlem ges du möjlighet att hänga med i naturen och tillsammans med andra lära dig mer. Du tar ställning för en bättre värld och får chansen att kämpa för det du tror på! Vi är Sveriges största ideella förening för natur- och miljöintresserade unga som har funnits sedan 1947.

c

.... är en fristående, ideell insamlingsorganisation, som arbetar för att fler ska överleva och färre drabbas av cancer. En av Cancerfondens centrala uppgifter är att sprida kunskap om cancer och cancerforskningen. I opinionsarbetet driver Cancerfonden frågor som är viktiga för dagens cancerpatienter. Genom att påverka beslutsfattare på olika nivåer i samhället, försöker Cancerfonden få igenom förbättringar.

d

.... är en ideell naturvårdsorganisation med fokus på skogen. Föreningen bildades 2009 av skogsengagerade från hela landet med anledning av det kritiska läget för skogen och hotet mot den biologiska mångfalden. Vi arbetar bl.a. för att Sveriges gammelskogar och andra skogar med höga naturvärden ska bevaras.

e

Hoppets Stjärna är en utvecklingsorganisation som arbetar utifrån FN:s deklaration om mänskliga rättigheter, barnkonventionen samt en kristen värdegrund, där alla människor har samma rättigheter och värde oavsett social, etnisk eller religiös tillhörighet. Barn som lever i fattigdom och deras närmiljö står i centrum för vårt arbete.

f

.... är Sveriges största stödorganisation för tjejer. Vi stöttar tjejer mellan 10 och 25 år genom fysiska eller virtuella möten med en Storasyster som i sin egenskap av volontär ger sin tid och sitt engagemang för att lyssna och finnas där. Vi erbjuder tjejerna chattar och möjlighet att träffa en Storasyster live eller online. Vi har även stödmejl, t.ex. »Fråga juristen«, där tjejer och anhöriga kan höra av sig.

g

Röda korset är världens främsta katastroforganisation. Vi finns över hela världen och består av miljontals frivilliga som bestämt sig för att hjälpa andra människor. Vi kämpar för att rädda liv och ge hopp över hela världen och i Sverige.

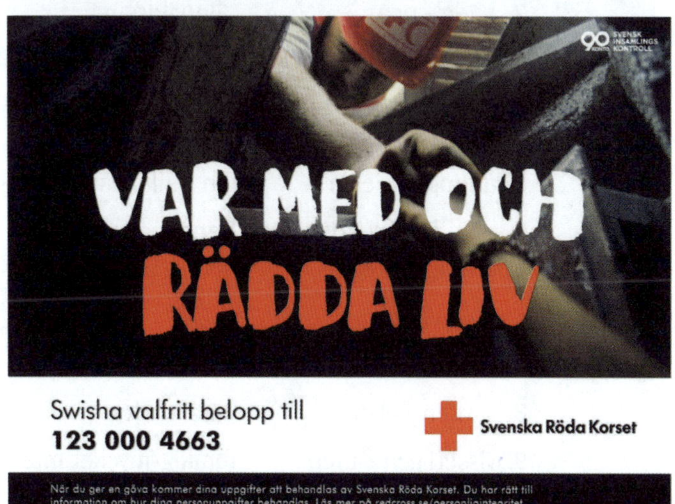

h

.... är en partipolitiskt obunden, ideell djurrättsorganisation med mer än 45 000 medlemmar. Organisationen arbetar för en värld, där djur respekteras som kännande individer.

13 LB 8

Vilken egenskap? Fyll i korsordet. Du hittar dem i texterna.

1. Man är uppskattande, nöjd och tillfreds.
2. Man är skygg, tyst och generad.
3. Man är störande, livlig och besvärlig.
4. Man är snäll, bra, trevlig och korrekt.
5. Man är hård, fräck, snygg och framåt.
6. Man vågar göra farliga saker.
7. Man är mycket respektfull.
8. Man är munter, solig och lycklig.
9. Man är omogen och blåögd.
10. Man är anpassbar och mångsidig.

14 LB 10

Fyll i konjunktionerna i texten.

→ grammatik s. 278

Vad är lycka?

Alla vill vi vara lyckliga, ... jakten kan vara mödosam. FN granskar lyckonivån varje år i 155 av världens länder. De nordiska länderna ligger faktiskt på topp. Hur blir vi lyckligare? Jo, forskningen visar att din livsinställning .... påverkar ditt välmående .... din livslängd, ... var nyfiken och se livet som ett äventyr och välj glädje. .... dans .... sång frigör endorfiner .... oxytocin. Har du hund, katt .... ett annat husdjur hemma? Grattis! Då kan du kela och klappa dig lycklig! Bli lugn genom att .... lyssna på lugnande musik .... gå en runda i naturen. .... förknippar många lycka med mer pengar och fler prylar, ... känslan är tillfällig, snart är man nere på samma nivå igen.

Visa tacksamhet. Gnäll inte över det du inte har, ... börja uppskatta det du har istället. Störst lyckoeffekt har kärleken till en partner, till barn .... goda vänskapsrelationer.

15 LB 10

Bilda meningar!

→ grammatik s. 278

1. både - och — sticka/sy — Hon gillar både att sticka och sy.
2. både - och — älg/vildsvin — Han jagar ....
3. inte bara - utan också — kaffe/te — De dricker ....
4. inte bara - utan också — sin son/sin mamma
   Hon hjälper ....
5. antingen - eller — en fralla/havregrynsgröt
   Till frukost äter Lena ....
6. antingen - eller — gå på bio/gå ut och äta
   Vi kan ....

7. varken - eller — fotboll/basket — Hon spelar ....
8. varken - eller — läsa/skriva — Han kan ....
9. visserligen - men — bråkig/mycket intelligent — Kalle är ....
10. visserligen - men — jobbigt/väldigt roligt — Det är ....

16 Vilket ord passar inte?

LB 11

1. arg rasande förbannad besviken ilsken
2. glad lycklig ängslig salig munter
3. sorgsen förvånad vemodig deppig ledsen
4. rädd ängslig skraj förskräckt irriterad
5. brinnande begeistrad överraskad entusiastisk vara eld och lågor

17 **a** Vad bör man inte göra? Skriv fyra meningar. → grammatik s. 279

LB 13

ljuga ....

ha 24 grader i sovrummet ....

gå med feber till jobbet ....

väga för mycket ....

b Skriv på svenska.

1. Ich schaffe es nicht, heute Abend ins Kino zu gehen. ....
2. Es scheint ihm gut zu gehen. ....
3. Ich muss heute nicht zur Arbeit gehen. ....
4. Linus durfte nach Kenya fahren. ....
5. Sie traute sich, die Arbeit zu wechseln. ....
6. Du musst mehr auf deinen Körper hören. ....
7. Lotta schaffte es gestern, einen Kuchen zu backen. ....
8. Du solltest nicht so viel rauchen. ....

18 »Tryckfelsnisse« har varit i farten igen! Läs texten och rätta felen.

LB 13

På skoj skyller man på »Tryckfelsnisse«, när det smyger sig in tryckfel i en text.

Bohuslän

Bohuslän liggar vid Skagerrak och nora delen av Kattegatt på Västkusten. Kala klippor ger lantskapet dess karaktär. Det har fåt sitt namn efter Bohus fästning.

Bohuslän var fran tidig medeltid danskt. Det blev norskt på 1100-talet. Svensk blev Bohuslän jenom freden i Roskilde 1658.

Silfisket har lenge varit viktig för Bohuslän. Det fanns många små fiskelägen eller fiskebyor, orter där fisket var basnäringen och i Lysekil bygde mann ut konservindustrin. Dessa fiskelägen har utveklats till populära semesterorter. Tjörn, Orust, Marstrand och Öckerö är tjända öor. Lycksiga badorter som under sommarmonaderna blommar up och fylls av sommarstugeägare och turistar.

Bohuslän har ca 20 000 Fornlämningar. Mycket känt är Tanum, där mäniskor från bronsaldern har ristat in tusental bilder i landskapets släta berghällar.

En mycket populär ort i Bohuslän är Fjällbacka, där skådespelerskan Ingrid Bergman gärna bodde under sin vistelser i Sverige. Här utspeler sig också Camilla Läckbergs deckare. Kungsklyftan i Vetteberget var än av inspelningsorterna för filmen Ronja Rövardotter.

19 a **Lina, Tore och deras barn har just flyttat in i ett kollektivhus, vilket har inneburit en förändring i deras liv. Lyssna på samtalet mellan Lina, Tore och Markus, en vän till familjen. Sätt kryss för rätt eller fel.** (31)

	rätt	fel
1. Markus är skeptisk till kollektivhus.	☐	☐
2. Det bor 45 personer i kollektivhuset.	☐	☐
3. Lina och Tore hade fördomar, innan de flyttade till kollektivhuset.	☐	☐
4. Man delar bara matlagningen.	☐	☐
5. Två gånger i månaden måste varje boende laga mat.	☐	☐
6. Alla måste äta i matsalen.	☐	☐
7. Lina och Tore känner sig ensamma.	☐	☐
8. Fördelen med kollektivhus är att det är bra för barnen.	☐	☐

! 30 pers - *30 personer*

b **Svara på frågorna:**

1. Nämn en nackdel med kollektivhus.

....

2. Beskriv möjligheterna i ett kollektivhus.

....

....

3. Vad har blivit enklare, tycker Tore och Lina?

....

....

20 Vad säger man?

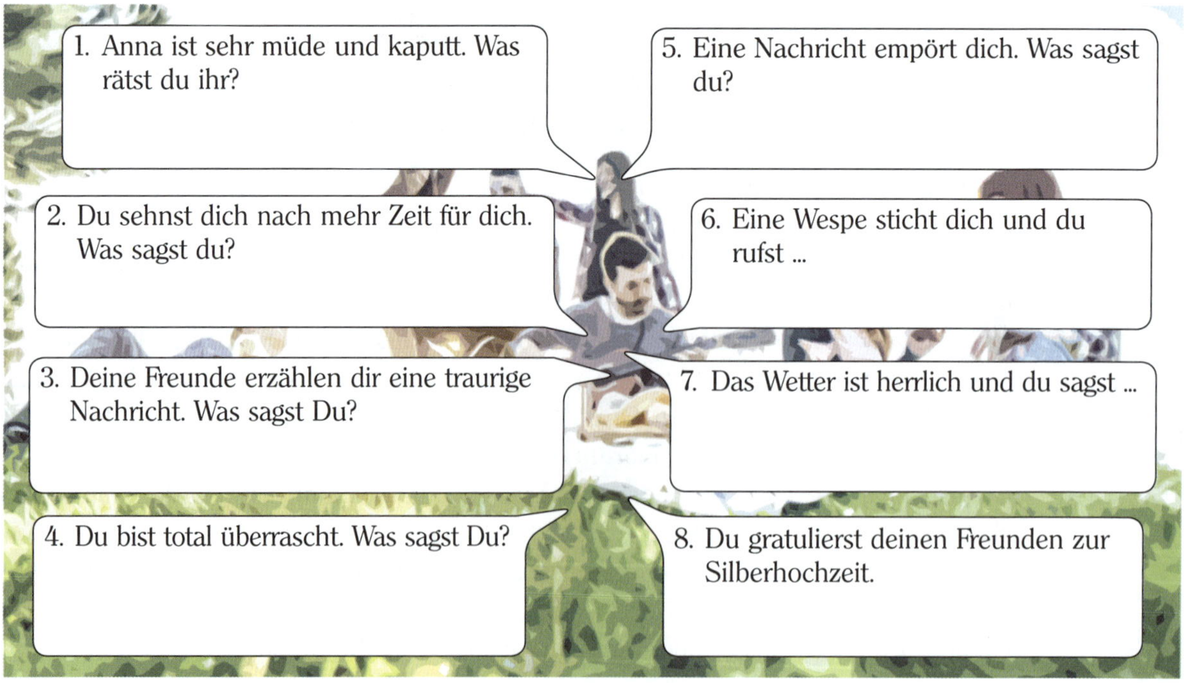

21 ☑ Din checklista över viktiga vardagsuttryck

Gratulieren

- ☐ Har den äran!
- ☐ Grattis på födelsedagen!
- ☐ Grattis!
- ☐ Grattis på bröllopsdagen!
- ☐ Grattis till guldbröllopet!
- ☐ Grattis till förlovningen!
- ☐ Vi gratulerar till lilla Anna!

Sein Beileid ausdrücken

- ☐ Så tråkigt.
- ☐ Jag beklagar sorgen.
- ☐ Jag är så ledsen för din skull.

Sich für die Einladung bedanken

- ☐ Tack för inbjudan!

Auf eine Überraschung reagieren

- ☐ Vilken överraskning!

Erstaunen ausdrücken

- ☐ Säger du det?
- ☐ Menar du det?
- ☐ Va?
- ☐ Jaså!
- ☐ Det var som tusan!
- ☐ Det är inte sant!
- ☐ Det är inte möjligt!
- ☐ Du skojar!
- ☐ Du skämtar!
- ☐ Lägg av!

Mitleid/Verständnis ausdrücken

- ☐ Stackars dig/dem/henne/honom!
- ☐ Typiskt också!
- ☐ Vilken himla otur!

Tackbrev till tillverkare av bantningspiller:
- Jag är väldigt nöjd. Efter att ha tagit medlet i tre veckor har min fru gått ner 10 kilo, och sedan tre dagar tillbaka är hon helt försvunnen.

Begeistert reagieren

- ☐ Åh, fantastiskt!
- ☐ Så bra!
- ☐ Det är hur bra som helst!
- ☐ Det låter superbra!
- ☐ Toppen!
- ☐ Vad roligt!

Auf eine schlechte Nachricht reagieren

- ☐ Nej, usch vad dumt!
- ☐ Så tråkigt!
- ☐ Vad förfärligt!
- ☐ Usch, vad hemskt!
- ☐ Nej men, oj då!
- ☐ Vad tråkigt att höra.

Bedauern ausdrücken

- ☐ Vad synd!

Ausrufe

- ☐ Vilket vackert väder!
- ☐ Fy!
- ☐ Usch!
- ☐ Åh!
- ☐ Nej men, ... !
- ☐ Oj!
- ☐ Oj då!
- ☐ Aj!

Jemanden loben

- ☐ Bra gjort!

Sagen, dass etwas an den Kräften zehrt

- ☐ Det tär/tar på krafterna.

Sich nach etwas sehnen

- ☐ Jag längtar efter mer egentid.

Ein Gebot ausdrücken

- ☐ Man bör inte dricka alkohol när man är gravid.

Einen Rat geben

- ☐ Du borde sova mer.
- ☐ Du får prioritera.
- ☐ Du kanske kan rensa i kalendern.
- ☐ Du behöver fylla på batterierna.

Zustimmen

- ☐ Ah, det är sant.

Stad och land Avsnitt 11

1 LB 1

Bilda sammansatta ord. Ibland tillkommer ett foge-s. Ibland bortfaller slutvokalen, ibland förändras den till -e, -o eller -u.

→ grammatik s. 273

1. en gata + en korsning = ...
2. en stad + ett hus = ...
3. en fråga + ett ord = ...
4. ett land + en ort = ...
5. en vecka + en tidning = ...
6. en granne + ett land = ...
7. en stad + en kärna = ...
8. en vara + ett hus = ...
9. en olja + en tank = ...
10. en pojke + en vän = ...
11. en kappa + en ficka = ...
12. ett kök + ett fönster = ...
13. ett land + en väg = ...
14. ett land + en bygd = ...

2 LB 2

Vilket material? Du hittar dem i texten om Birka.

1. G L _ _
2. _ Y _
3. J _ R _
4. _ Ä _ S
5. _ _ R N _ _ E _
6. K _ _ A _ _ K
7. _ I _ _ E _
8. H _ _ N
9. _ _ D

3 LB 3

S-passiv form: Fyll i tabellen!

→ grammatik s. 280

	Presens	Preteritum	Perfekt	Pluskvamperfekt
1. svara	svaras	svarades	har svarats	hade svarats
2. kontrollera				
3. ringa				
4. skriva				
5. köra				
6. hitta				
7. berätta				
8. bygga				
9. köpa				

4 Ändra meningarna från passiv till aktiv form. Börja med *man* som subjekt.

→ grammatik s. 280

LB 3

1. Vitt vin ska serveras kallt. Man ska servera vitt vin kallt.
2. Huset köptes 1966. ....
3. Ringen hittades i en byrålåda. ....
4. Villan såldes för 1 miljon kronor. ....
5. Den här veckan säljs kaffe billigt på Maxi. ....
6. Nycklarna måste lämnas tillbaka. ....

5 Ändra meningar från aktiv till passiv form.

→ grammatik s. 280

LB 3

1. Milan Johansson har översatt boken. ....
2. Polisen grep en man i 24-årsåldern i morse. ....
3. Viruset sprider sig på barer och restauranger. ....
4. Byggfirman ska renovera vår altan. ....
5. En trevlig läkare undersökte Lena igår. ....
6. Man stänger museet på vintern. ....
7. En ung kille överföll en 59-åring mitt i stan. ....
8. Carl Larsson har målat många fina akvareller. ....
9. Kommunen har köpt de nya hyreshusen. ....
10. Veterinären behandlade hunden mot ohyra. ....

! ohyra - Ungeziefer

6 Välj ett lämpligt verb och sätt in det i rätt passiv form. Det finns fyra ord för mycket.

→ grammatik s. 280

LB 3

odla	steka	servera	grunda	bygga	byta	tvätta	skära	bedriva	möta
granska	skala	hitta	vattna	jobba	anse	höja	lägga	gripa	anlägga

Ansgar-monument på Björkön

1. Birka .... vara Sveriges äldsta stad.
2. Skådespelarna .... av en glad och förväntansfull publik igår.
3. Stockholm .... av Birger Jarl.
4. Skatten kommer nog att ...., för staten behöver pengarna.
5. En man i 20-årsåldern har ...., misstänkt för narkotikabrott.
6. I staden .... handel och hantverk på medeltiden.
7. Guldringen .... på gatan av en liten pojke i morse.
8. Man kan inte äta apelsiner utan att de .... först.
9. »Löken .... i tunna skivor och .... med köttfärsen«, står det i receptet.
10. En kaktus får inte .... alltför ofta.
11. Det har .... många nya villor i vårt samhälle.
12. Janssons frestelse kan .... med en enkel sallad.
13. Det .... mycket potatis i Skåne.
14. Fallet »Paul« hade .... ner, men kan nu .... igen.

7 LB 4

Läs textbitarna. I vilken ordning ska de stå? Numrera 1-5.

Vem räddade Gamla stan i Stockholm?

◯ Hon ordnade guidade vandringar genom Gamla stan, visningar, massmöten, höll brandtal och kämpade för att rädda stadsdelen. Hon lyckades. Det blev inga fler rivningar. Idag är de flesta husen i Gamla stan renoverade och lägenheterna eftertraktade.
I februari 2018 döptes Sven Vintappares torg i Gamla stan om till Vera Siöcronas torg.

◯ Fina, gamla hus skulle göra plats för Domusvaruhus, kommunhus och massor av nya lägenheter. Den så kallade rivningshysterin kom igång. Det fanns även planer på att riva Gamla stan. De gamla, vackra husen och gränderna skulle ersättas av nya moderna byggnader och bredare gator.

◯ På 1800-talet fanns stadsplaner som alla innebar en total rivning av Gamla stans bebyggelse med undantag av slottet, kyrkorna och några kvarter. Men det fanns inga resurser och det räddade Gamla stan. Man satsade på en modernisering av malmarna i stället.

◯ Men vi kan tacka Vera Siöcrona för att vi har kvar den vackra, gamla bebyggelsen i Gamla stan.
Vera Siöcrona var en äventyrare, historiker, författare och journalist. Hon var en frontfigur i Hembygdsföreningen Gamla stan.

◯ På 1930-talet påbörjades den modernistiska stadsplaneringen att förändra städerna. Funktionalistiska idéer gjorde sitt intrång. På 50- och 60-talen var många hus förfallna. Standarden var mycket låg. Det fanns en stor vilja att bygga nytt.

ett brandtal - *Brandrede*
nedkomna - *heruntergekommen*
en hembygdsförening - *Heimatverein*
eftertraktad - *begehrt*

8 LB 4

Fyll i verben som saknas. Välj bland verben i rutan (använd rätt form av verbet!). Observera att verbet »vara« förekommer två gånger!

Kära Ann!
Hur ....(1) du det?
För tre veckor sedan ....(2) Sune och jag vår Sverigeresa och nu ....(3) vi i Stockholm.
I morse ....(4) vi en promenad genom Gamla Stan. Vi ....(5) genom de små gränderna, ...(6) på slottet, ...(7) gott på en liten restaurang, ...(8) uppe i Katarinahissen och ....(9) Gamla Stan uppifrån!
Dessutom ....(10) vi. Jag ....(11) en snygg klänning och Sune ....(12) absolut ha en ny kamera. Vi ....(13) på ett underbart hotell mitt i stan. I morgon ska vi ....(14) till Drottningholm och på fredag ....(15) vi hem igen.
Kram Sandra
12:32

se	resa
titta	shoppa
äta	köpa
åka	vara
ha	vilja
ströva	bo
starta	ta

Drottningholms slott

9 LB 4

Fyll först i frågeorden som fattas. Skriv sedan en text om Stockholm, det kan vara ett vykort, ett brev, ett mejl eller en artikel. Frågorna hjälper dig. Du behöver inte svara på alla frågorna. Skriv på ett extra papper.

1. .... ligger Stockholm?
2. .... brukar man kalla Stockholm?
3. .... grundade Stockholm enligt traditionen?
4. .... utvecklades staden på 1800-talet?
5. .... många invånare har Stockholm idag?
6. .... finns i Gamla Stan?
7. .... byggnad är symbol för huvudstaden?
8. .... är tunnelbanan så intressant?
9. .... kan man åka med Djurgårdsfärjan?
10. .... är det som är så bra med »Stockholm Pass«?

10 **Fyll i rätt form av adjektivet!**

→ grammatik s. 260, 261, 264

1. (gammal) I .... Stan i Stockholm kan man se många intressanta byggnader. Jag har sett ett .... slott och en .... kyrka. Snart ska vi vandra genom de .... gränderna.
2. (liten) Jan vill ha en .... kattunge. Men hans mamma säger, att .... kattungar är jobbiga att ha i lägenheten. »Dessutom har du ju din .... hamster«, säger hon.
3. (vacker) Vädret är .... idag. Vi har haft många .... dagar nu, och vi hoppas att det .... vädret stannar.
4. (blå) Lotta har en .... kjol. Nu skulle hon gärna vilja ha ett par .... skor också. Det kommer att se snyggt ut till den .... kappan.
5. (billig) På rean köpte Karin en .... topp. Hon letade efter ett .... skärp också. Men .... saker har ju inte alltid bra kvalitet. Så Karin köpte aldrig det .... skärpet hon såg på varuhuset.

11 LB 6

Beskriv, hur man kommer från A till B med tunnelbanan. Du har hjälp av den stora linjenätskartan i läroboken på s. 210. Skriv på ett extra papper.

1. från Åkeshov till Universitetet
2. från Kista till Gamla stan
3. från Skärholmen till Kungsträdgården

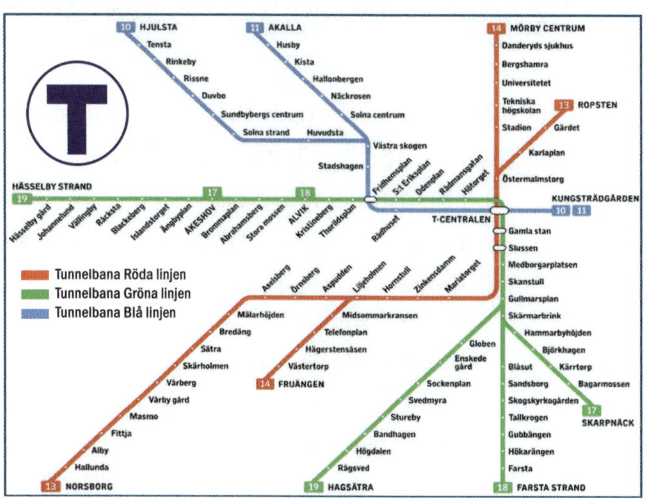

12 Vilket århundrade? Skriv ut med bokstäver.

→ grammatik s. 280

LB 8

1. 1300 - 1399 trettonhundratalet
2. 1400 - 1499 ……
3. 1100 - 1199 ……
4. 1500 - 1599 ……
5. 1600 - 1699 ……
6. 1800 - 1899 ……
7. 1900 - 1999 ……
8. 1200 - 1299 ……

13 Googla på nätet.

→ grammatik s. 280

LB 8

1. När skrev Astrid Lindgren sin första bok om Pippi Långstrump?
   Astrid Lindgren skrev sin första bok om Pippi Långstrump på 1940-talet.
2. När vann popgruppen Abba melodifestivalen med låten »Waterloo«?
   ……
3. När flög Charles Lindbergh över Atlanten?
   ……
4. När släppte Elvis Presley sitt musikalbum »Elvis Presley«?
   ……
5. Vilket decennium präglades av en stark lågkonjunktur?
   ……
6. I vilket decennium var Rubiks kub mycket populär?
   ……
7. Vilket decennium medförde den »digitala revolutionen«?
   ……

14

LB 8

a Vilket århundrade? Lyssna på fem små faktatexter och numrera 1 - 5. (32)

◯ 1100-talet	◯ 1400-talet	◯ 1700-talet
◯ 1200-talet	◯ 1500-talet	◯ 1800-talet
◯ 1300-talet	◯ 1600-talet	◯ 1900-talet

b Läs meningarna. Lyssna igen och sätt kryss. (32)

	rätt	fel
1. Bellman ackompanjerade sig själv på piano.	☐	☐
2. Falun var Sveriges första stora industrisamhälle.	☐	☐
3. Gyllene salen är på Gripsholms slott.	☐	☐
4. I Stadshuset firas Nobelfesten.	☐	☐
5. I Falu koppargruva arbetade ca 500 anställda.	☐	☐
6. Den heliga Birgitta skrev ner sina uppenbarelser när hon var liten.	☐	☐
7. Birgitta ville gå i kloster.	☐	☐
8. Sveriges stormaktstid tog slut, när Falu gruva rasade.	☐	☐
9. Stockholm hade 700 krogar på Bellmans tid.	☐	☐
10. Stadshusets arkitekt var Ragnar Östlund.	☐	☐

15 LB 10

a **Vilka ord har accent 2? Kryssa för. Lyssna sedan och kontrollera ditt svar.** (33)

☐ hoppas	☐ vänner	☐ havet	☐ stiger	☐ vakna
☐ magisk	☐ mamma	☐ ville	☐ mage	☐ jobbar

b **Accent 1 eller accent 2? Skriv följande ord i rätt spalt. Lyssna sedan och kontrollera.** (34)

Accent 1	Accent 2

blomma
blåbärspaj
bordet
flyger
godis
byxor
väljer
pratar
övningsbok
cykel
sexton
landet
nätter
gjorde
slutar
säljer

16 LB 12

Sätt in stå, ställa, sitter, sätta, ligga och lägga på rätt ställe i rätt form.

1. Kuddarna .... på solstolen.
   - Ska jag .... undan kuddarna, tycker du?
2. - Var .... din cykel? - I skjulet.
   - Bra! Var ska jag .... den när jag kommer tillbaka?
3. - Ska vi .... här i gräset?
   - Ja, men .... dig inte i myrstacken bara.
4. - .... torkvindan ute fortfarande?
   - Nej, jag .... in den i garaget i morse.
5. - .... simringen inte på bryggan igår?
   - Jo, men jag .... den på altanen i morse.
6. - Vi kan väl .... på bryggan och äta kvällsmat.
   - Bra idé! Vi .... oss på kuddar och tar med oss några filtar, ifall det blir kallt.
7. - Jaså, du .... där i soffan! Jag har letat efter dig.
   - Jag kände mig dålig, så jag .... mig här.

! en myrstack - *Ameisenhaufen*
ifall - *wenn, falls*

17 LB 13 **Läs receptet och sätt in partiklar som passar.** → grammatik s. 281

1. Blanda .... lingonen med 1/2 dl socker.
2. Smöra en springform cirka 24 cm i diameter eller använd bakplåtspapper.
3. Smält smöret i en kastrull. Stäng .... plattan och lägg .... chokladen i bitar och låt den smälta.
4. Mät .... socker och salt, tillsätt äggen och vispa .... till en smet.
5. Rör .... smör och chokladblandningen, mjölet och lingonen i äggsmeten.
6. Bred .... smeten i formen.
7. Grädda i mitten av ugnen ca 25 - 30 minuter. Ta .... kakan och låt den svalna.
8. Vispa .... grädden, rör .... lingonsylten. Garnera tårtan med lingongrädde och lingon. Mums!!

Recept på chokladkaka med lingon

Ingredienser:
250 g frysta lingon
1/2 dl socker
3 ägg
200 g smör
200 g mörk choklad
1 1/2 dl socker
en nypa salt
2 1/2 dl vete- eller dinkelmjöl
2 dl grädde
lingonsylt
Ugn: 150 grader

18 LB 13 **Läs instruktionen och välj rätt partikel.** → grammatik s. 281

1.	ut	loss	upp
2.	fast	in	bort
3.	av	på	ut
4.	på	in	av
5.	in	ner	ur
6.	upp	ner	in
7.	in	ner	på
8.	in	fram	i
9.	in	fram	upp
10.	på	fast	in
11.	fast	in	på
12.	bort	ut	till
13.	in	ut	av
14.	ner	upp	på
15.	in	ut	fram
16.	ur	upp	in

Att laga en punktering

* Börja med att ta ....(1) hjulet från cykeln. Skruva ....(2) ventilen och släpp ....(3) all luft ur slangen.
* För att kränga ....(4) däcket behöver man däckavtagare.
* Ta ....(5) slangen från däcket och pumpa ....(6) den.
* Doppa ....(7) slangen i ett vattenbad, så är det lättare hitta hålet.
* Gör en markering, ringa ....(8) hålet med en penna.
* Rengör området kring hålet och rugga ....(9) ytan lite med en bit sandpapper, så fäster klistret bättre.
* Stryk ....(10) ett tunt lager med solution och låt det torka i 2-3 minuter.
* Lägg ....(11) lagningslappen och tryck ....(12) ordentligt. Vänta i cirka 5 minuter.
* Medan du väntar, kan du passa på att känna försiktigt på insidan av däcket, så att det inte sitter kvar något vasst föremål, t.ex. en tagg, en sten eller en glasbit.
* Nu är det dags att lägga ....(13) slangen i däcket igen. Det är noga att slangen hamnar rätt.
* Sätt ....(14) däcket och tryck ....(15) ventilen.
* Pumpa ....(16) däcket försiktigt och montera hjulet på cykeln.

en slang - *Schlauch*
sandpapper - *Schleifpapier*
vass - *scharf*
kränga av - *hier: abziehen*
en tagg - *Dorn*
rugga upp - *aufrauhen*

19 a **Vad är en fördel/nackdel?**

LB 14, 15

1. Bussarna går inte så ofta. Nackdelen är att bussarna inte går så ofta.
2. Min lägenhet har bara en pytteliten balkong. ....
3. Jag har fler sociala kontakter. ....
4. Det finns ett stort utbud av restauranger. ....
5. Det finns fina parker. ....
6. Det är långt till jobbet. ....

b **Skriv meningar med *å ena sidan - å andra sidan*. Tänk på ordföljden.**

1. det är fullt med folk - jag kan shoppa när som helst
   Å ena sidan är det fullt med folk, men å andra sidan kan jag shoppa när som helst.
2. det finns härlig natur - det är långt till jobbet
   ....
3. man kan vara spontan och träffa folk - längtar jag till ensamma skogspromenader
   ....
4. man kan ha en egen häst - måste jag skjutsa mina barn till fritidsaktiviteter
   ....
5. lantlivet ger ett fundamentalt lugn - jag saknar möjligheten att träffa mina vänner ofta
   ....

20 **Vad säger man?**

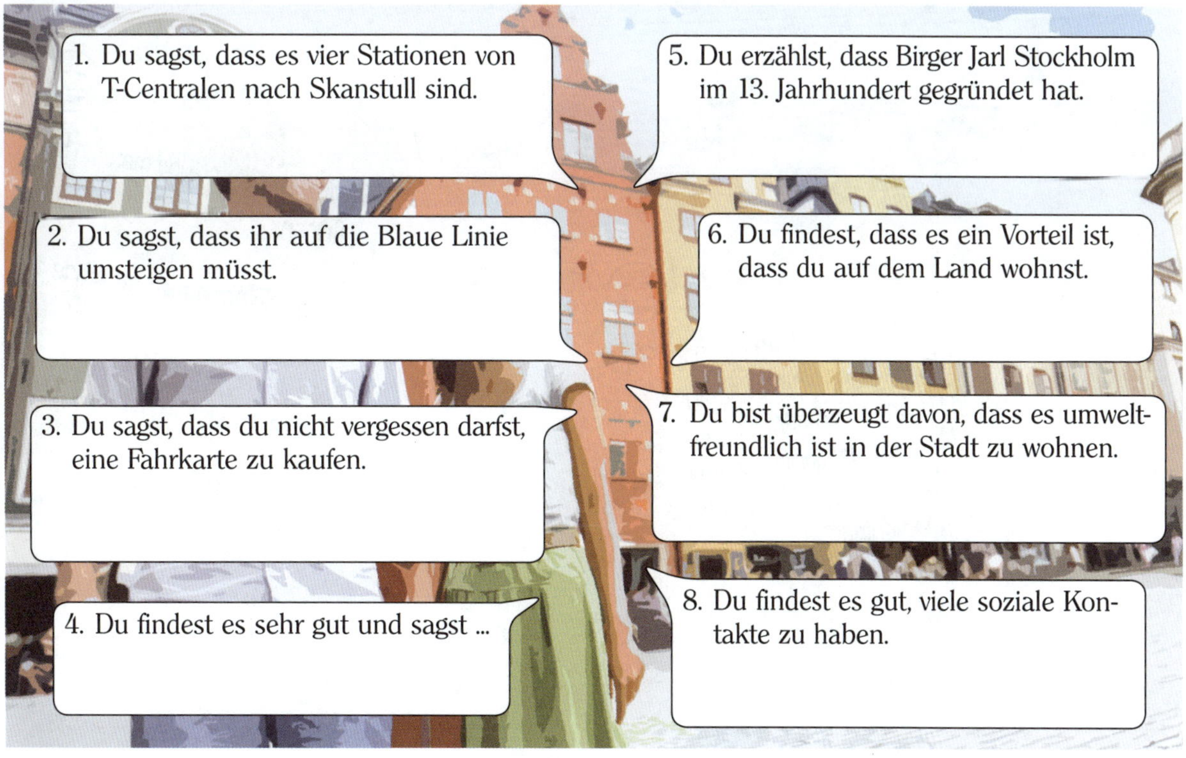

21 ☑ Din checklista över viktiga vardagsuttryck

sich niederlassen, sich setzen

- ☐ Handelsmännen slog sig ner nära kusten.
- ☐ Slå dig ner!

Einen Ort beschreiben

- ☐ Stockholm ligger mellan Mälaren och Östersjön.
- ☐ Stockholm har över 1 miljon invånare.
- ☐ I Stockholm finns det många museer och sevärdheter.

Einen Vorschlag machen

- ☐ Vad sägs om att ...

Eine U-bahnfahrt planen

- ☐ Vi måste ta den gröna linjen mot ... till ... .
- ☐ Det är fem stationer till ... .
- ☐ Där måste vi byta till den blåa linjen mot ... .
- ☐ Vi går av vid ... .

Fragen, ob man umsteigen muss, und darauf antworten

- ☐ Måste vi byta?
- ☐ Vi har ett byte/två byten.

Etwas gut finden

- ☐ Perfekt!
- ☐ Jajamen!
- ☐ Vad fint!

Zeitangaben machen

- ☐ Birger Jarl grundade Stockholm på 1300-talet (trettonhundratalet).
- ☐ På 70-talet (sjuttiotalet) hade man långt hår.

Sagen, dass etwas typisch ist

- ☐ Typiskt!

An etwas erinnern

- ☐ Vi får inte glömma att ... .
- ☐ Glöm inte att ...

Ausruf / Nicht der Rede wert

- ☐ Äsch!

Argumentieren

- ☐ Fördelen/Nackdelen med att bo ...
- ☐ Jag är övertygad om att ...
- ☐ Å ena sidan tycker jag att ...
- ☐ Men å andra sidan ...
- ☐ Jag tycker/anser att ...
- ☐ Enligt min åsikt ...

- Är du nöjd med din nya hund?
- Ja, verkligen! Punktligt varje morgon hämtar han tidningen åt mig.
- Nåja, men det gör ju många hundar.
- Men jag prenumererar inte på någon tidning.

-Är du den nyanställde mannen här på firman?
-Ja.
-Då kan du börja med att städa på lagret.
-Men jag är ju ingenjör.
-Då ska jag visa dig hur man gör.

Sverige i stora drag Avsnitt 12

1 LB startsidan

Vilket ord från startsidan är överbegreppet?

1. fotbollsskor ishockeyplan handbollsspelare slalomskidor ....
2. midsommar lussekatter kräftskiva sillsallad ....
3. statsminister partier val riksdagen ....
4. kronprinsessa kungliga slottet statsbesök kungen ....
5. museum opera teater utställning ....
6. betyg studenten sommarlov universitet ....
7. sjöar landskap naturresurser berg ....
8. forska medicin mikroskop laboratorium ....
9. form färg stil idé ....
10. tillverkning produkt fabrik arbetare ....
11. tid årtal gamla byggnader regenter ....

2 LB 2

Nämn några röda dagar i kalendern.

nyårsdagen ....
första maj ....

3 LB 2

I rutan finns tio ord från texten »Några Sverigesymboler«. De är gömda vågrätt och lodrätt. Skriv pluralformerna till höger.

F R E S Y M B O L G S T Ö N B C S D S
O M H A M T E N U R Ä D G Å R T P U N
L I R E P R E S E N T A N T U M Å H T
J S Å B H M O G I T C R Ä L I N R F U
A T S P Ä L Ö B C H T E F L A G G A K
N A G H S T J K R O N A G L D A R O M
I D N J T M R U V T D A S Ö D V F O N
U S J L K B N O T D Å B Ä M K J U B L
T V N O V F T R A G E N O M B R O T T
V A F R A H U T K L N Å M F P Ö L Å T
H P I J M O V T U A F E D T T N Ä L O
M E Å L D U R I K E M Ö C F D E L U H
N N L M K O P N Ä C Å G F R A J G V L

1. ....
2. ....
3. ....
4. ....
5. ....
6. ....
7. ....
8. ....
9. ....
10. ....

4 LB 2

Lyssna, så får du veta lite om dalahästens historia. Kryssa för rätt eller fel. (35)

	rätt	fel
1. De första trähästarna tillverkades med en yxa.	☐	☐
2. Någon gång på 1830-talet fick hästarna blommönster.	☐	☐
3. Trähästar har varit till salu i 100 år.	☐	☐
4. 1928 köpte bröderna Olsson sin första bandsåg.	☐	☐
5. Bröderna hette Nils och Jan.	☐	☐
6. De första trähästarna gjordes på somrarna, när man var ute på sjön.	☐	☐
7. Målningen på hästarna kallas kurbitsmålning.	☐	☐
8. På världsutställningen stod en fem meter hög häst.	☐	☐

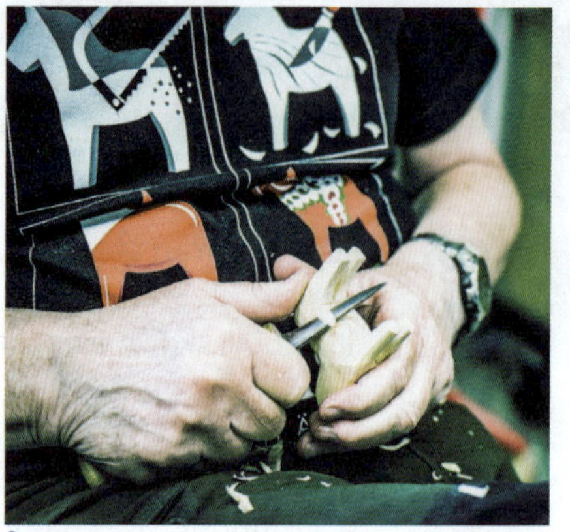

! en yxa - *Axt*

5 LB 3

Fyll i de relativa pronomenen.

→ grammatik s. 282

1. Janne kommer från Mora .... ligger i Dalarna.
2. Alla tittade på den stora tavlan, på .... man kunde se en kung .... red på en häst.
3. Där kommer Annika .... alltid är så pigg och glad.
4. Anna jobbar med ett projekt, ... mål är att rädda gatuhundar.
5. Min dotter har börjat röka, ... jag inte alls gillar.
6. Leif fick ett meddelande, i .... det stod att hans bror behövde hjälp med sin bil.
7. Jag bor i en gul, stor villa .... ligger på Strandvägen.
8. Kvinnan försökte trösta pojken, ... mobil hade gått sönder.
9. Karin sa att hon ville skilja sig, ... kom som en chock för hennes man.
10. Sverige vill inte ha euro, ... inte alla tycker är bra.

6 LB 5

Sverigekrysset

1. Sveriges längsta älv är Göta älv/... .
2. Sveriges näst största ö är ... .
3. I Sverige har man en ... mellan 0,5 - 9,2 mm per år.
4. Kebnekaises ... är 2097 meter över havet.
5. Sverige gränsar till ... och Finland.
6. Sverige ligger i Europa på den skandinaviska ... .
7. Den skandinaviska fjällkedjan heter ... .
8. Göteborg och Stockholm har en vacker ... .
9. I söder är landskapet plattare och här dominerar ... .
10. Sveriges största sjö är ... .
11. En allt viktigare del av energisystemet utgör ... .
12. Ett vatten som omger Sverige är ... .
13. Sverige har ett mycket varierat ... .
14. Från fjällen flyter ett antal ... ner mot ostkusten.
15. ... är en naturresurs som det finns gott om i Sverige.
16. Landet trycktes ner under ... .
17. Sveriges nordligaste punkt är ... .
18. Sydtoppens ... smälter på grund av varmare somrar.
19. Det högsta berget är ... .

7 Långt eller kort e? Lyssna och sätt ut lång (_) vokal eller kort (.) vokal. (36)

LB 6

1. brev
2. Bergvik
3. Helsingborg
4. ledig
5. svenska
6. Edsbyn
7. semester
8. Svedala
9. resa
10. hemma
11. fel
12. evighet

8 Vilka titlar är det frågan om?

LB 7

1. Victoria är en ... .
2. Daniel är en ... .
3. Carl XVI Gustav är en ... .
4. Kristina var en ... .
5. Estelle är en ... .

9 Skriv motsatsen till följande ord:

LB 8

1. tidsenlig – ....
2. mänsklig – ....
3. lycklig – ....
4. liten – ....
5. svag – ....
6. republikan – ....
7. fel – ....
8. dålig – ....
9. stänga – ....
10. möjligen – ....
11. billig – ....
12. import – ....
13. diktatur – ....
14. ungdom – ....

10 Skriv rätt ord. Skriv även ut artikeln och pluralformerna.

LB 7, 8

	Singular	Plural
1. spravålk	ett valspråk	valspråk
2. tefschats		
3. kromatide		
4. timgran		
5. hunkagus		
6. senpredint		
7. poterixdunstir		
8. krimona		
9. vra		
10. ängsefel		

11 Fyll i *sin, sitt, sina* eller *hans, hennes, deras.*

LB 8

→ grammatik s. 265

1. De saknar rätten till att styra över .... egna liv.
2. .... (Evas) liv hade varit långt och spännande.
3. Många migranter vill återförenas med .... anhöriga i Sverige.
4. Olle och .... fru är royalister. De gillar kungafamiljen.
5. I Sverige kan man inte välja .... statschef.
6. Kungligheterna växer in i .... roller.
7. Victoria verkar inte olycklig i .... roll som kronprinsessa.
8. Kungligheterna har ingen religionsfrihet. .... liv är omänskligt, tycker Lukas.
9. Mona är nöjd med .... jobb som PR-kvinna.
10. Varje land har .... speciella symboler.

12 Ringa in ett lämpligt satsadverb till varje mening.

LB 9

→ grammatik s. 283

Mening	Satsadverb
1. Henrik har ... blivit sjuk, eftersom han ännu inte har kommit.	knappt gärna ej kanske
2. - Tåget kommer ... inte fram i tid.	endast gärna bara tyvärr
3. - Det är så kvavt. Det blir ... åska.	helst nog bara tyvärr
4. Jag äter ... kanelbullar än wienerbröd.	helst bara hellre inte
5. Kungahuset är ... en stark och traditionell symbol.	faktiskt bara gärna hellre
6. Eva kan ... komma till mötet på tisdag.	verkligen eventuellt knappt endast
7. En president kommer ... inte bli billigare!	bara minsann hellre gärna
8. - Du kommer ... på 50-årskalaset? - Javisst!	inte väl naturligtvis troligen
9. Helge drack ... vichyvatten på festen, eftersom han skulle köra hem.	gärna endast knappast kanhända
10. På museets ömtåliga föremål stod det »Vidrör ... «!	förmodligen ej kanske möjligtvis
11. Han ville ... vara ärlig.	kanske verkligen knappast kanhända
12. - Kan vi inte sjunga lite? - Jo, vänta, jag ska ... hämta min gitarr.	inte nog bara väl
13. Kalle var väldigt otrevlig mot mig igår. Han kommer ... att be om ursäkt.	tyvärr gärna nog verkligen
14. Jag skulle så ... vilja resa till Island.	verkligen nog gärna ej
15. Emma ska ... fortsätta att studera, men hon har inte bestämt sig än.	inte eventuellt faktiskt endast
16. Älgen är ... det djur som marknadsför Sverige bäst.	knappast förmodligen tyvärr enbart
17. Nisse vill ... ha den nyaste mobilen.	kanske helst knappt tyvärr
18. Nu behöver du ... inte öva mer på det här.	antagligen endast hellre gärna

13 Vilka ord kan man använda synonymt? Sortera dem. → grammatik s. 283

LB 9

enbart, kanhända, inte, nog, naturligtvis, verkligen, möjligtvis, möjligen, givetvis, minsann, ej, eventuellt, bara, antagligen, troligen, kanske, faktiskt, förmodligen, endast

....

....

....

....

....

....

....

14 Skriv färdigt meningen och tänk på ordföljden i bisatsen. → grammatik s. 283

LB 9

1. Han ville bara dricka ett glas vatten.
   Anna trodde, att han ....
2. - Det kommer förmodligen att bli bra.
   Sven säger, att ....
3. - Jag äter hellre vegetariskt.
   Eva påpekar, att ....
4. - Jag hinner antagligen med bussen.
   Pontus tror, att ....
5. - Det blir nog fint väder i morgon.
   Lotta säger, att ....
6. - Micke har tyvärr inte tid att hjälpa till med flytten.
   Kalle har hört att ....

15 Starka verb: vokalväxling i - e - i. Fyll i tabellen.

	Infinitiv	Presens	Preteritum	Supinum
1.	skriva	skriver	skrev	skrivit
2.	bli			
3.	rida			
4.	skina			
5.	stiga			
6.	skrika			
7.	lida			
8.	gripa			
9.	pipa			

! gripa - *greifen*
pipa - *piepen*

16 Läs texterna och kryssa för rätt eller fel.

Barn utnyttjas

Tyvärr luras unga in i kriminaliteten. De utnyttjas eftersom det finns en "straffrabatt", en straffreduktion för brottslingar mellan 18 och 21 år. Polisen har noterat att barn blir springpojkar och utsätts för våld av äldre kriminella. Att unga begår grova brott och får låga straff är en kränkning mot brottsoffren.

Politikerna talar nu om att revidera straffrabatten. Unga ska straffas på samma sätt som vuxna. Men argumenten att straffa unga hårdare är svåra att förstå och kritikerna kommer inte själva med förslag hur man ska lösa problemet. Regeringen säger sig vilja agera, men hittills har det bara varit tomt prat. Justitieministern låtsas mena allvar, men det är inte särskilt trovärigt.

Stöld av handsprit på sjukhus

En person har stulit flera flaskor handsprit från ett sjukhus i region Skåne. Stölden ska ha skett under tisdagen. Handspriten försvann från ett väntrum på en av sjukhusets mottagningar.

Mannen var väldigt påverkad. Det är oklart om han tog med sig handspriten eller om han har druckit den. Att det kan ha något att göra med en bristvara i och med coronaviruset, tror man inte. Det verkar ha varit en missbrukare, säger en av sjukhusets personal.

Droger i drinkar på krogen kartläggs

Polisen och sjukvården ska i ett nytt projekt undersöka, hur vanligt det är att personer får sina drinkar spetsade med droger på krogen. I dag finns en hel del misstankar - men få bevisade fall. Även rutiner ska tas fram för hur personer, som misstänks ha utsatts för brott i samband med en spetsad drink, ska bemötas. Polisen i Västra Götaland är först i landet med projektet som sedan ska användas i hela Sverige, skriver tidningen Svensk Polis.

Matbrist driver björnar mot bebyggelse

Förra måndagen dödades en 61-årig man och hans hund av en björn i Valsjöbyn i nordvästra Jämtland. Björnen spårades upp och sköts. Det är gott om björn i trakten, och det dåliga bäråret gör att björnarna söker sig närmare bebyggelsen. Jägarna i Norrbotten har i år slagit rekord och fällt 46 björnar. Björnjakten i Norrbotten avslutades den 30 september. I övriga län avslutas den idag, den 15 oktober. Jägarna i Jämtland har kritiserats för skadskjutna björnar i årets jakt.

	rätt	fel
1. En 65-årig man dödades av en björn.	☐	☐
2. Björnen sköts.	☐	☐
3. Det dåliga bäråret driver björnar mot bebyggt område.	☐	☐
4. Björnjakten i Jämtland avslutades den 30 september.	☐	☐
5. Polisen och sjukvården ska genomföra ett nytt projekt.	☐	☐
6. Man är säker på att drinkar spetsas med droger på många krogar.	☐	☐
7. Det nya projektet ska användas i norra Sverige.	☐	☐
8. Man vet att mannen stal handspriten för att dricka den.	☐	☐
9. Handspriten försvann från ett väntrum på ett sjukhus.	☐	☐
10. Straffrabatten handlar om en straffreduktion för brottslingar mellan 14 och 18 år.	☐	☐
11. Unga personer utnyttjas av äldre kriminella.	☐	☐
12. Justitieministern är inte trovärdig.	☐	☐

17 LB 11 **Läs dialogen och fyll i orden som fattas. Välj bland orden i rutan.**

levererar	industrivaror
varuexport	utvecklingen
exportprodukt	ekonom
trä	företag
fördubblats	exporterar
handelspartner	dataspelsbranschen
gruvindustrin	leveranssäkerhet

Svensk industri och export

R: Hej Fredrik Lundmark. Välkommen! Du är ....(1) och arbetar med offentlig ekonomi, skatter, energi och miljö.

F: Ah, just precis!

R: Vi ska framför allt prata lite om vad Sverige ....(2). Svenskt trä är populärt och musik- och spelexporten växer enormt just nu. Vilka är Sveriges stora ....(3)?

F: För det första är svensk exportindustri starkt beroende av ....(4) i Europa. 75% av Sveriges ....(5) går faktiskt till europeiska länder ... och då huvudsakligen till Tyskland och Norge. Mycket går även till Finland och Danmark.

R: Och utanför Europa?

F: Ja, utanför Europa eller EU är USA den största handelspartnern. Men man kan se att Asien är en växande exportmarknad för svenska ....(6).

R: Det är intressant faktiskt.

F: Ja, det mesta går till Kina. ....(7) har blivit ett populärt byggmaterial där och Kina vill vara försiktig med sin egen skog.

R: Ok. Men varför just från Sverige?

F: Jo, men Sverige ....(8) mycket bra kvalitet och har en hög ....(9).

R: Svenskarna har alltid varit effektiva och noga. Kan du berätta vad Svergie exporterar mer än trä?

F: Alltså ... svensk varuexport består i hög grad av ....(10). Till största delen exporterar Sverige transportmedel, maskiner och telekomprodukter. Till basindustrin hör skogsindustrin, stål- och ....(11), samt den kemiska industrin. Sedan har musik- och ....(12) blivit en jättestor exportvara.

R: Ja, just det. Det kommer vi tillbaka till strax. Först en annan fråga bara: Vilka är Sveriges största företag?

F: Ja, där har vi Volvo, Ericsson, Hennes och Mauritz, Skanska, Scania, Vattenfall, Ica-gruppen, Elektrolux, Husqvarna, Sony och Spotify. För att bara nämna några.

R: Vi talade om att svensk musik och svenska dataspel är en stor ....(13). Sedan 2009 har musikexporten ....(14). Kan du säga något om det?

18 Läs slutet av dialogen och komplettera det som fattas.

LB 11

F: Sverige har sedan länge va.............. (1) en musikexportör. I alla fa.............. (2) sedan Abbas tider. Nämner man utomlands att man kom.............. (3) från Sverige, så säger folk direkt a.............. (4) de gillar Abba och Ikea naturligtvis. Efter Abbas splittring blev Roxette nästa band s.............. (5) erövrade den internationella marknaden. Sedan har d.............. (6) bara rullat på. Band som Blue Swede med Björn Skifs, Ace of Bace, Robyn, Swedish House Mafia, Avicii, Tove Lo och Zara Larsson.

R: Ja, det är otroligt vil.............. (7) stor popularitet de har få.............. (8) även utomlands.

F: Ah... Sverige har oc.............. (9) en av världens mest anlitade låtskrivare, t.ex. Max Martin och Andreas Carlsson.

R: Men Fredrik, vad beror det på att sv.............. (10) musik är så populär utomlands?

F: Jag tr.............. (11) att svensk musik länge har kopplats samman m.............. (12) starka melodier. Och det k.............. (13) bero på ett gemensamt musikarv, där melankoliska folkvisor har spelat en stor roll. Dessutom är svenskarna bra på teknik. Svenskar lär sig bå.............. (14) musik och datorer från tidig barndom. Och kvaliteten är of.............. (15) mycket hög hos må.............. (16) svenska artister.

R: Och arbetsmoralen är hög ...

F: Precis, det är som du sä.............. (17): arbetsmoralen är hög och nivån på effektiviteten likaså.

R: Tack, Fredrik, för det här samtalet!

19 Vad säger man?

1. Du hast die Antwort vergessen und sagst ...
2. Du sagst, dass du es übertrieben findest.
3. Du möchtest, dass Lukas aufgibt, und sagst scherzhaft ...
4. Du bist nicht der gleichen Meinung wie Ann und sagst ...
5. Du bist der gleichen Ansicht wie Peter und sagst ...
6. Du gibst Ulrika recht.
7. Du sagst, dass du die schwedische Musik gut findest.
8. Dir fällt gerade etwas anderes ein. Was sagst du?

20 Din checklista över viktiga vardagsuttryck

Einen durchschlagenden Erfolg haben
- [ ] Dalahästen slog igenom som Sverigesymbol.

Einen Gedanken weiterführen
- [ ] Han menar vidare att ...

Etwas vergessen
- [ ] Vad var det nu igen?
- [ ] Vad hette det nu igen?
- [ ] Det kommer jag inte ihåg.

Sich entrüsten
- [ ] Va?

Etwas bestätigen
- [ ] Ja, absolut!

Eine Aussage verstärken
- [ ] En president kommer minsann inte bli billigare.

Eine Überzeugung bekräftigen
- [ ] Det kan du ge dig tusan på!

Etwas als Übertreibung empfinden
- [ ] Det är överdrivet.

Jemandem recht geben
- [ ] Det har du rätt i.
- [ ] Det är sant.

Seine Meinung sagen
- [ ] Jag anser att ...
- [ ] Jag tycker att ...
- [ ] Personligen tycker jag ...

Zustimmen
- [ ] Jag håller med.

Nicht zustimmen
- [ ] Nja, jag håller inte riktigt med.

Nicht konkret auf ein Argument eingehen
- [ ] Det kanske hon inte är.

Argumente gegeneinander abwägen
- [ ] Å ena sidan ..., å andra sidan ...

Einen Gedanken aufgreifen
- [ ] Jag kom att tänka på en sak.

Insistieren
- [ ] Men ändå ...

Ausruf / Nicht der Rede wert
- [ ] Äsch!

Jemanden auffordern aufzugeben (auch scherzhaft)
- [ ] Ge dig!

Vi i Sverige — Avsnitt 13

1 ✎ **Välj en bild och skriv lite om vad svenskar gillar. Skriv dina egna intryck och upplevelser i Sverige, om du har några.**

LB startsidan

2 **Läs texten om landskapet Närke och komplettera den.**

LB 1

Närke är ett a…… Sveriges minsta landskap. Landskapsdj…… är hasselmusen och landskapsblomman är gullvivan. Kilsbergen eller »de blå bergen« kna…… två mil väster o…… Örebro är en ekopark, d…… de norrländska barrskogarna mö…… Mellansveriges lövskogar o…… jordbruksbygder. I bergen fa…… det gott om järn förr i ti…… och järnhanteringen har va…… viktig under må…… hundra år. Det mä…… på de många ortnamnen med efterledet -hyttan. Även o…… järnet har tagit slut, fi…… det fortfarande industrier i nor…… Närke som bearbetar järn och stål. När järnet tog sl……, började m…… använda sig av skogen och d…… finns fortf…… sågverk och pappersindustrier i Närke. Men äv…… jordbruket är en viktig näring för Närkeborna. Eft…… många viktiga vägar, vattenvägar och järnvägar går ge…… Närke, kallas landskapet ib…… för Sveriges hjärta. Sveriges säkraste fängelse li…… i Kumla. I sjön Fagertärn vä…… röda näckrosor och det är d…… enda platsen i världen, där d…… växer vilt.

! en gullviva - *Schlüsselblume*

3 **Vilket smågodis ser du på bilderna?**

LB 3

- ☐ sega råttor
- ☐ mjölktänder
- ☐ salta sillar
- ☐ hallonbåtar
- ☐ bilar
- ☐ häxvrål
- ☐ geléhallon
- ☐ gröna grodor
- ☐ lakritsbåtar
- ☐ colaflaskor
- ☐ chokladbananer

4 Bilda ord genom att kombinera substantiv och adjektiv.

LB 3

socker · skit · hem · liv · super · botten · knall · is · spegel · kristall · ljud

+

lös · kall · klar · bra · trevlig · gott · fri · röd · rädd · dålig · blank

sockerfri ....

....

....

....

....

....

5 Sätt in dessa verb i bloggen på rätt ställe och i rätt form.

LB 3

införa	fixa	ge	slappa	öka	häva i sig
laga	kolla på	umgås	pyssla	handla om	köra med

Tjenixen alla fredagsmysare och gottegrisar!
Visst vill man ....(1) i soffan efter veckans slit, markera att helgen är på ingång. ....(2) film, äta tapas och godis. Men jag har märkt att jag ....(3) i vikt, så här .... det ....(4) att ändra på inkörda rutiner. Det går lika bra att ....(5) med nyttigare godis. Man kan ....(6) grönsaker, nötter eller färgglada rotfruktschips.
Eller så kan man ....(7) en härlig sallad och äta frukt i stället för att ....(8) massor med sötsaker.
Vi har börjat ....(9) fredagsmys med matlagning och äventyrsstationer. Medan vi vuxna ....(10) mat, har barnen kul med sin slackline, målar med vattenfärger, ...(11), jonglerar med pinnar och allt möjligt. Tacomiddag och filmkväll i all ära, men detta ....(12) en annan dimension till fredagsmyset. ▷ Mysis97

! i all ära - *in Ehren*

6 Välj rätt subjunktion.

→ grammatik s. 284

LB 4

1. Olle blev inte frisk, ... han fick starka mediciner.	ifall · för att · trots att · därför att
2. Lena undrade, ... jag ville följa med henne till Köpenhamn.	när · om · för att · ifall
3. Nisse sov så hårt, ... han inte hörde väckarklockan.	eftersom · tills · medan · att
4. .... det regnar, ska vi ta en långpromenad idag.	eftersom · även om · därför att · förrän
5. - .... jag var liten, fick jag lördagsgodis.	att · när · än · då
6. - Det ser ut .... du är ledsen. Har det hänt något?	förrän · innan · som om · om
7. - Du, ... bussen inte kommer snart, ringer jag Olle. Han kanske kan hämta oss.	när · ifall · innan · att
8. - Du kan väl leka med barnen, ... jag lagar mat.	innan · om · medan · ifall
9. - Vänta här .... jag kommer tillbaka!	för att · just som · tills · eftersom
10. Pia är så glad, ... hon vann första pris i en novelltävling.	därför att · så att · medan · tills

7 LB 4

a Fyll i *medan* eller *innan*. → grammatik s. 284

1. .... Janne reste till England, packade han sina resväskor.
2. Eva dammsuger, ... maten är i ugnen.
3. .... Micke dricker kaffe, går Ulla och handlar.
4. .... jag börjar dammsuga, snäpper jag fast slangen i dammsugaren.
5. Lotta borstar tänderna, ... hon går och lägger sig.
6. Anna tvättade bilen, ... Bosse klippte gräsmattan.

b *Fastän* eller *därför att*?

1. Sven köpte en dalahäst, ... plånboken var tom.
2. Jag kom för sent, ... väckarklockan inte ringde.
3. Han lagade sin cykel, ... den hade fått punktering.
4. Staffan gick till jobbet, ... han var sjuk.
5. Jag städade, ... allt var stökigt hemma hos oss.

8 LB 4

Sätt in en passande subjunktion. → grammatik s. 284

1. - Hör ni ungar, ni måste i säng nu, ... ni orkar vandra hela dagen i morgon.
2. Man ska alltid ta penicillin .... kuren är helt slut.
3. En del ville inte följa med på vår körresa till USA, ... de inte ville flyga.
4. - .... du har kommit fram till Göteborg, kan du väl ringa? Jag blir så orolig annars.
5. - Kul .... du kan komma till kalaset i morgon!
6. .... han gick ut, började det ösregna.
7. Tentan klarade jag bra, ... den var jättesvår.
8. Lotta säger sina åsikter rakt ut, ... bry sig om vad de andra i gruppen tycker.
9. Kalle spelar musik på hög volym, ... de i lägenheten under har klagat flera gånger.
10. Ska vi gå på förfesten hos Janne, ... vi sticker in till stan?

9 LB 4

Översätt! → grammatik s. 284

1. Ich glaube, dass fredagsmys wichtig ist, weil Kinder Rituale brauchen. ....
2. Als ich klein war, aß ich total viel Süßigkeiten. ....
3. Obwohl ich viel Süßes esse, habe ich gute Zähne. ....
4. Während ich die Zeitung las, machte Eva Pizza. ....
5. Ich weiß nicht, ob du mich verstehen kannst. ....
6. Je mehr ich lerne, desto besser werde ich. ....

10 LB 5 **Läs texten och sätt in rätt alternativ.**

1. få	fick	fått
2. till	av	från
3. för	av	från
4. hans	sin	sitt
5. sin	sitt	hans
6. detta	denna	dessa
7. sin	hans	sitt
8. ta	tog	tagit

9. där	till	som
10. ja	ju	jo
11. dem	de	deras
12. hur	vad	om
13. Innan	Eftersom	Därför
14. än	för	till
15. viktig	viktigare	viktigast
16. några	någon	något

Solstickan

1936 grundades Stiftelsen Solstickan. Initiativtagaren hette Mathias Hallgren. Konstnären Einar Nerman fick (1) uppdraget att rita etiketten .... (2) asken och skapade då Solstickepojken, idag en .... (3) Sveriges mest välkända symboler och kanske ett av världens mest reproducerade konstverk. Då Einar Nerman började .... (4) arbete, var det bråttom. Han letade i .... (5) samling av tidigare teckningar och fann en bild på Tummelisa, som bar på en fackla. Till .... (6) teckning hade .... (7) son Tom stått modell. Nu gjorde han flickan till pojke igen, ... (8) bort facklan ur flickans hand och målade en sol i övre vänstra hörnet. Idén bakom Solstickan var lika enkel .... (9) genial. Tändstickor var .... (10) en mycket billig produkt och knappast någon skulle avstå från att köpa .... (11), om man ökade priset med ett halvt öre per ask. Särskilt inte, ... (12) man visste att pengarna gick till ett behjärtansvärt ändamål. .... (13) tändsticksaskar såldes i miljoner, blev det av miljoner halvören till slut stora pengar. Under årens lopp har mer .... (14) 100 miljoner kronor delats ut. Idag får stiftelsen 4 öre per solsticksask och 5 öre per tändare, som Swedish Match säljer i Sverige. Pengarna går huvudsakligen till barn med utvecklingsstörningar, syn- och hörselskador, diabetes och reumatism. Men .... (15) av allt är att idén knutits till en så billig och nödvändig vardagsprodukt, att ingen behöver göra .... (16) uppoffring för att hjälpa till.

11 LB 5

a Vem uppfann vad? Lyssna och kombinera uppfinningen med rätt uppfinnare. (37)

1 Aina Wifalk
2 Jonas Wenström
3 Carl Gunnar Engström
4 Nils Bohlin
5 Johan Petter Johansson
6 Erik Bergstrand
7 Frans Lindqvist
8 Ninni Kronberg

☐ bilbältet
☐ primusköket
☐ respiratorn
☐ rullatorn

! sotfri - *rußfrei*
en käpp - *Stock*

b Lyssna igen och kryssa för rätt eller fel.

	rätt	fel
1. Trepunktsbältet monterades först i en Saab.	☐	☐
2. Volvo Amazon betraktades länge som en mycket osäker bil.	☐	☐
3. Primusköket hade en klar och sotfri låga.	☐	☐
4. Sjukdomen polio medför andningsförlamning.	☐	☐
5. Med en »järnlunga« kunde man kontrollera hur mycket luft patienten fick.	☐	☐
6. Prototypen till respiratorn var klar 1955.	☐	☐
7. Rullatorn uppfanns av en kvinna som själv hade svårt att gå.	☐	☐
8. En statlig utvecklingsfond sponsrade idén.	☐	☐
9. Produktionen av rullatorer kom i gång 1981.	☐	☐

12 ABC Läs texten. Tio ord är felstavade. Stryk över dem och skriv dem med rätt stavning på linjerna nedan.

LB 5

Nobelbanketten

Efter utdelningen av Nobelpriset hålls en bankett i Blå hallen i Stockholms stadshus. Ungefär 1300 personer är bjudna. Den svenska kungafamiljen deltar som hedersgester. Drottningen har alltid världen, nobelstiftelsens ordförande, till bordet. Pristagarna brukar få ta med sig sin familj. Klädkoden är frack eller annan högtidsdräkt. På banketten serveras en fantastisk midag med flera rätter. Menyn hålls hemlig tils gästerna har satt sig kl. 19. Den är provsmakad av Nobelstiftelsen redan i september. En schärnkock och ca 45 andra kockar lagar maten. Omkring 150 servitörer och 60 vinservitörer serverar maten och vinet. Borden smykas med massor av blomor från San Remo, eftersom Alfred Nobel avled där. Varje Nobelbankett har ett thema. 2019, t.ex. var det samspelet mellan mäniska och natur. Det bjuds på underhållning som också anknyter till temat och efter middagen är det danns till storband i Gyllene salen. Sedan 1978 arrangeras en efterfest, Nobel Nightcap, av fyra studentkårer. Till efterfesten inbjuds inga journalister, till skillnad från banketten.

1. ....
2. ....
3. ....
4. ....
5. ....
6. ....
7. ....
8. ....
9. ....
10. ....

! provsmakad - *vorgekostet*

13 Fyll i adjektivet i rätt form!

→ grammatik s. 260

LB 8

1. (bred) Lucia hade ett .... sidenband om midjan.
2. (god) Lussekatterna är verkligen ....
3. (fin) Lucia hade en .... luciakrona på huvudet.
4. (löjlig) Pojkarna i luciatåget var alltid lite ....
5. (vit) Pia tog på sig ett .... nattlinne.
6. (stor) Stjärngossarna hade .... stjärnor i handen.
7. (mörk) Gymnastiksalen var helt ....
8. (vacker) Luciasången är ....
9. (röd) Det låg ett .... sidenband på bordet.
10. (ljus) Pia har .... hår.

14 Här är en sida ur en 12-årig tjejs dagbok. Rumsadverben har med flit [*mit Absicht*] ändrats och skrivits fel. Leta rätt på rumsadverben och rätta till dem!

→ grammatik s. 274

LB 8

Kära dagbok! 13 december

Idag lussade vi i skolan, så jag steg ~~uppe~~ *upp* tidigt idag. Karin kom här och hämtade mig. Det var kallt ut när vi gick hemma och det snöade lite. Vi gick uppe till gymnastiksalen och tog på oss våra lucialinnen. Eftersom Kattis var bort, var Lotta Lucia. Lotta är snäll, tycker jag. Jag hade stoppat nerifrån massor av glitter i skolväskan. Alla tjejer fick lite var. Sedan gick vi inne i gymnastiksalen och började sjunga luciasången. Dit satt eleverna och lyssnade. Längst framifrån satt Kent. Han är verkligen söt! Till slut tog vi framme lussekatter och pepparkakor och bjöd eleverna på. Sedan gick vi nere till klassrummet och hade lektioner som vanligt.

15 LB 8

a Har du lust att själv baka lussekatter? Sätt först siffrorna på rätt ställe.

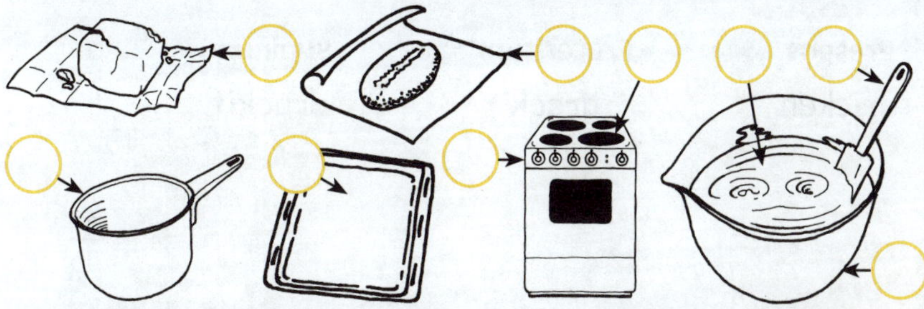

1 en jäst
2 en deg
3 en kastrull
4 en degskrapa/en slickepott
5 en platta
6 en bunke
7 en plåt
8 ett bakplåtspapper
9 en ugn

b Lyssna och fyll i orden som fattas, så har du receptet! (38)

Ingredienser: 50 g jäst
150 g ....(1) eller margarin
5 dl mjölk
1/2 tsk ....(2)
1,5 dl socker
1,4 - 1,5 l (ca 850 g) vetemjöl
1 g saffran
1 ....(3)

Pensling: ägg, russin

Ugn: ....(4)

Gör så här:

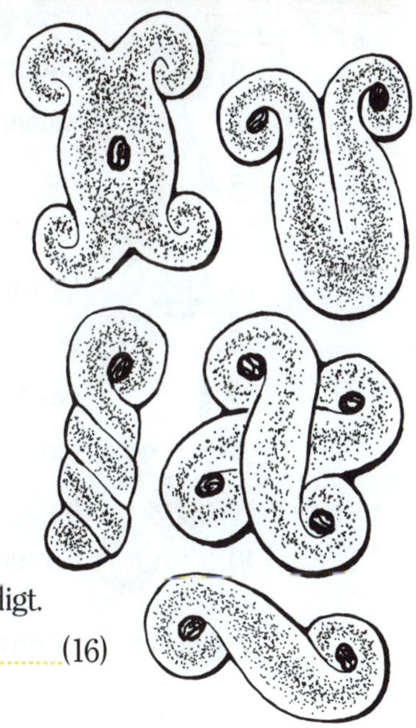

- ✱ Smula sönder ....(5) i en bunke.
- ✱ Smält fettet i en ....(6), tillsätt mjölken och värm till ca ....(7).
- ✱ Rör ut jästen med ....(8) av mjölkblandningen.
- ✱ Tillsätt salt, socker och nästan allt ....(9) och arbeta ihop till en smidig deg.
- ✱ Jäs degen övertäckt i ....(10) ca 30 min.
- ✱ Ta upp degen på bakbordet och ....(11) den smidig.
- ✱ Forma ....(12) som på bilderna.
- ✱ Jäs dem på ....(13) med bakplåtspapper.
- ✱ Tryck ner ....(14) som garnering, när brödet har jäst färdigt.
- ✱ Pensla med ....(15) och grädda i mitten av ....(16) ca ....(17) min. Lycka till!

16 LB 9

a Vilken vokal hör du, *i* eller *y*? Kryssa för! (39)

1. ☐ i ☐ y	4. ☐ i ☐ y	7. ☐ i ☐ y	10. ☐ i ☐ y
2. ☐ i ☐ y	5. ☐ i ☐ y	8. ☐ i ☐ y	11. ☐ i ☐ y
3. ☐ i ☐ y	6. ☐ i ☐ y	9. ☐ i ☐ y	12. ☐ i ☐ y

b Sätt ut lång (–) eller kort (•) vokal. Lyssna och kontrollera. (40)

1. ring	3. skriva	5. vin	7. fika	9. bild
2. dricka	4. finger	6. vinna	8. binda	10. teknik

17 Starka verb: vokalväxling i - a - u. Fyll i tabellen.

	Infinitiv	Presens	Preteritum	Supinum
1.	dricka	dricker	drack	druckit
2.	binda			
3.	sitta			
4.	försvinna			
5.	brinna			
6.	finna			
7.	hinna			
8.	vinna			
9.	slippa			
10.	springa			
11.	sticka			

18

LB 11

a Skriv meningar som i exemplet. Titta på flaggorna och substantiven.

→ grammatik s. 285

1. köttbullar Svenskar gillar köttbullar.
2. wienerbröd ....
3. vin ....
4. surkål ....
5. fårost ....
6. getost ....
7. pasta ....
8. tango ....
9. te ....
10. flamenco ....

b Fyll i rätt nationalitetsbeteckning.

1. Lolita är en .... från Madrid.
2. Hannes är en .... från München.
3. Lotta är en .... från Göteborg.
4. Antoine är en .... från Marseille.
5. Matti är en .... från Helsingfors.
6. Lone är en .... från Odense.
7. Dimitrij är en .... från Moskva.
8. Krystyna är en .... från Kraków.
9. Ingel är en .... från Tallin.
10. Maurio är en .... från Rom.
11. Adam är en .... från Warzawa.
12. Nicolás är en .... från Barcelona.
13. Blanche är en .... från Paris.
14. Lucas är en .... från Trondheim.
15. Madita är en .... från Hamburg.
16. Björn är en .... från Helsingborg.
17. Marita är en .... från Venedig.
18. Maja är en .... från Oslo.
19. Sarah är en .... från Ohio.

19 LB 12

a Skumläs texterna A - D. I vilken text hittar du meningarna? **Text**

1. 1774 kom Aaron Isaac från Tyskland till Sverige. ....
2. Det var delvis en svår situation för barnen som hade skilts från sina föräldrar under många år. ....
3. De fick arbeta statligt, t.ex som lärare i en svensk skola. ....
4. På Umeå universitet finns nu en lärarutbildnig för meänkieli. ....
5. På 1600-talet inledde kyrkan sin missionsverksamhet. ....
6. Grupper av jägar- och samlarfolk vandrade in från olika håll. ....
7. Det var svårt att hitta jobb. ....
8. Författaren Mikael Niemi inspirerades av sin egen tvåspråkiga uppväxt i Pajala till boken »Populärmusik från Vittula«. ....

! skumläsa - *überfliegen*

A Samer

Det finns mellan 20 000 - 40 000 samer i Sverige idag. Samerna är ett av världens urfolk med en egen lång historia.

Efter inlandsisens avsmältning för ca 9 000 år sedan befolkades norra Skandinavien, »samernas land«, som kallas Sápmi. Grupper av jägar- och samlarfolk vandrade in från olika håll. Två till tre familjer höll ihop, jagade och fiskade tillsammans. När jakten eller fisket inte lyckades, drog man vidare.

På medeltiden blev samerna intressanta både för de nordiska rikena och Ryssland. Man var ute efter pälsverk från ekorre och hermelin som var stort mode vid hoven i Europa. Samerna blev därför tvungna att betala mycket skatt i form av pälsar till storbönderna och sedan under Gustav Vasas tid till staten.

1634 hade två svenskar hittat silvermalm i Nasafjäll och så började exploateringen av Sápmis rikedomar och tvångsarbete. Samerna tvingades att sköta transporten mellan gruvan och hyttan som var en väg på sex mil. På 1600-talet inledde kyrkan sin missionsverksamhet. Det begicks många övergrepp. Samernas trummor brändes och många traditionella symboler och seder fick inte användas.

På 1900-talet kom gruv - och kraftindustrin att ödelägga renbetesland och jaktmarker. Överheten tog ifrån samerna språket, marken, sedvänjorna. Samerna skulle inordna sig i det svenska samhället och syssla med annan yrkesverksamhet.

Enligt internationell folkrätt har samerna rätt till land och naturresurser i de områden de traditionellt brukat. Men att ha rätt är inte samma sak som att få rätt. Även om det hänt en hel del förbättringar, kämpar samerna än idag för sina rättigheter och sin identitet. 1993 inrättades Sametinget i Sverige, som både är en statlig myndighet och ett folkvalt parlament. Arbetsuppgifterna omfattar rennäring, landsbygdsutveckling, klimat och miljö, samiskt språkarbete, utbildning, kulturarvsfrågor och mycket mer.

B Tornedalingar

Begreppet tornedaling används för att beteckna både en regional och kulturell identitet.

1809, efter kriget mellan Finland och Ryssland, delades området kring Tornedalen i två delar. Riksgränsen drogs längs med älvarna Könkämä älv, Muonioälven och Torne älv. Den västra sidan blev svenskt område och den östra finskt, egentligen ryskt, eftersom Finland då tillhörde Ryssland. På 1800-talet började försvenskningen i skolorna. Barnen fick inte prata finska. Målet var att stoppa spridningen av det finska språket och den finska kulturen.

Tornedalingarnas språk kallas meänkieli som betyder »vårt språk«. Det är svårt att hitta lärare som kan språket. På Umeå universitet finns nu en lärarutbildnig för meänkieli.

Tornedalingens kultur är flerspråkig och mångkulturell, präglad av samiska, svenska och finska influenser. Den laestadianska väckelserörelsen som växte fram på 1800-talet har haft och har än idag stor betydelse i Tornedalen. Det finns en tornedalsk matkultur, byggnadsstil och traditioner, däribland att bada bastu. Idag bor cirka 50 000 tornedalingar framför allt i Haparanda, Övertorneå, Pajala, Kiruna och Gällivare kommuner. Författaren Mikael Niemi inspirerades av sin egen tvåspråkiga uppväxt i Pajala till boken »Populärmusik från Vittula«.

C Judar

Det finns omkring 20 000 judar i Sverige, av vilka ca 30 % är medlemmar i någon församling, vilket inte alltid innebär att de är religösa. Idag finns det fyra judiska församlingar i Sverige: Stockholm, Göteborg, Malmö och Helsingborg.

Det har funnits judar i Sverige sedan 1500-talet. 1774 kom Aaron Isaac från Tyskland till Sverige. Han var köpman och var den första juden som fick bo i Sverige utan att behöva konvertera till kristendomen. Under 1770-talet fick judarna bilda sin första församling. I Fredriksborgs fästning på Marstrand fanns Sveriges första synagoga. På 1800-talet kom många judar till Sverige. 1863 tilläts judar ingå äktenskap med icke-judar. De fick arbeta statligt, t.ex som lärare i en svensk skola. De fick även rätt att äga en fastighet.

Under tiden fram till krigsutbrottet 1939 tog Sverige emot omkring 3000 judar och under krigets slutskede transporterades med hjälp av Röda korset och andra organisationer runt 12 000 judar till Sverige.

Judarnas språk är hebreiska och jiddisch. Omkring 4000 svenskar talar och förstår jiddisch. För många är det inte ett förstaspråk utan är förknippat med familjeliv och judisk kultur.

D Sverigefinnar

Sverigefinnar har rötter i Finland men är bosatta i Sverige. Många av dem talar finska. Finlandssvenskar är den svenskspråkiga minoriteten i Finland. Det finns omkring 600 000 sverigefinnar i Sverige. Sverigefinnarna är den största gruppen av de fem nationella minoriteterna.

I hundratals år kom finländare till Sverige för att jobba i skogen. De kallades skogsfinnar och bosatte sig i Norrland och Värmland. En del flyttade till Falun och Bergslagen och jobbade i gruvorna. Namn som finnmarker eller finnskogarna vittnar om det. År 1809 förlorade Sverige Finland till Ryssland. Men även om Finland nu tillhörde Ryssland kom många finnar till Sverige, som arbetskraft eller som politiska flyktingar.

Under andra världskriget skickades ungefär 80 000 finska barn till Sverige för att klara sig undan Sovjetunionens anfall. Det var delvis en svår situation för barnen som skildes från sina föräldrar under många år. Många barn ville inte tillbaka hem och en del föräldrar ville inte ha tillbaka sina barn. Omkring 7 000 barn stannade i Sverige för gott.

Under 50-, 60- och 70-talen växte Sveriges industri enormt. Fabrikerna behövde mer arbetskraft. Samtidigt hade Finland en ekonomiskt svår situation. Det var svårt att hitta jobb. Då valde många unga finländare att flytta till Sverige. Här fanns det jobb för lågutbildade och moderna bostäder. Men många kom inte in i det svenska samhället och blev aldrig riktigt bra på att tala svenska. Många av barnen och barnbarnen till de finska invandrarna hade inte heller lärt sig finska. Idag har sverigefinska barn rätt till modersmålsundervisning och många kommuner erbjuder tvåspråkiga förskolor och äldreboenden.

b Läs igenom texterna noga och kryssa för rätt eller fel.

	rätt	fel
1. Samerna är ett av världens urfolk.	☐	☐
2. På 1700-talet började exploateringen av Sápmis rikedomar.	☐	☐
3. 1993 inrättades Sametinget i Sverige.	☐	☐
4. Sametinget är en statlig myndighet.	☐	☐
5. Det finns omkring 10 000 judar i Sverige.	☐	☐
6. Idag finns det fyra judiska församlingar i Sverige.	☐	☐
7. Aaron Isaac tvingades konvertera till kristendomen.	☐	☐
8. I Karlsborgs fästning fanns Sveriges första synagoga.	☐	☐
9. Meänkieli betyder »vårt språk«.	☐	☐

→ *Fortsätt på nästa sida.*

	rätt	fel
10. Tornedalingens kultur är flerspråkig och mångkulturell, präglad av samiska, svenska och finska influenser.	☐	☐
11. Den laestadianska väckelserörelsen växte fram på 1600-talet.	☐	☐
12. Sverigefinnarna är den största gruppen av de fem nationella minoriteterna.	☐	☐
13. Under 50-,60- och 70-talen växte Finlands industri enormt.	☐	☐
14. Många av barnen och barnbarnen till de finska invandrarna har inte lärt sig finska.	☐	☐

C Svara på frågorna.

1. Vad kallas samernas land?

2. När befolkades norra Skandinavien?

3. Hur många svenskar talar och förstår jiddisch?

4. Hur förhöll sig Sverige mot judar före och under första världskriget?

5. När delades Tornedalen i två delar?

6. Varför kom finländare till Sverige och var bosatte de sig?

20 Vad säger man?

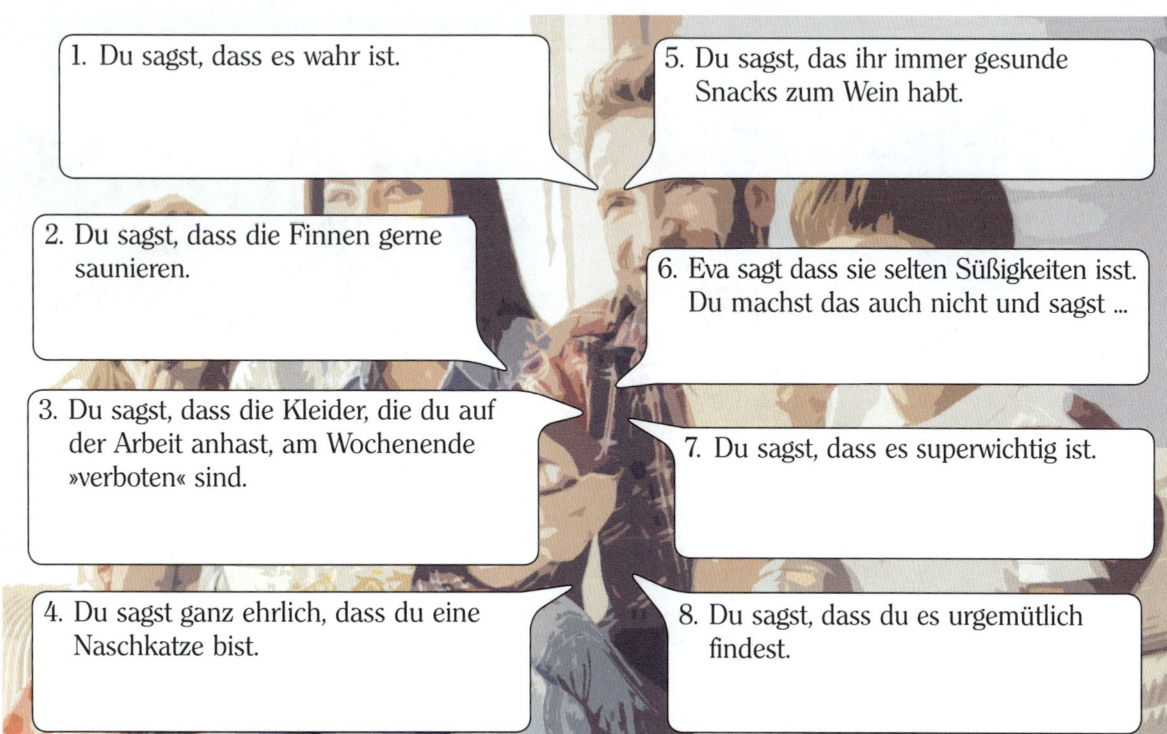

21 Din checklista över viktiga vardagsuttryck

Etwas ist verboten

- [ ] Jobbkläderna är definitivt portade/förbjudna i myssoffan.

Sagen, dass man es genauso macht/hat

- [ ] Samma här!

Etwas bestätigen

- [ ] Definitivt!
- [ ] Absolut!
- [ ] Exakt!
- [ ] Just det!
- [ ] Ja, det kan hända.

Sagen, dass etwas sehr wichtig ist

- [ ] Det är superviktigt.
- [ ] Det är oerhört viktigt.

Sagen, dass man sich über etwas freut

- [ ] Jag är glad för det.

Sagen, dass etwas wahr ist

- [ ] Det är sant.

Zustimmen

- [ ] Ja, det är klart.

Sich über Menschen verschiedener Nationalitäten unterhalten

- [ ] Jag känner en grek som är jättetrevlig.
- [ ] Danskarna är bra på design
- [ ] Svenskarna är hjälpsamma.
- [ ] Fransmän gillar inte att tala engelska.

Ehrlichkeit ausdrücken

- [ ] Men om jag ska vara ärlig ...

Eine Gewohnheit ausdrücken

- [ ] Vi brukar köra med/ha grönsaksstavar och nötter.

Sagen, dass man etwas einführen möchte

- [ ] Vi kanske skulle införa en pysselkväll.

- Hur ser du att en bil är från Polen?
- På lacken.

- Min brödrost funkade inte, så jag slängde den i sjön. Nu rostar den.

Böcker och berättelser Avsnitt 14

1 LB startsidan

Vilken genre är det frågan om?

1. »Pippi Långstrump« av Astrid Lindgren är en ....
2. »Mannen på stranden« av Henning Mankell är en ....
3. »Borta med vinden« av Margaret Mitchell är en ....
4. »Hans och Greta« av bröderna Grimm är en ....
5. »Lycksökarna« av Lars Widding är en ....
6. »JAG - Carl Larsson« av Per I. Gedin är en ....
7. »Hjärnstark: hur motion och träning stärker din hjärna« av Anders Hansen är ....
8. »Den som finner« av Stephen King är en ....
9. »Utvandrarna« av Wihelm Moberg är en ....
10. »1984« av Georg Orwell är ....

2 LB 1

Lyssna till reklamtexterna. Vilken text passar till vilken bok? Skriv siffror (1-4) i ringarna. Till fyra böcker finns ingen text. (41)

3 LB 1

Lyssna på textbitarna. Så inleds två kända svenska böcker. Sätt rätt siffra framför boktitlarna (författarna). Det finns två titlar för mycket. (42)

- ◯ Historien om Sverige, Från istid till framtid (Herman Lindqvist)
- ◯ Bröderna Lejonhjärta (Astrid Lindgren)
- ◯ Mördare utan ansikte (Henning Mankell)
- ◯ Änglahuset (Kerstin Ekman)

! en tjur - *Stier*

4 Läs snabbt igenom texterna och kryssa för rätt eller fel.

LB 1

Biblioteket i Sverige

Biblioteket

Folkbiblioteken har ett brett uppdrag, där huvuduppgifterna är att garantera fri tillgång till information, stödja självstudier och utbildning, verka för läskunnighet och stimulera kulturell mångfald.

Bokbuss

En bokbuss är en biblioteksfilial i en buss som åker runt och besöker samhällen på landsbygden som saknar eget bibliotek. År 1948 kom den första biblioteksbussen. Ombord finns lite av varje, både berättelser, poesi och faktaböcker för vuxna, barn och ungdomar.

Lånevillkor

För att få låna på stadsbiblioteket måste du ha ett lånekort. Kortet gäller för alla bibliotek i kommunen. Lånekortet är en personlig värdehandling. Anmäl alltid adressändring. Det första kortet är gratis, men har du förlorat ditt kort, kostar det 10 kr. Om du skulle förlora ditt kort, hör av dig så fort som möjligt till biblioteket, så att kortet kan spärras. Det är viktigt för din egen skull, eftersom du är ansvarig för allt som lånas på ditt kort.
Alla lån är gratis. Lånetiden är normalt fyra veckor. Videofilmer, cd-skivor, tidskrifter, kurslitteratur har kortare lånetid.
Om du inte lämnar in dina lån i tid, får du en påminnelse via mejl eller brev. Du måste även betala en förseningsavgift. Barn under 18 år får inga förseningsavgifter. Om du inte lämnar tillbaka dina försenade böcker, blir ditt bibliotekskort spärrat och du kan inte låna igen, innan du har betalat dina avgifter.

ur: Norrtälje kommun - Så lånar du (www.norrtalje.se)

Bokhundar - ny metod att uppmuntra till läslust

Bokhundar eller läshundar är hundar som barn kan läsa högt för. De finns till för barn med läs-, skriv- och talsvårigheter. Barn med dyslexi, t.ex. kan få hjälp med läsningen på ett avslappnat sätt. Stressen kring läsningen minskar och hunden skapar trygghet. Efter ett antal träffar med bokhunden kommer läsning att associeras med något mysigt och något att se fram emot. Ungefär 20 minuter tillbringar barnet med bokhunden vid varje träff.

En bokhund har tillsammans med sin husse eller matte, som kallas bokhundsförare, gått en ettårig specialutbildning som tagits fram av projektet »Bokhunden och Astrid Lindgren«.

Hunden ska vara intresserad av sitt arbete, den ska vara aktiv medan barnet läser. Stannar barnet t.ex. upp i sin läsning, därför att det dyker upp ett svårt ord eller en svår mening, puffar hunden till barnet med nosen och hundföraren går in och »tolkar« hunden.

»Bella säger att hon inte vet vad ordet betyder. Ska vi hjälpas åt och förklara det för henne?«

Även hunden kan »genom« sin förare förklara ord på ett lättsamt sätt.

En hundförare måste tycka om barn och böcker, kunna hantera hundar och tycka om att träna sin hund. I Sverige finns anställda bokhundar på en rad skolor och bibliotek.

Källa: artikeln "Voff! Vilken spännande bok" av Helena Ehriander, Språktidningen

	rätt	fel
1. Biblioteken vill stödja självstudier och utbildning.	☐	☐
2. Det första kortet kostar 10 kronor.	☐	☐
3. Lånekortet gäller bara för ett bibliotek i kommunen.	☐	☐
4. Bokbussen har ett mycket litet urval av böcker.	☐	☐
5. Barn under 18 år får inga förseningsavgifter.	☐	☐
6. Om man förlorar sitt lånekort, spärras det automatiskt.	☐	☐
7. Barnen gillar att läsa för en läshund.	☐	☐
8. Bokhundar finns till för att barnens stress vid högläsning ska minska.	☐	☐
9. Barnen läser en halvtimme med bokhunden varje gång.	☐	☐
10. Hunden ligger och sover när barnet läser högt ur en bok.	☐	☐
11. En bokhundsförare måste vara med vid varje träff.	☐	☐
12. Bokhundsutbildningen är tvåårig.	☐	☐

5 Vilket språk talar man i de olika länderna?

LB 2

1. Tyskland tyska..........
2. Sverige ....
3. Italien ....
4. Spanien ....
5. Norge ....
6. Danmark ....
7. Finland ....
8. Turkiet ....

9. Ungern ....
10. Storbritannien ....
11. Island ....
12. Nederländerna ....
13. Frankrike ....
14. Grekland ....
15. Polen ....
16. Kina ....

6 Läs texten och fyll i det som fattas.

LB 2

De nordiska språken

Till de inhemska språken i Norden räknas svenska, danska, norska, isländska, färöiska, samiska, finska, tornedalsfinska och grönländska. Dessa sp...... tillhör tre språkfamiljer som inte är släkt med vara...... :

- den germanska (svenska, danska, norska, isländska, färöiska)
- den uraliska (samiska, finska, tornedalsfinska)
- den eskimåiska (grönländska)

Färöarna

Urnordiskan var det språk s...... talades i Norden under den yngre järnåldern, folkvandringstiden o...... vendeltiden ca 550 - 800 e.Kr. Under vikingatiden utvecklades d...... fem nordiska språken li...... olika. På grund av denna historiska språkgemenskap har de nordiska språken svenska, danska och norska st...... likheter, vilket gör att grannarna, med lite träning, kan förs...... varandra rätt bra. Men inte al...... nordbor förstår varandra lika bra. Svårast är det f...... svenskar och danskar att förstå varandra. Norska och danska liknar varandra mest, så norrmän och danskar br...... kunna förstå varandra rätt bra. Svenskar och norrmän har inte hel...... så stora problem att förstå varandra. Naturligtvis är det alltid lättare att förstå en skriven te...... än att förstå en nordisk granne som ta....... Isländska och färöiska har förändrats minst och är språk som är my...... svåra att förstå av grannarna.

Finsk-ugriska språk till...... den uraliska språkfamiljen. Dit hör samiska och finska, men även estniska och ungerska. Dessa språk har in...... gemensamt med de nordiska språken.

Grönländska är e...... eskimåiskt-aleutiskt språk och talas av den grönländska urbefokningen på Grönland. Där är ett officiellt språk tillsammans med danska. Det talas av ca 40 000 per...... och kan inte förstås av skandinaver som inte har lärt sig språket.

Det nordiska språksamarbetet främjar mobiliteten mellan länderna och stärker upplevelsen av samhörighet i Norden.

Källa: Institut för språk och folkminnen

! e.Kr. - efter Kristus

7 LB 4

Kan du glosorna? Lös korsordet!

1. Skier
2. Stern
3. Weihnachtsgeschenk
4. Dose
5. Garbe zu Weihnachten
6. Hand
7. Spatzen
8. Kerze
9. Tanne
10. Tag
11. Rücken
12. Tür
13. Schlitten
14. Pfefferkuchen
15. Nüsse
16. Augen
17. Sonne
18. Paket
19. Mütze
20. Weihnachtsmann
21. Hyazinthe
22. Sack
23. Mond
24. Kinder
25. Herd
26. Kaminfeuer
27. Apfelsinen
28. Dach

8 LB 4

När Siv och Gunnel träffades senast, pratade de om hur de tänker fira jul i år. Läs först igenom frågorna nedan. Lyssna sedan på samtalet några gånger och svara på frågorna! (43)

1. Hur tänker Gunnel fira jul?

   ....

2. Varför har Gunnel mer vegetarisk mat på julbordet?

   ....

3. Hur lång tid tar det att koka skinkan enligt Sivs metod?

   ....

4. Varför har Siv lagt av med lutfisk?

   ....

5. Vad finns på Sivs julbord? Nämn några rätter!

   ....

6. Gunnel tycker att det är svårt att låta bli att titta på Kalle Anka på julafton. Varför?

   ....

7. När kommer tomten till Siv och hennes familj?

   ....

! Kalle Anka - *Donald Duck (Fernsehsendung am Heiligen Abend)*

9 Skriv bestämd form superlativ som i exemplet.

LB 5

→ grammatik s. 286

1. stor - tårta ...den största tårtan...
2. liten - mus ....
3. tung - skåp (plur.) ....
4. ung - barn (sing.) ....
5. dålig - tips (plur.) ....
6. fin - hus (sing.) ....
7. god - pepparkakor ....
8. bra - möjligheter ....
9. vacker - utsikt ....
10. rolig - historier ....
11. gullig - tomtar ....
12. låg - pris (sing.) ....

10 Bilda meningar som exemplet visar!

LB 5

→ grammatik s. 286

1. Kebnekaise/hög berg/Sverige ...Det högsta berget i Sverige är Kebnekaise...
2. Vänern/stor sjö/Sverige ....
3. Ölandsbron/lång bro/Europa ....
4. Blekinge/liten landskap/Sverige ....
5. Lappland/stor landskap/Sverige ....
6. Mamma/köttbullar/god/världen ....
7. tunnelbanan/»lång konstutställning/världen« ....

11 Läs citatet ur boken »Ture Sventon i London« av Åke Holmberg och sätt in verben på rätt ställe och i rätt form.

LB 7

fortsätta	mumla	vara	studera	komma	följa
bita	heta	nå	skaffa	stå	hålla

»Kaffe! Ge mig kaffe!«

Medan han väntade på kaffet, ...(1) han en liten, praktisk handbok, som ....(2) »Hundra sätt att spana i dimma«. Där ....(3), att i tät dimma (s.k. londondimma) bör en skuggande detektiv med en säkerhetsnål fästa ett snöre vid den skuggande personens rock och själv ....(4) i snörets andra ända. I särskilt svårartade fall borde man ....(5) så nära efter den skuggade personen, att man när som helst kunde ....(6) honom genom att utsträcka högra (ev. vänstra) armen.

»På så sätt«, ...(7) Sventon tankfullt och läste vidare. Betty ....(8) med kaffe och en nybakad, välfylld semla.

s.k. - så kallad
ev. - eventuellt
en säkerhetsnål - *Sicherheitsnadel*
ett snöre - *Schnur*
en gräddklick - *Sahneklacks*
åta sig - *auf sich nehmen*

»Tack«, sa Sventon och ....(9) ett stycke av semlan. Joans semlor började alltmer närma sig Rosasemlorna. För att ....(10) misslyckad var den faktiskt ovanligt lyckad.

»Var god och ....(11) mig ett snöre och en säkerhetsnål«, sa Sventon och torkade bort en liten gräddklick från näsan. Betty åtog sig att skaffa dessa artiklar och Sventon ....(12) med semlan, kaffet och handboken.

12 LB 7

Här är ett recept på semlor. Sätt in rätt verb i passiv form! → grammatik s. 280

smula	smälta	tillsätta	vispa	spritsa	värma	forma	grädda	ta
lägga (2x)	sikta	hälla	arbeta	knåda	dela	pensla	fördela	

Semlor

Det här behövs för ca 12 st:

50 g	jäst
100 g	margarin
3 dl	mjölk
1/2 tsk	salt
1/2 tsk	hjorthornssalt
1 dl	sirap
ca 10 dl	vetemjöl

Fyllning:		inkråm
	200 g	mandelmassa
	1 dl	socker
	ca 1 dl	het mjölk
	3 dl	vispgrädde
Garnering:		florsocker
Ugn:	180 - 200 °C	

1. Jästen ....(1) ner i en degbunke. Margarinet ....(2) i en kastrull och mjölken ....(3). Spadet ....(4) till ca 37 °C och ....(5) över jästen. Rör om så att den löser sig ordentligt.
2. Tillsätt salt, hjorthornssalt, sirap och nästan allt mjöl. Degen ....(6) ihop, tills den är blank och smidig. Den måste jäsa under duk ca 30 min.
3. Degen ....(7) upp på bakbordet och ....(8) smidig. Sedan ....(9) den i 12 lika stora bitar, som ....(10) till runda bullar. Lägg dem på en plåt. Låt jäsa ca 30 min.
4. Vispa upp ett ägg. Bullarna ....(11) och ....(12) mitt i ugnen ca 8-10 min. Låt bullarna kallna. Skär sedan av ett lock på bullarna.
5. Fyllning: Inkråmet ....(13) ut. Blanda inkråmet, mandelmassan, den heta mjölken och sockret. Fyllningen ska vara ganska lös! Nu ....(14) fyllningen i bullarna.
6. Grädden ....(15) och ....(16) över bullarna. Locket ....(17) på och florsocker ....(18) över semlorna.

Lycka till!

! ett inkråm - *das Innere (des Gebäcks)*

13 **Starka verb: vokalväxling y - ö - u. Fyll i tabellen.**

	Infinitiv	Presens	Preteritum	Supinum
1.	flyga			
2.	krypa			
3.	frysa			
4.	knyta			
5.	flyta			
6.	stryka			
7.	snyta (sig)			

14 LB 11

Fyll i preteritum (pret.) eller supinum (sup.) av verben.

1. pret. av komma
2. sup. av säga
3. sup. av ta
4. pret. av skola
5. sup. av göra
6. pret. av smyga
7. pret. av anse
8. pret. av sova
9. sup. av vara
10. pret. av vilja
11. sup. av bli
12. pret. av vänja
13. pret. av pipa
14. sup. av se
15. pret. av välja

15 LB 11

Skriv ut rätt preposition! → grammatik s. 286

1. Sagan handlar .... tomtar och troll.
2. På grund .... att Esmeralda hade somnat, kunde trollgubben stjäla prinsessan.
3. Prinsessan var rädd .... trollet.
4. Trollgumman var inte så förtjust .... Bianca Maria.
5. Trollgubben tittade förtjust .... den lilla prinsessan.
6. Den olydiga flickan räckte ut tungan .... sin mamma.
7. Han drömde .... henne.
8. Man får nöja sig .... det man har, sa trollgumman.
9. Drottningen vande sig så småningom .... Svartöga.
10. Hovet kunde inte lita .... Svartöga.
11. Den vackra prinsessan trivdes inte .... att leva hos trollen.
12. Prinsessorna bestämde sig .... att rymma.

16 LB 13

Lyssna och stryk under det betonade ordet (verbet, partikeln eller prepositionen). (44)

1. Vi hälsade på Ulla.
2. Jag tycker om köttbullar.
3. När kommer vi fram till Stockholm?
4. Kan du slå på tv:n, Janne?
5. Vad handlar sagan om?
6. I helgen tänker vi hälsa på goda vänner.
7. Slå inte på bordet så där!
8. Vi har inte fått in något i den vägen.
9. Ska vi titta på tv?
10. Oj, så du ser ut!
11. Vi gick på bussen.
12. Karin talade om arbetslösheten i landet.
13. - Tala om för mig vad du har gjort!
14. - Var vänlig och skriv på här!
15. Janne hoppade i vattnet.
16. Anna hoppade i vattnet.

17 LB 15

Skriv om meningarna till indirekt tal!

→ grammatik s. 287

1. Liselott: Kommer jultomten i år? ....
2. Sten: Hinner Lotta med bussen? ....
3. Karin: Det är den godaste glöggen i världen! ....
4. Erik: Jag önskar mig en klocka i julklapp. ....
5. Ingrid: Ska vi träffas på lillejulafton? ....
6. Hans: Jag tycker väldigt mycket om lutfisk. ....
7. Frida: Har någon ringt idag? ....
8. Tomten: Finns det några snälla barn här? ....

18 LB 15

Ändra meningarna till indirekt fråga.

→ grammatik s. 287

1. Vad har hänt? — Nils frågade vad som hade hänt.
2. Vilken väg är bäst? — Anton undrade ....
3. Hur många deckare har kommit ut? — Kalle frågade ....
4. Vem har lånat boken? — Ulla undrade ....
5. Vilket hus är störst? — Gunilla frågade ....
6. Vad är roligast? — Lukas undrade ....
7. Vem hade tappat ringen? — Emma frågade ....
8. Vilka strumpor är Evas? — Janne frågade ....

19

Vad säger man?

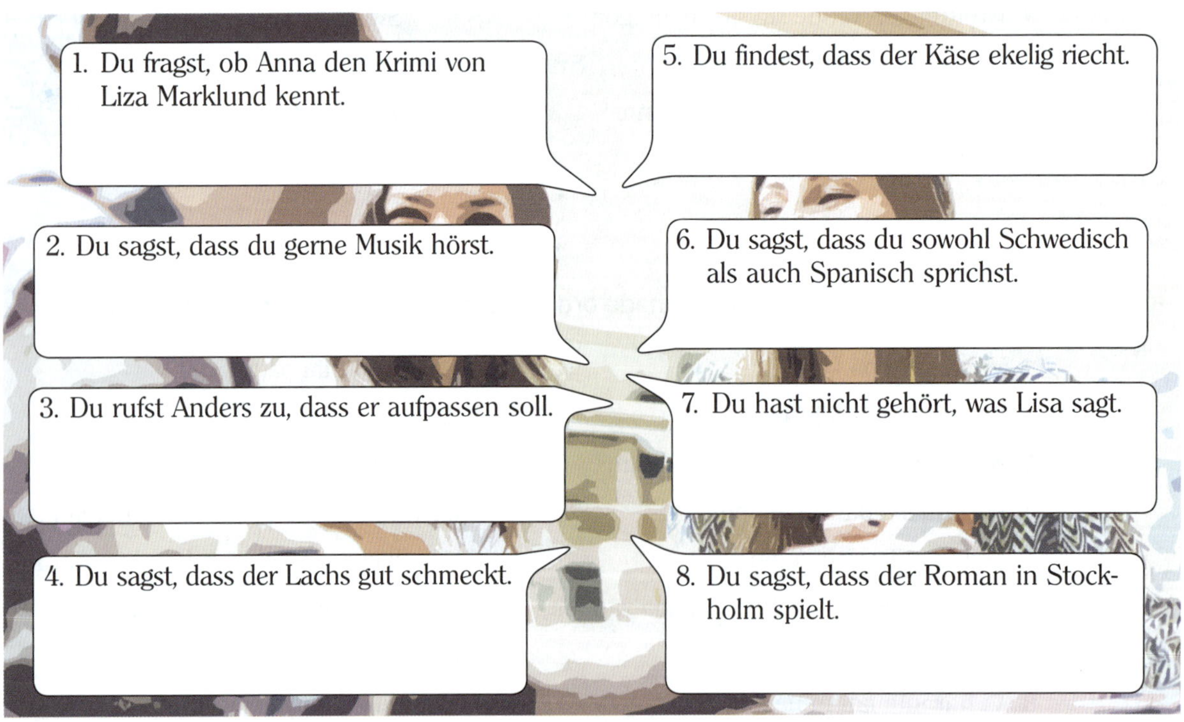

20 ☑ Din checklista över viktiga vardagsuttryck

Sich nach dem Wissensstand erkundigen

- [ ] Känner du till svenska författare?

Sprachen sprechen

- [ ] Jag talar/pratar svenska och franska.

Nachfragen

- [ ] Va?
- [ ] Vad sa du?
- [ ] Förlåt, vad sa du?
- [ ] Jag hörde inte vad du sa.

Sagen, dass man aufpassen soll

- [ ] Akta dig!

Einen Sinneseindruck vermitteln

- [ ] Jag hör ljudet av en ambulans.
- [ ] Det luktar så gott!
- [ ] Ser du älgen där borta?
- [ ] Han kände den svala luften i halsen.
- [ ] Kaffet smakade starkt.

Sagen, dass etwas Unsinn ist

- [ ] Dumheter!

Fragen, was passiert ist

- [ ] Vad har hänt?

Fragen/Erzählen, wovon ein Buch handelt

- [ ] Vad handlar boken om?
- [ ] Boken handlar om ...

Über ein Buch erzählen

- [ ] Det är en deckare/kärleksroman/saga/biografi/thriller/barnbok/äventyrsroman/historisk roman.
- [ ] Den har kommit ut på ... förlag.
- [ ] Det är facklitteratur/science fiction.
- [ ] Titeln heter ...
- [ ] Boken är spännande/intressant/dramatisk/rolig.
- [ ] Den utspelar sig ...
- [ ] Huvudpersonen är ...

- Ni vill absolut skilja er? frågar advokaten den unga damen.
- Ja absolut.
- Jaha och hur vill ni lägga upp det hela?
- Jag tar på mig skulden och min man tar på sig skulderna.

Och detta kallas fastland, sa matrosen, när han vinglade hemåt.

Väder och klimat Avsnitt 15

1 LB startsidan

Titta på ordspråken och idiomen från startsidan och fyll orden som fattas.

1. Vinden väntar inte på ....
2. Regnet står som .... i backen.
3. Det som göms i .... kommer fram i ....
4. lägga på ....
5. vara ute på .... is.
6. skina som en ....
7. Det finns inga dåliga ...., bara dåligt ....
8. Den som sår .... skördar ....
9. råka i ....

2 LB 1

Titta på teckningarna. Vilka ord eller fraser är det frågan om? Det kan vara verb eller substantiv.

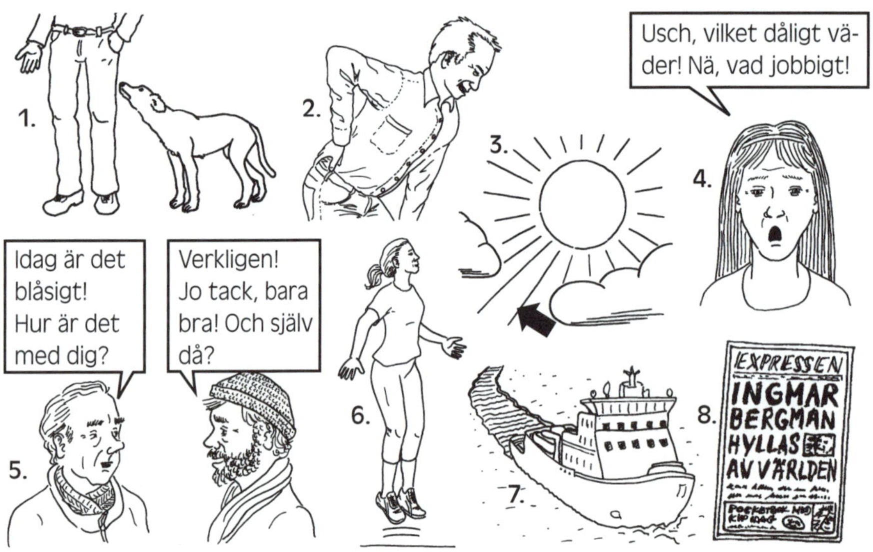

1. ....
2. ....
3. ....
4. ....
5. ....
6. ....
7. ....
8. ....

3 LB 2

Man delar in Sverige i tre delar. Vet du vilka?

1. ....
2. ....
3. ....

4 LB 2

Hur är vädret? (← = vindriktning)

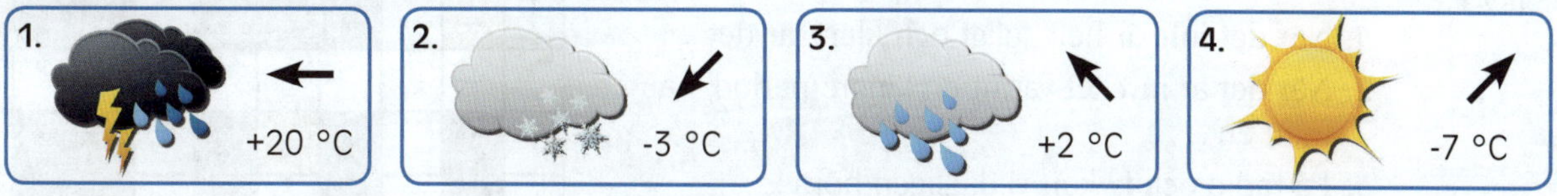

1. ....
2. ....
3. ....
4. ....

5 LB 2

Skriv ett vykort till någon, där du bl.a. beskriver vädret. Skriv på ett extra papper.

6 LB 2

Lyssna på väderleksrapporten och svara på frågorna! (45)

Götaland:

1. Vad är det för vind? ....
2. Regnar eller snöar det? ....

Svealand:

3. Är det klart, soligt eller mulet? ....
4. Hur många grader är det i nordvästra Svealand? ....

Norrland:

5. Hur blåser vinden i fjällen? ....
6. Hur är vädret vid södra Norrlandskusten? ....

7 LB 3

Bilda meningar med verbet *påstå* som exemplet visar.

1. Stugorna är dyra i Skåne. Malin påstår att stugorna är dyra i Skåne.
2. Anna har mycket pengar. Karin ....
3. Lisa ligger på sjukhus. Anna ....
4. Kalle gifte sig i lördags. Sven ....
5. Skolmaten är dålig. Johanna ....
6. Sören sitter i fängelse. Nils ....

8 Väderkrysset

LB 2-3

1. När det inte är helt soligt och klart, är det ... .
2. När det är mycket varmt en längre period, har man en ... .
3. På radio och tv kan vi dagligen höra ... .
4. När det haglar, åskar, regnar och snöar på samma dag, kallar vi det för ... .
5. Regn som börjar hastigt och inte varar länge.
6. Solen tittar fram mellan molnen emellanåt.
7. När regn fryser till små kulor, kallas det ... .
8. När det dundrar och blixtrar, har vi ... .
9. När det regnar mycket, säger man att vi har ett ... .
10. En vind som blåser från nordost är en ... vind.
11. Sommarväder i oktober brukar kallas ... .
12.  Detta är ett ... .
13. När det plötsligt blåser mycket hårt, är det en ... .
14. Fruset regn är ... .
15. Lufttemperatur under fryspunkten med isbildning.
16.  Detta är en ... .
17. Ger oss värme och energi.
18. Ibland ser man ingenting ute. Då är det ... .
19. När solen skiner och himlen är klar, talar man om ett ... .

9 Titta på bilderna och skriv korta meningar med verb som är sammankopplade med *och*.

LB 5

→ grammatik s. 288

1. ....
2. ....
3. ....
4. ....
5. ....
6. ....
7. ....
8. ....
9. ....

10 LB 6

Läs fraserna högt och sätt ut »•« (obetonad stavelse) och »–« (betonad stavelse) som exemplet visar. Lyssna och kontrollera att du gjort rätt. (46)

1. spela tennis
   • • – •
2. en kopp kaffe
3. läsa svenska
4. börja jobba
5. titta på tv
6. ta tåget
7. sitta och skriva
8. ett glas saft
9. äta frukost
10. sluta röka
11. stå och vänta
12. ligga och läsa
13. arbeta halvtid
14. ett gram saffran
15. Ingvar Olsson

11 LB 7

Skriv en kort notis om situationen efter stormen. Använd text A på s. 168 i LB och din fantasi.

....

....

....

....

....

....

....

12 LB 7

Vilka ord betyder ungefär samma sak? Välj ur rutan till höger.

1. kusligt - ....
2. förödelse - ....
3. extrem - ....
4. sorg - ....
5. successiv - ....
6. resurs - ....
7. brist - ....
8. infrastruktur - ....
9. nederbörd - ....
10. drabba - ....
11. mista livet - ....
12. ström - ....

svårmod tillgång dö regn och snö förstörelse hemsöka försörjningssystem el läskigt ofantlig efterhand knapphet

13 LB 8

Bilda perfekt particip med hjälp av stammen i supinum. → grammatik s. 288

1. En stuga som man har målat är ....
2. Ett fönster som man har stängt är ....
3. Kläder som någon har sytt är ....
4. Köttbullar som man har stekt är ....
5. En julgran som man har klätt är ....
6. Personer som man har bjudit är ....
7. En bok som någon har skrivit är ....
8. En säng som man har bäddat är ....
9. Paket som man har skickat är ....
10. Ett hus som man har hyrt är ....
11. Smycken som någon har stulit är ....
12. Papperskorgar som man har tömt är ....

14 LB 8

a Välj rätt alternativ.

→ grammatik s. 288

1. *frankerad frankerat frankerade* - Vänta, brevet är inte ………… .
2. *diskad diskat diskade* - Drick inte ur det där glaset. Det är inte ………… .
3. *stekt stekta* Köttet ska inte vara rött inuti. Det ska vara ordentligt ………… .
4. *irriterad irriterat irriterade* Varför är du så ………… ? Har det hänt något?
5. *sminkad sminkat sminkade* Mona är alltid så ………… . Vilket knallrött läppstift hon har!
6. *sydd sytt sydda* Annas klänningar är ………… av en dansk designer.
7. *gömd gömt gömda* Det lilla paketet med guldringen låg ………… i garderoben.
8. *förföljd förföljt förföljda* Tjuvarna kände sig ………… av polisen.
9. *köpt köpta* - Vilket snyggt halsband du har! - Tack! Det är ………… i Rom.
10. *skriven skrivet skrivna* De här romanerna är ………… av Kerstin Ekman.
11. *bjuden bjudet bjudna* - Är ni också ………… till Evas bröllop? - Javisst!
12. *låst låsta* Hon kollade att ytterdörren var ………… .
13. *planterad planterat planterade* Trädet är ………… framför huset. Det ser jättefint ut!
14. *vattnad vattnat vattnade* - Har du vattnat blommorna? - Jajamen, alla är …………!
15. *såld sålt sålda* - Tack och lov, den gamla bilen är …………!

b Skriv rätt form av verben.

→ grammatik s. 288

1. *förbjuda* - Det är ………… att röka här.
2. *tillåta* - Är det ………… att parkera här?
3. *stänga* - Konstigt att kaféet är ………… idag.
4. *slita* Jonny har alltid på sig sina ………… jeans.
5. *göra* - Den här designvasen är ………… i Småland.
6. *hota* Mannen känner sig ………… av omvärlden.
7. *chocka* Alla var ………… efter branden.
8. *missförstå* - Jag känner mig så ………… på jobbet.
9. *utbilda* Lotta var ………… till läkare och jobbar nu utomlands för Röda korset.
10. *måla* Huset var ………… med en konstig blå färg.
11. *anställa* - Hur länge har du varit ………… här på företaget? - I sju år.
12. *tvätta* - Är bilen …………? - Jajamen!
13. *spricka* - Var kommer allt vatten ifrån? - Oj, kolla här! Vasen är …………!
14. *bryta* - Jag har så himla ont i armen. Tror du den är …………?
    - Nej, Lina, det tror jag inte.
15. *slänga* - Så, alla gamla tidningar är ………… . - Ja, det var på tiden!

15 LB 8

Perfekt particip och partikelverb. Välj lämpligt verb och skriv det i rätt form. → grammatik s. 288

skicka in	kasta bort	stänga av	hyra ut	resa bort	äta upp
gifta om	måla om	lägga in	låsa in	bygga om	sy i

1. - Äntligen, nu är alla knapparna .... !
2. Skåpet var .... och hade blivit riktigt snyggt.
3. Eva sa, att Olle är .... Han flyger tillbaka från Spanien på fredag.
4. Lisa var .... och mycket lycklig igen.
5. - Va? Är alla bullarna redan ....?
6. - Är du färdig med sillen? - Ja, den är ....
7. - Är vattnet .... i stugan? - Javisst, jag är säker på att vi gjorde det innan vi åkte.
8. - Vi har diskuterat det här i två timmar nu! Vilken .... tid!
9. - Var är Missan? - Hon kanske är .... i garaget. Jag ska kolla!
10. - Tänk på att blanketten måste vara .... senast den 15 maj.
11. Man kunde se att det stora huset var .... flera gånger.
12. Stugan vid Mälaren var .... till tyska turister.

16 LB 8

a Lyssna på dialogen två gånger. Läs sedan meningarna och kryssa för rätt eller fel. (47)

	rätt	fel
1. Stefan blinkade åt höger men körde rakt fram.	☐	☐
2. Motorhuven och strålkastarna är hela efter krocken.	☐	☐
3. Båda sidospeglarna är avbrutna.	☐	☐
4. Stefan letade efter vägen till Mölndal.	☐	☐
5. Karl Gustavsson är lite skakad efter olyckan.	☐	☐
6. Det var bara bilarna som fick sig en smäll.	☐	☐
7. Karl frågar Stefan om han är skadad.	☐	☐
8. Stefan kan inte hitta varningstriangeln.	☐	☐
9. De ringer polisen och bärgningsbilen.	☐	☐

b Vad hade hänt med bilen och med Stefan? Skriv perfekt particip.

1. Strålkastarna är .... *krossa*
2. Spegeln är .... *bryta av*
3. Motorhuven är .... *trycka in*
4. Stefan blev .... när han letade efter vägen till Mölndal. *irritera*
5. Vägen var .... *spärra av*
6. Stefan är .... och lite .... *förvirra, chocka*
7. Stefan är tack och lov inte .... *skada*

17 LB 8

Vad är tillåtet, vad är förbjudet?

18 LB 10, 11

Sök svaren till följande frågor i texterna (även på s. 139).

a Skriv korta svar.

1. När förbrukas syret i bottenvattnet?
2. Det finns ett annat namn för den spanska skogssnigeln. Vilket?
3. Vad kan vi göra för att minska algblomning?
4. Vad kan Åke Olsson?
5. Vad kan ta kål på de spanska skogssniglarna?
6. Vad är växtplankton?

b Skriv längre svar. Skriv på ett extra papper.

1. Vad menas med algblomning?
2. Vad menar Åke Lindström?
3. Vem var Enok Sarri?
4. Vad är problemet för vissa djur, som t.ex. skogsharen och hermelinen, när klimatet blir varmare?
5. Vad beror det på att pälsen på t.ex. skogsharen blir vit på vintern?
6. Varför kan det finnas färre sniglar på sommaren?
7. Hur förhåller sig myggen, när klimatet blir mildare?
8. Vad kan man läsa om i Bondepraktikan?

Hur påverkas djuren av den milda vintern?

Vintrarna blir mildare och mildare. Djuren påverkas av klimatet, många mer negativt, andra positivt. Små djur har lättare att hantera klimatförändringar än större djur.

De som påverkas negativt är djuren som ändrar pälsfärg och får vit pälsfärg på vintern, t.ex. fjällräven, hermelinen och skogsharen. Att pälsen blir vit på vintern har med hormoner, dagslängden och ljuset att göra, inte med snön och kylan. Men i och med den vita färgen är dessa djur i vanliga fall kamouflerade på vintern. Men när nu vintrarna blir mildare och det inte ligger så mycket snö, blir dessa djur betydligt mer synliga och blir lätta byten. Även rovjdur, som byter färg på vintern, kan själva bli tagna av större rovdjur.

Insekter i fjällen har påverkats negativt av klimatförändringen. Många arter har ingenstans att ta vägen, när det blir för varmt. Älgen mår heller inte så bra av varma vintrar. Den har svårt att reglera temperaturen, när vintern är för varm och temperaturen är mellan 0-5 plusgrader. Den är van att sänka sin kroppstemperatur och sina hjärtslag för att klara en kall vinter.

Björnen går i ide och sover på vintern. Den sover vidare även i ett mildare klimat. Men i södra Sverige kanske den inte kommer att gå i ide i framtiden.

Mildare vintrar och mindre snö gör att vildsvin och rådjur lättare hittar föda. Dessutom väljer allt fler fåglar att stanna över vintern, vilket leder till att vi faktiskt kan se fler fåglar i Sverige nu än för 30 år sedan, säger Åke Lindström, professor vid Lunds universitet.

Källa: Sveriges Natur ("Så drabbas djuren av den milda vintern" av Cecilia Bergh)

Fler mördarsniglar och fästingar

Den spanska skogssnigeln, i folkmun även kallad mördarsnigel, gillar fuktigt väder. Äggen och sniglarna överlever när det regnar mycket. Ett mildare klimat, över fem plusgrader en längre period på våren, lockar fram dem. En köldknäpp kan knäcka dem som är uppe. De klarar inte att gå i dvala igen. Är maj månad torr och varm tar det kål på fler sniglar.

Ett annat kryp som gillar varmare klimat är fästingen. Klimatförändringen bidrar till att vi får in allt fler fästingarter i landet och att sjukdomar de bär på sprids i Sverige. Fästingarna kommer in med hjälp av flyttfåglar på våren, men det beror på temperaturen, om de överlever.

Även myggen blir fler och ettrigare och gynnas alltså av ett varmare och fuktigare klimat. Intressant är att myggorna lägger sina ägg, där de tror att det ska bli en översvämning. Ofta får de rätt. När vattnet sen kommer, kläcks äggen.

Källa: svt nyheter

Spå väder

Förr var det mycket vanligt att man tittade på naturen och spådde hur vädret skulle bli. Man tittade på soluppgången och solnedgången, molnen, himlen, träden och växterna. Det kan man fortfarande läsa om i den gamla Bondepraktikan, t.ex.

När röda skyar på himmelen står,
Om aftonen när solen nedergår,
Den nästa dag blir gärna skön,
Det ger oss aftonen till lön.

Vissa människor, som t.ex Åke Olsson i Gissamåla, kan spå väder i abborrar. Han tittar på fenorna och inälvorna, särskilt levern. Många tror att det är hokuspokus. Men i närheten av Kiruna levde samen Enok Sarri (1909-2004). Han blev rikskändis på 80-talet, då han som SMHI:s väderobservatör i Nikkaluokta spådde väder i naturens tecken, bl.a. genom att avläsa fisk- och renmagar.

Algblomning

Algblomning förekommer i insjöar, till havs, vid kusterna och i vattendrag, framför allt under våren och högsommaren. I ett förändrat klimat kan antal dagar som gynnar algblomningen öka.

Alger och cyanobakterier kallas ofta för växtplankton. Cyanobakterier är egentligen inga alger utan bakterier med algegenskaper. När de blommar, talar man om algblomning; man menar då att dessa bakterier massförökar sig och kan spridas över stora områden på relativt kort tid.

Men när dessa cyanobakterier sjunker till botten, förbrukas syret i bottenvattnet. Djur som kan fly gör det, andra dör. Den syrefattiga miljön leder till att fosfat frigörs och förs upp till ytan, vilket i sin tur leder till att cyanobakterierna förökar sig ännu mer.

Avgörande för att minska blomningen av cyanobakterier är att minska näringstillförseln till våra vatten från jordbruk, trafik och hushåll.

Källa: SMHI

ta kål på - *den Garaus machen*
gynna - *begünstigen*
en abborre - *Barsch*
en fena - *Flosse*
inälvor - *Eingeweide*
gå i dvala/ide - *Winterschlaf halten*
en köldknäpp - *Kälteeinbruch*

19 Läs texten och sätt in rätt ord ur rutan. Skriv dem i rätt form.

LB 13, 14

ohållbar · ett utsläpp · rysa · en miljöaktivist · en klimatbov · ett samvete · schyst · en risk · inom · andra · skämmas · oroa · en svensk · en förbrukning · ingenting · avstå från · en höjd

R: Hej Emilia! Du är emot flygning, Varför det?
E: Ja, jag har bestämt mig för att agera. Även om det är helt coolt att flyga, så påverkar det klimatet. Flyget är en av våra största .... Det släpper ut 74 000 gånger mer koldioxid än tåget. De stora .... sker vid start och landning och på hög .... Men det finns ju alternativ. Vi kan ta tåget i stället, i alla fall .... Europa. Och längre resor avstår jag från helt enkelt. Jag semestrar så gärna i Sverige, det är hur härligt som helst.
R: Det har du verkligen rätt i.
E: Genom flygandet hämtar vi ju hit farliga sjukdomar. Det .... mig väldigt ofta. Sedan finns det negativa

bieffekter, när man flyger. Uttorkning, t.ex. man förlorar jättemycket vätska. Man kan få öronbesvär och det finns ökad .... för blodpropp. Usch, jag .... bara jag tänker på det. Sedan är bullernivån fruktansvärd för alla som bor i närheten av en flygplats. Jag tycker det är .... Sammanlagt startar och landar 850 flygplan på Arlanda varje dag. Från Heathrow startar och landar ca 2 300 plan varje dag.

R: Jonas, du har en positiv inställning till flygandet. Kan du berätta varför?

J: Javisst! För det första älskar jag att flyga. Det är hur underbart som helst. Jag vill absolut inte .... resor till andra sidan jorden. Jag vill få kontakt med andra kulturer och så där, träffa nya människor. För det .... tror jag på dem, som säger att flyget står för en väldigt liten del av klimatutsläppen. Och .... är relativt liten per person.

R: Och det är billigt!

J: Ah, just det. Det är billigt och dessutom det säkraste transportsystemet. Sedan vill vissa .... att vi ska .... , flygskam heter det ju.

R: Ska man få dåligt ....?

J: Ja, precis. Man ska få dåligt samvete helt enkelt. Men det är inte .... att göra oss ledsna och deprimerade. Att inte flyga gör inte skillnad, förändrar .... alls, tror jag. Även om 100 000 .... väljer att inte flyga, så kommer 300 000 asiater att börja flyga. So what! Sedan tycker jag att det är bekvämt. Jag flyger mycket i mitt jobb och det går snabbt och smidigt.

20 Vad säger man?

1. Du fragst, wieviel Grad es heute sind.
2. Du sagst, dass es laut Wetterbericht sonnig und warm werden soll.
3. Du sagst, dass du frierst.
4. Du sagst, dass du Angst vor Gewitter hast.
5. Du hoffst, dass das Wetter morgen gut wird.
6. Du beklagst dich über das schlechte Wetter.
7. Du bist überzeugt, dass es in der Zukunft mehr regnen wird.
8. Du fragst, was Staffan macht.

20 ☑ Din checklista över viktiga vardagsuttryck

Ausruf
- ☐ Usch, vad det är varmt!
- ☐ Fy, vad kallt!

Eine Quelle zitieren
- ☐ Enligt en undersökning ...

Sich nach dem Wetter erkundigen
- ☐ Hur är vädret?

Das Wetter beschreiben
- ☐ Det är soligt/regnigt/dimmigt/mulet.
- ☐ Solen skiner.
- ☐ Det regnar/snöar/haglar/åskar.
- ☐ De har is och snö fortfarande.
- ☐ Det blåser förskräckligt/friskt.

Eine Temperatur angeben
- ☐ Det är plusgrader/minusgrader.
- ☐ Det är 18 grader.
- ☐ Det är fem plus-/minusgrader.

Rückkopplung
- ☐ Gjorde ni?

Schönes Wochenende wünschen
- ☐ Trevlig helg!

Grüße ausrichten lassen und darauf reagieren
- ☐ Hälsa Anders!
- ☐ Det ska jag göra!

Etwas ansprechen
- ☐ Förresten ...
- ☐ Apropå ingenting
- ☐ Har du hört, sett, läst ...?
- ☐ Jag måste berätta ...
- ☐ Hur var ...?

Fragen, was jemand macht
- ☐ Vad håller han på med?

Hoffnung ausdrücken
- ☐ Jag hoppas att ...

Angst ausdrücken
- ☐ Jag är rädd för att ...

Zwang ausdrücken
- ☐ Vi är tvungna att ...

Notwendigkeit ausdrücken
- ☐ Vi borde/måste ...

Über ein Diagramm sprechen
- ☐ Diagrammet visar att ...
- ☐ Man kan se att ...
- ☐ Av diagrammet framgår att ...

Eine Ansicht vertreten
- ☐ Jag tror/tycker/anser att ...
- ☐ Enligt min åsikt/mening/uppfattning ...
- ☐ Personligen tycker jag att ...

Von etwas überzeugt sein
- ☐ Jag är övertygad om att ...

Nicht zustimmen
- ☐ Nja, jag håller inte riktigt med.

Nicht konkret auf ein Argument eingehen
- ☐ Kanske det/Jovisst, men ...
- ☐ Utan tvekan är det ... men ...

Zustimmen
- ☐ Ja/Jo, det har du rätt i.
- ☐ Ja, Jo det stämmer.

Argumente gegeneinander abwägen
- ☐ Ja/Jo, men å andra sidan ...

I en uppsats i skolan skrev Pelle: Förra söndagen blev våra nya kyrkklockor invigda. Landshövdingen och kyrkoherden höll långa tal. Sedan blev de upphängda, så nu är vår lilla stad mycket trevligare.

- Det tog tio år innan jag förstod, att jag inte hade den minsta talang för att måla.
- Så nu gav du upp?
- Nej, det är för sent. Jag är redan berömd.

Bli miljöhjälte! Avsnitt 16

1 LB startsidan

Bilda fyra sammansatta ord med varje element. Använd orden till höger.

jord: jordbävning, ...
luft: ....
eld: ....
vatten: ....

~~-bävning~~ -filter -kanna -släckare -stad -madrass -pöl -gubbar -fästning -drag -fuktighet -själ -förorening -kraft -brukare -slukare

2 LB 1

Nu ska du få höra en gammal svensk ramsa som heter »Pojken som inte ville gå i skolan«. Börja övningen med att skriva rätt ord från rutan bredvid varje teckning. I vilken ordning passar teckningarna du ser här nedan till ramsan du hör? Skriv siffror (1- 10) i ringarna. (48)

ett rep
en katt
en oxe
en gumma
ett vatten
ett ris
en råtta
en pojke
en eld
en slaktare

3 LB 1

a Gör substantiv av verben. Glöm inte artikeln!

1. vara rättvis ....
2. vattna ....
3. dricka ....
4. smaka ....
5. arta sig ....

b Gör verb av substantiven.

1. en älskling ....
2. en gåva ....
3. en längtan ....
4. en fångst ....

4 LB 1

Lyssna, så får du veta lite om Karin Boyes liv. Svara på frågorna. Skriv på ett extra papper. (49)

1. När föddes Karin Boye?
2. Hur var hon som barn enligt hennes bror Ulf?
3. Vad studerade hon?
4. Vad hette hennes första diktsamling?
5. Varför blev året i Berlin så viktigt?
6. Vad är Karin Boye mest känd för?
7. Hur slutade hennes liv?

5 LB 2

Stryk under ordet som inte passar.

1. buller oljud oväsen tystnad dunder
2. gas olja el koldioxid vattenkraft
3. sopor ozon avfall skräp skrot
4. energi jord vatten eld luft
5. smog försurning köttproduktion övergödning luftförorening
6. förstöra skövla plantera plundra härja
7. befolkning människa invånare medborgare population

6 LB 3

a Rita tårtor.

en hel tårta | en halv tårta | en fjärdedels tårta | en tre fjärdedels tårta | en tårtbit (en åttondel)

b Vad motsvarar följande procenttal?

1. (100 %) .... människor är födda fria och har lika värde.
2. (50 %) .... av alla barn i gymnasieåldern läser bloggar.
3. (33.3 %) .... av alla unga står utan jobb.
4. (25 %) .... av alla vuxna rör sig för lite.
5. (20 %) .... av alla bränder startar med lek.
6. (10 %) .... av alla barn i Sverige har någon form av matallergi.

en tredjedel
hälften
en fjärdedel
en tiondel
alla
en femtedel

7 LB 3

Vad heter bildelarna? Skriv siffror i rutorna.

1 ett däck
2 en ratt
3 en stötfångare
4 en motorhuv
5 en vindruta
6 en backspegel/ en blinker
7 en bagagelucka
8 ett bakljus
9 en vindrutetorkare
10 en strålkastare

8 LB 3

Vad betyder förkortningarna?

1. kl ....
2. obs. ....
3. osv. ....
4. dvs. ....
5. t.ex. ....
6. m.m. ....
7. s.k. ....
8. ca ....
9. bl.a. ....

9 Läs insändarna och svara på frågorna.

LB 3

Jag tycker att fler människor bör åka kollektivt. Vi tänker grönt och värnar om miljön, äter mer ekologiskt och mindre kött, men vi åker fortfarande alldeles för mycket bil.
Kollektivtrafiken ökar trafiksäkerheten. Färre människor skadas eller blir dödade i trafiken, om vi satsade mer på kollektivtrafiken. Tänk, vilken risk barn utsätts för dagligen när de går eller cyklar till skolan.
Att åka kollektivt är miljösmart. Vi måste minska klimatutsläppen och förbättra miljön även för kommande generationer. Ju fler personer som väljer att åka kollektivt, desto mindre utsläpp. Jag tycker det är hemskt med alla långa bilköer på vägarna, som leder till att bilarna står stilla och släpper ut massor med giftiga avgaser.
Att åka kollektivt ger bättre hälsa. Vi går eller cyklar till bussen och får frisk luft på köpet. Sedan finns det en social effekt också. Vi lär känna nya personer som vi kan prata och få kontakt med, när vi åker buss eller tåg ihop till jobbet.
Många gnäller över att det är dyrare att åka kollektivt. Det är det absolut inte! Kör du bil har du bensinkostnader, försäkrings- och underhållskostnader, skatt, besiktning och värdeminskning på bilen. Dessutom slipper du parkeringsavgifter, om du åker kollektivt.
"Det är inte tidseffektivt att åka kollektivt", säger många. Vore det inte bättre att planera in mer tid, så att vi slipper stressa runt hela dagen. Ta en skön promenad till bussen, läs en bra bok eller titta ut genom fönstret och dröm en stund, när du åker till jobbet. Carpe diem!
Kollektivåkaren

Varför protesterar man egentligen mot bilism? Bilen är nödvändig för att samhället ska fungera.
Eftersom Sverige är ett långt och glest befolkat land, tycker jag det är jätteviktigt att vi kan ta bilen och nå vänner, sjukvård, aktiviteter m.m. Visst är det bra med kollektivtrafik, men det tar så oerhört mycket mer tid och begränsar friheten, särskilt när man bor på landet. Småbarnsföräldrar måste smidigt kunna skjutsa sina barn till fritidsaktiviteter och många människor ska kunna nå sin arbetsplats i tid, vilket har blivit allt svårare, i alla fall med tåg. Dessutom pågår just nu en fantastisk utveckling. Tack vare ny teknik har utsläppen minskat markant och elbilarna har verkligen gått från nisch till bredd.
Vi ska kämpa för att minska eller till och med få bort utsläppen från trafiken - inte bekämpa bilism och den frihet som bilen ger. Bilen gör livet lättare och förenklar livspusslet för så många.
Leopold

! en besiktning - *Hauptuntersuchung*
värna om - *schützen*

1. Kollektivåkaren säger att ...
   - ☐ a) alla ska sälja sina bilar.
   - ☐ b) parkeringsavgifterna har blivit högre.
   - ☐ c) bilköer leder till att det släpps ut ännu mer avgaser.
2. Kollektivåkaren tycker att ...
   - ☐ a) det inte är dyrare att åka kollektivt.
   - ☐ b) det inte är tidseffektivt att åka kollektivt.
   - ☐ c) kollektivtrafiken inte är säkrare än att åka bil.
3. Kollektivåkaren påpekar att ...
   - ☐ a) det är ok att köra bil om vi bara tänker grönt och värnar om miljön.
   - ☐ b) man som bilägare inte har så höga kostnader för bilen.
   - ☐ c) det vore bättre att planera in mer tid.
4. Vilket alternativ passar bäst som rubrik till insändaren från Kollektivåkaren?
   - ☐ a) Läs en bok på bussen!
   - ☐ b) Satsa på kollektivtrafiken!
   - ☐ c) Dyrt att åka kollektivt
5. Leopold säger att ...
   - ☐ a) elbilarna har blivit dyrare.
   - ☐ b) småbarnsföräldrar behöver bilen.
   - ☐ c) bilism berövar ens frihet.
6. Enligt Leopold ...
   - ☐ a) förenklar bilen livspusslet för många.
   - ☐ b) håller buss och tåg aldrig tiderna.
   - ☐ c) är det jätteviktigt att vi ska kunna cykla till jobbet.
7. Vilket alternativ passar bäst som rubrik till Leopolds text?
   - ☐ a) Alla älskar bilen
   - ☐ b) Ny teknik för bilarna
   - ☐ c) Vi behöver bilen

10 LB 3

Läs insändaren och svara på den. Följande ord ska vara med: protest, arg, irriterad, upprörd, rökning, hälsa, kollektivtrafik, ekologiska livsmedel, betydelse, alla. Underteckna med »Optimist«.

Jag blir så himla trött på alla miljövänner som pratar om bilar, rökning och allt annat. Vad spelar det för roll, vad lilla jag gör, när stora fabriker släpper ut hur mycket avgaser som helst? Och vad hjälper det vad lilla Sverige gör, när massor av länder inte gör något? Nej, jag har gett upp. Jag bryr mig inte om det alls. Jag kör bil och jag röker. Varför inte? Jorden blir förstörd vad jag än gör.
Pessimist

Kära Pessimist!

11 LB 3

Lyssna på dialogen. Vilken bild stämmer överens med Pers råd? Kryssa för! (50)

a ☐

b ☐

c ☐
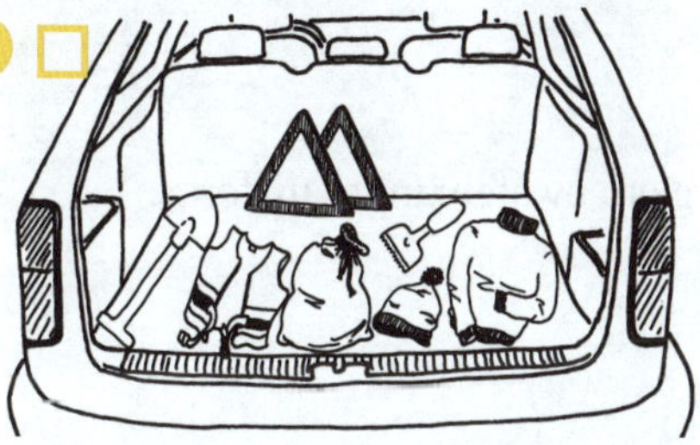

d ☐

12 LB 6

Minns du delarna? Skriv på linjerna.

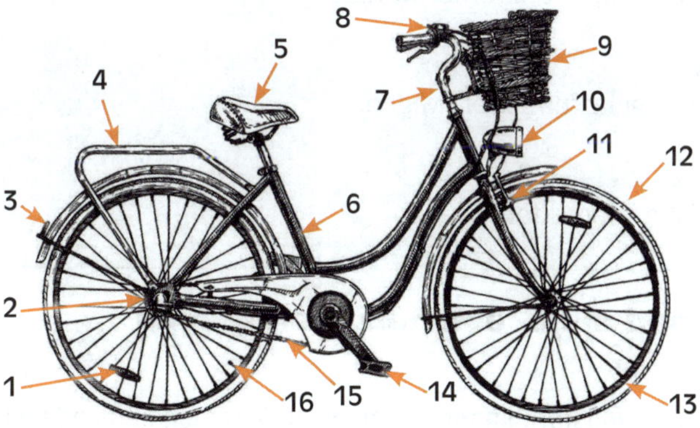

1.	9. ....
2.	10. ....
3.	11. ....
4.	12. ....
5.	13. ....
6.	14. ....
7.	15. ....
8.	16. ....

13 LB 7

a Lyssna. Är vokalen ä lång eller kort? Kryssa för! (51)

1. ☐ lång ☐ kort	3. ☐ lång ☐ kort	5. ☐ lång ☐ kort	7. ☐ lång ☐ kort
2. ☐ lång ☐ kort	4. ☐ lång ☐ kort	6. ☐ lång ☐ kort	8. ☐ lång ☐ kort

b Vilken vokal hör du, *ä* eller *e*? Kryssa för! (52)

1. ☐ ä ☐ e	3. ☐ ä ☐ e	5. ☐ ä ☐ e	7. ☐ ä ☐ e	9. ☐ ä ☐ e
2. ☐ ä ☐ e	4. ☐ ä ☐ e	6. ☐ ä ☐ e	8. ☐ ä ☐ e	10. ☐ ä ☐ e

14 LB 8 **Läs texten och komplettera den.**

Leila will laga schyst mat

- Vi borde un........ oss ekologisk m........ . Jag vi........ inspirera männ........ att h........ kul i kö........ och la........ god mat m........ schysta råv........ . Och med det me........ jag att dom ä........ bra f........ miljön och in........ minst b........ för dig! Så sä........ Leila Lindholm, ett a........ de matlagningsproffs s........ har upptäckt d........ positiva kän........ av goda ekolo........ råvaror.
- Det är så ocoolt a........ inte ta si........ ansvar. Vi må........ inte b........ ekologiska superhj........ , men al........ kan vi gö........ något.

Ur broschyren "KRAV ger dig 8 argument för ekologiskt!"

! schyst - *gut, korrekt*
unna sig - *sich gönnen*

15 LB 8 **Läs påståendena och skriv vilket märke det är frågan om.**

	miljömärke/märke
1. Gården betraktas som ett kretslopp.	....
2. Naturskyddsföreningen står bakom detta märke.	....
3. Detta märke tillhör Coop.	....
4. Märket visar att produkten går att återvinna eller är gjord av återvunnet material.	....
5. Märket ägs av medlemmarna.	....
6. Pilgrimsfalken kännetecknar detta miljömärke.	....
7. En visa inspirerade till namngivningen.	....
8. Det finns parfymfria alternativ.	....
9. Produkterna innehåller mindre socker, salt, fett och mer fibrer.	....
10. Produkterna odlas biodynamiskt.	....
11. Märket tar hänsyn till produktens miljöbelastning hela vägen.	....
12. Produkten har svenskt ursprung.	....
13. Märket är EU:s märkning av ekologiska produkter.	....

Miljömärkning och märken med miljö- och hälsoanknytning

Bra miljöval är Naturskyddsföreningens eget miljömärke och den enda miljömärkningen i Sverige där kraven utformas av en miljöorganisation. Du hittar märket med pilgrimsfalken direkt på förpackningen. Miljömärkningen är ett samarbete mellan Naturskyddsföreningen och handeln. Märkningen drivs utan vinstintresse.

KRAV-märket garanterar att ett livsmedel är framställt utan konstgödsel och kemiska bekämpningsmedel, att djuren har fått gå ute och sluppit rutinmässig medicinering. KRAV är en ekonomisk förening. Den ägs av sina medlemmar som kommer från organisationer och företag inom livsmedelsbranschen.

Namnet Änglamark är hämtat från Evert Taubes klassiska visa "Kalla den änglamarken eller himlajorden om du vill". Det är Coops eget miljömärke. Märket har landets största ekologiska sortiment med ett utbud på runt 400 olika varor i butikerna. Coops miljömärkning finns såväl på livsmedel som hygienvaror. Allt ifrån korv, kött och grönt till tvålar och blöjor.
I Änglamarks matvaror används varken bekämpningsmedel eller modifierade ingredienser i varorna. Innehållet i varorna är utvalda för att påverka miljön så lite som möjligt.

ICA Skona är ICA:s miljömedvetna val av tvättmedel, diskmedel, rengöringsmedel och papper. Det är prisvärda produkter med milda dofter och parfymfria alternativ som är skonsamma mot huden men effektiva mot smutsen. Det blir rent med en förvånansvärt liten dos. I städsortimentet ingår även diskborstar och hushållsdukar.

Svanen är en nordisk miljömärkning. Varje land har ett eget miljömärkningssekretariat som ansvarar för landets verksamhet. Svanen tar hänsyn till produktens miljöbelastning under hela dess livscykel. Kraven gäller energi- och vattenförbrukning, luftförorening, avfallsproduktion, hållbart skogsbruk samt buller och markföroreningar.

Demetermärket är det strängaste som finns inom ekologisk odling. Märket garanterar att produkten är framställd av råvaror som odlas biodynamiskt, vilket innebär att odlaren varken använder kemiska bekämpningsmedel, konstgödsel eller genmodifierade organismer. Den biodynamiska gården betraktas som ett kretslopp, där man eftersträvar balans mellan foderproduktion, antalet djur och åkerareal.

EU-lövet är EU:s märkning av ekologiska livsmedel. Märkningen garanterar att maten är producerad utan konstgödsel, kemiska bekämpningsmedel och med omsorg om djur och natur.
På en ekologisk gård får djuren komma ut i friska luften och äta ekologiskt foder.

Nyckelhålet är ett hälsomärke, inget miljömärke. Det är en smart, nordisk märkning av livsmedel, som ska göra det enkelt för dig att göra sunda val både i mataffären och på restaurangen.
Produkterna ska leva upp till följande krav: mindre salt, mindre socker, mindre fett och mer fibrer.

Returpilarna ska visa att produkten går att återvinna eller är gjord av återvunnet material.

Från Sverige är en frivillig märkning av livsmedel. All odling, uppfödning, förädling och packning ska ha skett i Sverige. I varor som innehåller animaliska produkter ska allt vara 100 procent svenskt. I sammansatta produkter ska minst 75 procent vara av svenskt urspung.

16 LB 8

De svenska kommunerna diskuterar och beslutar om miljöfrågor. Lyssna och fyll i luckorna, så får du veta vad Hässleholms kommun har för huvudmål för att förbättra miljön. (53)

Hässleholms kommuns huvudmål för bättre miljö:

✓ All kommunal planering ska ske utifrån en .... (1) grundsyn.

✓ Vid allt utnyttjande av .... (2), vatten och luft ska kommunen verka för hushållning med naturresurserna. De må brukas men ska inte .... (3)!

✓ Sjöar och .... (4) ska ha så bra vattenkvalitet, att ett naturligt djur- och .... (5) kan bevaras eller återskapas.

✓ Kommunens .... (6) ska ha vattenkvalitet som medger .... (7).

✓ Grundvatten är en viktig .... (8) som ska skyddas både vad gäller kvalitet och mängd. Grundvattnet ska i första hand användas som .... (9).

✓ Kommunen ska .... (10) för att nå en så god luftkvalitet, att inga .... (11) miljö- eller hälsoeffekter förekommer.

✓ Kommunen ska verka för att .... (12) ska få bo i en .... (13) fri från besvärande buller.

✓ Användningen av .... (14) produkter ska minska.

17 LB 8

I soptunnan finns en del adjektiv. Skriv upp motsatsen och komparera!

→ grammatik s. 271

	Positiv	Komparativ	Superlativ
1.			
2.			
3.			
4.			
5.			
6.			
7.			
8.			
9.			
10.			
11.			
12.			

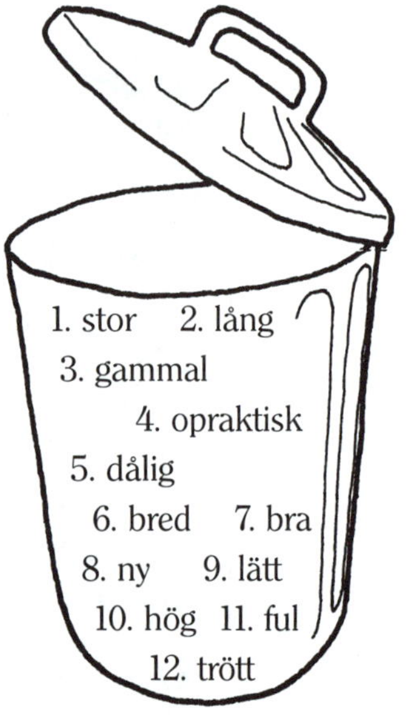

18 LB 9

a Skriv perfekt particip (attributivt) obestämd form. → grammatik s. 289

1. En lök som man har hackat är ....
2. En hund som man har kopplat är ....
3. Bananer som man har skalat är ....
4. Jordgubbar som man har planterat är ....
5. Ett hus som man har målat är ....
6. Hus som man har renoverat är ....
7. En kyckling som man har stekt är ....
8. Biljetter som man har beställt är ....

b Skriv perfekt particip (attributivt) bestämd och obestämd form. → grammatik s. 289

1. *beställa* Kalle hämtade de .... biljetterna.
2. *bygga* De flyttade in i sitt ny-.............................. hus.
3. *låna* Nils hade inte fått tillbaka sin ut-.............................. bok.
4. *starta* Det är spännande att jobba på ett ny-.............................. företag.
5. *grilla* Ska vi äta .... kyckling idag?
6. *stryka* Nej, men Pia lilla! Du sitter väl inte på Svens .... skjortor?
7. *slita* Man får inte köra med så .... däck!
8. *putsa* Det regnade på mina ny-.............................. fönster igår.
9. *göra* Jag älskar din hemma-.............................. jordgubbsmarmelad.
10. *flyga* Jag tror jag såg din bort-.............................. undulat i morse.
11. *berömma* Vem är Sveriges mest .... skådespelare just nu?
12. *bebo* I skärgården finns många o-.............................. små öar.
13. *irritera* Efter föredraget kunde man se många .... ansikten.
14. *torka* Gå inte på det ny-.............................. golvet, är du snäll!
15. *lägga* Den ner-.............................. fabriken låg öde och tom.
16. *föda* Lena och Anders har en dotter och en ny-.............................. son.
17. *hyra* Lotta for iväg i en .... bil.
18. *maskera* Polisen följde den .... mannen.
19. *beväpna* De två .... männen anhölls av polisen.
20. *planera* Vi fick tyvärr ställa in vår .... resa.
21. *röka* Jag älskar .... lax!
22. *baka* Ulla bjöd alla på sina hem-.............................. bullar.
23. *bädda* Jag är så trött på att se din o-.............................. säng!
24. *gifta* Det ny-.............................. paret åkte på smekmånad.

! en smekmånad - *Flitterwochen*
en undulat - *Wellensittich*

19 LB 9

Perfekt particip med partikelverb (predikativt): Välj lämpligt verb och sätt det i rätt form.

→ grammatik s. 289

packa ner	tycka om	stänga av	hyra ut	komma hem
ställa in	fylla i	slå ut	parkera fel	trycka in

1. Alla stugorna var ....
2. De röda rosorna är ....
3. På grund av coronapandemin var konserten ....
4. Framrutan på bilen var ....
5. Jag hoppas att den här blanketten är riktigt ....
6. - Har du sett mina jeans? - Ja, de är redan .... i ryggsäcken.
7. På gatan stod många .... bilar.
8. Det här vinet är mycket .... sa Niklas och visade vinflaskan med en vacker etikett.
9. Vattnet var .... hela förmiddagen.
10. Klockan tolv på natten var Dan inte .... än.

20 LB 11

Vad heter dessa djur? Skriv rätt namn bredvid teckningarna!

1.  ....
2.  ....
3.  ....
4.  ....
5.  ....
6. 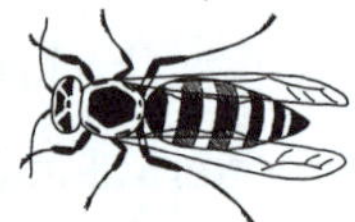 ....
7.  ....
8.  ....
9.  ....
10.  ....

en daggmask
en fluga
en spindel
en nyckelpiga
en mygga
en gräshoppa
en geting
en fjäril
en skalbagge
en myra

Försök nu att säga den här tungvrickaren [*Zungenbrecher*] så snabbt du kan!

Flyg, fula fluga, flyg! Och den fula flugan flög.

21 LB 12

Hur lång tid tog det för Staffan att ...

→ grammatik s. 289

1. laga cykeln	(15 min.)	Staffan lagade cykeln på en kvart.
2. limma stolen	(1 tim.)	....
3. laga pizza	(30 min.)	....
4. skriva mejlet	(10 min.)	....
5. pumpa upp gummibåten	(5 min.)	....
6. hänga upp tvätten	(10 min.)	....
7. kakla om köket	(6 tim.)	....
8. tvätta håret	(4 min.)	....

22 Svara på frågorna och sätt in rätt tidspreposition. → grammatik s. 258, 270, 289

LB 12

1.	(en gång/veckan)	Hur ofta spelar Eva piano?
		Eva spelar piano en gång i veckan.
2.	(två gånger/året)	Hur ofta reser familjen Nilsson till Spanien?
3.	(fyra år)	Hur länge har Jonas bott i Umeå?
4.	(två timmar)	Hur lång tid tog det för Sven att laga bilen?
5.	(två gånger/dagen)	Hur ofta måste Emma ta tabletterna?
6.	(en månad)	När tar Lotta studenten?
7.	(en gång/timmen)	Hur ofta går bussen till Järfälla?
8.	(en vecka)	När flyttade Sven till Malmö?
9.	(fjorton dagar)	Hur länge tänker Greta stanna i Uppsala?
10.	(två minuter)	Hur lång tid tog det för Daniel att springa till affären?

23 Adverb eller adjektiv? Välj ett ord som passar och sätt det i rätt form. → grammatik s. 267

LB 12

mänsklig	ledsen	tillräcklig	vacker	god	sällsynt	tråkig
glad	riktig	faktiskt	hög	snabb	oerhörd	ofelbar

1. Den här kotletten var ………… god, Ellen!
2. Det här är ju väldigt …………. Titta, alla äpplena är ruttna!
3. Det luktar så ………… när man bakar.
4. Siri sjöng så otroligt ………… att många var rörda.
5. Det här är en ………… fjäril. Den finns ………… bara här på Öland och på Gotland.
6. Nämen, vilket ………… träd! Är det Sveriges högsta?
7. I corona-tider är det viktigt att tvätta händerna ………… ofta.
8. Du ser ………… ut. Har det hänt något?
9. Det är helt ………… att göra misstag. Ingen är ………….
10. - Jag är så ………… att jag har dig, sa Camilla till Ove.
11. I Sverige får man inte köra hur ………… man vill på motorvägen.
12. - Har du städat ditt rum ………… ordentligt nu, frågade Lena sin son.

24 LB 13

Läs dialogen och sätt in orden på rätt ställe.

hända, njuter, annons, grej, häng med, föredrag, alternativ, plogga, övertala, mask, kolonilott, skeptisk, litar på

M: Malin L: Lena

M: Hej Lena, det är Malin!

L: Hej! Hur är det?

M: Tack, det är hur bra som helst! Och själv då?

L: Jo tack, det är fint. Vädret är ju så härligt. Man bara ________ (1)!

M: Ah, verkligen! Du Lena, jag tänkte fråga dig om en sak. Har du lust att följa med till odlingsföreningen? De har ett ________ (2) på lördag om ________ (3) odling. Jag tycker det verkar spännande.

L: Jättegulligt att du frågar. Men jag vet inte riktigt. Jag gillar natur och har min lilla ________ (4), det har du rätt i, men alternativ odling är nog inte min ________ (5).

M: Man lär sig säkert jättemycket!

L: Ah, det kan ________ (6). Men jag är lite ________ (7) till alla de där alternativa metoderna. Allt verkar så krångligt. Och så får man pyttesmå morötter med ________ (8) i. Det är så äckligt!

M: Jag kan förstå att du inte ________ (9) ekologiska metoder. Men snälla, ________ (10)! Vi har alltid så kul ihop. Det är säker jätteintressant! Och någonstans vill man ju börja tänka om, eller hur?

L: Det är så gulligt av dig, Malin. Men jag kan faktiskt inte tänka mig att börja med alternativ odling. Jag tycker det är meningslöst. Jag har odlat mina grönsaker i snart sju år nu och det har alltid fungerat. Jag hoppas du kan förstå det.

M: Det är klart jag kan! Och jag vill inte ________ (11) dig.

L: Men Malin, vi kan väl ses den 5 maj i stället. Och ________ (12)! Jag såg en ________ (13) om det. Det är en bra kampanj!

M: Ja, bra idé! Kan du skicka ett meddelande med tider och så där, så kollar jag med Ragnar om det passar.

L: Självklart!

M: Jättebra! Ha det fint!

L: Tack för du ringde! Hej!

25 Vad heter de här olika sakerna som man använder i trädgården?

LB 13

- ☐ en kratta
- ☐ en grep
- ☐ en häcksax
- ☐ en hink
- ☐ en skottkärra
- ☐ en gräsklippare
- ☐ en spade
- ☐ en lövräfsa
- ☐ en kanttrimmare
- ☐ en vattenslang
- ☐ en sekatör
- ☐ ett par handskar
- ☐ ett par gummistövlar
- ☐ en vattenkanna
- ☐ en blomkruka

26 Vad säger man?

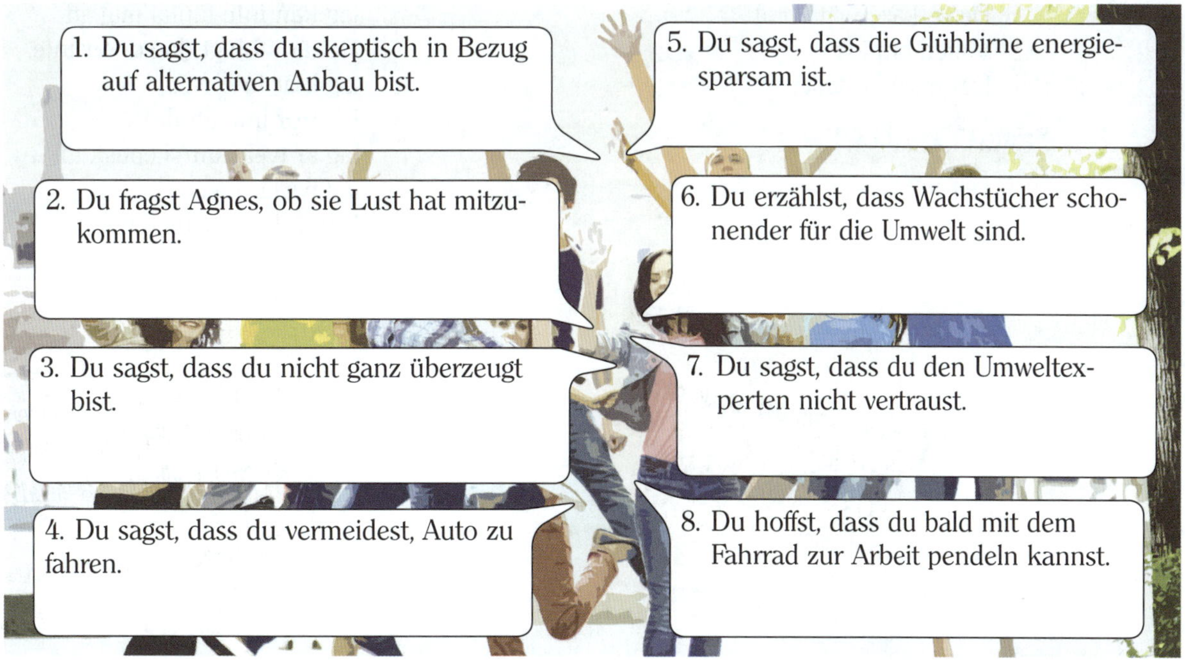

1. Du sagst, dass du skeptisch in Bezug auf alternativen Anbau bist.
2. Du fragst Agnes, ob sie Lust hat mitzukommen.
3. Du sagst, dass du nicht ganz überzeugt bist.
4. Du sagst, dass du vermeidest, Auto zu fahren.
5. Du sagst, dass die Glühbirne energiesparsam ist.
6. Du erzählst, dass Wachstücher schonender für die Umwelt sind.
7. Du sagst, dass du den Umweltexperten nicht vertraust.
8. Du hoffst, dass du bald mit dem Fahrrad zur Arbeit pendeln kannst.

27 ☑ Din checklista över viktiga vardagsuttryck

Einen glücklichen Umstand benennen
☐ Tack vare fjärrvärmen ...

Ein Bedürfnis ausdrücken
☐ Klimatpolitiken behöver ...
☐ Det behövs mer ...

Etwas empfehlen
☐ Jag kan rekommendera ...

Vorzüge eines Produktes nennen
☐ Fördelen är att ...
☐ Den kan användas ...
☐ ... är miljövänlig/energisnål/extra effektiv, därför att ...
☐ ... är ekologisk/naturlig/hållbar/kemikaliefri/skonsam/bra för miljön.

Umweltbewusst denken/sein
☐ Det är viktigt att vi tänker grönt.
☐ Det är miljövänligt.
☐ Det är extra viktigt att leva klimatsmart.

Sich beunruhigt fühlen
☐ Det oroar mig.

Etwas zeigen
☐ Jag ska visa.
☐ Kolla här!

Begeistert sein
☐ De är jättesmarta!
☐ De verkar ju jättebra!
☐ Vilken bra idé!
☐ Det måste vi testa!

Etwas bestätigen
☐ Det är klart ...

Etwas vermeiden
☐ Vi undviker att köra bil så mycket det går.

Verständnis zeigen
☐ Ah, det förstår jag.

Etwas wirkt vielversprechend
☐ Det verkar lovande.

Etwas cool finden
☐ Det är coolt att köpa begagnade saker!

Jemanden zu etwas auffordern
☐ Titta in!
☐ Bli medlem!
☐ Rädda isbjörnen!

Etwas ankündigen
☐ Nu är det dags!
☐ Vi träffas varje lördag.

Jemanden von etwas überzeugen
☐ Har du lust att följa med till ...?
☐ Det är viktigt att engagera sig/agera.
☐ Det är säkert roligt/intressant!
☐ Man kan lära sig jättemycket.
☐ Det är en bra kampanj.
☐ Det är meningsfullt att göra något.
☐ Snälla, häng med! Då skulle vi kunna ...

Zweifel/Skepsis ausdrücken
☐ Jag blir lite skeptisk ibland.
☐ Jag kan inte tänka mig att ...
☐ Det är jobbigt./Jag orkar inte.
☐ Jag litar inte på ...
☐ Jag tror inte att det ...
☐ Jag är tveksam/skeptisk till ...
☐ Jag tvivlar på ...
☐ Det är lönlöst/meningslöst.

- De sa att det skulle snöa på radion.
- Då är det bäst att täcka över den.

- Vet du varför norrmännen köper upp alla plommonträd, äppelträd och körsbärsträd?
- Nej.
- De satsar på kärnkraften.

1 Skriv delen som fattas.

LB startsidan

1. man och ....
2. lärare och ....
3. expedit och ....
4. läkare och ....
5. chef och ....
6. syster och ....
7. arbetsgivare och ....
8. föräldrar och ....
9. mamma och ....
10. matte och ....
11. ryttare och ....
12. mor- och farföräldrar och ....

2 Repetera släktorden - Titta på släktträdet och fyll i orden som saknas.

LB 2

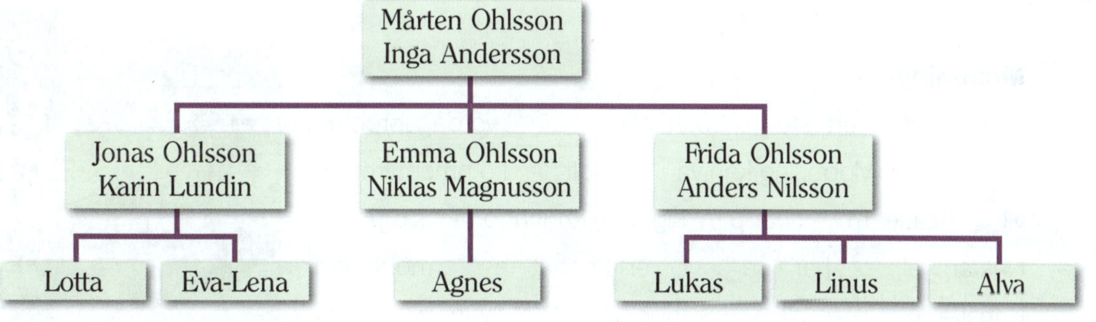

1. Mårten är Jonas ....
2. Jonas är Emmas ....
3. Inga är Agnes ....
4. Frida är Agnes ....
5. Niklas är Ingas ....
6. Jonas är Ingas ....
7. Linus är Mårtens ....
8. Lukas är Emmas ....
9. Karin är Emmas ....
10. Niklas är Fridas ....
11. Lotta är Emmas ....
12. Frida är Anders ....
13. Mårten och Inga är Emmas ....
14. Jonas är Karins ....
15. Lotta och Eva-Lena är ....
16. Emma är Agnes ....
17. Inga är Lottas och Eva-Lenas ....
18. Karin är Mårtens ....
19. Mårten är Lottas och Eva-Lenas ....
20. Jonas är Agnes ....
21. Agnes och Linus är ....
22. Emma är Lottas ....

3 LB 3

Per har skrivit en kontaktannons. Innan han skickar iväg den, läser han den högt för sig själv. Lyssna och svara på frågorna! (54)

1. Varifrån kommer Per?

   ....

2. Hur gammal är han?

   ....

3. Vad ska kvinnan han söker ha för egenskaper?

   ....

4. Hur gammal ska kvinnan han söker vara?

   ....

5. Hur beskriver han sitt utseende?

   ....

6. Vad säger han om sig själv?

   ....

7. Vad har Per för egenskaper?

   ....

8. Vad har Per för intressen?

   ....

9. Vad har Per valt för signatur till sin annons?

   ....

4 LB 4

Läs texten och komplettera det som fattas.

Mobbning

Mobbning är ett sto...... och allva.......... vardagsproblem f..... många. Mobbning kan va...... allt fr...... kommentarer om vil...... kläder m...... har p..... sig ti..... knuffar o...... slag. Nästan al...... har nå....... erfarenhet a..... mobbning. Kanske h......man bli....... mobbad sj......., varit m...... och mob........ någon an........ eller sett d...... hända. Mobbning är inte ba...... ett pro........ mellan ele.......... Konstigt nog fin...... det fakt......... också lär......... som mob........ elever. Det är nå........ Barnombudsmannen har få...... veta a..... de må........ brev som kommit in o..... mobbning i sko.......... Men det ä.... inte bara i skolan s...... mobbning är e..... problem. Mobbning finns över........ i samhället, äv....... bland vu........, till exempel p..... arbetsplatser o...... i fören.......... Mobbning på nätet och i sociala medier har tyvärr ökat de senaste åren.

källa: www.barnombudsmannen.se

5 Läs insändarna och svara på frågorna.

LB 4

Ensamhet, ofta ofrivillig, drabbar många i samhället. Idag bor var tredje person ensam i Sverige. Social isolering har blivit ett av våra stora hälsoproblem. Alla kan drabbas av ensamhet. En skilsmässa, mobbning, ett nytt jobb eller en partners död kan slå hårt. Ibland kan försämrad rörlighet eller dålig ekonomi leda till utanförskap.
Hur tar vi ett större ansvar för våra relationer? Hur kan vi stötta de ensamma i samhället?
Det är viktigt att få en pratstund med någon över en kopp kaffe, att kunna dela livets små och stora glädjeämnen. Jag tycker det är slött att samhället gör så lite för de ensamma! Det finns så många möjligheter, t.ex. att hemtjänstens fixtjänster utökas till att även omfatta social samvaro, att boenden ger utrymme för husdjur, att det finns fler lägenheter med hyror som ensamstående har råd med, att det finns träffpunkter, där man kan umgås, laga mat eller spela kort tillsammans. Det är så viktigt att vi inte ser bort, när vi träffar människor som verkar ensamma. Det är dags att stärka gemenskapen!
Ulla-Britt Sten

Har man aldrig blivit mobbad, är det svårt att förstå det lidande man upplever, när man möts av trakasserier. Många skolbarn utsätts dagligen för mobbning under skoltid och tyvärr fortsätter trakasserierna ofta efter skolans slut på sociala medier. Mobbning och kränkningar leder ofta till att barn och ungdomar mår psykiskt dåligt. Vissa drabbas t.o.m. av självmordstankar eller gör självmordsförsök. Detta är allvarligt!
Organisationen Friends frågade barn i åldrarna 10-16 år, om de hade blivit kränkta via mobil eller surfplatta någon gång det senaste året och en tredjedel svarade ja. Så här kan det bara inte fortsätta! Man borde skärpa lagen för våra barns skull.
Vidare anser jag att de vuxna och även skolan har ett stort ansvar. I skolan borde man arbeta aktivt mot mobbning. Att barnen lär sig att man inte trycker ner och sårar andra. En tredjedel av skolpersonalen har inga kunskaper i trygghets- och likabehandlingsfrågor och har ingen koll på vad de ska göra när en elev är utsatt. Enligt min mening borde all skolpersonal gå en utbildning om mobbning, för då skulle fler veta hur man agerar.
Men även föräldrar borde ha bättre kontakt med sina barn och prata med dem. Jag uppmuntrar alla vuxna att engagera sig mer i barnens liv!
Hjärtat

! t.o.m. - till och med

1. Ulla-Britt säger att ...
   a) var tredje pensionär är ensam i Sverige idag.
   b) var tredje person bor ensam i Sverige idag.
   c) var tredje person drabbas av ensamhet i Sverige idag.

2. Ulla-Britt tycker att ...
   a) det finns många lägenheter för ensamstående.
   b) det borde finnas fler lägenheter som ensamstående kan betala.
   c) det borde finnas boenden, där ensamstående kan få hjälp med sina hundar.

3. Vilket alternativ passar bäst som rubrik till Ulla-Britts text?
   a) Ensamma får äntligen hjälp b) Se inte bort, gör något! c) Dålig ekonomi leder till ensamhet

4. Hjärtat anser att ...
   a) lagen borde skärpas.
   b) barnen måste ha mer koll på sina liv.
   c) föräldrarna måste ha mer kontakt med skolan.

5. Organisationen Friends säger att ...
   a) en fjärdedel av barnen i åldrarna 10-16 har blivit mobbade.
   b) en tredjedel av barnen i åldrarna 10-14 har blivit mobbade.
   c) en tredjedel av barnen i åldrarna 10-16 har blivit mobbade.

6. Hjärtat tycker att ...
   a) minst en tredjedel av skolpersonalen borde gå en utbildning om mobbning.
   b) all skolpersonal borde gå en utbildning om mobbning.
   c) barnen borde stanna kvar efter skolan och lära sig mer om mobbning.

7. Vilket alternativ passar bäst som rubrik till Hjärtats text?
   a) Kränkningar leder till självmord
   b) Mobbning i skolan - lagen skärps
   c) Vuxna och skolan har ett stort ansvar

6 Vilket ord passar inte.

LB 4

1. snacka	prata	~~jobba~~	tala	babbla
2. generös	spontan	stor	ärlig	entusiastisk
3. ledsen	lycklig	olycklig	deppig	nere
4. böcker	händer	länder	söner	tider
5. Hästen	Stenbocken	Lejonet	Tvillingarna	Kräftan
6. hygglig	schyst	snäsig	trevlig	bussig
7. lunch	smörgås	frukost	middag	kvällsmat
8. varför	innanför	utanför	nedanför	ovanför
9. druckit	jobbat	ätit	köpte	handlat
10. du	ni	han	mig	jag

7 Gå igenom dialogen »Det är sant« i läroboken och skriv upp ytterligare 10 adjektiv. Fyll i tabellen!

LB 4

→ grammatik s. 260

En	Ett	Plural
snäsig	snäsigt	snäsiga

8 Skriv korta meningar som exemplet visar!

LB 5

→ grammatik s. 290

1. man/häkta (perf.) Mannen har blivit häktad.
2. kvinna/operera (pluskv.) ....
3. ungdomar/konfirmera (pres.) ....
4. stol/måla (pret.) ....
5. området/drabba (perf.) ....
6. Jens/acceptera (pres.) ....
7. Nils/förvandla (perf.) ....
8. pojke/hämta från skolan (pret.) ....
9. Anna/välja till minister (pluskv.) ....
10. roman/nominera (pret.) ....

9 LB 5 **Skriv korta meningar som exemplet visar!** → grammatik s. 290

1. möte/skjuta upp (perf.) Mötet har blivit uppskjutet.
2. hus/värma upp med el (pres.)
3. demonstrationen/ställa in (perf.)
4. villan/bygga om (pluskv.)
5. Janne/lägga in på sjukhus (pret.)
6. vägen/stänga av (pluskv.)
7. katten/stänga in i källaren (pret.)
8. föreställningen/ställa in (perf.)

10 LB 5 **Passiv med -s kan ersättas av bli + perfekt particip. Ändra meningarna.** → grammatik s. 290

1. Flickan döptes till Olivia. Flickan blev döpt till Olivia.
2. Lasse bjöds till kalaset.
3. Det fina, gamla huset på Bygatan har äntligen renoverats.
4. Många guldklockor stals ur en monter på ett varuhus natten till fredagen.
5. Efter många om och men såldes den stora villan.
6. Hälsoministern intervjuas ofta om coronapandemin.
7. Den trevliga kvinnan anställdes på resebyrån meddetsamma.
8. Två män har anhållits för bedrägeri.
9. Konserterna har inställts på grund av sjukdom.
10. Samtliga resenärer från Amsterdam kontrollerades mycket noggrant, innan de gick ombord på båten.

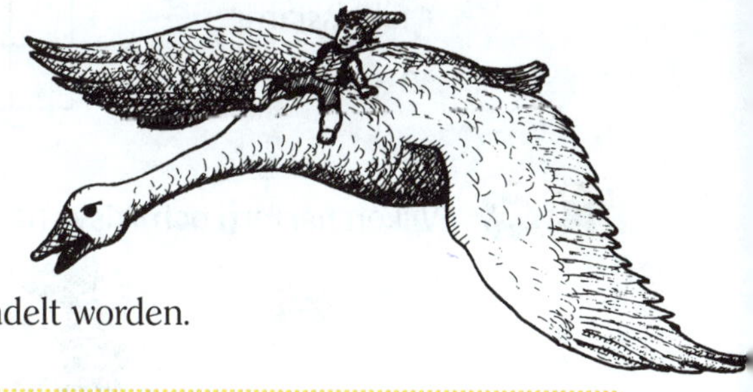

11 LB 5 **Översätt!** → grammatik s. 290

1. Nils Holgersson ist in einen Däumling [*en pyssling*] verwandelt worden.
2. Kristina wurde zum Essen eingeladen.
3. Die Taschen wurden gestohlen.
4. Ich bin operiert worden und liege im Krankenhaus.
5. Das Theaterstück ist sehr geschätzt worden.
6. Lena wurde im Mai konfirmiert.
7. Das Mädchen wurde gemobbt.
8. Das neugebaute Haus ist verkauft worden.

12 LB 6

Fyll i orden som saknas. Välj bland orden i rutan.

tålmodig
egoistisk
aggressiv
analytisk
sparsam
melankolisk
flegmatisk
svartsjuk
rastlös
ytlig

1. Sture kom aldrig igång riktigt, när han hade bestämt sig för att göra någonting. Han var väldigt ....
2. Du tänker bara på dig själv. Du är alldeles för ....
3. Eva hade en liten pension och var därför mycket ....
4. Janne är så .... Han talar bara om sin bil och sin segelbåt.
5. Hon ser ofta lite ledsen och .... ut.
6. Kalle är i farten hela tiden. Han verkar jäktad och ....
7. Katja är lugn och ...., den bästa psykologen jag känner.
8. Grannens hund skäller jämt och är otroligt ....
9. Du är alltid så ....! Kan du inte visa dina känslor någon gång!
10. Stackars Anna! Hennes kille är så .... Hon kan inte ens gå på bio själv.

! jäktad - *gehetzt*

13 LB 6

Vilka synonymer känner du till? Du hittar dem på s. 190 i läroboken.

1. ekonomisk	S						M	■	■	■	■
2. arbetsam		L		T		G	■	■	■	■	■
3. frikostig	G		N		R			■	■	■	■
4. sann				I		■	■	■	■	■	■
5. kraftfull			E		G				■	■	■
6. angripande		G				S			V	■	■
7. förhandlingsskicklig	D			L			A				
8. hänsynsfull		M		Ä		K			M	■	■
9. exakt			G	G					■	■	■
10. skygg				G	■	■	■	■	■	■	■
11. halsstarrig				I	S	■	■	■	■	■	■
12. positiv		P		I		I					

14 LB 7

Vilken hårfärg och frisyr har personerna?

Eva

Thomas

Emma

Greta

Lina

Sara

1. Eva har ....
2. Thomas ....
3. Emma ....
4. Greta ....
5. Lina ....
6. Sara ....

15 LB 7 **Beskriv personerna på bilderna. Hur ser de ut? Vilka egenskaper har de, tror du?**

16 LB 8

a **Läs inläggen nedan och på s. 162 och svara på frågorna.**

1. Vem är för sociala medier?
2. Vem är emot sociala medier?
3. Vem har eller har haft problem med sociala medier?
4. Vem verkar kunna hjälpa människor som har problem med sociala medier?

b **Samla argument för och emot sociala medier från inläggen. Skriv i din anteckningsbok.**

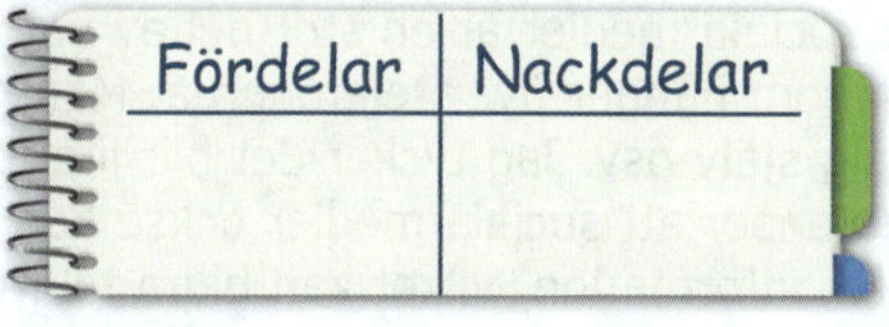

c **Skriv ett eget inlägg, där du formulerar dina erfarenheter av sociala medier. Läs upp för gruppen och diskutera.**

Lotten: Jag tycker det är så fantastiskt roligt att dela den glädje jag känner, när jag är ute och reser. Dessutom inspirerar och tipsar jag andra. Mamma och pappa är lugnare när de vet var jag är och hur jag har det. Jag har en del chattgrupper och det är mycket lättare att stämma träff.

Björnen: Jag har börjat må dåligt av sociala medier. Jag har sömnproblem och jag tycker like-jakten är jättejobbig. Min självkänsla som aldrig har varit bra, hade blivit ännu sämre. Men jag har gått i terapi och lärt mig att bekräfta och acceptera mig själv mycket bättre. Jag kan äntligen säga ja till mig själv!

Årgång40: Visst använder jag telefonen och jag skriver även meddelanden, men jag är väldigt skeptisk till sociala medier. Just ungdomar far illa. Nätmobbning har blivit mycket vanligt och unga löper risk att utnyttjas. Opassande bilder som skickas i förtroende kan lätt hamna i fel händer och användas till utpressning och hot. Jag tycker vi är på fel väg.

Håkan: Jag är en rätt ensam person. Jag är skild, har inga barn och lever rätt tillbakadraget. Hade jag inte haft sociala medier, vet jag inte vad jag hade gjort.

Tintin

Jag bloggar och chattar och gillar verkligen att kunna bli synlig genom mina bilder. På sociala medier möts också tre generationer, det är jättekul! Den största fördelen är väl att sociala medier är globala och obundna till plats och tid. Genom nätet och sociala medier kan man känna samhörighet och hålla kontakt med folk, även med vänner och släkt som bor längre bort. Sociala medier är en bra marknadsföringskanal för företag och privatpersoner. Dessutom läser jag ofta nyheter och känner mig mer involverad i det som händer i världen och runt omkring mig.

Luckis

Vi kan bli mycket distraherade av sociala medier och förlora kontakten med det som händer just nu runt omkring oss. Vi borde bli bättre på att leva i nuet och njuta av stunden i stället för att hålla världen uppdaterad om vad vi sysslar med hela tiden.

Tommy

Jag är väldigt aktiv på sociala medier. Men jag börjar känna press av att dela med mig för mycket av mitt liv. Sedan kan jag känna att det tar mycket tid från annat viktigt i livet. Man vill ju umgås på riktigt också och hinna med sina vardagssysslor. Dessutom var jag nog lite spelberoende ett tag.

Älgen

Jag gillar sociala medier. Jag får information, läser nyheter, skriver meddelanden och håller kontakt med mina nära och kära, samt vänner. Jag tycker det är kul att göra selfies och skicka bilder till kompisar. Jag vill dela med mig av mitt liv.

Snurran

Jag är väldigt less på alla fake news som sprids och att så många tycks tro att dom stämmer. Förr blev jag involverad i hätska diskussioner, där folk ofta inte tar den ringaste hänsyn till andras åsikter. Sociala medier kan bli en energitjuv och jag har lärt mig att inte läsa alla kommentarer.

Aida

Det råder inget tvivel om att sociala medier är en stor del av vår vardag. Överallt ser man folk som hänger över telefonerna. Man fotograferar sin mat, sina barn, sig själv osv. Jag tycker det blir lite för mycket självupptagenhet. Jag anser att sociala medier också kan vara farliga. Det sprids mycket falsk information, vilket kan bidra till mer hat i världen. Dessutom kan sociala medier försvåra djupare, mänsklig kommunikation. Nej, för mig räcker telefonen, sms och nyheterna!

Terapeut

Att hela tiden jämföra sig själv med andra kan leda till att man mår psykiskt dåligt. Studier visar att det finns ett samband mellan ångest, låg självkänsla och sociala medier. Lägg tid på att uppnå dina egna mål i stället för att fokusera på vad andra tycker och tänker. Sociala medier ersätter inte riktig vänskap och kontakt. Det kräver mer än gillningar och kommentarer på Facebook.

ÅsaP

Jag har varit borta från sociala medier i snart ett år och jag saknar det inte ett dugg! Jag blev stressad av allt elände och alla selfies. På jobbet tycker jag det är svårt, när alla sitter över sina telefoner i stället för att prata med personen som sitter bredvid. Vi hade kunnat lära känna varandra så mycket bättre.

Janne

Det farliga med sociala medier är att vi kan få en förvriden bild av verkligheten. Oftast ser vi en välpolerad yta som inte ger ett helhetsintryck av vad en person verkligen gör eller hur hen mår. Detta leder i sin tur ofta till att vi faktiskt får en felaktig bild av oss själva, eftersom vi då, när vi jämför oss med andra, fokuserar på det som inte är bra och hakar upp oss på våra fel och brister. Här gäller det att få en sund distans till det vi ser och hör på nätet och lära oss att lyssna mer på oss själva.

inte det ringaste - *nicht im Geringsten*
inte ett dugg - *überhaupt nicht*
hätsk - *gehässig, feindselig*
självupptagenhet - *Ichbezogenheit*

17 Fyll i presens (pres.), preteritum (pret.) eller supinum (sup.) av verben.

1. pret. av bli
2. pret. av smyga
3. pret. av stjäla
4. sup. av kunna
5. sup. av heta
6. sup. av hålla
7. pret. av vilja
8. pret. av välja
9. pres. av finna
10. sup. av ta
11. sup. av falla
12. sup. av dö
13. pret. av stå
14. sup. av ha
15. sup. av se
16. pres. av heta
17. pret. av bita
18. sup. av veta

18 Fyll i rätt preposition.

av efter från för enligt genom i hos ur längs på om

1. Jag bor .... min mamma i Malung.
2. Lotta har lånat en bok .... mig.
3. På sommaren längtar man .... sol och värme.
4. .... väderprognosen ska det bli soligt i morgon.
5. Linnea lider .... migrän.
6. Jag förstår inte det här. Kan du förklara det .... mig?
7. Du får gärna övernatta .... mig, om du vill.
8. Jag har bott .... Stockholm hela mitt liv.
9. Annika gillar inte att gå .... parken sent på kvällen.
10. I söndags tog vi en skön promenad .... stranden.
11. Jakob tog upp en kniv .... fickan.
12. Vi ska ha semester i mitten .... juni.
13. - Är du verkligen så rädd .... möss? - Ja, jag är livrädd!
14. - Vänta .... mig, är du snäll!
15. Lena jobbar .... ett riktigt fint hotell.
16. Mike kommer .... USA.
17. Tina är väldigt duktig .... engelska.
18. Boken handlar .... en man som vandrar genom Sverige.
19. Man måste kunna lita .... sin partner.
20. Jag drömde .... en katt som hoppade in .... fönstret.
21. Samuel fyller år .... mars.
22. - Är du säker .... att bussen går strax? - Ja, absolut!
23. Kalle intresserar sig .... fiske.
24. Vad snällt .... dig att hälsa på mig!
25. Sara har en vit bokylla .... ena väggen i gästrummet.

19 LB 10

Här är ett utdrag ur första kapitlet ur boken om Nils Holgersson av Selma Lagerlöf. Läs textbitarna och sätt dem i rätt ordning.

Vildgässen

1 Pojken kunde rakt inte förmå sig att tro, att han hade blivit förvandlad till tomte. »Det är väl bara en dröm och en inbillning« tänkte han. »Om jag väntar ett par ögonblick, så blir jag nog människa igen.«

Han ställde sig framför spegeln och slöt ögonen. Han öppnade dem först efter ett par minuter och väntade då, att det skulle ha gått över. Men det hade det inte, utan han var och förblev lika liten. Eljest var han alldeles sådan, som han hade varit förut. Det vita linhåret och

---

klumpiga träskorna, men i detsamma såg han ett par små skor stå på tröskeln. När han märkte, att tomten hade varit så omtänksam, att han också hade förvandlat träskorna, blev han ännu mer ängslig. Det tycktes, som om det vore meningen, att den här bedrövelsen skulle räcka länge.

På den gamla ekbrädan, som låg framför förstudörren, hoppade

---

så skulle det bli en så präktig och snäll och lydig gosse av honom. Men vad han än lovade, så hjälpte det inte det minsta.

Med ens kom han ihåg, att han hade hört mor säga, att småfolket brukade bo i ko-stallet, och han beslöt genast att gå dit och se om han kunde finna tomten. Det var en lycka, att stugdörren stod på glänt, för han skulle inte ha kunnat nå upp till låset och öppna den, men nu slapp han igenom utan hinder.

Då han kom ut i förstun, såg han sig om efter sina träskor, för inne i rummet hade han förstås gått i strumpsockorna. Han undrade hur han skulle reda sig med de stora,

---

en gråsparv. Han hade inte väl fått ögonen på pojken, förrän han ropade: "Tititt! Tititt! Se på Nils gåsapåg! Se på Tummetott! Se på Nils Holgersson Tummetott!"

Genast vände både gässen och hönsen sina blickar mot pojken, och det blev ett förfärligt kacklande. »Kuckeliku«, gol tuppen, »det var rätt åt honom. Kuckeliku, han har ryckt mig i

---

fräknarna över näsan och lapparna på skinnbyxorna och stoppen på strumpan, alltsammans var sig likt, med undantag av att det hade blivit förminskat.

Nej, det tjänade ingenting till att stå stilla och vänta, det märkte han. Han fick lov att försöka med något annat. Och det klokaste han kunde företa sig tyckte han skulle vara att leta reda på tomten och försona sig med honom.

Han hoppade ner på golvet och började söka. Han tittade bakom stolar och

---

kammen.« - »Ka, ka, ka, det var rätt åt honom«, ropade hönorna, och härmed höll de på i oändlighet. Gässen for ihop i en tät klunga, stack huvudena tillsammans och frågade: »Vem kan ha gjort det? Vem kan ha gjort det?«

Men det märkvärdigaste härvid var, att pojken förstod vad de sade. Han var så förvånad att han blev stående stilla på trappsteget och lyssnade. ...

---

skåp och under liggsoffan och i bakugnen. Han kröp till och med ner i ett par råtthål, men han var inte i stånd att finna tomten.

Medan han sökte, grät han och bad och lovade allt tänkbart. Aldrig mer skulle han svika sitt ord till någon, aldrig mer skulle han vara elak, aldrig mer skulle han somna ifrån predikan. Om han bara fick bli människa igen,

! som om det vore meningen - *als ob es Absicht wäre*
gåsapåg (skånska) - *Junge, der die Gänse hütet*

20 **Alla barnen-skämt - Läs skämten och sätt in rätt namn.**

1. Alla barnen klarade spelet utom ...., för han fick börja om från början.
2. Alla barnen fick skjuts hem från skolan utom ...., för hon fick vandra.
3. Alla barnen åt äpple utom ...., för han åt banan.
4. Alla barnen tog körkort utom ...., för hon fastnade i rondellen.
5. Alla barnen andades bra under vatten utom ...., för han hade glömt sin snorkel.
6. Alla barnen spelade handboll utom ...., för han hade för hög puls.
7. Alla barnen hade ost på mackan utom ...., för hon hade Nutella.
8. Alla barnen solade utom ...., för han var albino.
9. Alla barnen kom när mamma ropade utom ...., för han vet inte vad han heter.
10. Alla barnen sov utom ...., för hon stekte pytt i panna.

Ella
Truls
Hanna
Peter
Ellen
Sandra
Gino
Jan
Örjan
Torkel

21 LB 12

a Konditionalis 1 - Skriv färdigt meningarna. Vad skulle du göra? Jämför i gruppen. → grammatik s. 290

1. Om jag vann 50 000 kronor, skulle jag köpa en ny soffgrupp.
2. Om jag fick reda på att min partner är otrogen, ...
3. Om jag missade bussen till jobbet, ...
4. Om jag glömde min väska på tåget, ...
5. Om jag vaknade och hörde en tjuv i vardagsrummet, ...
6. Om jag fick träffa Sveriges kronprinsessa, ...

b Konditionalis 2 - Skriv färdigt meningarna. Vad skulle du ha gjort?

1. Om jag hade vunnit en miljon, skulle jag ha gjort en jorden-runt-resa.
2. Om jag hade varit gift med en cirkusdirektör, ...
3. Om jag hade haft en stor orm i trädgården, ...
4. Om jag hade varit 20 år idag, ...
5. Om jag hade hittat en guldskatt i min trädgård, ...
6. Om det hade funnits kackerlackor i mitt kök, ...

22 LB 12

a Konditionalis 1 - fyll i verbet i rätt form. → grammatik s. 290

1. Anna kan / studera juridik.
   Om Anna kunde, skulle hon studera juridik.
2. Emil ha pengar / flytta till Stockholm
   ....
3. Lotta få chansen / utbilda sig till sångerska
   ....
4. Pelle ha ork / bygga om sitt hus
   ....
5. Eva få bättre betalt / unna sig en resa till Thailand
   ....
6. Lars ta traktorkörkort / hjälpa sin bror på gården
   ....

! ha ork - *Kraft haben*

b Konditionalis 2 - bilda nya meningar som exemplet visar!

1. Kalle känner till vägen. Han kör rätt.
   a) Om Kalle hade känt ...
   b) Kalle skulle ha kört rätt, om ...
2. Signe vinner 20 000. Hon köper nya kläder.
   a) ....
   b) ....
3. Anders har råd. Han köper en sommarstuga.
   a) ....
   b) ....
4. Mannen kör försiktigt. Olyckan händer aldrig.
   a) ....
   b) ....

23 Läs orden och markera lång »–« och kort »•« stavelse. Lyssna och kontrollera. (55)

LB 13

1. konditionalis
   • • • – •
2. sommardagen
3. egocentrisk
4. gemenskapen
5. diplomatisk
6. kommunikativ
7. reserverad
8. entusiastisk
9. dejtingsajten
10. alternativ
11. universitetet
12. förändringen

24 Lyssna på de fem korta historierna och svara på frågan: Vad har hänt? Kryssa för rätt alternativ. Läs först igenom alternativen. (56)

1. a Han har blivit dödad.
   b Han har blivit rånad och bestulen.
   c Han har blivit avlönad.
   d Han har blivit knivskuren.

2. a Han har fått ett nytt jobb.
   b Han har kommit in på en utbildning.
   c Han har gift sig.
   d Han har sagt upp sig.

3. a Han har blivit anställd.
   b Han har blivit påkörd.
   c Han har krockat.
   d Han har klarat körkortstestet.

4. a Eleverna hade inte läst mycket.
   b Eleverna klarade provet första gången.
   c Eleverna klarade inte provet första gången.
   d Eleverna hade prov i geografi.

5. a Polisen hämtade väskan.
   b Ägaren hämtade väskan.
   c Väskan står kvar på flygplatsen.
   d Väskan innehöll en bomb.

25 Vad säger man?

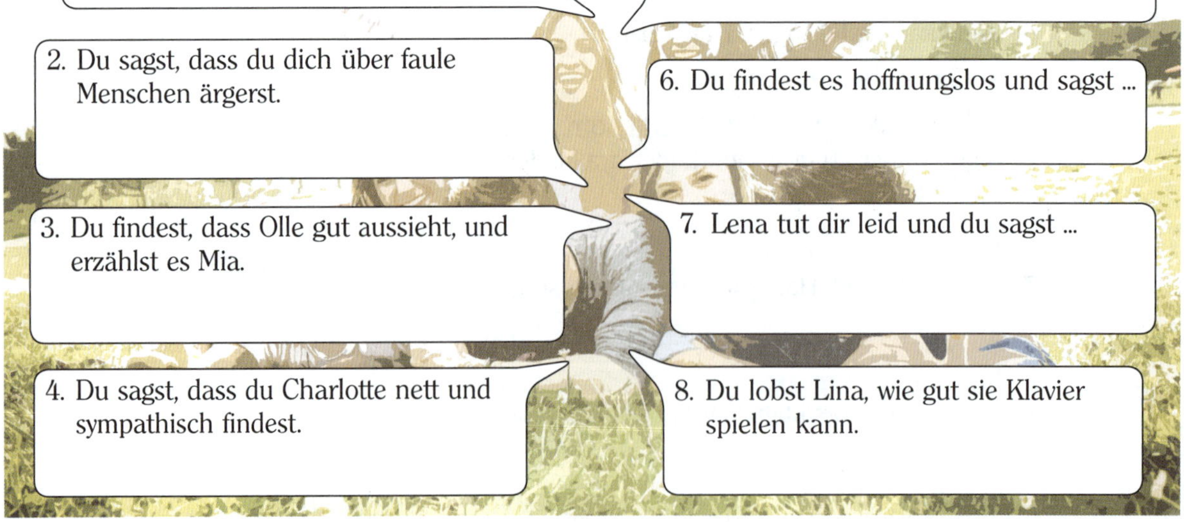

1. Du fragst Susanne, in welchem Sternzeichen sie geboren ist.

2. Du sagst, dass du dich über faule Menschen ärgerst.

3. Du findest, dass Olle gut aussieht, und erzählst es Mia.

4. Du sagst, dass du Charlotte nett und sympathisch findest.

5. Du glaubst, dass Eva sich außenvor fühlt und sagst es Agnetha.

6. Du findest es hoffnungslos und sagst ...

7. Lena tut dir leid und du sagst ...

8. Du lobst Lina, wie gut sie Klavier spielen kann.

26 Din checklista över viktiga vardagsuttryck

Eine Vermutung ausdrücken

☐ Hon verkar bli mobbad.

Sich außenvor fühlen

☐ Jag tror att Eva känner sig utanför.
☐ Jag känner mig utanför.

Jemanden bedauern

☐ Det är synd om henne.

Beeindruckt sein

☐ Jag blir imponerad av människor som är sig själva.

Zustimmen

☐ Det är sant.

Über Sternzeichen sprechen

☐ Vilket stjärntecken är hon född i?
☐ Jag är född i Stenbocken.

Ausruf

☐ Klockrent!

Jemanden zum Zuhören auffordern

☐ Hör här!

Jemanden loben

☐ Vad bra du är på horoskop!

Über Eigenschaften sprechen

☐ Min syster är snäll och glad.
☐ Jag kan vara rätt envis ibland.
☐ Karin är duktig, lojal och pålitlig.
☐ Eva är väldigt ambitiös och noggrann.

Jemanden beschreiben

☐ Han ser sympatisk ut.
☐ Han har bruna, blåa, gråa ögon.
☐ Hon bär örhängen/läppstift/ögonskugga.
☐ Han har mustasch/skägg/buskiga ögonbryn.
☐ Hon har en liten/stor/böjd/rak näsa.
☐ Hon har lugg/flätor/uppsatt hår/hästsvans.
☐ Han har mörkt/ljust/grått/rött/lockigt/rakt/långt/kortklippt hår.

Wichtigkeit betonen

☐ Först och främst ...

Erzählen, was einen ärgert

☐ Jag retar mig på människor/folk som är ... .
☐ Jag retar mig på min ... när hon/han är ... .

Hoffnungslosigkeit ausdrücken

☐ Det är hopplöst!

Wunschdenken ausdrücken

☐ Om jag hade vunnit en miljon, så skulle jag ...

Auf etwas bauen

☐ Jag satsar på min familj.

Ausdrücken, dass jemand engagiert ist

☐ Han är en driven kille.

- Det var hemskt vad du ser blek ut, sa den ena gurkan medlidsamt till den andra gurkan.
- Undra på det, jag ska bli inlagd i morgon.

- Om du hade varit klar i tid, Selma, så hade vi hunnit med tåget.
- Hade du inte haft så bråttom, så hade vi inte behövt vänta så länge på nästa tåg!

1 Skriv förkortningarna till dessa ord och begrepp.

1. före Kristus ....
2. med mera ....
3. efter Kristus ....
4. bland annat ....
5. cirka ....
6. observera ....
7. telefon ....
8. till och med ....
9. till exempel ....
10. och så vidare ....
11. klockan ....
12. det vill säga ....
13. sidan ....
14. så kallad, så kallat, så kallade ....

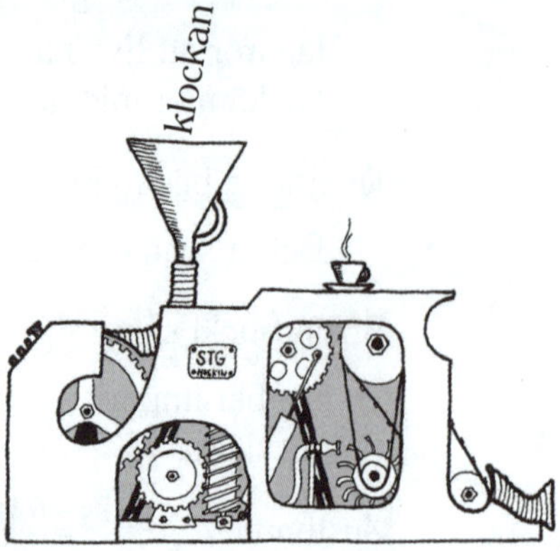

2 Komplettera allitterationerna i uttrycken. Vad betyder de?

LB 1

1. Lika barn leka ....
2. liv i ....
3. ligga och ....
4. ditten och ....
5. slit och ....
6. hipp som ....
7. klappat och ....
8. titt och ....
9. med hull och ....
10. gammal som ....
11. frid och ....
12. med buller och ....

hår
gatan
tätt
lata sig
bång
klart
släng
bäst
luckan
fröjd
datten
happ

- ☐ nutzen und wegwerfen
- ☐ irgendwie, ohne Plan
- ☐ Friede und Freude
- ☐ mit Haut und Haaren
- ☐ faulenzen
- ☐ mit viel Lärm
- ☐ alles fertig/erledigt
- ☐ Gleich und gleich gesellt sich gern.
- ☐ Leben in der Bude
- ☐ dies und das
- ☐ oft
- ☐ uralt

3 Hitta rimmen. Hitta på egna rim i gruppen.

LB 1

1. Inget kök utan spis.
   Ingen jul utan ....
2. Inget bord utan stol.
   Ingen folkmusik utan ....
3. Ingen skog utan träd.
   Ingen åker utan ....
4. Ingen lampa utan ljus.
   Ingen stad utan ....
5. Ingen häst utan svans.
   Inget party utan ....
6. Ingen vecka utan dag.
   Ingen fotboll utan ....
7. Inget möte utan prat.
   Ingen dag utan ....
8. Ingen spis utan ved.
   Inget bestick utan ....
9. Ingen mjölk utan ko.
   Ingen vila utan ....
10. Ingen dator utan skärm.
    Ingen ordning utan ....

4 LB 2

Det har berättats mycket om de fornnordiska gudarna Tor, Oden, Freja osv. Här är en berättelse om hur guden Oden blev enögd. Läs texten och fyll i preteritumformerna. → grammatik s. 111

Den enögde

I gudarnas borg, Asgård, ...fanns...... (1. finnas) en sal, som .... (2. heta) Valhall. Dit .... (3. komma) alla kämpar, som hade förlorat sina liv i strid. I Valhall fanns ett högsäte, och där .... (4. sitta) den förnämste guden, Oden. På sina axlar .... (5. ha) han två korpar, Hugin och Munin, som .... (6. kunna) flyga ut över hela världen och berätta för Oden vad som .... (7. hända). I stallet .... (8. stampa) Odens häst, Sleipner, som hade åtta ben och .... (9. vara) en mycket snabb häst. Oden hade bara ett öga.

En gång i tiden hade Oden två ögon. Men i sin ungdoms dagar .... (10. gå) han till Mimers brunn, vishetens källa. Han .... (11. be) dess vaktare, Mimer, att han skulle få dricka ur källan för att bli en vis man. Men Mimer .... (12. svara) honom, att han måste förlora mycket, innan han kunde bli en vis man. Oden .... (13. vilja) offra allt för att bli vis.

Först varken .... (14. äta) eller .... (15. dricka) han under nio dagar och nio nätter. Men det .... (16. räcka) inte för att bli en vis man. Sedan .... (17. såra) han sig med ett spjut, så att blodet .... (18. rinna). Det räckte inte heller. Till slut .... (19. ge) han bort sitt ena öga till Mimer. Denne .... (20. sänka) genast ögat ned i vattnet. Äntligen kunde Oden dricka ur vishetens källa. Nu .... (21. få) han all vishet som fanns i himlen och på jorden. Sedan dess .... (22. visa) Oden sig alltid för människorna enögd.

ur: Historiska sagor av Johan-Olof Eriksson

kämpe - *Krieger*
högsäte - *Ehrenplatz*
korp - *Rabe*
spjut - *Speer*
sedan dess - *seitdem*

5 **Starka verb: vokalväxling u - ö - u. Fyll i tabellen.**

	Infinitiv	Presens	Preteritum	Supinum
1.	sjunga			
2.	sjunka			
3.	ljuga			
4.	suga			
5.	skjuta			
6.	njuta			
7.	bjuda			
8.	hugga			

6 Jämför hur det var förr med hur det är nuförtiden. Använd stödorden i rutan och skriv meningar som i exemplet!

liv	-	lugnt
levnadsstandard	-	hög
läkarvård	-	bra
fordon	-	långsam
luftkvalitet	-	dålig
producera avfall	-	lite
människor	-	många
medellivslängd	-	låg
utföra kroppsarbete	-	mycket
grundvatten	-	smutsig

förr	**nuförtiden**
Livet var lugnare förr.	Livet är stressigare nuförtiden.

7 **a** Lyft fram det understrukna ordet/uttrycket genom utbrytning. → grammatik s. 291

LB 5

1. Eva läser en bok. — Det är Eva som läser en bok.
2. Fredrik ringde Lena igår.
3. Skolan stängdes på grund av brand.
4. Skoaffären ligger på Hornsgatan.
5. Kalle städade i måndags.
6. Lilly äter middag med Nisse.
7. Man har funnit många båtar här i Tanums kommun.
8. Man färdades med båt.

b Ändra frågan och använd utbrytning.

1. Vem kommer till mötet? — Vem är det som kommer till mötet?
2. Vad heter killen?
3. Vilket träd blev fällt?
4. Ska festen äga rum på restaurangen?
5. Började festivalen igår?
6. Vem pratar du med?
7. Vilken mobil köpte du?
8. Vad gjorde du hela dagen igår?

8 a **Läs högt. Vilka prefix är betonade? Stryk under! Lyssna till slut och kontrollera.** (57)

LB 7

avtal	importera	tillfälle	förklara	vantrivas
ovänlig	betyda	samhälle	erfarenhet	deformera

b **Läs högt. Vilka suffix är betonade? Stryk under! Lyssna till slut och kontrollera.** (58)

informera	ungdom	praktik	läkare	väninna
betydelse	tekniker	loppis	turism	hopplös
affär	station	student	telefon	traditionell

9 **Bilda meningar. Börja med ordet i fet stil. Tänk på ordföljden!**

LB 8

1. det förskräckligt något **Plötsligt** händer
2. 10 fruktansvärda **Så** det augusti den inträffar
3. skeppsgården byggas börjar på Vasa **Sedan**
4. eftermiddagen regalskeppet det sjunker **Klockan** på stora fem
5. försökte på Vasa **Redan** bärga 1600-talet man
6. utgrävningen **Efter** arkeologerna startade bärgningen
7. segel fyra **Snart** man hissas ser

10 **Vilka frågeord fattas? Vet du svaren?**

LB 8

1. .... hände den 10 augusti?
2. .... blev vittne till katastrofen?
3. .... behövde Gustav Vasa en stark flotta?
4. .... startade arkeologerna bärgningen?
5. .... hittade regalskeppet 1956?
6. .... bogserades Vasa?
7. .... hittade man ombord på Vasa?
8. .... många kanoner togs upp på 1600-talet?
9. .... besprutades Vasa med konserveringsvätska?
10. .... år invigdes det nuvarande Vasamuseet?

11 LB 8

Lös Vasakrysset!

1. Ett hundratal ..., kvinnor och barn hade gått ombord.
2. Anders Franzéns ... hette Per Edvin Fälting.
3. I många år besprutades Vasa med ... .
4. På ... stod folk som önskade god tur.
5. På 1600-talet försökte man bärga Vasa med en ... .
6. Orsaken till katastrofen berodde bl.a. på bristande ... .
7. Vasa lyftes i sexton ... .
8. Vasamuseet ligger på ... .
9. Det nya skeppet hade byggts för att ... .
10. Efter tre års ... hittade Anders Franzén Vasa.
11. Gustav Adolf lät bygga Vasa, därför att han behövde en stark ... .
12. För att bygga Vasa avverkade man 1000 ... .
13. Det var ... Anders Franzén som hittade Vasa.
14. Unikt är att Vasa är ... till 95 procent.
15. Vasa hade alldeles för många väldigt tunga ... ombord.
16. Det tog fem år att förbereda den svåra ... .
17. Vasa sjönk den 10 ... 1628.
18. Vasa är det ... bevarade regalskeppet från 1600-talet.

12 LB 9

Tage och Ulla-Britt talar om Gamla Linköping, ett utflyktsmål som Ulla-Britt tycker är särskilt intressant. Läs igenom påståendena innan du börjar. Lyssna sedan på samtalet och kryssa för om påståendena är rätt eller fel. (59)

	rätt	fel
1. Gamla Linköping är en stadsdel.	☐	☐
2. Gamla Linköping är en landsortsstad från början av 1800 -talet.	☐	☐
3. Det finns ett skolmuseum i Gamla Linköping.	☐	☐
4. Alla hus har flyttats till Gamla Linköping.	☐	☐
5. Gamla Linköping är ett friluftsmuseum.	☐	☐
6. I Carin Nilssons villa finns en chokladbod.	☐	☐
7. De har en omfattande programverksamhet på våren.	☐	☐
8. En av programpunkterna är gatuteater.	☐	☐
9. I Mariaboden kan man få information om båtuthyrning.	☐	☐
10. Det finns butiker och hantverksbodar i Gamla Linköping.	☐	☐
11. Man kan göra guidade rundvandringar.	☐	☐
12. De har ingen hantverksmässig tillverkning i bodarna utan bara utställningar.	☐	☐
13. Det finns ett bankmuseum i Gamla Linköping.	☐	☐
14. Carin Nilssons villa är från 1913.	☐	☐

13 LB 9

Vilka sevärdheter ser du på teckningarna?

1. ....
2. ....
3. ....
4. ....
5. ....
6. ....
7. ....
8. ....

14 LB 10

En gång om året brukar Marita vandra i fjällen. Lyssna och fyll i luckorna, så kan du läsa om en stor upplevelse Marita hade på en av sina fjällturer. (60)

Marita Thiel

Lappland i september

Det var i början av september i Lappland. Jag .... (1) vid högfjällsdalens mynning. Jag tänkte .... (2) den dagen därpå och läste turbeskrivningen minst för tionde gången. Författaren skrev att det alltid finns en risk att halka och glida iväg vid .... (3). Man måste vara skärpt.

Jag var faktiskt rädd. Jag, som tycker det är konstigt, att folk, som dagligen riskerar .... (4) på tyska motorvägar, anser att en fjälltur är .... (5). Men regn är normalt här uppe i Lappland. Och är man ensam, måste man vara ännu mer .... (6). Innan jag la mig, läste jag dessutom ett kapitel ur en bok som jag lånat av min svägerska, »Upptäckten av långsamheten« av Sten Nadolny.

Nästa dag regnade det inte, annars hade jag .... (7) inte vågat gå. Men nu gick det ganska bra. Det var inget .... (8) att vada över en tvärbäck, för så här års brukar bäckarna ha lågvatten. Så småningom blev det brantare. Trots att jag bara hade .... (9) kilo packning kvar, vandrade jag sakta som vanligt. Jag steg betänksamt över mer eller .... (10) vacklande stenar och stenblock och satte mig ofta .... (11) för att titta på den fantastiska utsikten med renar och snöfält, ta ett foto eller dricka lite .... (12).

Jag var inte alls rädd nu och .... (13), när jag skulle komma till det farliga området. Men var fanns egentligen faran som den erfarne .... (14) skrev om? Jag fortsatte att vandra .... (15) och försiktigt och funderade. Plötsligt kom jag att tänka på en .... (16): Javisst, för den som vill gå fort och skynda på är det jättefarligt. Men för mig som gick så långsamt ... . Då blev jag så .... (17) som aldrig förr. Jag hade .... (18) långsamheten! I nästan 40 år hade jag skämts för det och betraktat det som ett kroppshandikapp. Men nu visste jag att det fanns ett .... (19), där långsamheten kunde .... (20) liv.

Marita Thiel

15 Vilken resa passar bäst för de olika personerna? Skriv rätt bokstav i rätt ruta.

Resa

1. Niklas är en ung, sportig kille som gillar fotboll och tennis. Han har blivit utsedd att ordna en liten resa för idrottsföreningen. Alla tyckte att förslaget »utlandsresa« var bäst. ◯
2. Anneli är intresserad av museer och sevärdheter. Hon pluggar engelska på universitetet och skulle vilja bättra på sina språkkunskaper. Hon skulle vilja vara borta två veckor. ◯
3. Familjen Andersson planerar en rolig helg med barnen. I djurparker har de varit många gånger, så de har bestämt sig för att göra något annat. ◯
4. Tomas vill gärna koppla av från storstadsstressen. Det ska helst inte bli för dyrt och eftersom han är åksjuk, vill han absolut inte åka buss. ◯
5. Emma och Johan ska gifta sig. De planerar sin bröllopsresa. De skulle vilja resa till ett spännande land och tänker unna sig lite lyx. ◯
6. Agnetha har tagit ut sin semester i april. Hon är rätt duktig på att tala engelska och italienska, älskar att shoppa, sitta på caféer och går väldigt gärna på opera. ◯

a **Upplev ditt Afrika!**
Lyxresa med spännande äventyr. Bo intill safariparken. Alla hotell med pool.
1-2 veckor fr 12.000:-
afrikaresor ab

b **Havsutsikt och Lisebergsentré**
På helger och under sommaren bor två vuxna och två barn på familjevänliga Novotel för 960:- per rum och natt inklusive frukostbuffé. Lägg till 100:- och entrén till den roliga nöjesparken Liseberg ingår för hela familjen. Välkommen!
Novotel Göteborg

c **Kryssning**
i försommarens Norge
Avresedatum: Torsdag 29/5
Hemkomstdag: Onsdag 4/6
Enkelhytt 8.525:-
Dubbelhytt 10.440:-
I priset ingår helpension, välkomstcocktail och kvällsunderhållning.
Latitude travel

d *Res billigare, ta*
SISTA-MINUTEN-RESOR
COSTA DEL SOL, Calahonda:
8/3 - 20/3 Priset inkluderar flyg och trestjärnigt hotell med frukost, precis vid stranden......3.850,-
KALLES RESEBYRÅ

g **Längs Kroatiens kust**
23/6 en vecka, flyg/buss.
Vi bor i Makarska och gör trevliga utflykter till den natursköna Istrienhalvön, Split och Dubrovnik.
☐ kvadratresor

f **Syditalien** **... utan nattkörningar!**
Molfetta, 19 dagar
13/6 fr Västmanland-Jönköping-Skåne.
Bussresor inklusive halvpension med 3 övernattningar på dit- och hemresan samt 12 övernattningar med halvpension på Hotel Savigni*** i Molfetta 8.950:-
BRA BUSSRESOR AB

e Förbättra din engelska!
LONDON
2 veckors kurs i engelska
mars-september
Bo på studiehotell, bara 15 min med Underground till centrum.
SPRÅKRESOR AB

h **Upplev Bundesliga!**
4 dagar, Hamburg.
Enkelt hotell med frukost, inkl. biljetter till matchen.
Rundtur med svenskspråkig guide.
Avresa torsdag kl. 9.00, hemkomst söndag kväll.
Larssons Buss

i **Möt våren i Venedig**
Res med vår bekväma turistbuss till Venedig och njut av den romantiska staden! Priset inkluderar bussresa, hotell med frukost och ett operabesök.
Avresa varje fredag kl. 10.00. Hemkomst lördag kväll.

j **Bo intill lejon och tigrar!**
Vildmarkshotellet i Kolmårdens Djurpark väntar på dig med stora äventyr! På Vildmarkshotellet, Sveriges mest barnvänliga hotell, finns lekrum, barnbio och pool. Ni har endast 100 m gångväg till djurparkens entré.
Vildmarkshotellet, Kolmården

16 Tre öden - Läs texterna. Sätt meningarna på rätt plats.

! en askunge - *Aschenputtel*

- ☐ Hennes liv är en askungesaga.
- ☐ De började brevväxla med varandra.
- ☐ Det berättas att hon, när hon var åtta år, ofta satt i ett fönster och sjöng för sin katt.
- ☐ Stora delar av sin strafftid arbetade han där som kock.
- ☐ Drottning Victoria skänkte henne ett smycke med en näktergal, prydd med smaragder och rubiner.
- ☐ När faran att bli avslöjad blev för stor, drog han vidare, oftast med stulna värdesaker i bagaget.
- ☐ Han hotade till och med att skjuta sig om hon inte ville gifta sig med honom.
- ☐ Hon lärde sig även att gå på lina och jonglera.
- ☐ Som 19-åring kom han till Stockholm för första gången.
- ☐ De reste till Danmark och bodde några veckor på ett hotell i Svendborg på Fyn.
- ☐ Undervisningen var bristfällig och maten dålig.
- ☐ Han hade blivit riktigt känd och var populär bland folket.

Lasse Maja

Lasse-Maja var en förbrytare. Han blev känd som tjuven i kvinnokläder.

Lars Larsson föddes 1785 i närheten av Arboga i Västmanland som son till en skräddare.

Från 1809 kallade han sig Lars Molin och smeknamnet Lasse-Maja fick han, eftersom han ofta levde som kvinna och gick klädd i kvinnokläder. Namnet Maja kom från en flicka han förälskade sig i och hade en relation med. Lasse-Maja berättar själv: »En dag föll det mig in att ta på mig Majas kläder, hon kom just upp då jag tagit dem på mig. - Ack, ropade hon, vad du ser präktig ut i fruntimmerskläder!« Lasse-Maja var vad man idag brukar kalla en transperson.

[1] Där började han sina stöldturnéer, främst i triangeln Stockholm-Örebro-Västerås.

Men klädd i kvinnokläder tog han med förfalskade betyg även anställning som piga och hushållerska. Han lärde sig att mjölka, laga mat, baka, städa och tvätta. Han var också duktig på att sy och dansa. Eftersom han lär ha varit riktigt vacker, kunde det hända att männen på gården förälskade sig i honom. [2] Ryktet om tjuven i kvinnokläder började sprida sig och Lasse-Maja greps flera gånger, men lyckades oftast rymma.

År 1812 förändrades hans liv. Tillsammans med två kumpaner bröt han sig in i Järfälla kyrka utanför Stockholm och stal kyrksilvret. Lasse-Maja greps och dömdes, endast 28 år gammal, till livstids fängelse och straffarbete. Efter att ha blivit piskad på Barkaby torg i Järfälla fördes han till Carlstens fästning som låg på ön Marstrand utanför Göteborg. [3]

Ön Marstrand höll på att etablera sig som badort och många besökte även fästningen för att titta på fångarna. De sålde små föremål som de hade tillverkat och berättade om sitt förflutna. Lasse-Maja var bra på att berätta historier och hans rykte spreds över hela landet.

Lasse Maja benådadedes av Kung Karl XIV Johan och blev fri vid 52 års ålder. Strafflindringen berodde enligt sägnen på att han imponerat på kungen med sin kokkonst, men kanske var det även hans popularitet som fick kungen att släppa honom på fri fot.

Efter fängelsetiden bestämde han sig för att bli bonde och bosatte sig utanför Arboga. Han reste också runt och berättade om sitt liv. [4] Han dog svårt sjuk 1845 och begravdes utanför Heliga Trefaldighetskyrkan i Arboga.

Man tror att hans berättelser nedtecknades av bokhandlaren Björck i Uddevalla. Det blev självbiografin »Lasse-Majas besynnerliga äventyr« som kom ut 1833. Den blev, vid sidan av Bibeln, Sveriges mest lästa bok på 1800-talet. Det är både intressant och roligt att en analfabet fick svenskarna att läsa!

Elvira Madigan och Sixten Sparre

Elvira Madigan fick ett tragiskt öde. Hennes riktiga namn var Hedvig Antoinette Isabella Eleonora Jensen. Hon föddes i Flensborg i Tyskland 1867 som utomäktenskaplig dotter till två cirkusartister.

Hedvig började tidigt att öva pantomim och balett. **5** Hon framträdde redan som sjuåring på Köpenhamns Tivoli. Cirkusdirektören John Madigan gifte sig med Elviras mor och adopterade Hedvig. Hennes artistnamn blev Elvira Madigan.

I januari hade cirkus Madigan sin säsongspremiär i Kristianstad i Skåne. Tidningen i staden sände en reporter, en frilansare som hette Sixten Sparre av Rossvik för att skriva en artikel om cirkusen.

Han ska ha blivit störtförälskad i Elvira. Även om han var gift och hade barn, inledde han ett förhållande med Elvira, som ansågs vara en utomordentlig skönhet. Hon hade nästan meterlångt blont hår och en fantastisk figur. **6** Men Elvira lär ha tröttnat på att skriva till honom och försökte flera gånger att avbryta förhållandet. Men Sixten Sparre stod på sig och försökte övertala Elvira att rymma från familjen och cirkusen. **7**

I juni 1889 var Elvira med cirkusen i Sundsvall. Sparre ljög om att han var nyskild. Elvira pantade sina smycken och träffade honom vid tåget. **8** Naturligtvis var det en stor skandal att en enkel cirkusartist rymde med en löjtnant som var gift och hade barn. Sixten Sparre var inte rik, även om han var av gammal adelssläkt. Pengarna tog slut och de kunde inte betala hotellräkningen. De bodde några dagar på ett pensionat. En dag gick de till ett skogsområde med en picknickkorg. Eftersom de inte såg någon utväg och ingen gemensam framtid sköt Sixten Sparre Elvira med sin tjänsterevolver och sedan sig själv. Elvira blev 21 och Sixten Sparre 34 år.

Jenny Lind

Den svenska sopranen Jenny Lind kallades den svenska näktergalen och var 1800-talets mest älskade sångerska. **9**

Johanna Maria Lind föddes 1820 i ett torftigt hem i de fattiga Klarakvarteren i Stockholm. Hon var oönskad, pappan var alkoholiserad och mamman var frånskild och hade en dotter från tidigare äktenskap. Hon hade blivit hård och brysk och behandlade sin andra dotter illa. Johanna, som kallades Jenny, placerades i olika fosterfamiljer och de perioder hon bodde hemma, blev hon konsekvent sämre behandlad än sin halvsyster.

10 Det var där hon blev upptäckt. En piga som tjänstgjorde hos Kungliga Teaterns prima ballerina, mamsell Lundberg, hade hört henne sjunga och berättade för sin matmor, att hon aldrig hade hört en så vacker sång. Lundberg ordnade, så att Jenny fick provsjunga för teaterns sångmästare. Så blev Jenny som nioåring antagen som teaterelev. Teatern skulle stå för utbildning i sång, dans och skådespeleri och mamman skulle undervisa i pianospel, franska, tyska och andra skolämnen.

Men Jenny mådde inte bra hemma hos mamman. **11** Hon rymde och bad teatern att rädda henne.

Jenny uppträdde tidigt i en rad talroller, men i tolvårsåldern fick hon problem med rösten. En stämbandsinflammation hade satt sina spår. Hon trodde hon skulle bli tvungen att ge upp sin dröm

att sjunga. Men rösten kom tillbaka och 1838, Jenny var då 17 år, gjorde hon sin stora operadebut som Agatha i Webers Friskytten. Hon sjöng briljant och var en mycket begåvad skådespelare. Kritikerna häpnade och det blev en stor succé.

Hon vidareutbildade sig i Paris och började en internationell karriär med triumfer i Tyskland, Österrike, England och USA.

1847 debuterade hon i London på Her Majesty's Theater. Publiken var som galen och slängde hattar och näsdukar i luften. En Jenny-Lindfeber bröt ut. Folk köade i flera dygn för biljetter och man

! en näktergal - *Nachtigall*

kunde köpa Jenny Lind-dockor och serviser med hennes porträtt. 12

Jenny blev med åren djupt troende och ansåg alltmer att teatern var en högst tvivelaktig miljö. På höjden av sin popularitet fattade hon beslutet att lämna operascenen för gott. Men hon fortsatte att sjunga på konserter och1850 turnerade hon i Amerika. När hon steg i land i New York, togs hon emot av 30 000 fans. 6 000 personer såg hennes konsert på Castle Garden i New York. Efter 93 konserter i USA och på Kuba hade hon tjänat motsvarande tre miljoner dollar i dagens penningvärde.

1853 gifte hon sig med pianisten Otto Goldschmidt och paret fick tre barn. De bosatte sig först i Tyskland men flyttade 1858 till England. Jenny ägnade sig åt familjen, sjöng på konserter då och då och arbetade som sångpedagog på Royal College of Music i London. Hon avled 1887 vid 67 års ålder på familjens lantställe i Herefordshire, där hon också ligger begravd.

Jenny Lind var inte bara en briljant sångerska utan också en varm, älskvärd och charmerande person. Hon hade många beundrare, bland dem den danske författaren H.C. Andersen, som var häftigt förälskad i henne och aldrig kom över det faktum att hon inte ville gifta sig med honom.

Jenny Lind skänkte en stor del av sina inkomster till olika välgörenheter i Amerika och Sverige.

17 **Välj uppgift. Skriv ett vykort eller mejl till en vän eller väninna. Använd en av texterna som inspiration.**

Västmanland

Västmanland är ett landskap som ligger i Svealands inland. Det ligger centralt i Mälarregionen och det är relativt nära till stora orter som Stockholm, Uppsala, Örebro och Eskilstuna. Det gränsar i söder till Mälaren, Hjälmaren, Södermanland och Närke, i väster till Värmland, i norr till Dalarna och Gästrikland och i öster till Uppland. Västerås har ca 128 000 invånare och är Västmanlands största stad. Landskapsdjuret är rådjur och landskapsblomman är mistel.

Genom Västmanland kan man vandra på Bruksleden, en vandringsled på 25 mil med 27 etapper. Järnframställningen i Västmanland har mycket gamla anor. Man har funnit stora mängder järnföremål i gravar från järnåldern. Norberg är det första järngruveområdet som nämns i skriftliga källor. Sala silvergruva har varit kontinuerligt i drift från 1400-talet till 1908. Den sista gruvan, Bronäsgruvan, stängdes 1962. I Sala hittade man Sveriges viktigaste silverfyndighet. Silvret var viktigt som myntmetall och gruvan var enligt Karl IX »rikets förnämsta Clenodium«. Under de bästa åren på 1500-talet producerades 3-5 ton silver per år.

Kopparberg

Strömsholms kanal

Strömsholms kanal är en av Sveriges längsta kanaler. Den tillkom därför att bergsbruken hade ett stort transportbehov. Med kanalen fick man en förbindelse från Smedjebacken i södra Dalarna över Fagersta, Virsbo, Ramnäs, Surahammar, Halstahammer och Borgåsund till Mälaren. Härifrån kunde järn och färdiga produkter fraktas till Västerås och Stockholm för export. Kanalen är numera en turistled för fritidsbåtar.

Strömsholm har varit centrum för hästavel och ridsport sedan Gustav Vasa anlade ett stuteri här.

Strömsholms gula barockslott ligger utanför Västerås. Det är inrett i gustaviansk stil och här finns även en betydande samling svenskt måleri.

Loka brunn är kur- och brunnsort som idag ägs av Spenderups Bryggeri AB. Här finns spahotell med möjlighet till rekreation och wellness.

18 LB 12

a Tidsprepositioner - På hur lång tid gjorde Jan följande saker: → grammatik s. 292

1. joggade runt sjön / 20 min ....
2. lagade gräsklipparen / 2 timmar ....
3. läste ut romanen /1 timme ....
4. rensade bort ogräset i rabatterna / 30 min ....
5. åt upp sin glass / 2 min ....

b Översätt!

1. Während des Urlaubs angelten sie.
2. Vor drei Jahren zog Anna nach Schweden.
3. In vier Monaten fange ich an zu studieren.
4. Seit fünf Jahren arbeite ich in Brüssel.
5. Vor drei Wochen ritt ich am Strand im Sonnenuntergang.
6. Während meiner Reise in die USA traf ich supernette Menschen.
7. Seit zwei Wochen herrschen strickte Regeln.
8. Vor zwei Monaten heiratete ich meine große Liebe.

c När tänker Arne göra följande saker:

1. skriva meddelandet / en timme ....
2. hålla ett föredrag / två dagar ....
3. resa till USA / en månad ....
4. laga mat / en kvart ....
5. söka nytt jobb / ett halvår ....

19 LB 14

Liksom ordet "väntan" finns det andra substantiv som slutar på -an. Försök att bilda substantiven. Jämför sedan med facit. Alla nedanstående substantiven är en-ord.

1. vänta en väntan	4. predika	7. önska ....
2. bjuda in	5. fråga efter	8. ansöka ....
3. uppfostra	6. längta	9. förmoda ....

20

Lyssna och skriv ner orden du hör. (61)

1.	5.	9. ....
2.	6.	10. ....
3.	7.	11. ....
4.	8.	12. ....

21 Fyll i rätt possessiva och reflexiva possessiva pronomen.

→ grammatik s. 265

LB 10, 14

Christer Fuglesang, Foto: NASA

1. Maja var inte särskilt lycklig med .... val att studera juridik.
2. .... dröm var att resa till USA.
3. .... förfäder utvandrade till Amerika någon gång på 1800-talet.
4. Maja hade träffat .... kille Robin på en smockfull bar.
5. De vill att .... barn ska lära sig svenska.
6. »Jag vill att .... barn ska lära känna svensk kultur«, säger Maja.
7. Christer Fuglesang fick .... utbildning i Köln.
8. .... efternamn betyder fågelsång.
9. Efter .... examen forskade han i partikelfysik.
10. Det var .... stora dröm att resa till rymden.
11. Christer och .... fru gillar skidåkning, berättade han i programmet »Sommar«.
12. .... vän ringde och sa att, han hade sett en spännande annons i tidningen.
13. Christer skickade in .... ansökan till Rymdstyrelsen.
14. Christer och .... familj flyttade 1996 till Houston.
15. I rymdfärjan satt Christer med .... astronautkolleger. .... slutdestination var ISS.
16. Två dagar efter landningen på ISS gjorde Christer .... första rymdpromenad.

22 Starka verb - Fyll i verben i en passande form.

1. flyga — Vi .... till USA förra sommaren.
2. göra — - Vad .... du igår?
3. få — - Jag .... tyvärr aldrig lära känna mina morföräldrar.
4. ta — Anton har .... traktorkörkort. Nu kan han hjälpa sin far på gården.
5. inse — Hon .... ganska fort att hon inte ville studera biologi.
6. driva — Vilka krafter .... människorna från Sverige?
7. välja — Även under strejken .... många att utvandra.
8. bli — Det är höst och det har .... kallt här i Lappland.
9. sjunka — Båten .... men alla ombord kunde räddas.
10. låta — Gustav II Adolf .... bygga skeppet Vasa.
11. bryta — Olle .... benet och ligger på sjukhus.
12. spricka — Titta här! Det här glaset har ....!
13. ha — - Vi .... inbrott hos oss igår. Som tur var hittade de inte mina smycken.
14. sova — God morgon! Har du .... gott?
15. dricka — Ymer .... Audhumlas mjölk.
16. rinna — Mjölken .... ur Audhumlas ljuver.
17. ligga — Katten hade .... på soffan och sovit hela dagen, innan den åt sin mat.
18. säga — De har .... att vädret kommer att hålla i sig.
19. välja — Jag har .... en jättefin vattenkran till köket och är helt nöjd.
20. finnas — »Du har .... här« är en passionerad bok av Jacques Werup.

23 Vilket är det överordnade begreppet? Skriv pluralformen.

1. svenska, spanska, franska, finska .... språk
2. Amerika, Europa, Afrika, Asien ....
3. handboll, fotboll, ishockey, innebandy ....
4. dvs., bl.a., t.ex., m.m. ....
5. hund, katt, kanin, marsvin ....
6. vår, sommar, höst, vinter ....
7. kungar, drottningar, årtal, gamla tider ....
8. armband, halsband, ring, örhänge ....
9. borrmaskin, skiftnyckel, skruvmejsel, hammare ....
10. bil, moped, mc, lastbil ....
11. spindel, mygga, fjäril, nyckelpiga ....
12. varg, räv, björn, lodjur ....
13. sångare, snickare, lärare, läkare ....
14. känslig, tystlåten, generös, passionerad ....
15. Skåne, Värmland, Blekinge, Lappland ....
16. Skorpion, Lejon, Jungfru, Oxe ....
17. björk, tall, gran, ek ....
18. morot, paprika, gurka, kål ....
19. Drottningholm, Birka, hällristningsområde Tanum, Laponia ....

24 Vad säger man?

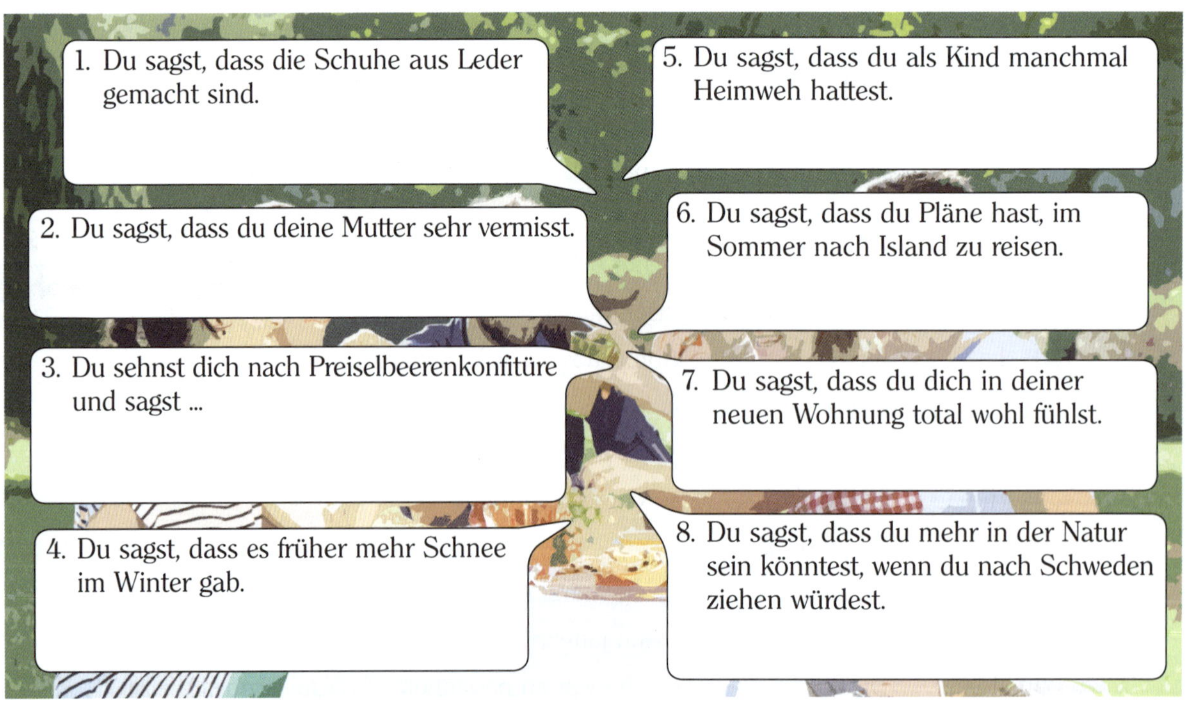

25 Din checklista över viktiga vardagsuttryck

Ausdrücken, woraus etwas gemacht ist

- ☐ Sleven är gjord av trä.
- ☐ Dryckeshornet är gjort av horn.
- ☐ Skorna är gjorda av läder.

Hypothetische Aussagen machen

- ☐ Om jag flyttade till Sverige, skulle jag ...
- ☐ Jag skulle längta efter/sakna ...
- ☐ Jag skulle kunna/inte kunna ...

Früher und heute vergleichen

- ☐ Jag tror att ...
- ☐ Idag utvandrar/flyr/flyttar man därför att ...
- ☐ Men förr ...
- ☐ En annan skillnad/likhet är att ...
- ☐ Förr var det ... men idag är det ...

Sich nach etwas sehnen

- ☐ Jag längtar efter ...

Sehr mutig sein

- ☐ Hon är supermodig.

Etwas vermissen

- ☐ Jag saknar osthyveln och lingonsylten.

Ausdrücken, dass man Heimweh hat

- ☐ Jag har hemlängtan.
- ☐ Jag längtar hem.

Sagen, dass man durcheinander ist

- ☐ Jag känner mig lite vimsig.

Pläne machen

- ☐ Vi har planer på att köpa en stuga.

Keinen kumpelhaften Umgang haben

- ☐ Jag är inte tjenis/kompis med alla.

Sich total wohl fühlen

- ☐ Jag stormtrivs här!

- Att folk kunde leva förr, utan vare sig radio eller tv.
- Tja, leva och leva, de är ju döda allihop.

På tåget mellan Stockholm och Malmö satt två flickor och samtalade med en gammal tant. Tanten berättade att hon skulle till Malmö för att gifta sig med sin ungdoms älskade, som hon inte hade sett på 40 år. Hon hade skrivit till honom och talat om att hon nu var gammal, rynkig och tandlös.
- Men tant har ju en tand kvar?
- Ja, se, det ska liksom bli en liten överraskning.

Testa dig själv 1

Det här testet testar delar av A2-nivån. Testet är indelat i fem delar: kommunikation, ord och grammatik, hörförståelse, läsförståelse och skriftlig uppgift.
Fyll i dina poäng i de vita rutorna.

Kommunikation

1 **Vad kan man svara på dessa uttryck?** (En poäng för varje rätt svar)

1. Trevlig helg! ______
2. Tack för hjälpen! ______
3. Förlåt, att det dröjde lite. ______
4. Tack för senast! ______
5. Är det tillåtet att parkera här? ______
6. Här i Lund hade vi 30 grader igår. ______

Ställ frågorna till svaren. (En poäng för varje rätt fråga)

7. ______ Det är fem kilometer till fjällen.
8. ______ Vädret är varmt och skönt här.
9. ______ Toaletterna är där i servicehuset.
10. ______ Vi ska stanna två veckor.
11. ______ Stugan kostar 2.970 kronor i veckan.
12. ______ Skärmen är toppen! Den har fin design och bra upplösning.

Mina poäng (max 12):

2 **Vilket ord fattas?** (En poäng för varje rätt ord)

1. Hur är det ______ din arm?
2. Jag har ont ______ armen.
3. Stig ______ !
4. ______ för kaffet!
5. Åh, ______ gott!
6. ______ gick det för Maria?
7. Jag skulle ______ hyra en stuga.
8. Göteborg ligger väster ______ Borås.
9. Stugan har en boyta ______ 50 m^2.
10. Är det ______ att parkera här?
11. ______ vilket dåligt väder vi har idag!
12. ______ stor pizza!

Mina poäng (max 12):

Ord och grammatik

3 **Läs texten och fyll i rätt alternativ.** (En poäng för varje rätt ord)

Kaffet i Sverige

I Sverige konsumerar man hela 1 procent ____________(1) världens kaffe. Det innebär ____________(2) svensken i genomsnitt dricker 3,4 ____________(3) kaffe om dagen, vilket motsvarar 144 liter kaffe om året.

Kaffet ____________(4) till Sverige 1685. Tullen i Göteborg bokförde det året att någon tog in ett halvt kilo kaffe . Två år senare stod kaffe som medicin på apotekets prislista.

Men kaffedrickandet tog först riktigt fart med kung Karl XII (1682-1718). Han lärde sig att ____________(5) kaffe i Turkiet och hade med ____________(6) en turkisk kaffekokningsapparat till Sverige. Det finns uppgifter om att han och ____________(7) soldater förbrukade tre kilo kaffe dagligen.

Kaffet blev snart ”inne” i societeten. Man serverade det i jättesmå koppar vid festliga tillfällen och på söndagar. ____________(8) var det nästan bara männen som drack kaffe och det fanns många kaffehus, ____________(9) man spelade kort, pratade politik och gjorde upp affärer. Men kaffet blev snart även kvinnornas favoritdryck. En tid förbjöd man kaffet i Sverige. Det uppstod både en ____________(10) kaffemarknad och kaffesurrogat. Så småningom, omkring 1900, kom kaffet att bli Sveriges nationaldryck. Kaffe förekommer både till vardags och fest. Man börjar dagen med kaffe och fortsätter med förmiddagskaffe, som ____________(11) kallas elvakaffe, eftersom man dricker det omkring klockan elva. Sedan följer eftermiddagskaffe och ofta avslutas dagen med kvällskaffe ____________(12) tv:n.

	a	b	c
1.	a. med	b. till	c. av
2.	a. för	b. att	c. och
3.	a. kopp	b. koppen	c. koppar
4.	a. kom	b. gick	c. kunde
5.	a. dricker	b. dricka	c. drack
6.	a. sig	b. sin	c. sitt
7.	a. sina	b. hans	c. hennes
8.	a. först	b. sist	c. särskilt
9.	a. de	b. där	c. som
10.	a. svart	b. svårt	c. svarta
11.	a. också	b. och	c. åska
12.	a. bakom	b. mellan	c. framför

Mina poäng (max 12):

Test 1

Läsförståelse

4 **Läs texterna och kryssa för om påståendena är rätt eller fel.** (En poäng för varje rätt svar)

Äppelriket

Det finns ungefär 260 företag som odlar frukt i Sverige. Nästan 90 % av produktionen sker i Skåne. Av de ca 20.000 ton som produceras i Sverige säljs ungefär 60 % genom "Svenska äpplen" och "Äppelriket". "Äppelriket" är en ekonomisk förening i Skåne och södra Småland. Föreningen lagrar, sorterar och säljer odlarnas frukt. Ambitionen är att tillsammans med fruktodlarna fortsätta att utveckla den svenska frukten, så att kunderna hela tiden upplever hög kvalitet och nyheter i sortimentet. Varje år säljer man under märket "Äppelriket" 10-12 miljoner kg frukt.

Ur broschyren Äppelriket

Äppeltavlan i Kivik

Hej Lena!
Ove och jag njuter av en härlig semester i Kivik. Det är så underbart här vid havet! Igår var vi på äppelmarknaden. De bjöd på fina programpunkter med kända artister. Bra musik! Och så kunde vi smaka på goda äppelrätter.
Vi fick också se den jättestora äppeltavlan av konstnären Emma Karp. Det är en tavla som är 104 m² stor. För att göra tavlan använde man 70.000 äpplen, åtta olika sorter! När solen skiner så lyser hela tavlan i rött, grönt och gult.
Helt fantastiskt!
Kram Maria

Lena
Bygg
731

Från vildäpplen till "tamäpplen"
Alla äpplen vi äter idag är förädlade från ett slags vilt växande äppelträd som kallas vildapel. Frukten på en vildapel är liten och sur, men användes trots detta för länge sedan. Vildapeln invandrade för ca 10.000 år sedan till Sverige, och man tror att den härstammar från den kaukasiska apeln. Det första arkeologiska fyndet av äpple vi känner till i Sverige, hittades förkolnat i Dags mosse i Alvastra och är 4.500 år gammalt.

Ur tidningen Äppelriket Nr 4 2007

	rätt	fel
1. Frukten på en vildapel är sur.	☐	☐
2. Det finns ungefär 160 företag som odlar frukt i Sverige.	☐	☐
3. Kivik ligger vid en vacker sjö.	☐	☐
4. "Äppelriket" är en ekonomisk förening.	☐	☐
5. Ca 60% av fruktproduktionen sker i Skåne.	☐	☐
6. Varje år säljer "Äppelriket" 10-12 miljoner kg frukt.	☐	☐
7. Vildapeln härstammar från Alvastra.	☐	☐
8. För att göra äppeltavlan använde konstnären Emma Karp åtta olika äppelsorter.	☐	☐

Mina poäng (max 8):

Hörförståelse

5 Lyssna på intervjun och kryssa för rätt eller fel. (Två poäng för varje rätt svar) (62)

	rätt	fel
1. Vasaloppet går av stapeln den första söndagen i mars varje år.	☐	☐
2. Sträckan är nio mil.	☐	☐
3. Sträckan går från Mora till Sälen.	☐	☐
4. Vasaloppet anordnades första gången 1972.	☐	☐
5. Peter Göransson åkte loppet med en medelhastighet på ungefär 25 km/h.	☐	☐
6. Det finns nio kontroller längs spåret.	☐	☐
7. Vid kontrollerna serverar man bara blåbärssoppa.	☐	☐
8. Det är bara svenskar som får delta i Vasaloppet.	☐	☐

Mina poäng (max 16):

Skriftlig uppgift

6 Här är ett mejl från din svenska vän Emma. Skriv ett svar på ca 30 ord. Glöm inte att svara på Emmas frågor. (Bedömning se facit)

Hej!
Vad roligt att du planerar att komma! Visst kan du bo hos mig i augusti. När kommer du och hur länge stannar du? Det finns mycket man kan göra här i Stockholm på sommaren. Vill du göra något speciellt?
Här skiner vårsolen. Hur är vädret hos er?
Kram Emma

Mina poäng (max 10):

Omdöme

Kommunikation	(Uppgift 1 - 2, max 24 poäng)
Ord och grammatik	(Uppgift 3, max 12 poäng)
Läsförståelse	(Uppgift 4 , max 8 poäng)
Hörförståelse	(Uppgift 5, max 16 poäng)
Skriftlig uppgift	(Uppgift 6, max 10 poäng)

Totalt (max 70 poäng)

Testa dig själv 2

Det här testet testar delar av A2-nivån. Testet är indelat i fem delar: kommunikation, ord och grammatik, hörförståelse, läsförståelse och skriftlig uppgift.
Fyll i dina poäng i de vita rutorna.

Kommunikation

1 **Vad kan man svara på dessa uttryck?** (En poäng för varje rätt svar)

1. Den gröna tröjan klär dig verkligen! ____________
2. Anna och Kjell har fått en liten pojke! ____________
3. Hur var filmen? ____________
4. Ska jag ordna biljetter? ____________
5. Jag kom faktiskt in på polishögskolan. ____________
6. Vänta lite. ... Det finns faktiskt en t-shirt i rött kvar. ____________

Ställ frågorna till svaren. (En poäng för varje rätt fråga)

7. ____________ Jag jobbar som sjuksköterska.
8. ____________ Nej tyvärr, hon är inte inne just nu.
9. ____________ Vi kan väl träffas utanför bion.
10. ____________ Jag har storlek 40.
11. ____________ Den är svart och rätt stor.
12. ____________ Javisst! Matbordet är det inget fel på!

Mina poäng (max 12):

2 **Vilket ord fattas?** (En poäng för varje rätt ord)

1. Vad är du intresserad ________?
2. Lycka ________ !
3. Det spelar ingen ________ .
4. Ta det ________ nu!
5. ________ att komma i tid!
6. Jag skulle ________ tala med marknadschefen.
7. Ni har ingenting ________ ljusrött?
8. Kanske har någon ________ armbandet.
9. Sagan ________ om ett troll.
10. Kan jag ________ ett meddelande?
11. Hur ser väskan ________ ?
12. Hej! Mitt namn är Malin Ekström. Jag ringer ________ skrivbordet.

Mina poäng (max 12):

Ord och grammatik

3 **Läs texten och kryssa för rätt alternativ.** (En poäng för varje rätt ord)

Majblomman

Varje år under två veckor i april ____________(1) ca 100 000 barn i åldern 9-12 år gå runt och sälja majblommor. Den ____________(2), söta blomman, som byter färg från år till år, säljs till förmån för ____________(3) och handikappade barn eller barn ____________(4) behöver extra ekonomiskt stöd. Majblomman ger också bidrag till skolaktiviteter och forskning om barn. Vuxna som arbetar som volontärer i Majblomman, arbetar ____________(5) med barn i skolan, sjuk- och hälsovård, inom socialtjänsten eller fritidsverksamhet och ser barnens behov.

Den första blomman såldes 1907, då Förstamajblommans riksförbund grundades i Göteborg. Majblommorna såldes då till förmån för tuberkulossjuka, och idén spred sig ____________(6) över hela Sverige och även till andra länder.

Initiativtagaren var Beda Hallberg. Hon ville ge ____________(7) människor möjlighet att hjälpa och skapa ett ____________(8) engagemang för barn och ungdomar som har det svårt. ____________(9) enkla idé var att ge en liten blomma som kvitto till alla som skänkte ett bidrag. Blomman skulle säljas den 1:a maj ____________(10) år och priset skulle vara så ____________(11) att alla skulle kunna köpa den. Beda Hallberg fick genom personliga kontakter skolorna och scouterna att sälja blommorna.

Idag säljs majblomman i Sverige, Norge, Finland och Estland. Det finns fyra olika majblommor att välja på. Lilla blomman (10 kr), kransen (30kr), bilblomman (20 kr) och en pin (50 kr). Den fina lilla "vårblomman", symbolen för att barn hjälper barn, har till och med ____________(12) ett samlarobjekt.

	a	b	c
1.	a. brukar	b. behöver	c. hjälper
2.	a. liten	b. litet	c. lilla
3.	a. sjukt	b. sjuka	c. sjuk
4.	a. de	b. som	c. vilket
5.	a. alldeles	b. strax	c. ofta
6.	a. snabbt	b. snabba	c. snabb
7.	a. allt	b. alla	c. all
8.	a. bred	b. brett	c. breda
9.	a. hennes	b. hans	c. sin
10.	a. varje	b. varannan	c. var
11.	a. extra	b. lågt	c. högt
12.	a. bli	b. blev	c. blivit

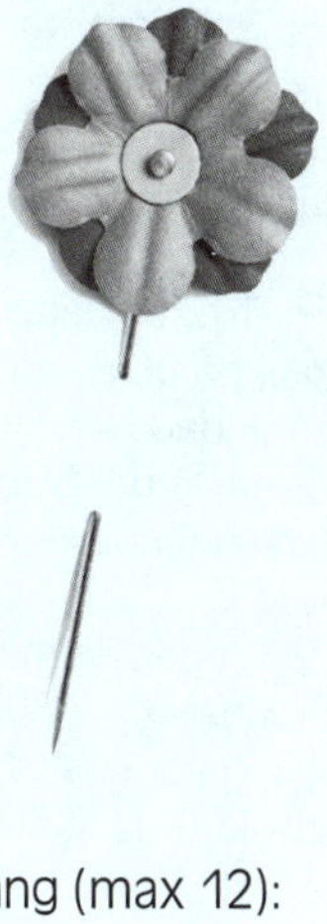

Mina poäng (max 12):

Test 2

Läsförståelse

4 **Vilken annons passar bäst till de olika personerna? Skriv rätt bokstav i rätt ruta.**
(Två poäng för varje rätt svar)

1. Pia och Tomas Svensson vill bo i en stor villa som ska vara lite exklusiv, helst vid havet. Båda arbetar heltid. De har 2 barn.
2. Lena är singel och letar efter en lägenhet med ett ljust vardagsrum. Det ska vara en 2:a. Där hon bor just nu har hon en balkong och hon älskar att pyssla med sina blommor. Lägenheten ska helst ha parkettgolv.
3. Kalle är 56 år och särbo. Han har lite problem med ena benet. Han skulle vilja flytta till en mer central lägenhet. Han behöver en trea på minst 70 kvm. Köket ska vara stort och rymligt.
4. Karin och Stefan vill gärna bo mitt i stan. Stefan jobbar på ett dataföretag och Karin är psykolog. De har ett barn. De gillar stil och skulle vilja bo i en charmig lägenhet. Båda har länge drömt om att ha en kakelugn.
5. Jonas och Pernilla har just gift sig. De väntar sitt första barn. Nu har de bestämt sig för att flytta från sin lilla lägenhet. De behöver ca 120 kvm och vill bo i ett lugnt område. En sak är de aldrig riktigt överens om. Johan gillar att bada och skulle vilja ha ett badkar i badrummet och Pernilla brukar bara duscha.
6. Anna Persson är chef för en reklambyrå och tjänar ganska bra. Hennes stora dröm är att bo nära havet. Huset behöver inte vara stort, eftersom hon är ensamstående och mor till Emma 5 år.

Mina poäng (max 12):

A Hus med lugnt barnvänligt läge, 117 kvm, vardr, 4 sovrum, hall, kök, badrum med dusch och badkar. Hårda golv. Tomt med altan. Garage.

B Trivsam lägenhet, 4 rok fördelat på 96,5 kvm. Balkong med förmiddagssol. Hyra 4.500:- inkl. värme, kabel-tv, bredband och parkeringsplats. Pris: 975.000 kr

C Tegelvilla med högklassigt läge i exklusiv stil, 180 kvm, 7 rum, nytt kök, garage, stor trädgård med havsutsikt. Pris: 5.500.000 kr

D 40-talsvilla med härligt läge, ca 250 m från havet. Bostad ca 90 kvm, 3 rok, renoverad 1990. Fin trädgård med lekstuga och gunga. Pris: 1.900.000 kr

E Radhus i bra skick, mycket välplanerat i lugnt område, ca 82 kvm, liten trädgård. Fräscht originalkök med matplats, badrum med dusch och badkar. Pris: 990.000 kr

F Representativ villa med läckra inredningsdetaljer. Souterängvilla med 10 rum, ca 320 kvm, inomhuspool, tomt ca 3.500 kvm. Pris: 2.400.000:-

G En rymlig tvåa, 64 kvm med stor balkong. Originalkök med rostfria vitvaror, ljust vardagsrum med parkettgolv, helkaklat badrum. Pris: 525.000 kr

H Vacker 3:a, 130 kvm med högt tak och stuckaturer, vackra trägolv, balkong och kakelugn. Stort kök, helkaklat badrum med bubbelbadkar. Pris: 2.490.000

I 2:a omkring 52 kvm på 3:e våningen. Stilfullt kök, vita väggar och laminatgolv. Fräscht badrum med badkar. Stort vardagsrum. Pris: 795.000 kr

K 3:a, 76 kvm på 4:e våningen med hiss. Mysig balkong med fri utsikt. Bra planlösning! Stort kök. Hyra endast 2.620 kr. Pris: 995.000kr

Hörförståelse

5 **Lyssna på cd:n och kryssa för rätt eller fel.** (Två poäng för varje rätt svar) (63)

1. Johan är ...	☐ 25 år	☐ 26 år	☐ 62 år
2. Körkortet kostade ...	☐ 8.000 kronor	☐ 80. 000 kronor	☐ 18 .000 kronor
3. Johan såg annonsen ...	☐ i Platsbanken	☐ på Sparbanken	☐ i tidningen
4. Johan fick jobb ...	☐ som taxichaufför	☐ som lastbilschaufför	☐ som ekonom
5. Johan studerar ...	☐ medicin	☐ juridik	☐ ekonomi
6. Arbetstiderna är ...	☐ mellan sex och fem	☐ mellan sju och fyra	☐ mellan åtta och sex
7. Jobbet som chaufför kan vara...		☐ stressigt och tungt	
☐ stressigt och tråkigt		☐ tungt och tråkigt	
8. Johan gillar...	☐ långturer	☐ korta turer	☐ turer i andra länder

Mina poäng (max 16):

Skriftlig uppgift

6 **Du har varit på en stor midsommarfest hos din kompis Jonas. Du kom hem ganska sent och upptäckte dagen därpå att du hade glömt din tröja. Skriv ett kort mejl (ca 30 ord), där du beskriver hur den ser ut och var du kan ha lagt den. Passa på att tacka för senast.** (Bedömning se facit)

Mina poäng (max 10):

Omdöme

Kommunikation	(Uppgift 1 - 2, max 24 poäng)
Ord och grammatik	(Uppgift 3, max 12 poäng)
Läsförståelse	(Uppgift 4 , max 12 poäng)
Hörförståelse	(Uppgift 5, max 16 poäng)
Skriftlig uppgift	(Uppgift 6, max 10 poäng)

▶ Totalt (max 74 poäng)

Testa dig själv 3

Det här testet testar A2-nivån och förbereder för SWEDEX A2. Testet är indelat i fem delar: muntlig uppgift, ord och grammatik, hörförståelse, läsförståelse och skriftlig uppgift.
Fyll i dina poäng i de vita rutorna.

Muntlig uppgift

1 **Kort presentation av dig själv 2-3 min., ev. med hjälp av frågor från examinatorn. Kursledaren fungerar som examinator.** (Bedömning se facit)

Mina poäng (max 10):

2 **Du får två bilder. Bild A ska du prata om och examinatorn ställer frågor. Bild B ska du ställa frågor till examinatorn om (ca 5 - 7 min.). Du får några ord till varje bild som du ska använda.** (Bedömning se facit)

Bild A: **Festmiddag**
inbjudan
gäster
kläder
present
mat
musik

Bild B: **Hemmakväll**
äta/dricka
laga mat
video/tv
läsa
tidning
bio/teater
telefon

Foto: IKEA

Mina poäng (max 20):

Ord och grammatik

3 **Läs texten och fyll i rätt alternativ.** (En poäng för varje rätt ord)

En bilolycka

Tre kompisar var på väg hem från jobbet. Det regnade väldigt mycket, men de var på gott humör, för ______________(1) skulle börja semestern om några dagar. De pratade om resan de skulle göra och ______________(2) på musiken från bilradion.

Då – fick en mötande bil, en stor Mercedes, plötsligt sladd. Föraren tappade kontrollen och bilen började svänga fram och tillbaka på vägen. Några ______________(3) senare körde de båda bilarna ihop i en svår krock. Klockan var 16.22 den 23 juni, och ______________(4)) förändrades för människorna i de ______________(5) bilarna.

Sven Lindqvist blev svårast skadad. Hans ene kompis dog och den andre fick lättare skador. De båda i Mercedesen blev ______________(6) skadade, men inte så svårt som Sven. Sven har ______________(7) skador för livet. Två år efter olyckan går han med käpp och har ganska mycket värk. Därför äter han många smärtstillande tabletter.

- Jag kan aldrig gå tillbaka till mitt ______________(8) jobb, säger han. Jag hade ett ganska tungt jobb ______________(9) en fabrik. Jag vet faktiskt inte ______________(10) jag ska göra.

	a.	b.	c.
1.	a. han	b. de	c. den
2.	a. lyssnade	b. lyssnar	c. lyssnat
3.	a. sekunden	b. sekund	c. sekunder
4.	a. levet	b. livet	c. lever
5.	a. båda	b. både	c. bada
6.	a. också	b. och	c. men
7.	a. fick	b. fått	c. får
8.	a. gammal	b. gammalt	c. gamla
9.	a. till	b. på	c. över
10.	a. vad	b. vem	c. vilka

Mina poäng (max 10):

Test 3

Läsförståelse

4 **Läs texterna och välj bland bilderna vilken möbel som beskrivs.** (En poäng för varje rätt bokstav)

Bild

1. Johanna har ofta gäster och behöver ett större matrumsmöblemang. Hon vill också helst ha en bokhylla som passar till, men har inte råd med alltför dyra möbler. Hon hittar ett stort matbord med sex stolar, som hon tycker om. Hon tycker egentligen att nästan 7 000:- är för mycket, men till slut bestämmer hon sig, fastän hon då inte kan köpa bokhyllan. ☐

2. Sandra sitter vid köksbordet och läser. Hon tycker att det är lite obekvämt och önskar att hon hade en bättre läsplats. Hon bläddrar i möbelkatalogen och ser en bekväm fåtölj med låg rygg och en ännu bekvämare med hög rygg och dessutom fotpall till. Men den är ju dyrare förstås. Hon funderar på att lämna tillbaka kappan som hon köpte igår. Sagt och gjort. Hon bestämmer sig för den dyrare, bekvämare fåtöljen. ☐

3. Emily vill köpa två extra höga stolar till köksbänken, men hennes man tycker att det är onödigt. ☐
   - Ja, men tänk, vad trevligt att gästerna kan sitta vid köksbänken och ta en drink, medan vi lagar maten.
   - Jo, det är klart, men då måste vi ju ha fyra stolar och det blir för dyrt.
   - Ja, men titta här, de ger rabatt, om man köper fyra eller sex.
   - Ok, jag ger mig, vi köper dem.

4. Elof sover dåligt och behöver verkligen förnya sovrummet. Han har lite ont i ryggen också och behöver en anatomiskt riktig bäddmadrass. Han tycker att det kan vara värt 2 000:- att sova bättre. ☐

5. Anna och Göran vill köpa en ny sittmöbel till vardagsrummet och diskuterar soffor, fåtöljer och stolar. Anna tycker om en mjuk soffa med kuddar och Göran gillar en rak modell. Det skiljer ungefär 1 000:- mellan de båda sofforna och de diskuterar fram och tillbaka. Till slut bestämmer de sig för den rundare soffan med kuddar, fastän den är dyrare. ☐

Mina poäng (max 5):

A LÄCKÖ 3.995:- Kuddar ingår, gråvit färg.

B ÖREBRO 325:- Med sits i svart skinn. Sitthöjd 75 cm, total höjd 99 cm.

C MALTE 590:- Skrivbord, med låsbara lådor, massiv björk.

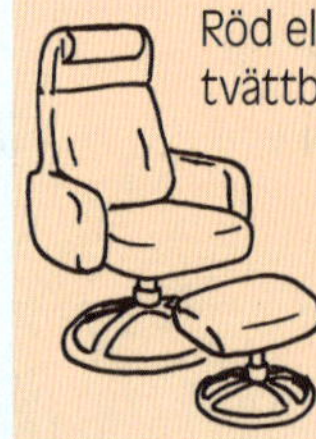

D SNURR 1.395:- Röd eller vit tvättbar klädsel.

E MALMÖ 295:- Stol, massivt trä.

F ÖLAND 2.670:- Soffa, vit/mörkblå klädsel.

G RÖDBY 4.330:- Lackat massivt trä, flyttbara hyllplan.

H LAPPLAND 1.995:- Svart stomme och vit madrass. Ryggen vilar i rätt anatomiskt läge, bäddmadrass ingår.

I VALBO bara 6.495:- Matbord i jakaranda med sex tillhörande stolar.

5 Under påsken anordnas varje år många konstutställningar, speciellt i Skåne. Konstnärerna ställer ut tavlor, hantverk, smycken m.m. Mycket folk åker runt under påskdagarna och tittar på all konst, och köper också naturligtvis. Traditionen har spritt sig t.ex. till Blekinge och det svenskspråkiga Finland.
Här ser Du några av annonserna från Konstrundan. Din uppgift är att hitta svaren på frågorna i annonserna. (En poäng för varje rätt svar)

GUNILLA MANN

OLJEMÅLNINGAR
&
LITOGRAFIER
med temat
»SVERIGE ÄR FANTASTISKT«

Vernissage
Långfredag
kl 10-18

Utställer under påsken i min ateljé i Rörum på Österlen

ÖPPET:
Långfredag - 15/4 kl. 10-18.
Under våren helgöppet kl.12-16.
Övriga tider efter överenskommelse.
Tidsbeställning för grupper.
www.gunillamann.se

Ateljé Gunilla Mann, Rörum 72, 272 95 Simrishamn
Tel 0414 - 244 29, 244 27, 070-521 13 78. Fax 0414-244 70.
Rörum ligger längs kustvägen mellan Simrishamn och Kivik vid de gula flaggorna med katter, vik av mot Rörum

Vernissage - Rita Stråhle
Akvarell och blandteknik
Konstrundan 6/4 t o m 9/4

Häxans Trädgård
www.haxanstradgard.nu
Butik & Örtagård

Öppet 10.00-17.00
Väg 19 till Degeberga, sedan mot Huaröd ca 600 m.
www.haxanstradgard.nu

Konstskolan i Kristianstad

SLUTA DRÖMMA OM ATT GÅ PÅ KONSTSKOLA!

GÖR DET ISTÄLLET!

Från och med i höst kan du även gå på deltid, anmäl dig före 1 juni.

Ring 044-20 76 40
eller se på
www.konstskolan.net

Vi har "Öppet Hus"
8-9 maj, kl. 9-19

Folkuniversitetet
Kursverksamheten vid Lunds universitet

INGVAR KARLSSON
DURSPELAREN SOM MÅLAR:
SE MINA TAVLOR
Sparrisvägen 30, Åhus
Välkomna!
Öppet: 6-9/4 • kl 10-18

6 april - 5 april

* Kristin Dorfhuber
målningar *www.artelier-k.com*

* Rose-Marie Bengtsson
skulpturer *www.glasochkeramik.com*

Öppet i påsk samt lörd, sönd kl 10.00-18.00
Vardagar kl 13.00-17.00

* KONSTGALLERIET I ÅHUS *
V Hamngatan 4, tel: 044-24 36 25

155 konstnärer i Nordvästra Skåne
öppettider i konstnärernas ateljéer
lörd, sönd, helgd 10 - 18, vard 16 - 19
Ateljéerna skyltar med symbolen för Konstrundan
SAMLINGSUTSTÄLLNING I LANDSKRONA KONSTHALL
lörd, sönd, helgd 10 - 18, vard 14 - 19
Barnateljé finns i konsthallen under Konstrundan
Hämta karta på Internet, turistbyråer och bibliotek
www.konstrundan.nu = levande hemsida året runt
Nordvästra Skånes Konstnärsförening i samarbete med nordvästra Skånes kommuner och näringsliv

1. Vem både spelar dragspel och målar tavlor? __________
2. Hur många konstnärer ställer ut i Landskrona konsthall? __________
3. Vilket telefonnummer har Konstgalleriet i Åhus? __________
4. Vart ringer man om man vill lära sig att måla? __________
5. Var har Gunilla Mann sin ateljé? __________
6. Var kan man hämta en karta till Konstrundan? __________

Mina poäng (max 6):

Test 3

6 **Läs texten och svara på frågorna.** (En poäng för varje rätt svar)

Diskriminering [*Diskriminierung*] betyder enligt ordboken att särbehandla en person, det vill säga att behandla någon på ett speciellt sätt, på grund av t.ex. ras, nationalitet, hudfärg, kön, religion, ålder, övervikt, funktionshinder (handikapp) och sexuell läggning.
Om man inte är nöjd, kan man göra en anmälan till DO, Diskrimineringsombudsmannen [*Diskriminierungsbeauftragter*].
Och anmälningarna blir allt fler; år 2007 hade 23 % fler anmälningar än år 2006.
Detta behöver ju inte betyda att det har blivit mer diskriminering, utan att folk nu vågar anmäla mer.

De vanligaste orsakerna till anmälan var:	
Religion	36 %
Ålder	13 %
Funktionshinder	12 %
Kön	9 %
Rökning	1 %

Exempel 1: Ilona Persson sökte ett arbete för kortare tid som receptionist. Hon fick nej, därför att hon inte kunde svenska tillräckligt bra.
- Jag blev jättearg, säger Ilona. Ingen har klagat på mitt språk förut. Jag har varit i Sverige i drygt 20 år, undervisat på flera skolor, haft många kvällskurser och är gift med en svensk man sedan 15 år tillbaka. Jag tror inte att företaget ville anställa utländsk arbetskraft.
DO håller med efter att ha kontrollerat alla uppgifter och anklagar företaget för diskriminering. Det blir rättegång i Arbetsdomstolen.
Ilona tycker att det är svårt att tro på sig själv och vågar inte söka fler nya jobb just nu.
- Jag blev faktiskt sjuk efteråt. Jag vill inte prata mer om det. Jag hoppas att domstolen dömer rättvist i rättegången, och att det kan hjälpa andra invandrare också.

Exempel 2: Två muslimska kvinnor anklagade Göteborgs stad för diskriminering. De två kvinnorna fick inte stanna i simhallen, därför att de hade fel kläder. De skulle inte bada, bara följa med sina barn. De hade långärmad t-shirt, joggingbyxor och huvudduk.
Domstolen håller med de båda kvinnorna och tycker att simhallen gjorde fel. Efter rättegången fick var och en av kvinnorna 20 000 kronor i skadestånd.

ur www.wikipedia.se

1. Man får inte behandla människor olika på grund av ... (tre exempel)

   ____

2. Vilket år kom det in mest anmälningar till DO? ☐ 2005 ☐ 2006 ☐ 2007
3. Till vem skriver man, om man vill göra en anmälan om diskriminering?

   ____

4. Ilona fick arbete som receptionist. ☐ rätt ☐ fel
5. Ilona har arbetat ... ☐ på sjukhus ☐ i skolan ☐ på kontor
6. Ilona är ... ☐ skild ☐ gift ☐ änka
7. DO tycker att Ilona har ... ☐ rätt ☐ fel
8. Domstolen tycker att kvinnorna i simhallen hade ... ☐ rätt ☐ fel
9. Kvinnorna fick tillsammans ... ☐ 40.000:- ☐ 20.000:- ☐ 60.000:-
10. Varför fick kvinnorna inte stanna i simhallen? ______________________________

Mina poäng (max 10):

Hörförståelse

7 **Lyssna på de olika telefonsvararna två gånger och svara på frågorna. Läs igenom frågorna först. Det är två frågor till varje meddelande.** (En poäng för varje rätt svar) (64)

1. a) När stänger Sparbanken på torsdagar? ______
   b) Kan du ta ut pengar i bankomaten på lördagar? ______
2. a) När öppnar bensinstationen på morgnarna? ______
   b) Kan du tanka på en söndag? ______
3. a) Vad heter Jans fru? ______
   b) Vilket telefonnummer har familjen Jansson? ______
4. a) Vad trycker du för att få mer information? ______
   b) Hur stor är rabatten på dubbelrum just nu? ______
5. a) När stänger badhuset på lördagar? ______
   b) Kan du bada varje dag på badhuset? ______

Mina poäng (max 10):

8 **Lyssna på texten två gånger och svara på frågorna.** (En poäng för varje rätt svar) (65)

1. Vad äter de på festen?
   - ☐ kyckling ☐ fisk ☐ kräftor ☐ kotletter
2. Vad får Lisa av gästerna?
   - ☐ blommor och vin ☐ choklad och vin ☐ en bok och blommor ☐ kaffe och choklad
3. Vilket påstående är rätt?
   - ☐ De har köpt kräftorna på Netto. ☐ De har fått kräftorna av en kompis.
   - ☐ De har fiskat kräftorna själva. ☐ De har köpt kräftorna på torget.
4. Till kaffet serverar Lisa
   - ☐ en hallontårta. ☐ en jordgubbstårta. ☐ en chokladtårta. ☐ en äppelkaka.
5. När går gästerna hem?
   - ☐ De går hem sent. ☐ De går hem tidigt.
   - ☐ De går inte hem. ☐ De går hem på olika tider.

Mina poäng (max 5):

9 **Du får höra fem minidialoger. Lyssna två gånger och svara på frågan efter varje dialog genom att kryssa för rätt bild.** (En poäng för varje rätt svar) (66)

1. ☐ A  ☐ B  ☐ C 

2. ☐ A NETTO ☐ B coop KONSUM ☐ C ICA

3. ☐ A  ☐ B  ☐ C 

4. ☐ A  ☐ B  ☐ C 

5. ☐ A  ☐ B 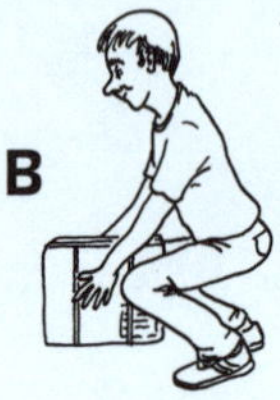 ☐ C 

Mina poäng (max 5):

Skriftlig uppgift

10 **Din granne Anna-Lena har flyttat hem till Sverige efter några år i Tyskland. Du får ett brev från henne. Din uppgift är att besvara brevet och alla hennes frågor. Använd ca 50 ord. Tänk på att inleda och avsluta brevet på rätt sätt! Skriv på ett extra papper.** (Bedömning se facit)

Hej!

Det är din före detta granne som skriver från Sverige. Jag vill gärna hålla kontakten som vi pratade om, så nu börjar jag med detta brev. Det är ju också bra för dig att fortsätta träna svenska. Sedan får vi också skriva på tyska, så att jag inte glömmer. Eller ska jag skriva på tyska och du svarar på svenska? Det är ju en tanke. Vad tycker du? När ska du skaffa internet, så att vi kan mejla?
Jag håller på att planera för semestern i juli. Vad ska du göra på din semester? Har du lust att komma och hälsa på, över en helg eller kanske på semestern? Jag har bara en etta, men bäddsoffan är faktiskt bekväm. Vad tror du? Väntar på ditt svar!

Kära hälsningar

Anna-Lena

Mina poäng (max 10):

Omdöme

Muntlig uppgift	(Uppgift 1 - 2, max 30 poäng)	
Ord och grammatik	(Uppgift 3, max 10 poäng)	
Läsförståelse	(Uppgifter 4 - 6, max 21 poäng)	
Hörförståelse	(Uppgifter 7 - 9, max 20 poäng)	
Skriftlig uppgift	(Uppgift 10, max 10 poäng)	

▶ Totalt (max 91 poäng)

Testa dig själv 4

Det här testet testar B1-nivån och förbereder för SWEDEX B1. Testet är indelat i fem delar: muntlig uppgift, ord och grammatik, hörförståelse, läsförståelse och skriftlig uppgift.
Fyll i dina poäng i de vita rutorna.

Muntlig uppgift (med partner)

1 **Du och din partner får tre ämnen. Ni ska tillsammans välja ett av ämnena, som ni ska diskutera själva i 6 - 7 min. Kursledaren går bara in om det behövs. En av er ska argumentera för och en emot. Ni får 15 minuter att förbereda er på.** (Bedömning se facit)

Det är bättre att bo i villa än i lägenhet.

Det är inte bra för barn att titta på tv.

Det viktigaste för en man är att vara stark.

Mina poäng (max 20):

2 **Du och din partner får titta på några bilder med olika resmål. Ni ska med hjälp av bilderna diskutera er fram till vart ni ska åka på den gemensamma semestern. Ni ska visa att ni kan diskutera, ge motförslag och kanske kompromissa. Ni ska samtala i 5 - 6 min.** (Bedömning se facit)

Mina poäng (max 20):

Test 4

Ord och grammatik

3 **Läs texterna och komplettera dem.** (Bedömning se facit)

A Älg räddad

Strax efter klockan fyra är Jessica på väg hem från jobbet. Det regnar li______.
Plötsligt f______ hon s______ något ko______ upp fr______ sidan a______ vägen.
E______ älg! Bå______ Jessica o______ älgen bl______ lika räd______ av d______ plötsliga möt______. Jessica spri______ in i sko______ och älg______ över vä______, rakt n______ i sjö______. Jessica rin______ räddningstjänsten s______ kommer ef______ bara nå______ minuter. M______ försöker loc______ älgen u______ det kal______ vattnet. Efter må______ försök k______ det st______ djuret äntl______ ta s______ upp p______ fast ma______ och försv______ snabbt i______ i skogen.
– Det känns skönt att det blev ett lyckligt slut, säger Jessica.

B Hipp, hipp, hurra!

Camilla och Tommy Andersson träffades på en krog. Det v______ i jun______ för nå______ år se______. De k______ att pr______ om al______ möjligt, äv______ om si______ födelsedagar. D______ upptäckte a______ de fyl______ år p______ precis sa______ dag, d______ 15 maj.
– Jag v______ inte rik______ hur v______ kom i______ på d______, men j______ minns a______ jag tyc______ att d______ var väl______ mystiskt, sä______ Tommy.
De gif______ sig o______ två å______ senare föd______ sonen Jakob. Han v______ beräknad ti______ den 7 maj, m______ bestämde s______ för a______ komma p______ föräldrarnas födel______!
– Alla p______ sjukhuset pra______ om d______, så v______ fattade n______ redan d______ att d______ är nå______ mycket ovan______, säger Camilla och ler.
– Det är den största presenten vi någonsin fått, instämmer Tommy.

Mina poäng (max 10):

Läsförståelse

4 **Vilken rubrik passar? Läs igenom texterna 1 - 7. Välj en rubrik som passar och skriv bokstaven bakom numret. Det finns fyra rubriker för mycket.** (En poäng för varje rätt rubrik)

A Vandringsleder till Treriksröset
B Forskare hittar pusselbiten
C Franskt blir svenskt
D Allt fler nedskräpningsförseelser
E Man med många intressen
F Planera in skydd
G Tre länder möts
H Ett papper som höjer pulsen
I Svenska mördegskakor succé i Frankrike
J Nedskräpare kan bötfällas
K Hjärnan bakom kärnan

1.
Det är sedan länge förbjudet att skräpa ner i Sverige. Sedan den 10 juli 2011 är det också möjligt för polisen att bötfälla nedskräpare på plats, så kallad nedskräpningsförseelse. Det handlar då om nedskräpning som är mindre allvarlig. Enligt Riksåklagarens föreskrifter gäller det om någon skräpat ned med små mängder skräp, t.ex. fimpar, snabbmatsförpackningar, glas- och plastflaskor, olika dryckesförpackningar, engångsgrillar och andra engångsartiklar.

2.
På ön Ven i Öresund skapade adelsmannen Tycho Brahe under tiden 1576 till 1597 en av vetenskapshistoriens första forskningsinstitutioner. Här forskades målmedvetet i ämnen som astronomi, meteorologi och kartografi. Tycho Brahe anlade även en egen pappersmölla och startade ett boktryckeri. Tycho Brahe hade också ett stort intresse för tidens mest populära vetenskaper såsom alkemi, astrologi och medicinframställning. För att göra observationer av stjärnor och planeter byggde han ett underjordiskt observatorium, Stjärneborg.

3.
Mellan sjöarna Koltajaure och Kuohkimajärvi i Malla naturreservat finns en punkt, där gränsen mellan Sverige, Norge och Finland sammanfaller. Denna punkt kallas Treriksröset och utgör Sveriges nordligaste punkt och finska fastlandets västligaste punkt. Vandringsleden till Treriksröset startar från Kilpisjärvi som ligger ca 11 mil norr om Karesuando på finska sidan.

4.
Alla vet vi att det är nyttigt att röra på sig. Samtidigt är vi duktiga på att komma med ursäkter för att slippa resa oss ur tv-soffan och göra något som ökar pulsen och sätter igång svettningen. Det är då det behövs motivation, någon som pushar på. Det har visat sig att personal inom sjukvården är väldigt bra på att motivera, sätta fingret på vad man kan göra åt besvären, de höga värdena eller de trista provsvaren. Särskilt effektivt är det om motionen skrivs ut på recept. I Sverige tog motion som behandling fart 2001 och då lades grunden till det som blev FaR, Fysisk aktivitet på recept.

5.
Vill man ha något riktigt smaskigt till fikat kan man baka eller köpa mazariner. Det är typiskt svenska kakor som består av en mördegsform, fylld med mandelmassa och toppad med vit glasyr. På 1620-talet blev Jules Mazarin (1602-1661) bekant med Ludvig XIII och kardinal Richelieu i Frank-rike. 1641 förordade Richelieu honom till kardinal och till sin efterträdare. När Richelieu dog, tog Ludvig XIII Mazarin till sin försteminister.
Kanske satt de båda och mumsade i sig dessa läckra mördegskakor. Vem vet? Hur som helst, detta utsökt goda bakverk kom till Sverige och uppkallades efter den franske kardinalen.

6.
1991 skapade den finlandssvenske programmeraren Linus Torvalds en Unix-liknande kärna för pc-datorer som han släppte fri på Internet. Från början var det inte tänkt för allmänt bruk, utan han gjorde det mest för att lära sig mer om hur man bygger operativsystem. Linux, som kärnan kom att kallas, blev den pusselbit som hade saknats i GNUs operativsystem. Kombinationen blev snabbt populär, men utvecklas alltjämt separat. Det är idag det klart dominerande operativsystemet bland superdatorer.

7.
Vindförhållanden i den bebyggda miljön beror till stor del på hur bebyggelsen har utformats. Sveriges meteorologiska och hydrologiska Institut, SMHI, erbjuder vindkomfortstudier som ger svar på hur det lokala vindklimatet påverkas av ny bebyggelse. Underlaget gör det möjligt att undvika "blåshål" och kan användas för alternativa utformningar av byggnader, balkonger, vindskydd etc. Studien bidrar till att identifiera problemområden och ger förståelse för hur olika utformningar kan förstärka eller ge lä för vinden.

Mina poäng (max 7):

5 **Läs texten och lös uppgiften.** (En poäng för varje rätt svar)

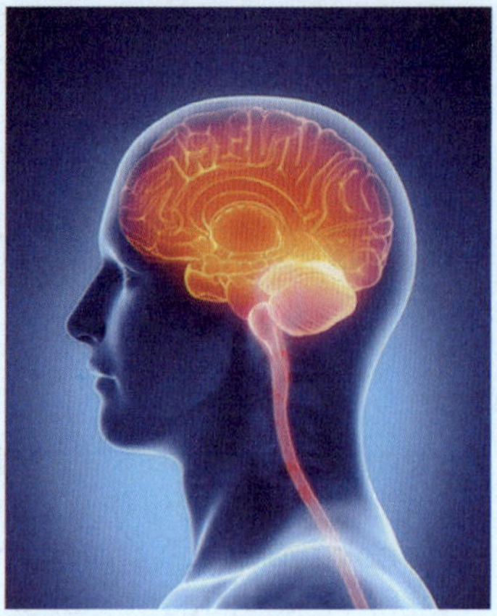

(1) Ordboken ger två olika betydelser av ordet ”minne”:
1. förmågan att komma ihåg;
2. den enhet i datorn som lagrar program och data.
(2) Vi ska här titta lite närmare på den mänskliga hjärnans förmåga att minnas och glömma.
(3) Med hjälp av minnet har vi förmåga att lagra erfarenheter och göra det möjligt att känna igen och lära. (4) Minnena blir en del av vår person och ger oss också en plats i tidsdimensionen.(5) Med hjälp av minnet kan tänkandet ta itu med de problem som möter oss.

Långtidsminnet

(6) I långtidsminnet lagras kunskap under mycket långa tidsperioder och utan att individen behöver anstränga sig. (7) Det finns ingen gräns för hur mycket information som kan lagras i långtidsminnet.(8) Information från långtidsminnet plockas fram, då individen befinner sig i en situation, där det behövs. (9) Långtidsminnet kan delas in i:
- det medvetna minnet som innehåller t.ex. middagsmenyn från igår, vår första skolfröken m.m. och olika färdigheter som vi behärskar: tala engelska, fakta om Finlands huvudstad, hur man uppträder i kyrkan m.m.
- (10) det omedvetna minnet som innehåller sådant vi lärt oss och sedan kan göra utan att tänka: cykla, simma, spela piano m.m.

Korttidsminnet

(11) I korttidsminnet finns information eller kunskap som du behöver för att hantera en aktuell situation, exempelvis att komma ihåg ett telefonnummer samtidigt som du letar efter en penna. (12) Korttidsminnet består av flera olika delar som kan hantera olika aspekter av information (exempelvis siffror, ord, visualiseringar). (13) Gemensamt för dessa delar är att de bara lagrar information som individen behöver just nu.
(14) Information som inte används kommer att försvinna från korttidsminnet.

Arbetsminnet

(15) är ett utvidgat korttidsminne, som kräver att du håller flera saker i huvudet samtidigt, t.ex. du ringer din mamma, samtidigt som du planerar middagen till kvällen och tänker på att du måste gå till banken före kl. 15.

Sjukdomar

(16) Vanligt förekommande sjukdomar som påverkar minnet är Alzheimers sjukdom och andra former av demens. (17) Amnesi betyder minnesförlust, t.ex. efter en olycka, en operation eller en mycket stark traumatisk upplevelse.
(18)Demens (från latin demens) betyder ordagrant "ifrån förstånd" (galen, tokig).
(19) De flesta fall av demens drabbar äldre personer, senil demens. (20) Bland människor över 80 år räknas demens som en folksjukdom och man räknar med att var femte person över 80 år har drabbats av någon typ av demenssjukdom.(20) Demens kallas även senilitet, vilket betyder gubbaktighet, ålderdomssvaghet. (21) Ordet senil kommer av latin (*senilis* av *senis* gubbe).
(22) Demens brukar ofta kallas de anhörigas sjukdom, eftersom familj och vänner med nära kontakt till den sjuke ofta i hög grad brukar påverkas. (23) Exempelvis kan det hända att den demente inte kan sköta sina dagliga rutiner eller inte längre hittar hem.

(24) Alzheimers sjukdom är den vanligaste formen av demens. (25) Denna obotliga och dödliga sjukdom bär namn efter den tyska psykiatern och neuropatologen Alois Alzheimer, som 1906 var först med att beskriva den.
(26) I allmänhet diagnostiseras sjukdomen hos personer över 65 år, även om Alzheimers sjukdom kan uppträda mycket tidigare. (27) I september 2009 var antalet människor i världen med alzheimerdiagnos mer än 35 miljoner. (28) Förekomsten av sjukdomen antas nå omkring 107 miljoner människor år 2050.
(29) I de tidiga stadierna av sjukdomen är det mest allmänt erkända symptomet minnesförlust, såsom svårighet att minnas nyligen inlärda fakta. (30) Man glömmer t ex hur man sätter på kaffebryggaren; man lägger handväskan i kylskåpet etc.
(31) När sjukdomen framskrider, framträder vanliga symptom som förvirring, irritabilitet och aggressivitet, humörsvängningar, stresskänslighet, minnesstörningar och en ökande tillbakadragenhet, när de psykiska funktionerna successivt försämras. (32) De kroppsliga funktionerna försämras också gradvis, vilket slutligen leder till döden. (33) Individuell prognos är svår att göra. (34) Det kan gå flera år, innan en person med alzheimer får tydliga symptom och en diagnos. (35) Den genomsnittliga livslängden efter en diagnos är cirka sju år. (36) Färre än tre procent lever mer än fjorton år efter diagnosen.

Kvinnligt - manligt

(37) En person med god skolutbildning klarar minnestester bättre än de med kortare utbildning.(38) Det anses bero på att man har lärt sig olika sätt att minnas och lära sig, när man studerar.
(39) En del forskare har visat att kvinnor har lättare att komma ihåg vad de läser och vad folk har sagt, medan männen är bättre på att komma ihåg t.ex. kartbilder. (40) Kvinnorna har också lättare att komma ihåg ansikten.

Text: Ann-Christine Olofsson

I vilken mening står följande? Numret står före meningen. Om du inte hittar motsvarigheten till en uppgift i texten blir svaret: Mening 0.

Exempel: Texten handlar om hur hjärnan minns och glömmer. **Mening** 2

Hjärngymnastik är bra för minnet. **Mening** 0

1. En svår händelse kan ge minnesförlust. **Mening** ☐

2. Man kan använda det omedvetna minnet utan att tänka. **Mening** ☐

3. Kvicksilver från amalgam kan orsaka Alzheimers sjukdom. **Mening** ☐

4. Män har ett bättre fotografiskt minne än kvinnor. **Mening** ☐

5. Informationen i korttidsminnet stannar inte kvar, om den inte behövs. **Mening** ☐

6. I långtidsminnet finns hur mycket plats som helst. **Mening** ☐

7. De flesta alzheimerpatienter är över 65 år. **Mening** ☐

Mina poäng (max 7):

Test 4

6 **Läs texterna och kryssa för vilket alternativ som är rätt.** (En poäng för varje rätt svar)

Vart är äldreomsorgen egentligen på väg? Jag tycker det är en skam för välfärdssamhället att våra gamla allt oftare behandlas på ett ovärdigt sätt! Många äldre väntar så länge på en plats i ett särskilt boende, att det i praktiken ofta är för sent.
Tiotusentals äldre på särskilda boenden får i sig alldeles för lite mat och näring för att täcka dagsbehovet. Jag anser att de boende på äldreboenden själva ska få bestämma matsedeln, få fler rätter att välja på och framför allt få mat som är hemlagad och näringsrik.
Dagligen läser vi om sår som kryllar av maskar, larmklockor som kopplats bort, äldre som trillar ur rullstolar och sängar, gamla som får fel medicin eller ingen alls. Det är ohållbart!
För många äldre är det ensamheten som är värst. Att inte ha någon att tala med och dela sina funderingar med. Personalen som kommer har inte tid, ofta sköter de bara det praktiska. Besparingar i kommunen leder till personalbrist, vilket naturligtvis leder till sämre vårdkvalitet.
Som sjuksköterska i hemtjänsten kan jag bara säga att många i personalen inte vågar tala ut om missförhållandena. Man tar, med hänsyn till det egna välbefinnandet, på sig en självvald censur. Men vi sjuksköterskor måste våga stå upp för patienterna och bryta oss loss från tystnadens kultur!
En annan synpunkt är att landstingen eller regionerna åter måste ta ansvar för de äldres hälsa. Dagens konstlade uppdelning av äldrevården mellan landsting och kommun fungerar inte. Delat ansvar är inget ansvar och ofta är det okunniga kommunala ekonomer som får för stort inflytande.

Nej, äldreomsorgen har vandrat fel. Den är bristfällig och måste reformeras. Hållningen i många frågor är helt uppåt väggarna. Kort sagt: Det är dags för en kompetent myndighet, mer resurser, socialt kompetenta läkare och välutbildad personal som förstår sig på äldrefrågor.

Lena Nilsson, sjuksköterska

Varje sommar dör hundar av värmeslag efter att ha lämnats i bilen. Jag tycker det är hemskt! Oskyldiga, fina hundar dör, bara för att husse eller matte lämnar dem på en parkeringsplats i gassande sol. Men inte bara det. Även "omtänksamma" hundägare som ställer bilen i skuggan vet antagligen inte hur fort temperaturen kan stiga. Ofta tar det bara några minuter tills bilen förvandlas till en dödsfälla. Här är två exempel: Står din bil i skuggan klockan 9:30 och det är 18 °C ute, har bilen ganska snart en temperatur på 38 °C. Är det 23 °C ute och du ställer bilen i solen klockan 13.30, kan temperaturen nå 80 °C. Det räcker inte med att öppna fönster för att ge tillräckligt med svalka. Hundägare, tänk er för på sommaren!

Anders Johnsson

1. Lena Nilsson tycker att
- ☐ a) personalen måste våga tala ut.
- ☐ b) personalen måste våga tala med de gamla.
- ☐ c) personalen måste våga ta mer ansvar.

2. Lena Nilsson säger att
- ☐ a) sjuksköterskor bestämmer för mycket.
- ☐ b) det ofta är ekonomer som styr.
- ☐ c) läkare har för lite tid.

3. Vilket alternativ passar som rubrik till Lena Nilssons insändare?
- ☐ a) Många äldre får för lite näring.
- ☐ b) Allvarliga brister i äldreomsorgen.
- ☐ c) Äldreomsorg - den förfärliga ensamheten.

4. Lena Nilsson skriver att
- ☐ a) de äldre får bestämma vad de vill äta.
- ☐ b) maten serveras för sent.
- ☐ c) de äldre får för lite och näringsfattig mat.

5. Anders Johnsson tycker att
- ☐ a) hundar kan lämnas i en bil som står i skuggan.
- ☐ b) hundar inte ska lämnas i bilen på sommaren.
- ☐ c) ett öppet fönster kan ge svalka.

6. Vilket alternativ passar bäst som rubrik till Anders Johnssons text?
- ☐ a) Bilen kan bli en dödsfälla.
- ☐ b) Låt hunden stanna hemma på sommaren!
- ☐ c) Hundar dör ofta i bilen.

Mina poäng (max 6):

Hörförståelse

7 Du får höra tre samtal. Du får lyssna på samtalen två gånger. (Två poäng för varje rätt svar) (67)

1. Var bor Johan? Sätt kryss i rätt hus.

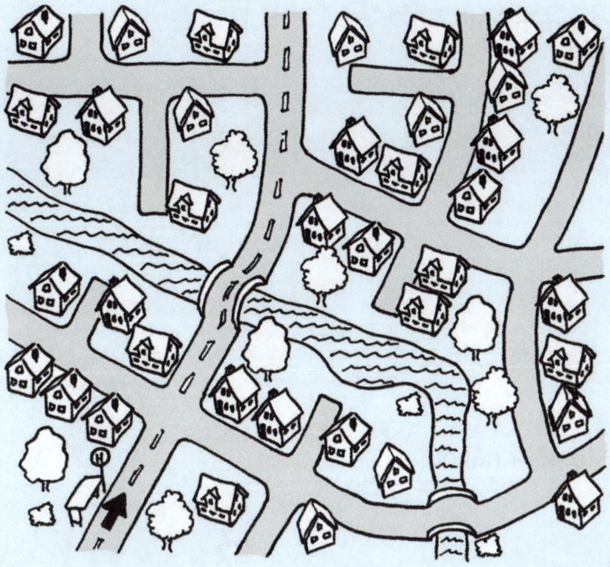

2. Var i teatersalongen ska de sitta? Markera platserna med kryss.

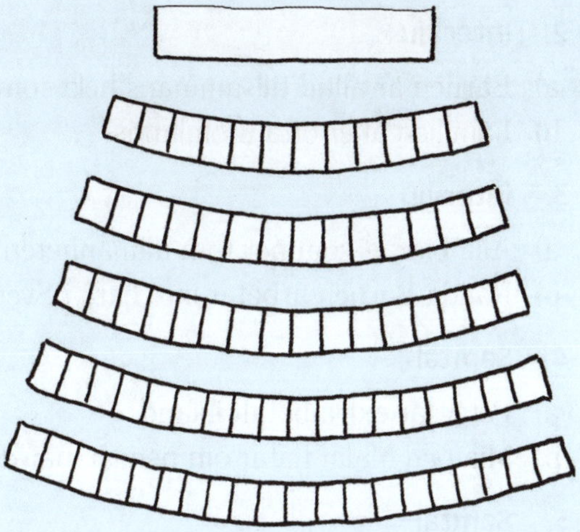

3. Vilken skjorta pratar de om? Sätt kryss i rätt ruta.

A ☐ B ☐ C ☐ D ☐

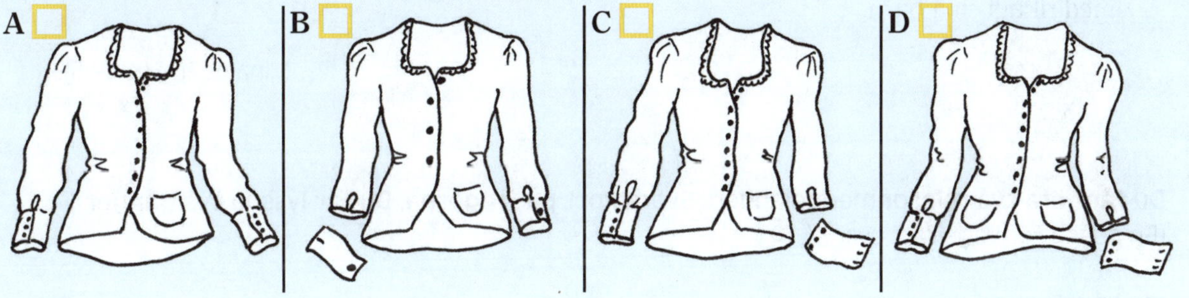

Mina poäng (max 6):

8 Du får höra sex nyhetsinslag. Till varje nyhet finns en rubrik. Fyll i rätt bokstav. Det finns fyra rubriker för mycket. Läs igenom rubrikerna innan du börjar. Du får lyssna två gånger.
(En poäng för varje rätt svar) (68)

Rubriker:

A Misshandel under lektionen
B På eftermiddagen är det farligast
C Lagar om arbetsmiljö förbättras
D Mer knark i Sverige
E Fler spelar poker på internet
F Dålig arbetsmiljö på fabriker
G Knark i kalsongerna
H Elev träffas i benet av luftpistol
I Arbetsolyckor ökar
J Ny undersökning kring spelberoende

Program 1: ☐
Program 2: ☐
Program 3: ☐
Program 4: ☐
Program 5: ☐
Program 6: ☐

Mina poäng (max 6):

9 **Du får höra tre intervjuer och två samtal som handlar om barn. Vad säger personerna? Kryssa för rätt eller fel. Du får lyssna två gånger.** (En poäng för rätt svar på a och b) (69)

	rätt	fel
1. Intervju		
a) Stefan arbetar på en tidning.	☐	☐
b) Stefan anser att köpt barnmat är lika nyttig som hemlagad.	☐	☐
2. Intervju		
a) Barnen är alltid tillsammans hela sommaren.	☐	☐
b) Familjen åker ofta utomlands.	☐	☐
3. Intervju		
a) Alla bidrag kommer från allmänheten.	☐	☐
b) Rädda Barnen arbetar inte bara i Sverige.	☐	☐
4. Samtal		
a) Peter får extra betalt ibland.	☐	☐
b) Mia och Malin tjatar om pengar, när de måste göra något.	☐	☐
5. Samtal		
a) Ingen av personerna vill flyga med en 1-åring.	☐	☐
b) En av personerna tycker inte, att man behöver resa utomlands med riktigt små barn.	☐	☐

Mina poäng (max 5):

10 **Du får höra två telefonmeddelanden. Svara kort på frågorna. Du får lyssna två gånger.** (En poäng för varje rätt svar) (70)

Meddelande 1:

1. Vad är problemet?

___

2. Vad har Arne för mobilnummer?

___

Meddelande 2:

1.. Vad ska de göra?

___

2. Vad frågar Eva Sara?

___

3. När kan Sara nå Eva?

___

Mina poäng (max 5):

Skriftlig uppgift

11 **Det är kväll och Sanna mejlar sin kompis, vad hon har gjort under dagen. Det har hänt ganska mycket. Din uppgift är att skriva Sannas mejl. Skriv ca 100 ord.** (Bedömning se facit)
Följande ord ska vara med:

sovmorgon – intressant tidningsartikel - tjejkompis – långpromenad – vårväder – cafeteria – bio – spännande film – hämtpizza – gym

Ämne:

Brödtext | Variabel bredd

Hej!
Idag har det varit en bra dag. Jag ______________________

Mina poäng (max 10):

Resultat

Muntlig uppgift	(Uppgifter 1 - 2, max 40 poäng)	
Ord och grammatik	(Uppgift 3, max 10 poäng)	
Läsförståelse	(Uppgifter 4 - 6, max 20 poäng)	
Hörförståelse	(Uppgifter 7 - 10, max 22 poäng)	
Skriftlig uppgift	(Uppgift 11, max 10 poäng)	

▶ Totalt (max 102 poäng)

Lektionswortschatz

Angabe des Substantivs:
Grundform, bestimmte Form Singular, unbestimmte Form Plural
Ein Strich (–) bedeutet, dass die Pluralform mit der Grundform identisch ist.

Angabe des Verbs:

ab Abschnitt 0:	Infinitiv, Präsens, Präteritum
ab Abschnitt 6:	Infinitiv, Präsens, Präteritum, Supinum (Perfekt, Plusquamperfekt)

Angabe des Adjektivs:
Grundform, t-Form, Plural

Abkürzungen:

ngn, ngt	någon, något
vard.	vardagligt
oböjl.	oböjligt
jmd., jmdn. jmdm.	jemand, jemanden, jemandem

OBS! Hinweise zu »false friends« und sprachlichen Besonderheiten

5 Die Nummernangaben beziehen sich auf die Nummern im Lehrbuch.

(95) Der Lektionswortschatz ist eingesprochen. Die mp3-Dateien können im Downloadbereich auf www.groa.de heruntergeladen werden.

Hej och välkommen! Avsnitt 0

2 Den är spännande! (71)

bläddra -r -de	blättern
välj/a -er, valde	wählen
stämningsfull -t -a	stimmungsvoll
häftig -t -a	heftig, hier: cool
löjlig -t -a	albern
konstnär -en -er	Künstler
friluftsmuseum, -museet, -museer	Freilichtmuseum
vattentorn -et -	Wasserturm
ekoeffekt -en -er	Echo-Effekt
tunnbröd -et -	dünnes, weiches Fladenbrot
polkagris -en -ar	rot-weiße Zuckerstange
gruva -n, gruvor	Grube
vattenfall -et -	Wasserfall
ruin -en -er	Ruine

3 Sjung med!

i fortsättningen	weiterhin, in Zukunft
Ju mer ...	Je mehr ...
tillsammans	zusammen
glad, glatt, glada	froh, fröhlich
bli -r, blev	werden

4 Resan genom Sverige

surströmming -en -ar	vergorener Hering
testanläggning -en -ar	Testanlage

5 Landskapspussel

pussel, pusslet, pussel	Puzzle
betydelse -n -r	Bedeutung
ändå	trotzdem

Heja, heja, ... Avsnitt 1

Startsidan (72)

samla -r -de **på ngt**	etwas sammeln
sticka -r -de	stricken
meditera -r -de	meditieren
måla -r -de	malen
datorspel -et -	Computerspiel

1 Några ljud

ljud -et -	Geräusch
snickra -r -de	tischlern
sjung/a -er, sjöng	singen
kör -en -er	Chor
dansa -r -de	tanzen
sy -r -dde	nähen
träna -r -de **agility**	Agility trainieren (Hundesport)

2 Veckans fråga

pyssla -r -de — herumpusseln, basteln
surfa -r -de — surfen
jaga -r -de — jagen
tävla -r -de — wetteifern, am Wettkampf teilnehmen
fota -r -de (fotografera) — fotografieren
fritid -en — Freizeit
bruka -r -de — pflegen, immer tun
tillsammansfaktorn — das Zusammensein
ingenting — nichts
en gång — einmal
film -en -er — Film
nät -et - — Netz
jägarexamen -examen, examina — Jagdschein
ute — draußen
auktion -en -er — Versteigerung
gå -r, gick **på auktion** — auf eine Versteigerung gehen
bli -r, blev — werden
det brukar bli — es wird/werden immer
två tävlingar om året — zwei Wettkämpfe im Jahr
vara, är, var **intresserad av** — interessiert sein an
matlagning -en — Kochen
matlagningskurs -en -er — Kochkurs

3 Verbet bruka (73)

spela -r -de **kort** — Karten spielen

4 En intervju med Linda och Thomas

hobby -n -er — Hobby
utöva -r -de — ausüben
utomlands — im/ins Ausland
en gång om dagen — einmal am Tag
en gång i veckan — einmal in der Woche
en gång i månaden — einmal im Monat
en gång om året — einmal im Jahr

5 Fritidssnack

stängd — geschlossen
bäst — am besten
fritidssnack -et - — Gespräch über Freizeitaktivitäten
fortfarande — immer noch
hinn/a -er, hann — schaffen (zeitlich)
knappast — kaum
ju — wie du weißt
numera — zur Zeit
plugga -ar -de — studieren, pauken
basket -en — Basketball
sist — zuletzt
vilja, vill, ville — wollen
jo — doch
plan -en -er — Plan
fritidspedagog -en -er — Erzieher(in)
då och då — ab und zu
idrottsförening -en -ar — Sportverein

6 Min fritid (74)

medlem -men -mar — Mitglied
klubb -en -ar — Club
orkester -n, orkestrar — Orchester
avkopplande — entspannend
tidskrävande — zeitaufwendig

7 dj, gj, hj och lj

djungel -n, djunglar — Dschungel
djup — tief
fiskgjuse -n -gjusar — Fischadler
gjutjärn -et — Gusseisen
ljung -en — Heidekraut

8 Ord i fokus - idrott/sport

fotboll -en — Fußball
innebandy -n — Floorball
simning -en -ar — Schwimmen
handboll -en — Handball
golf -en — Golf
ishockey -n — Eishockey
klättring -en -ar — Klettern
längdskidåkning -en — Langlauf
slalom -en — Slalom
långfärdsåkning -en / **långfärdsskridskoåkning** -en — Langstreckenschlittschuhlauf
orientering -en -ar — Orientierungslauf
segling -en -ar — Segeln
kampsport -en -er — Kampfsport
friidrott -en -er — Leichtathletik
basket -en — Basketball
tennis -en — Tennis

9 Fyra aktiviteter som svenskar gillar

sträcka -n, sträckor — Strecke
kompass -en -er — Kompass
kontroll -en -er — Kontrolle
igenom — durch
slingrande — schlängelnd
bana -n, banor — Bahn
port -en -ar — Tor
inomhus — drinnen, im Haus
målvakt -en -er — Torwart
klubba -n, klubbor — Schläger

10 Såg du matchen? (75)

match -en -er — Spiel
mot — gegen
stenhård, -hårt, -hårda — steinhart, sehr hart
Inte illa! — Nicht schlecht!
båda — beide
lag -et - — Mannschaft
urdålig -t -a — grottenschlecht
halvlek -en -ar — Halbzeit
mål -et - — Tor, Ziel

Suveränt!	Souverän!, Super!, Toll!
IF (idrottsförening -en -ar**)**	Sportverein

11 Substantiv - plural

utrustning -en -ar	Ausrüstung
hämta -r -de	holen
tennisboll -en -ar	Tennisball
ge -r, gav	geben
klubba -n, klubbor	Schläger
puck -en -ar	Puck
knä -t -n	Knie
hjälm -en -ar	Helm
hantel -n, hantlar	Hantel
stav -en -ar	Stock
knäskydd -et -	Knieschutz
racket -en -ar	Schläger (Tennis, Tischtennis, Badminton)
handske -n, handskar	Handschuh

12 Sjung med!

hand -en, händer	Hand
glad, glatt, glada	fröhlich, froh
glädja, gläder, gladde	erfreuen
glädja, gläder, gladde **sig**	sich freuen
denna	diese/r/s
jord -en -ar	Erde
slå -r, slog	schlagen
stampa -r -de	stampfen
fot -en, fötter	Fuß
knäpp/a -er -te	schnippsen
finger, fingret, fingrar	Finger
alltihop	alles

13 Orientering (76)

spring/a -er, sprang	laufen
testa -r -de	testen, probieren
gå -r, gick **ut på**	beinhalten
sporthall -en -ar	Sporthalle
heja -r -de **på**	für einen Verein sein, anfeuern
idrottare -n -	Sportler/in
delta -r, deltog	teilnehmen

14 Dikesdykning

extrem -t -a	extrem
dikesdykning -en -ar	Grabentauchen
där	bei dem/der/denen, wo
dyk/a -er, dök	tauchen
dike -t -n	Graben
verka -r -de	scheinen
tokig -t -a	verrückt
simmare -n -	Schwimmer/in
bassäng -en -er	Becken
annorlunda	anders
t.o.m. (till och med)	sogar
nämligen	nämlich
häftig -t -a	abgefahren, cool, stark
rejäl -t -a	ordentlich, tüchtig
adrenalinkick -en -ar	Adrenalinkick
knasig -t -a	bescheuert, durchgeknallt
SM (svenskt mästerskap)	schwedische Meisterschaft
vinnare -n -	Gewinner
VM (världsmästerskap)	Weltmeisterschaft
smutsig -t -a	schmutzig
djup -t -a	tief
simfötter	Schwimmflossen
snorkel -n, snorklar	Schnorchel
cyklop -et -	Taucherbrille, -maske
blöt, blött, blöta	nass
dö -r, dog	sterben
hjärna -n, hjärnor	Gehirn
Nu kör jag!	Jetzt geht's los!
bli -r, blev **kär**	sich verlieben
direkt	sofort, direkt
skratta -r -de	lachen
före	vor
tips -et -	Tipp
vinn/a -er, vann	gewinnen
le -r, log	lächeln

Apropå

Sveriges minsta	Schwedens kleinste
bred, brett, breda	breit
rik -t -a **på**	reich an
fornlämning -en -ar	archäologische Überreste
resta stenar	aufgerichtete Steine
skeppssättning -en -ar	Schiffssetzung
större städer	größere Städte
sitt sommarresidens	ihre Sommerresidenz

OBS!

1.	**blöt**	nass
	dum, knasig	blöd
2.	**sticka**	stricken
	brodera	sticken
3.	**simma**	schwimmen
	svimma	in Ohnmacht fallen
4.	**närmaste**	nächste (räumlich)
	nästa	nächste (zeitlich)
5.	**spela**	spielen (Instrument, Sportart, Karten, Brettspiel)
	leka	bei spielenden Kindern und Kinderspielen, z. B.: **Olle leker i sanden. Barnen leker kurragömma** (Verstecken).

Snygg tröja! Avsnitt 2

Startsidan (77)

vilken, vilket, vilka	welcher, welche, welches
tröja -n, tröjor	Pullover
kvalitet -en -er	Qualität
stor -t -a	groß
jeans -en (plural)	Jeans
dyr -t -a	teuer
klänning -en -ar	Kleid
gammal -t, gamla	alt
mönster, mönstret, mönster	Muster
slips -en -ar	Schlips
hatt -en -ar	Hut

1a På varuhuset

undra -r -de	sich fragen, gerne wissen mögen
avdelning -en -ar	Abteilung
plan -et -	Geschoss
nedre plan	Untergeschoss

1b

gummistövel -n, -stövlar	Gummistiefel
hårborste -n, -borstar	Haarbürste
tuschpenna -n, -pennor	Filzstifte
strumpa -n, strumpor	Strumpf
gryta -n, grytor	Kochtopf

1c

leta -r -de **efter**	suchen nach
sök/a -er -te	suchen
rulltrappa -n, rulltrappor	Rolltreppe

2a Ord i fokus - färger (78)

färg -en -er	Farbe
orange (oböjl.)	orange
brun -t -a	braun
gul -t -a	gelb
vit, vitt, vita	weiß
lila (oböjl.)	lila
röd, rött, röda	rot
blå, blått, blåa	blau
grå, grått, gråa	grau
svart, svart, svarta	schwarz
grön -t -a	grün
rosa (oböjl.)	rosa

2b

renhet -en	Reinheit
kärlek -en -ar	Liebe
symbolisera -r -de	symbolisieren
stabilitet -en	Stabilität
sorg -en -er	Trauer
förtroende -t -n	Vertrauen
ungdomlighet -en	Jugendlichkeit
energi -n -er	Energie
kvinnlighet -en	Weiblichkeit
neutral -t -a	neutral
karaktär -en -er	Charakter
kreativitet -en	Kreativität
Jag tycker bäst om ...	Ich mag am liebsten ...
vara, är, var **inne**	in sein, modern sein

3 Adjektiv - obestämd form

praktisk -t -a	praktisch
ful -t -a	hässlich
kort, kort, korta	kurz
opraktisk -t -a	unpraktisch
antik -t -a	antik

4 Sjung med!

brokig -t -a	farbenfroh, bunt
visa -r -de	zeigen
visa -n, visor	Lied
därför	darum, deshalb

5 Framför skyltfönstret (79)

blommig -t -a	geblümt
mena -r -de	meinen
en sådan, ett sådant, sådana	so eine/n, solche
läcker, läckert, läckra	lecker, hier: schick, cool
redan	schon
ha -r, hade **rätt i**	recht haben

6a Ord i fokus - kläder och mönster

stövel -n, stövlar	Stiefel
trosa -n, trosor	Slip
bh/behå -n -ar	BH
kavaj -en -er	Jacket, Sakko, Blazer
kjol -en -ar	Rock
dräkt -en -er	Kostüm
sko -n -r	Schuh
kappa -n, kappor	Mantel
mössa -n, mössor	Mütze
halsduk -en -ar	Schal
skärp -et -	Gürtel
slips -en -ar	Schlips
sjal -en -ar	Tuch, Schal
jacka -n, jackor	Jacke
klänning -en -ar	Kleid
topp -en -ar	Shirt für Damen
t-shirt -en -ar	T-Shirt
blus -en -ar	Bluse
linne -t -n	Unterhemd, Top
cardigan -en -er	Strickjacke

skjorta -n, skjortor	Hemd
väst -en -ar	Weste
byxa -n, byxor (ett par byxor)	Hose
kostym -en -er	Anzug
handske -n, handskar (ett par handskar)	Handschuh
socka -n, sockor	Strumpf
strumpa -n, strumpor	Strumpf
tröja -n, tröjor	Pullover
kalsong -en -er	Unterhose
pyjamas -en -ar	Pyjama

6b

randig -t -a	gestreift
rutig -t -a	kariert
prickig -t -a	gepunktet
blommig -t -a	geblümt
mönstrad, mönstrat, mönstrade	gemustert
enfärgad, enfärgat, enfärgade	einfarbig
färgglad, färgglatt, färgglada	bunt, farbenfroh

6c

tjusig -t -a	entzückend
trendig -t -a	trendig
underbar -t -a	wunderbar
elegant, elegant, eleganta	elegant
hemsk -t -a	schrecklich
ha -r, hade **på sig**	anhaben
mys/a -er -te **framför tv:n**	es vor dem Fernseher gemütlich haben

7 (80)

bröllop -et -	Hochzeit
nervös -t -a	nervös
Vad sjutton ...	Was in aller Welt .../ Was zum Teufel ...
uppklädd, -klätt, -klädda	schick gemacht
trasig -t -a	kaputt
seriös -t -a	seriös
piercing -en -ar	Piercing
avsky -r -dde	verabscheuen, nicht abkönnen
strunta -r -de **i ngt**	auf etwas pfeifen, sich nichts daraus machen

9 Titta, vilken snygg kofta!

bomull -en	Baumwolle

10 Inne i butiken

plagg -et -	Kleidungsstück
50-årskalas -et -	Fest zum 50. Geburtstag
provrum -met -	Umkleidekabine

11 Sj-ljudet och tj-ljudet

skjutsa -r -de **ngn**	jmdn. fahren
skjul -et -	Schuppen
stjärna -n, stjärnor	Stern
stjälk -en -ar	Stiel
schimpans -en -er	Schimpanse
chock -en -er	Schock
vision -en -er	Vision
kollision -en -er	Kollision
pension -en -er	Rente, Pension
kollektion -en -er	Kollektion
chili -n	Chili
tjock -t -a	dick

12 Ge en komplimang! (81)

klä -r, klädde	stehen
Tröjan klär dig!	Der Pullover steht dir!

13 I provrummet

trång -t -a	eng
kanske	vielleicht
för trång	zu eng
åt mig	für mich
hoppas, hoppas, hoppades	hoffen
bättre	besser
siden -et	Seide

14 I klädbutiken

prova -r -de	anprobieren
sammet -en	Samt
ylle -t	Wolle
läder, lädret	Leder

15 Mode i rullstol

mode -t -n	Mode
textilier (plural)	Textilien
forskning -en -ar	Forschung
rullstol -en -ar	Rollstuhl
konstruera -r -de	konstruieren
även om	auch wenn
designlösning -en -ar	Designerlösung
vidareutveckla -r -de	weiterentwickeln
kommersiell	kommerziell

OBS!

1.	**kjol**	Rock
	rock	Herrenmantel
2.	**dräkt**	Kostüm
	kostym	Anzug
3.	**topp**	Shirt für Damen
	linne	Top
4.	**klänning**	Kleid
	kläder	Kleider
	förkläde	Schürze
5.	**prova**	anprobieren
	smaka	probieren, kosten
	pröva	ausprobieren

Startseite (82)

gps gps:n, gps:er	GPS
surfplatta -n, -plattor	Tablet
laptop -pen -par	Laptop
mp3-spelare -n -	MP3-Player
grammofon -en -er	Grammofon
kamera -n, kameror	Kamera
radio -n, radioapparater	Radio
dator -n -er	Computer
media -n, medier	Medium
omkring	um und bei
tvivla -r -de	zweifeln

1a

meddelande -t -n	Mitteilung, Nachricht
otur -en	Pech
motorstopp -et -	Panne
utanför	vor
först	erst
puss -en -ar	Küsschen
ramla -r -de	hinfallen
trappa -n, trappor	Treppe
skjutsa -r -de **ngn**	jmdn. fahren
lägg/a -er, lade **av**	kaputt sein
tenta -r -de	Klausur schreiben
kram -en -ar	Umarmung
dum -t -ma	dumm, blöd
älskling -en -ar	Liebling
självklar -t -a	selbstverständlich
Stackars dig!	Du Arme/Armer!
virus -et -	Virus
genast	sofort

1b

varför	warum
därför	darum, weil
krångla -r -de	Probleme machen
missa -r -de	verpassen
bilkö -n -er	Stau
vara, är, var **förkyld**	erkältet sein

2 Ord i fokus - arbetsplats och dator (83)

skärm -en -ar	Schirm
sax -en -ar	Schere
kopiator -n -er	Kopierer
skrivare -n -	Drucker
kulspetspenna -n, -pennor	Kugelschreiber
tangentbord -et -	Tastatur
kabel -n, kablar	Kabel
pärm -en -ar	Ordner
mus -en, möss	Maus
usb-minne -t -n	USB-Stick
spara -r -de	speichern
stäng/a -er -de	schließen
kopiera -r -de	kopieren
ångra -r -de	rückgängig machen
skriv/a -er, skrev **ut**	ausdrucken
öppna -r -de	öffnen
bifoga -r -de	anhängen
sök/a -er -te	suchen
ta -r, tog **bort**	entfernen
radera -r -de	entfernen

3 Mias laptop

tur -en	Glück
ledig -t -a	frei
henne	sie, ihr
hos	bei
bjud/a -er, bjöd	einladen
honom	ihn, ihm
konstig -t -a	merkwürdig, komisch
fatta -r -de	verstehen
helt	ganz
kass -t -a	kaputt
krasch -en -er	Absturz
lös/a -er -te	lösen
mig	mich, mir
koppla -r -de	verbinden
igen	wieder
händ/a -er, hände	passieren
faktiskt	tatsächlich
systemprogram -met -	Systemprogramm
funka -r -de	funktionieren
klicka -r -de	klicken
starta -r -de **om**	neu starten
logga -r -de **in**	einloggen
knappa -r -de **in**	eingeben
lösenord -et -	Passwort
fil -en -er	Datei
fel -et -	Fehler
prestanda -n -	Leistung
lätt, lätt, lätta	leicht
tunn, tunt, tunna	dünn
klar -t -a	klar
skärpa -n	Schärfe
ladda -r -de **ner**	herunterladen
bussig -t -a	lieb
klara -r -de	schaffen
nog	wahrscheinlich

4 Mobilsnack (84)

nöjd, nöjt, nöjda	zufrieden
den	ihn, ihm, sie, ihr, es
högtalare -n -	Lautsprecher

smidig -t -a	geschmeidig
batteritid -en -er	Akkulaufzeit
mikrofon -en -er	Mikrofon
prisvärd, -värt, -värda	preiswert
snabb -t -a	schnell
strömsnål -t -a	stromsparend
fasta -r -de	fasten

Apropå

under	während
flera	mehrere
fred -en -er	Frieden
större	größere

5 Personliga pronomen

posta -r -de	(Brief, Paket) abschicken
följ/a -er -de **med**	mitkommen

6 Kan jag byta den? (85)

förra	letzte, letztes
byt/a -er, bytte	tauschen, umtauschen
mick -en -ar	Mikrofon
modell -en -er	Modell
lova -r -de	versprechen

Apropå

öppet köp	offener Kauf
bytesrätt -en	Umtauschrecht
konsument -en -er	Konsument
ändra -r -de **sig**	sich ändern
inom	innerhalb
erbjud/a -er, erbjöd	anbieten
regel -n, regler	Regel
innan	bevor
villkor -et -	Bedingung
gäll/a -er -de	gelten
spara -r -de	aufheben

7 Lite statistik

mejla -r -de	mailen
chatta -r -de	chatten
blogga -r -de	bloggen
skajpa -r -de	skypen
aktiv -t -a	aktiv
datorspel -et -	Computerspiel
bankärende -t -n	Bankgeschäft
skattedeklaration -en -er	Steuererklärung
regelbundet	regelmäßig
då och då	manchmal
sällan	selten

8 S-ljudet

social -t -a	sozial
zebra -n, zebror	Zebra
zon -en -er	Zone
zoo -et -n	Zoo
zooma -r -de	zoomen

9a Chip i handen (86)

chip -et -	Chip
teknologi -n -er	Technologie
komm/a -er, kom **att**	werden
ersätt/a -er, ersatte	ersetzen
kod -en -er	Code
medlemskort -et -	Mitgliedskarte, -ausweis
framtid -en -er	Zukunft
svensk -en -ar	Schwede/Schwedin
form -en -er	Form
riskorn -et -	Reiskorn
anse -r, ansåg	meinen
teknik -en -er	Technik
tanke -n, tankar	Gedanke
betalkort -et -	Bezahlkarte
rabattkort -et -	Rabattkarte
omodern -t -a	unmodern
olika	verschiedene
plastkort -en -	Plastikkarte
handväska -n, -väskor	Handtasche
håll/a -er, höll **med**	zustimmen
kritisk -t -a	kritisch
vara, är, var **rädd**	Angst haben
förlora -r -de	verlieren
integritet -en	Integrität
operera -r -de	operieren
hud -en -ar	Haut
enkel, enkelt, enkla	einfach
knappast	kaum
göra, gör, gjorde **ont**	weh tun
öra -t, öron	Ohr
mena -r -de	meinen
lantbrukare -n -	Landwirt
galen, galet, galna	verrückt
människa -n, människor	Mensch
onödig -t -a	unnötig
uppfinning -en -ar	Erfindung
osäker -t, osäkra	unsicher
Jag får väl se.	Ich werde mal sehen.
visst	gewiss
samtidigt	gleichzeitig
läskig -t -a	gruselig

9b

tumme -n, tummar	Daumen
pekfinger, -fingret, -fingrar	Zeigefinger
pendla -r -de	pendeln
åsikt -en -er	Ansicht
äldrevård -en	Altenpflege
bli -r, blev **påmind om**	erinnert werden

10 Medier (87)

väderprognos -en -er	Wetterbericht
ledare -n -	Leitartikel

nyhet -en -er	Nachricht, Neuigkeit
inrikes (oböjl.)	Inlands-, Binnen-
utrikes (oböjl.)	Auslands-
deckare -n -	Krimi
annons -en -er	Anzeige
radioteater -n, -teatrar	Hörspiel im Radio
ekonomi -n -er	Wirtschaft
långfilm -en -er	Spielfilm
dokumentär -en -er	Dokumentation
helst	am liebsten
när	wenn, wann

11 Verb - futurum

om ett halvår	in einem halben Jahr
i övermorgon	übermorgen
nästnästa vecka	übernächste Woche

12 Framtidsplaner

framtidsplan -en -er	Zukunftsplan
skaffa -r -de	anschaffen
utomlands	im Ausland

13 Spåkvinnan

spåkvinna -n, -kvinnor	Wahrsagerin
händelse -n -r	Ereignis

Apropå

marknad -en -er	Markt
hemslöjd -en	Handwerk
kläder	Kleider
spå -r, spådde	wahrsagen
trängsel -n	Gedränge

OBS!

1. **passera** – durchgehen, passieren
   hända – passieren, geschehen
2. **skrivare** – Drucker
   tryckare – Engtanz
3. **fil** – Datei, Spur (auf der Straße)
   fil (filmjölk) – Schwedenmilch
4. Ordet **funka** kommer av ordet **fungera.**
5. **tänka** – denken, werden; z. B.:
   Jag tänker åka till Lund.
   [Ich werde nach Lund fahren.]
   Jag tänker på dig. [Ich denke an dich.]
   tro – denken, glauben; z. B.:
   Jag tror att vädret blir fint i morgon.
   [Ich denke (glaube), dass das Wetter morgen schön wird.]

Mat och fest — Avsnitt 4

Startseite (88)

kåldolmar	Hackfleisch, eingewickelt in Kohl
hasselbackspotatis	eingeschnittene Kartoffeln, im Ofen gebacken
pyttipanna	Kartoffeln, Zwiebeln und anderes in kleine Würfel geschnitten, in der Pfanne gebraten (Resteessen)
raggmunkar	eine Art Kartoffelpuffer
bruna bönor med fläsk	braune Bohnen in süßer Soße mit Bauchfleisch
ostkaka	eine Art Käsekuchen
kroppkakor	mit Speck gefüllte Kartoffelklöße

1 Den svenska maten

den svenska maten	das schwedische Essen
rad -en -er	Reihe, Zeile
utgöra, -gör, -gjorde	ausmachen
del -en -ar	Teil
typisk -t -a	typisch
inhemsk -t -a	einheimisch
råvara -n, råvaror	Rohstoff, hier: Lebensmittel
griskött -et	Schweinefleisch
råg -en	Roggen
korn -et	Gerste
rotfrukt -en -er	Wurzelgemüse
hjortron -et -	Moltebeere
ingrediens -en -er	Zutat
maträtt -en -er	Gericht
specialitet -en -er	Spezialität
regional -t -a	regional
nationalisering -en -ar	Nationalisierung
sen -t -a	spät
fenomen -et -	Phänomen
influera -r -de	beeinflussen
förr	früher
konservera -r -de	konservieren
lutfisk -en -ar	Stockfisch
surströmming -en -ar	gegorener Ostseehering
gröt -en -ar	Grütze
bas -en -er	Basis
makaron -en -er	Makkaroni
medicin -en -er	Medizin
social -t -a	sozial

belöning -en -ar	Belohnung
njutning -en -ar	Genuss
duka -r -de **upp**	aufdecken
begravning -en -ar	Beerdigung
dop -et -	Taufe
tillsats -en -er	Zusatz

2 Surströmming (89)

enzym -en -er	Enzyme
jäs/a -er -te	gären
bakterie -n -r	Bakterie
lukta -r -de	riechen
läger, lägret, läger	Lager
skarp -t -a	scharf
unken, unket, unkna	muffig
rutten, ruttet, ruttna	verrottet
lukt -en -er	Geruch
gräddfil -en -er	Saure Sahne, Schmandt
burk -en -ar	Dose

Apropå

tillverka -r -de	herstellen
längs	entlang

3 Adjektiv

smarrig -t -a	lecker, saftig

4 Traditionella landskapsrätter

smaskig -t -a	superlecker
läcker, läckert, läckra	lecker
lyxig -t -a	luxeriös
mumsig -t -a	lecker
äggkaka -n, -kakor	Eierkuchen, eine Art Pfannkuchen, der mit Speck und Preiselbeeren serviert wird.
långkål -en	Grünkohl
grynkorv -en -ar	Wurst aus Schweinefleisch, Graupen und Kräutern
makrillsoppa -n, -soppor	Makrelensuppe
råraka -n, rårakor	Kartoffelpuffer
älgstek -en -ar	Elchbraten
souvas pirko	Eintopf mit Rentierfleisch
pitepalt -en -ar	Klöße aus Kartoffeln, Gerstenmehl und Speck (stammt aus Piteå)
surströmmingsklämma -n, -klämmor	Surströmming, der in »tunnbröd« zusammen mit Kartoffeln, Schmandt und roten Zwiebeln eingerollt wird.
Sorundatårta -n, -tårtor	Mürbeteigtorte mit Apfelmus.
saffranspannkaka -n, -pannkakor	Pfannkuchen mit Safran
sjömansbiff -en -ar	Eintopf mit Rindfleisch, Kartoffeln, Lorbeerblättern und dunklem Bier.

5 Tungvrickare (90)

lax -en -ar	Lachs
västkustsk -t -a	von der Westküste
tungvrickare -n -	Zungenbrecher
vricka -r -de	verstauchen
pepparkorn -et -	Pfefferkorn
kopparpanna -n, -pannor	Kupferpfanne

6 Ord i fokus - nationalitetsadjektiv

svensk -t -a	schwedisch
italiensk -t -a	italienisch
tysk -t -a	deutsch
spansk -t -a	spanisch
fransk -t -a	französisch
grekisk -t -a	griechisch
turkisk -t -a	türkisch
kinesisk -t -a	chinesisch
thailändsk -t -a	thailändisch
indisk -t -a	indisch
japansk -t -a	japanisch
indonesisk -t -a	indonesisch

7 Jag gillar kinesisk mat

ha -r, hade **råd**	sich etwas leisten können
lyxa -r -de **till det**	sich Luxus leisten
snabbmatställe -t -n	Schnellimbiss
inslag -et -	Einschlag
kvarterskrog -en -ar	Kneipe im Viertel
spontan -t -a	spontan
eftersom	weil
föredra -r, föredrog	vorziehen

8 Ord i fokus - ett dukat bord (91)

ett dukat bord	ein gedeckter Tisch
duk -en -ar	Tischdecke
kniv -en -ar	Messer
gaffel -n, gafflar	Gabel
sked -en -ar	Löffel
dessertsked -en -ar	Dessertlöffel
tallrik -en -ar	Teller
sopptallrik -en -ar	Suppenteller
(vin)glas -et -	(Wein)Glas
servett -en -er	Serviette
saltströare -n -	Salzstreuer
salt -et -er	Salz
pepparströare -n -	Pfefferstreuer
peppar -n	Pfeffer
duka -r -de **fram**	aufdecken
det fattas	es fehlt

9a Det var urgott!

urgod, -gott, -goda	superlecker
meny -n -er	Menü
full -t -a	voll
just då	gerade da, zu der Zeit
för en timme sedan	vor einer Stunde

tänd/a -er, tände	anzünden
Smaklig måltid!	Guten Appetit!

9d

avsluta -r -de	beenden
saftig -t -a	saftig
gratäng -en -er	Gratin
mör	zart
kladda -r -de	herumschmieren
orka -r -de	schaffen (körperlich)
proppmätt, -mätt, -mätta	voll, total satt
ät/a -er, åt **upp**	aufessen
efterrätt -en -er	Nachtisch
nota -n, notor	Rechnung

10 Sjung med!

munk -en -ar	Krapfen, Mönch
fet, fett, feta	fett
hål -et -	Loch
nåt (något)	etwas
annan, annat, andra	andere/s/r
biff -en -ar	Beefsteak
plätt -en -ar	kleiner Pfannkuchen

11a Vickning (92)

gäst -en -er	Gast
småtimmarna	nachts zwischen eins u. drei
inflyttningsfest -en -er	Haus-/Wohnungseinweihungsparty
rätt -en -er	Gericht, Essen
succé -n -er	Erfolg
linda -r -de **in**	einwickeln
deg -en -ar	Teig
värm/a -er -de	aufwärmen

11b

smörgåsbord -et -	Buffet
julbord -et -	Buffet zu Weihnachten
påskbord -et -	Buffet zu Ostern
knytkalas -et - **/knytis**	Mitbringparty
mellanmål -et - **/mellis**	Zwischenmahlzeit
middag -en -ar	Mittag, Diner

11c

inbjudningskort -et –	Einladungskarte
egen, eget, egna	eigene/s/r
dans -en -er	Tanz
vigsel -n, vigslar	Trauung
äg/a -er -de **rum**	stattfinden
klädsel -n, klädslar	Kleidung, hier: Dresscode

senast	spätestens
humör -et -	Laune

Apropå

förkortning -en -ar	Abkürzung
o.s.a. (om svar anhålles)	Um Antwort wird gebeten.

12 Att tacka nej (93)

tacka -r -de **nej**	absagen
stressig -t -a	stressig
inbjudan, inbjudan, inbjudningar	Einladung
ledsen, ledset, ledsna	traurig
Det menar du inte!	Wirklich?, Echt?
Det är/var synd!	Das ist schade!
tråkig -t -a	traurig, schade, trist
glögg -en -ar	schwedischer Glühwein
doppa -r -de	tunken
doppa i grytan	Brot in den Schinkensud tunken
lillejulafton -en, -aftnar	Tag vor Heiligabend
affärsresa -n, -resor	Geschäftsreise

13 Tack för inbjudan!

anledning -en -ar	Anlass
bjudna (plural)	eingeladen
tacka -r -de **ja**	zusagen
picknick -en -ar	Picknick

16 Plötsligt ville jag bli kock!

plötslig -t -a	plötzlich
vilja, vill, ville	wollen
kock -en -ar	Koch
satsa -r -de **på ngt**	auf etwas setzen
lyft/a -er, lyfte **fram**	hervorheben
fundera -r -de	überlegen
utbildning -en -ar	Ausbildung
veta, vet, visste	wissen
visserligen ... men	zwar ... aber
kockyrke -t -n	Beruf als Koch
yrke -t -n	Beruf
stressig -t -a	stressig
knepig -t -a	schwierig
påpeka -r -de	bemerken, darauf hinweisen
upptäck/a -er -te	entdecken
talang -en -er	Begabung, Talent
både ... och	sowohl ... als auch
stenhård -t -a	steinhart, hammerhart
äntligen	endlich
värdshus -et -	Wirtshaus
jodå	doch, klar

OBS!

1. **läcker** bedeutet auch: **schick, flott, sexy**
2. **humör** -et Laune
   humor -n Humor

Vi ses i kväll! Avsnitt 5

Startsidan (94)

sightseeingtur -en -er	Sightseeingtour
utställning -en -ar	Ausstellung
gå -r, gick **på en utställning**	in eine Ausstellung gehen
opera -n, operor	Oper
föredrag -et -	Vortrag
bio -n, biografer	Kino
teater -n, teatrar	Theater
konsert -en -er	Konzert
disko -t -n	Disco
gå -r, gick **ut och äta**	essen gehen
gå -r, gick **ut och dansa**	tanzen gehen
hellre	lieber

1 Ord i fokus - några yrken

yrke -t -n	Beruf
konstnär -en -er	Künstler/in
skådis -en -ar	Schauspieler/in
skådespelare -n -	Schauspieler/in
föredragshållare -n -	Vortragshalter/in
sångare -n -	Sänger
sångerska -n, sångerskor	Sängerin
regissör -en -er	Regisseur/in
pianist -en -er	Pianist/in
gitarrist -en -er	Gitarrist/in
dansare -n -	Tänzer/in
trumslagare -n -	Schlagzeuger/in
trummis -en, trummisar	Schlagzeuger/in
känd, känt, kända	bekannt, berühmt
kändis -en -ar	Prominente/r

2 Din lyckans ost! (95)

Din lyckans ost!	Du Glückspilz!
musikal -en -er	Musical
i söndags	letzten Sonntag
i lördags	letzten Samstag
i somras	letzten Sommer
förra året	letztes Jahr
i juli	im Juli, letzten Juli
i förrgår	vorgestern
för två år sedan	vor zwei Jahren
i onsdags	letzten Mittwoch
i morse	heute Morgen
i våras/höstas	letzten Frühling/Herbst
himla (oböjl.)	sehr
oerhörd, oerhört, oerhörda	unerhört
otrolig -t -a	unglaublich
väldig -t -a	sehr, gewaltig

Apropå

område -t -n	Gebiet
värld -en -ar	Welt
sfärisk -t -a	sphärisch
byggnad -en -er	Gebäude
diameter -n, -metrar	Diameter
mark -en -er	Boden
led/a -er, ledde	führen
gondolbana -n, -banor	Gondelbahn
rund, runt, runda	rund
topp -en -ar	Spitze

4 Alicia Vikander

stjärnskott -et -	Sternschnuppe, Newcomer
genombrott -et -	Durchbruch
uppträd/a -er, uppträdde	auftreten
debut -en -er	Debüt
karriär -en -er	Karriere
huvudroll -en -er	Hauptrolle
medverka -r -de	mitwirken
långfilm -en -er	Spielfilm
raketfart -en	raketenhafte Geschwindigkeit
sök/a -er -te **till**	sich bewerben
komm/a -er, kom **in**	angenommen werden
utmärkelse -n -r	Auszeichnung
framgång -en -ar	Erfolg
annorlunda	anders

5 Vi ses i kväll! (96)

reklambyrå -n -er	Werbeagentur
lunchrum -met –	Personalraum, Kantine
lust -en	Lust
Din tråkmåns!	Du Langweiler!
amerikansk -t -a	amerikanisch
kärleksfilm -en -er	Liebesfilm
suverän -t -a	souverän, super, überlegen
fascinerande	faszinierend
utstrålning -en -ar	Ausstrahlung
om	wenn
ärlig -t -a	ehrlich
fängslande	fesselnd
leende -t -n	Lächeln
Vad säger du om ... ?	Was hältst du von ... ?
biokväll -en -ar	Kinoabend
antingen ... eller	entweder ... oder
skräckfilm -en -er	Horrorfilm
huller om buller	kunterbunt durcheinander
verka -r -de	scheinen
någon sorts	eine Art
komedi -n -er	Komödie
urdålig -t -a	sehr schlecht
recension -en -er	Rezension
Se upp för dårarna!	Achtung, Idioten!
ordna -r -de	regeln, ordnen

biljett -en -er | Eintrittskarte
bestämm/a -er, bestämde | entscheiden, bestimmen
hämta -r -de | holen, abholen
Utmärkt! | Ausgezeichnet!
lova -r -de | versprechen
självklar -t -a | selbstverständlich

Apropå

växande | wachsende/r
andra | andere/r/s
sevärd, sevärt, sevärda | sehenswert
kloster, klostret, kloster | Kloster
runsten -en -ar | Runenstein

6 Adverb

långtråkig -t -a | langweilig
tydlig -t -a | deutlich
förskräcklig -t -a | schrecklich
professionell -t -a | professionell
trist, trist, trista | traurig, langweilig, trist
botten (oböjl.) | sehr schlecht
utmärkt, utmärkt, utmärkta | ausgezeichnet
ovanlig -t -a | ungewöhnlich

7 Bedöma och berömma! (97)

bedöm/a -er -de | beurteilen
berömm/a -er, berömde | loben
föreställning -en -ar | Vorstellung
pjäs -en -er | Stück
iscensättning -en -ar | Inszenierung
musiker -n – | Musiker/in
solist -en -er | Solist/in
orkester -n, orkestrar | Orchester
service -n | Service
tavla -n, tavlor | Gemälde
tema -t -n | Thema
diskjockey -en -er **(dj)** | Discjockey
jämn -t -a | gerade
udda (oböjl.) | ungerade
kritisera -r -de | kritisieren

8a Ett bra förslag

klassisk -t -a | klassisch
föreslå -r, föreslog | vorschlagen
symfoni -n -er | Symphonie
dressin -en -er | Draisine
sportig -t -a | sportlich
jobbig -t -a | anstrengend
vara, är, var **med** | mitmachen, dabei sein
Vad sägs om att ... | Wie wär's, wenn …
grilla -r -de | grillen
när | wenn (zeitlich)
handla -r -de **om** | handeln von
konflikthantering -en -ar | Konfliktmanagement
kommunikation -en -er | Kommunikation
strul -et - | Problem, Schwierigkeiten
kollega -n, kollegor | Kollege
på sista tiden | in der letzten Zeit
vore | wäre
känn/a -er, kände **för** | möchten, fühlen
thriller -n, thrillrar | Thriller
charmör -en -er | Charmeur
ska | hier: sollen
fixa -r -de | ordnen, organisieren
kall -t -a | kalt
vara, är, var **helt slut** | ganz kaputt sein
guide -n -r | Führer/in
just | gerade
ombord | an Bord
häng/a -er -de **med** | mitkommen

8b

rekreation -en -er | Erholung

9 Ordets betoning och rytm (98)

enstavig -t -a | einsilbig
tvåstavig -t -a | zweisilbig
stavelse -n -r | Silbe
mellersta | mittlere, mittelste, Mittel-

10 Kultur och nöje

kultur -en -er | Kultur
nöje -t -n | Vergnügen
foajé -n -er | Foyer
pågå -r, pågick | andauern
bal -en -er | Ball
premiär -en -er | Premiere
samt | und
våryra -n, -yror | Frühlingsrausch
ensemble -n -r | Ensemble
hälsa -n | Gesundheit
författarsällskap -et - | Verfasserverein
teckning -en -ar | Zeichnung
installation -en -er | Installation
drama -t, dramer | Drama
skräck -en | Horror, Schrecken, Grusel
äventyr -et - | Abenteuer
krämig -t -a | cremig
örtbakad, -bakat, -bakade | mit Kräutern gebacken
rullad -en -er | Roulade
pocherad, pocherat, pocherade | pochiert
nattklubb -en -ar | Nachtclub
entré -n -er | Eintritt
gyllene renen | das goldene Rentier
mogendans -en -er | Tanz für reife (Menschen)
mogen, moget, mogna | reif
supé -n -er | Abendessen
Det gör detsamma. | Das ist egal.

11 Ord i fokus - filmgenrer

genre -n -r | Genre
dokumentär(film) -en -er | Dokumentarfilm

Lektionswortschatz

deckare -n -	Krimi
sciencefictionfilm -en -er	Science-Fiction-Film
äventyrsfilm -en -er	Abenteuerfilm
skräckfilm -en -er	Horrorfilm
actionfilm -en -er	Actionfilm
animerad film (en), animerade filmer	Zeichentrickfilm, Animation
skrämmande	erschreckend
djupgående	tiefgehend
skakande	erschütternd
gripande	ergreifend
bildande	bildend
berörande	berührend
löjlig -t -a	albern
underhållande	unterhaltsam
lugnande	beruhigend

12 Ted - för kärlekens skull (99)

för kärlekens skull	der Liebe wegen
kompositör -en -er	Komponist/in
popartist -en -er	Popkünstler/in
mer än så	weitaus mehr
tonårsidol -en -er	Teenageridol
tonåring -en -ar	Teenager
skildra -r -de	schildern
dramatisk -t -a	dramatisch
kontrastrik -t -a	kontrastreich
alltför	allzu
liv -et -	Leben
verklig -t -a	wirklich
händelse -n -r	Ereignis
naturbegåving -en -ar	Naturbegabung
under	während
en av de bästa	einer der Besten
komposition -en -er	Komposition
uppstå -r, uppstod	entstehen
fylld, fyllt, fyllda	gefüllt
smärta -n, smärtor	Schmerz
hopp -et -	Hoffnung
slå -r, slog **igenom**	Durchbruch haben
kändisskap -et	Berühmtheit
tära, tär, tärde **på**	zehren
successiv -t -a	allmählich
tappa -r -de	verlieren
verklighet -en -er	Wirklichkeit
sekt -en -er	Sekte
lid/a -er, led	leiden
bacillskräck -en	Bazillenphobie
höra, hör, hörde	hören
inre	innere
röst -en -er	Stimme
insjukna -r -de	erkranken
schizofreni -n	Schizophrenie
slutligen	schließlich
ta -r, tog **sitt liv**	sich das Leben nehmen
enastående	einzigartig
tjejtjusande	von Mädchen umschwärmt
öppen, öppet, öppna	offen
lysande	leuchtend, brilliant
tolkning -en -ar	Interpretation
storebror, -brodern, -bröder	großer Bruder
beredd, berett, beredda	bereit
skugga -n, skuggor	Schatten
lillebror, -brodern, -bröder	kleiner Bruder
sevärd, sevärt, sevärda	sehenswert

13 Presens particip

fascinera -r -de	faszinieren
underhåll/a -er, underhöll	unterhalten
stråla -r -de	strahlen
flamma -r -de	flammen
framstå -r, framstod	hervorragen
inled/a -er, inledde	einleiten
spänn/a -er, spände	spannen
livsbejaka -r -de	das Leben bejahen
knep -et -	Kniff
grip/a -er, grep	greifen
förtjus/a -er -te	bezaubern
lys/a -er -te	leuchten
imponera -r -de	imponieren
prestation -en -er	Leistung

OBS!

1. **orka** – schaffen (psychisch und physisch)
   hinna – schaffen (zeitlich)
   skapa – erschaffen
   klara (av) – schaffen, fertigbringen
2. **skina** – scheinen (Sonne), leuchten
   verka – scheinen, Eindruck geben von etwas
3. **mousserande vin** – Sekt
   sekt – Sekte
4. Konstruktionen mit dem Possessivpronomen **din:**
   Din tråkmåns! – Du Langweiler!
   Din latmask! – Du Faulpelz!
   Din knäppskalle! – Du Blödmann!
   Din skojare! – Du Witzbold!

Startsida (100)

patient -en -er	Patient
veterinär -en -er	Tierarzt, Tierärztin
undersök/a -er -te	untersuchen
ta -r, tog **mått**	Maß nehmen
skiva -n, skivor	(Schall-)Platte, Scheibe
förbereda, förbereder, förberedde	vorbereiten
trafikkontroll -en -er	Verkehrskontrolle
snickare -n -	Tischler
undervisa -r -de	unterrichten

1a Vilket yrke?

butikssäljare -n -	Verkäufer/in
ingenjör -en -er	Ingenieur/in
rörmokare -n -	Klempner/in
taxiförare -n -	Taxifahrer/in
barnskötare -n -	Erzieher/in
sjuksköterska -n, sjuksköterskor	Krankenschwester
lantbrukare -n -	Landwirt/in

1b

installera -r -de	installieren
reparera -r -de	reparieren
lös/a -er -te	lösen
koppla -r -de	verbinden
förhandla -r -de	verhandeln
ta -r, tog **emot**	entgegennehmen
uppfostra -r -de	erziehen
kundkontakt -en -er	Kundenkontakt
packa -r -de **upp**	auspacken
prismärk/a -er -te	Preise auszeichnen
begagnad, begagnat, begagnade	gebraucht
pruta -r -de	feilschen

2 Ord i fokus - fler yrken (101)

bilmekaniker -n -	Automechaniker/in
(hår)frisör -en -er	Friseur
(hår)frisörska -n, frisörskor	Friseurin
speditör -en -er	Spediteur/in
präst -en -er	Pastor/in
sotare -n -	Schornsteinfeger/in
trädgårdsmästare -n -	Gärtner/in
tandläkare -n -	Zahnarzt/-ärztin
advokat -en -er	Rechtsanwalt/-anwältin
sekreterare -n -	Sekretär/in
assistent -en -er	Sekretär/in, Assistent/in
nätverkstekniker -n -	Netzwerktechniker/in
journalist -en -er	Journalist/in
optiker -n -	Optiker/in
gissa -r -de	raten

3 Drömyrke

rätt	hier: ziemlich
minnas, minns, mindes	erinnern
förälder -n, föräldrar	Eltern
gudstjänst -en -er	Gottesdienst
atmosfär -en -er	Atmosphäre
inom	in
konfirmation -en -er	Konfirmation
sommarläger, -lägret, -läger	Sommerfreizeit
anordna -r -de	organisieren
liksom	wie, hier: ein Füllwort
gymnasium, gymnasiet, gymnasier	Gymnasium
teologistudier	Studium der Theologie
stortrivas, stortrivs, stortrivdes	sich sehr wohlfühlen
ångra -r -de	bereuen
val -et -	Wahl
som barn	als Kind

4 Sjung med!

dagligt tal	Alltagssprache
till sjöss	zur See
sjöman -nen, sjömän	Seemann
våg -en -or	Welle
brus -et -	Brausen
storm -en -ar	Sturm
skaka -r -de	schütteln
mast -en -er	Mast
tåg -et -	Tau
sus -et -	Sausen
Farväl!	Lebe wohl!
förtjusande	entzückende
mö -n -r	Jungfrau, junges Mädchen, unverheiratete Frau
väl	wohl, gut

6 Män och kvinnor i yrkeslivet (102)

undersköterska -n, -sköterskor	Krankenpflegehelfer/in
hemtjänst -en -er	Pflegedienst
städare -n -	Reinigungskraft
personlig -t -a	persönlich
assistent -en -er	Assistent/in
mjukvara -n, -varor	Software
civilingenjör -en -er	Betriebswirt/in
träarbetare -n -	Zimmermann
färre	weniger
som	als, wie
andel -en -ar	Anteil
lika många	gleich viele

Lektionswortschatz

7 Det är viktigt!

kunna, kan, kunde	können
uttryck/a -er -te **sig**	sich ausdrücken
räkna -r -de	rechnen
noggrann, noggrant, noggranna	genau
vara, är, var **serviceinriktad**, -inriktat, -inriktade	serviceorientiert sein
händig -t -a	praktisch
stresstålig -t -a	stressresistent
ordningssinne -t -n	Ordnungssinn
fysik -en	Physik
flexibel, flexibelt, flexibla	flexibel
ansvarsfull -t -a	verantwortungsbewusst
social -t -a	sozial
egenskap -en -er	Eigenschaft
stund -en -er	Weile
modig -t -a	mutig
behöv/a -er -de	hier: müssen, sollen
vara, är, var **bra på ngt**	gut in etwas sein

Apropå

stöd -et -	Unterstützung
funktionsnedsättning -en -ar	Behinderung
hem -met -	Heim
möjliggöra, -gör, -gjorde	ermöglichen

8a Två yrken (103)

A Janne, diskjockey

pub -en -ar	Pub
disko -t -n	Disco
festival -en -er	Festival
företagsarrangemang -et -	Firmenveranstaltung
hyra, hyr, hyrde	mieten
ta -r, tog **hand om**	sich kümmern
musikalisk -t -a	musikalisch
underhållning -en -ar	Unterhaltung
skapa -r -de	schaffen
stil -en -ar	Stil
mix -en -ar	Mix, Mischung
möt/a -er, mötte	begegnen
publik -en -er	Publikum
stämning -en -ar	Stimmung
leverera -r -de	liefern
rytm -en -er	Rhythmus
svår -t -a	schwer
sida -n, sidor	Seite
natt -en, nätter	Nacht
hög -t -a	hoch
investera -r -de	investieren
dessutom	außerdem
studiecirkel -n, -cirklar	Studienkreis, Kursus
framgångsrik -t -a	erfolgreich
tipsa -r -de	einen Tipp geben
utmaning -en -ar	Herausforderung

8a B Vilma, Naturguide

naturguide -n -r	Naturführer
friluftsliv -et	das Leben in der Natur
jag har velat	ich habe gewollt
egen företagare	Selbstständige/r
företagare -n -	Unternehmer
jag har byggt upp	ich habe aufgebaut
nätverk -et -	Netzwerk
bransch -en -er	Branche
led/a -er, ledde	leiten
säkert	sicher
sätt -et -	Art
genomföra, -för, -förde	durchführen
visa -r -de	zeigen
terräng -en -er	Gelände, Terrain
ofarlig -t -a	ungefährlich
väck/a -er -te	wecken
kulturarv -et -	Kulturerbe
ute	draußen
nästan	fast
jämt	immer
oregelbunden, oregelbundet, oregelbundna	unregelmäßig
tuff -t -a	hart
minusgrad -en -er	Minusgrade
spöregna -r -de	schütten (Regen)
högskoleprogram -met -	Hochschulprogramm
turism -en	Tourismus
ekologi -n	Ökologie
ledarskap -et -	Leitung, Führung
jag har valt	ich habe gewählt

8b

fördel -en -ar	Vorteil
nackdel -en -ar	Nachteil

Apropå

tillgång -en -ar	Bestand, Zugang
framför allt	vor allem
järnmalm -en -er	Eisenerz
högsta	der/die/das höchste
bergstopp -en -ar	Berggipfel
nationalpark -en -er	Nationalpark
stenåldersby -n -ar	Steinzeitdorf

9a En platsannons på nätet (104)

platsannons -en -er	Stellenanzeige
distrikt -et -	Bezirk
säljare -n -	Verkäufer/in
tillverkare -n -	Hersteller
väx/a -er -te	wachsen
steg -et -	Schritt
driven, drivet, drivna	geschäftig, ambitioniert
försäljare -n -	Verkäufer/in
erfarenhet -en -er	Erfahrung
energi -n -er	Energie

naturlig -t -a	natürlich
känsla -n, känslor	Gefühl
utvecklande	entwickelnd
expanderande	expandierend, wachsend
marknadsmässig -t -a	marktüblich
lön -en -er	Lohn
erbjud/a -er, erbjöd	anbieten
inspirerande	inspirierend
arbetsplats -en -er	Arbeitsplatz
omväxlande	abwechselnd
via	über
delta -r, deltog	teilnehmen
möte -t -n	Sitzung
mässa -n, mässor	Messe
kvalifikation -en -er	Qualifikation
försäljning -en -ar	Verkauf
slut/a -er, slöt	schließen, abschließen
avtal -et -	Abkommen, Vertrag
flytande	fließend
i tal och skrift	in Wort und Schrift
kunskap -en -er	Kenntnis
körkort -et -	Führerschein
självgående	selbständig
sinne -t -n	Sinn
detalj -en -er	Detail
vilket gör att	weswegen
orderhantering -en -ar	Auftragsverwaltung
statestik -en -er	Statistik
ansökan, ansökan, ansökningar	Bewerbung
cv, cv:t, cv:n	Lebenslauf (Curriculum Vitae)
representant -en -er	Vertreter/in

9b

har bott	hat gewohnt
tvåspråkig -t -a	zweisprachig
har sommarjobbat	hat einen Ferienjob gehabt
ettårig -t -a	einjährig
yrkesutbildning -en -ar	Berufsausbildung
webbutvecklare -n -	Webbentwickler/in
team -et -	Team
högskola -n, högskolor	Hochschule, Uni
har gått	ist gegangen
har gjort	hat gemacht
kompetens -en -er	Kompetenz
i två år	zwei Jahre lang
behärska -r -de	beherrschen
säljsupport -en -er	Sachbearbeitung im Verkauf
i några månader	einige Jahre (lang)
vidare	weiter
ha -r, hade **lätt för ngt**	jmdm. fällt etwas leicht
i många år	viele Jahre
har semestrat	hat Urlaub gemacht
har lärt sig	hat gelernt
bosätt/a -er, bosatte **sig**	sich niederlassen
självständig -t -a	selbstständig

10 Verb - perfekt (105)

koordinator -n -er	Koordinator/in
bröllop -et –	Hochzeit
lysning -n -ar	Aufgebot
komm/a -er, kom, kommit **överens**	sich einigen
vigsel -n, vigslar	Trauung
äg/a -er -de -t **rum**	stattfinden
guldsmed -en -er	Goldschmied/in
brud -en -ar	Braut
brudbukett -en -er	Brautstrauß
bordsplacering -en -ar	Sitzordnung am Tisch
bukett -en -er	Blumenstrauß

12a Är chefen inne?

chef -en -er	Chef/in
inne	hier: im Hause
komm/a -er, kom, kommit	kommen
Jag har ringt fel.	Ich habe mich verwählt.
Ingen fara!	Macht nichts!, Kein Problem!
ring/a -er -de -t **upp**	anrufen
jag återkommer	ich rufe später an
återkomm/a -er, -kom, -kommit	zurückkommen

12c

ledig -t -a	frei
Det är upptaget.	Es ist besetzt.
lämna -r -de -t	hinterlassen, abgeben

14 En pratshow

pratshow -en -er	Talkshow
kontor -et -	Büro
fabrik -en -er	Fabrik
stressig -t -a	stressig
mångsidig -t -a	vielseitig
otrevlig -t -a	unfreundlich
lugn -t -a	ruhig
tolerant, tolerant, toleranta	tolerant
intolerant, intolerant, intoleranta	intolerant
heltid -en -er	Vollzeit
halvtid -en -er	Halbzeit (arbeiten)
deltid -en -er	Teilzeit
flextid -en -er	Gleitzeit
övertid -en -er	Überstunde
fack -et –	Gewerkschaft
arbetskamrat -en -er	Arbeitskollege, -kollegin
samarbete -t -n	Zusammenarbeit

Startsidan (106)

parhus -et -	Doppelhaus
trädhus -et -	Baumhaus
husbåt -en -ar	Hausboot
höghus -et -	Hochhaus
hyreslägenhet -en -er	Mietwohnung
bondgård -en -ar	Bauernhof
herrgård -en -ar	Herrenhaus

1 Ett mejl från Jessika

flytta -r -de -t	umziehen
pryl -en -ar	ugs. Sache
trea -n, treor (trerumslägenhet)	Dreizimmerwohnung
andra våningen	zweiter Stock
hyreshus -et –	Mietshaus
område -t -n	Umgebung, Gebiet
kännas, känns, kändes, känts	fühlen, das Gefühl haben
bubbelbadkar -et –	Whirlpool
golvvärme -n	Fußbodenheizung
räkning -en -ar	Rechnung
högre	höher
stöt/a -er -te -t **ihop**	zusammenstoßen

2 Ord i fokus - ett hyreshus

vind -en -ar	Dachboden
källare -n –	Keller
golv -et –	Fußboden
vägg -en -ar	Wand
tak -et –	Dach, Decke
ytterdörr -en -ar	Außentür
skorsten -en -ar	Schornstein
balkong -en -er	Balkon
tvättstuga -n, tvättstugor	Waschküche
pannrum -met –	Heizungskeller
trappuppgång -en -ar	Treppenaufgang
bottenvåning -en -ar	Erdgeschoss
första våningen / en trappa upp	erster Stock
andra våningen / två trappor upp	zweiter Stock
våning -en -ar	Stockwerk, Wohnung
anta -r, antog, antagit	vermuten
trafik -en	Verkehr

Apropå

har utvecklats	ist entwickelt worden
industriområde -t -n	Industriegebiet

3 Hyresrätt och bostadsrätt (107)

mäklare -n -	Makler
hyresrätt -en -er (hyresrättslägenhet)	Mietwohnung
bostadsrätt -en -er (bostadsrättslägenhet)	Eigentumswohnung
fastighetsägare -n -	Immobilienbesitzer/in
typ -en -er	Typ
ekonomisk -t -a	ökonomisch
delägare -n -	Partner/in, Teilhaber/in
ägare -n -	Besitzer/in
tillgång -en -ar	Besitz, Ressourcen
delansvarig -t -a	mitverantwortlich
kostnad -en -er	Kosten
uppstå -r, uppstod, uppstått	entstehen
äg/a -er -de -t	besitzen
rätt -en -er	Recht
innehavare -n -	Inhaber/in, Besitzer/in
i gott skick	in einem guten Zustand
reparation -en -er	Reparatur
förbättring -en -ar	Verbesserung
spis -en -ar	Herd
vitvara -n, vitvaror	Weiße Ware
ansvara -r -de -t **för ngt**	verantwortlich sein für etwas
avlopp -et -	Abfluss
värme -n	Wärme
elektricitet -en / **el** -en	Strom
installera -r -de -t	installieren
fotbollsplan -en -er	Fußballplatz

4 På lägenhetsvisning (108)

visning -en -ar	Führung
läge -t -n	Lage
lägre	niedriger
högst	am höchsten
större	größer
verka -r -de -t	scheinen
populär -t -a	populär
rejäl -t -a	anständig, groß, reell
soffgrupp -en -er	Sofagruppe
mindre	weniger, kleiner
bättre	besser
folk -et -	Menschen, Volk
i dåligt skick	in schlechtem Zustand
lägg/a -er, lade, lagt **ett bud**	ein Angebot abgeben
Annonsen:	
smakfull -t -a	geschmackvoll
fyrarummare -n -	Vierzimmerwohnung
gott om	viel, viele
förvaring -en -ar	Stauraum
ljus -t -a	hell
söderläge -t -n	Südlage
fräsch -t -a	frisch
toppskick (oböjl.)	Toppzustand
närhet -en	Nähe
parkering -en -ar	Parken

grönområde -t -n	Grünanlage
stabil -t -a	Stabilität
bredband -et -	Breitband
ingå -r, ingick, ingått	enthalten sein
avgift -en -er	Gebühr
boarea -n, boareor	Wohnfläche
driftkostnad -en -er	Betriebskosten

Apropå

boendeform -en -er	Wohnform
införa, inför, införde, infört	einführen
i korthet	in Kürze
flerbostadshus -et -	Mehrfamilienhaus
andrahandslägenhet -en -er	Wohnung zur Untermiete

5 Adjektiv (109)

ung -t -a	jung
när	wenn
jämföra, jämför, jämförde, jämfört	vergleichen
större än	größer als
längre än	länger als
lika lång som	so lang wie
pigg -t -a	munter
rymlig -t -a	geräumig
tung -t -a	schwer

6 Mitt i skogen eller vid havet

mitt i	mitten
flera	mehrere
utanför	vor
kvadratsmart, -smart, -smarta	praktisch geschnitten
pytteliten, -litet, -små	klitzeklein
kvadrat (meter)	Quadratmeter
kyl -en -ar / **kylskåp** -et -	Kühlschrank
frys -en -ar / **frysskåp** -et -	Gefrierschrank/Truhe
mikro -n	Mikrowelle
mikrovågsugn -en -ar	Mikrowelle
tvättmaskin -en -er	Waschmaschine
bastu -n -r	Sauna
grill -en -ar	Grill
högsäsong -en -er	Hochsaison
förvåna -r -de -t	verwundern, erstaunen
skatepark -en -er	Skatepark
fort (oböjl.)	schnell

7 Ord i fokus - standard i fritidshus

bädd -en -ar	Bett
spis -en -ar	Herd
öppen spis	Kamin
diskmaskin -en -er	Geschirrspülmaschine
lågsäsong -en -er	Nebensaison
avstånd -et –	Abstand
fiske -t -n	Fischen
badplats -en -er	Badestelle
tätort -en -er	größerer Ort
använd/a -er, använde, använt	anwenden

8 Stugsemester (110)

stugsemester -n, stugsemestrar	Urlaub im Ferienhaus
sönder (oböjl.)	kaputt
värd -en -ar	Wirt
störa, stör, störde, stört	stören
trasig -t -a	kaputt
strejka -r -de -t	streiken

9 Gungstolen

gungstol -en -ar	Schaukelstuhl
vilja, vill, ville, velat	wollen
Blocket	Internetmarkt für An- und Verkauf
sätt/a -er, satte, satt **in**	hineinsetzen

10 Saker och ting

vitrinskåp -et –	Vitrine
dokument -et –	Dokument
mässing -en	Messing
skiva -n, skivor	Scheibe
akustisk -t -a	akustisch
strykjärn -et –	Bügeleisen
dammsugare -n –	Staubsauger
garderob -en -er	Kleiderschrank
märke -t -n	Marke
torktumlare -n –	Wäschetrockner
kaffebryggare -n –	Kaffeemaschine
soffa -n, soffor	Sofa
soffbord -et –	Sofatisch
matsal -en -ar	Esszimmer
ek -en -ar	Eiche
barnvagn -en -ar	Kinderwagen
herr...	Herren...
låda -n, lådor	Kiste, Schublade
akvarium, akvariet, akvarier	Aquarium
byrå -en -ar	Kommode
spegel -n, speglar	Spiegel
matta -n, mattor	Teppich
gardin -en -er	Gardine
frysbox -en -ar	Gefriertruhe
möbel -n, möbler	Möbel
inredning -en -ar	Einrichtung
husgeråd -et –	Hausrat, Küchengerät
kista -n, kistor	Truhe

11 Sammansatta substantiv (111)

pepparkaka -n, -kakor	Pfefferkuchen
pepperkakshus -et -	Pfefferkuchenhaus

12 Sammansatta ord

matsalsbord -et -	Esszimmertisch
jämställdhetsombudsman, -mannen -män	Gleichstellungsbeauftragte/r
tunnelbanestation -en -er	U-Bahnstation

13 Vad ska de göra?

på sista tiden — in der letzten Zeit
irritera -r -de -t — irritieren
misstänk/a -er -te -t — verdächtigen
låna -r -de -t — leihen
lämna -r -de -t **tillbaka** — zurückgeben
häcksax -en -ar — Heckenschere
få, får, fick, fått — bekommen
inte än — noch nicht

14 Vad ska vi göra med den här?

kaffebryggare -n - — Kaffeemaschine
ge -r, gav, gett **bort** — verschenken
släng/a -er -de -t — wegwerfen
spara -r -de -t — aufheben
lämna -r -de -t — abgeben
återvinningscentral -en -er — Wiederverwertungszentrum
alldeles — viel
möblera -r -de -t **om** — ummöblieren
röj/a -er -de -t — aufräumen
bli -r, blev, blivit **av med** — loswerden
hel -t -a — heil

15 En villa (112)

entréplan -et - — Erdgeschoss
vinkel -n, vinklar — Winkel
planlösning -en -ar — Raumaufteilung
ändamålsenlig -t -a — zweckmäßig
matlagning -en — Essenszubereitung
umgänge -t -n — Umgang
anslutning -en -ar — Anschluss
uteplats -en -er — Terrasse
kyl och sval — Biofresh-Kühlschrank
sval -t -a — kühl
städskåp -et - — Besenschrank
diskbänk -en -ar — Spüle
planskiss -en -er — Grundriss

16 Hobbithuset

prova -r -de -t **på** — ausprobieren
fan (ett fan), fans — Fan
för några år sedan — vor einigen Jahren
tomt -en -er — Grundstück
bygglov -et - — Baugenehmigung
ansökan, ansökan, ansökningar — Antrag
besked -et - — Bescheid
gräv/a -er -de -t — graben
spräng/a -er -de -t — sprengen
ta -r, tog, tagit — hier: dauern
grund -en -er — Grund
mur -en -ar — Mauer
håll/a -er, höll, hållit **på med** — machen
saga -n, sagor — Märchen
förverkliga -r -de -t — verwirklichen
enorm -t -a — enorm
rund, runt, runda — rund
utsmyckning -en -ar — Verzierung
massor med ... — massenhaft ...
jordtak -et - — Erddach
tegel, teglet, tegel — Ziegel
sockerbruk -et - — Zuckerfabrik
stock -en -ar — Stock
ovanför — über
träplanka -n, träplankor — Holzbrett
rustik -t -a — rustikal
trä -et -n — Holz
dölj/a -er, dolte, dolt — verborgen
gömma, gömmer, gömde, gömt — verstecken
träpanel -en -er — Holzpanel
knopp -en -ar — Knauf
snörstump -en -ar — ein Stück Schnur
snöre -t -n — Schnur
toa -n, toor — Toilette
torrdass -et - — Plumpsklo
handfat -et - — Waschbecken
uppfyll/a -er -de -t — erfüllen
norm -en -er — Norm
-mässig -t -a — -mäßig
däremot — dagegen
inspiration -en -er — Inspiration
vägledning -en -ar — Orientierungshilfe

OBS!

1. **bädd** — Bett (in Hotel- und Ferienhausanzeigen)
   säng — Bett
   trädgårdssäng — Beet
   bädda sängen — das Bett machen
2. **byrå** -n -er — Büro (bei *turistbyrå, resebyrå, reklambyrå, Socialbyrån, Statistiska centralbyrån*)
   byrå -n -ar — Kommode
   kontor — Büro
3. **garderob** — Kleiderschrank, die gesamten Kleider einer Person
   hatthylla — Garderobe, Hutablage
4. **vid femtiden, vid fyratiden** usw. bedeutet das Gleiche wie **omkring klockan fem** usw.
5. **Synonymer:**
   en 4:a - en fyra - en fyrarummare - en fyrarumslägenhet - en lägenhet på fyra rum och kök
6. **värd** — Wirt
   värld — Welt
7. **låda** — Kiste
   kista — Truhe
8. **trä** -et -n — Holz
   träd -et - — Baum

Startsidan (113)

räv -en -ar	Fuchs
mus -en, möss	Maus
bi -et -n	Biene
varg -en -ar	Wolf
ål -en -ar	Aal
uggla -n, ugglor	Eule
åsna -n, åsnor	Esel
björn -en -ar	Bär
hare -n, harar	Hase
myra -n, myror	Ameise
gås -en, gäss	Gans
vara, är, var, varit **rädd för ngt**	Angst haben vor etwas

1 Fri som en fågel

trogen, troget, trogna	treu
listig -t -a	schlau, clever
flitig -t -a	fleißig
dum, dumt, dumma	dumm, blöd
envis -t -a	stur
tyst, tyst, tysta	still
arg -t -a	böse, wütend
klok -t -a	klug
hal -t -a	glatt

2a (114)

insjö -n -ar	Binnensee
djup -t -a	tief
botten, bottnen, bottnar	Boden, Grund
ormlik, -likt, -lika	schlangenähnlich
puckel -n, pucklar	Buckel, Höcker
hals -en -ar	Hals
tydlig -t -a	deutlich
öga, ögat, ögon	Auge
öra, örat, öron	Ohr
hud -en -ar	Haut
glänsande	glänzend
fläck -en -ar	Fleck
sjöodjur -et -	Seeungeheuer
folkmun -nen -nar	Volksmund
bevisa -r -de -t	beweisen
odjur -et -	Ungeheuer
existera -r -de	existieren
sägen, sägnen, sägner	Sage
förklaring -en -ar	Erklärung
extrem -t -a	extrem
mal -en -ar	Wels
näst största	zweitgrößte/r
ödla -n, ödlor	Eidechse
överlev/a -er -de -t	überleben
dinosaurie -n -r	Dinosaurier
jord -en -ar	Erde, Welt

2b

dyk/a -er, dök, dykt **upp**	auftauchen

2c

lydig -t -a	gehorsam
pålitlig -t -a	zuverlässig
synlig -t -a	sichtbar
orolig -t -a	unruhig

Apropå

porlande	plätschernd
bäck -en -ar	Bach
älv -en -ar	Fluss
myr -en -ar	Moor
enda	einzig/e/es/er
rätvinklig -t -a	rechtwinklig
gles -t -a	dünn, spärlich
enbart	nur

3 Ord i fokus - fler djur (115)

ren -en -ar	Rentier
elefant -en -er	Elefant
tiger -n, tigrar	Tiger
häst -en -ar	Pferd
får -et -	Schaf
gris -en -ar	Schwein
apa -n, apor	Affe
lejon -et -	Löwe
lodjur -et -	Luchs
ko -n -r	Kuh
kanin -en -er	Kaninchen
orm -en -ar	Schlange

4 Randis räddade Saras liv

rädda -r -de -t	retten
hjälte -n, hjältar	Held
stilig -t -a	stattlich, stilvoll
känn/a -er, kände, känt **på sig**	im Gefühl haben
matte -n, mattar	Frauchen
anfall -et -	Anfall
larm -et -	Alarm
tryck/a -er -te -t	drücken
larmdosa -n, larmdosor	Alarmknopf
nerifrån	von unten
uppe	oben
skaffa -r -de -t	anschaffen
sjukskriven, -skrivet, -skrivna	krankgeschrieben
trafikolycka -n, -olyckor	Verkehrsunglück
ensam -t -ma	einsam, alleine
trofast, trofast, trofasta	treu
påhittig -t -a	erfinderisch
kompis -en -ar	Freund

ha -r, hade, haft **kvar**	behalten
ner	herunter
charmig -t -a	voller Charme, bezaubernd
gullig -t -a	niedlich
lekfull -t -a	verspielt
bästis -en -ar	bester Freund, beste Freundin
sällskaplig -t -a	gesellig
nyfiken, nyfiket, nyfikna	neugierig
busig -t -a	frech, verspielt
graciös -t -a	anmutig
sträck/a -er -te **sig**	sich strecken
lid/a -er, led, lidit **av ngt**	leiden
förstå -r, förstod, förstått	verstehen
innebära, innebär, innebar, inneburit	bedeuten
skratt -et -	Lachen
kraftig -t -a	kräftig
medvetslös -t -a	bewusstlos
fall/a -er, föll, fallit **omkull**	umfallen
Hur tusan ...	Wie in aller Welt ...
tanke -n, tankar	Gedanke
neka -r -de -t	verneinen
slå -r, slog, slagit	schlagen
jama -r -de -t	miauen
krafsa -r -de -t	anstupsen, scharren, kratzen
så fort	so bald
reagera -r -de -t	reagieren
tränad, tränat, tränade	trainiert
trygg -t -a	geborgen
i stort sett	im großen Ganzen, so gut wie
symtomfri, -fritt, -fria	symptomfrei
tack vare	dank
medicinering -en -ar	Medikamentierung
annars	sonst
vara, är, var, varit	sein

6 Hitta någon som (116)

20-åring -en -ar	Zwanzigjähriger
förlora -r -de -t	verlieren
vara, är, var, varit **inne**	drinnen sein, in sein
vara, är, var, varit **nere**	down sein
hemmakväll -en -ar	Abend zu Hause
hög -t -a	hoch
utsiktstorn -et -	Aussichtsturm
res/a -er -te -t **bort**	verreisen

7 Huggormen

huggorm -en -ar	Kreuzotter
liksom	wie
groda -n, grodor	Frosch
kräldjur -et -	Reptil
fridlyst, fridlyst, fridlysta	geschützt
hanne -n, hannar	Männchen
hona -n, honor	Weibchen
sicksackmönster, -mönstret, -mönster	Zickzackmuster
helsvart, -svart, -svarta	total schwarz
bred, brett, breda	breit
platt, platt, platta	platt
pupill -en -er	Pupille
vertikal -t -a	vertikal
lik -t -a	gleich, wie
giftig -t- a	giftig
föda -n, födor	Nahrung
sork -en -ar	Wühlmaus
fågelunge -n, -ungar	Jungvogel
bett -et -	Biss
livshotande	lebensbedrohlich
led/a -er, ledde, lett **till ngt**	zu etwas führen
svullnad -en -er	Schwellung
blodtryck -et -	Blutdruck
förlamning -en -ar	Lähmung
dödsrisk -en -er	Todesgefahr, das Risiko zu sterben
fara -n, faror	Gefahr
getingstick -et -	Wespenstich
läkarvård -en	ärztliche Hilfe
känga -n, kängor	Schnürstiefel
fast, fast, fasta	fest
steg -et -	Schritt
vibration -en -er	Vibration
försvinn/a -er, försvann, försvunnit	verschwinden
närma -r -de -t **sig**	sich nähern
stick/a -er, stack, stuckit **ner**	unterfassen
klipphäll -en -ar	Felsenabsatz

7 Fjällräven

fjällräv -en -ar	Polarfuchs
framför allt	vor allen Dingen
varumärke -t -n	Schutzmarke
ryggsäck -en -ar	Rucksack
logga -n, loggor	Logo
art -en -er	Art
hotad, hotat, hotade	bedroht
däggdjur -et -	Säugetier
tundra -n, tundror	Tundra
kalfjäll -et -	im Gebirge oberhalb der Baumgrenze
i norra	im nördlichen
väg/a -er -de -t	wiegen
mankhöjd -en	Höhe am Widerrist
huvudsaklig -t -a	hauptsächlich
lämmel -n, lämlar	Lemming
kadaver, kadavret, kadaver	Kadaver
förekomm/a -er, förekom, förekommit	vorkommen
variant -en -er	Variante
osynlig -t -a	unsichtbar
isolera -r -de -t	isolieren
päls -en -ar	Pelz
intensiv -t -a	intensiv

jakt -en -er	Jagd
tack vare	dank
åtgärd -en -er	Maßnahme
stödfodring -en -ar	unterstützende Fütterung
stam, stammen, stammar	Stamm
återhämta -r -de -t **sig**	sich erholen

8 Sjung med! (117)

Tänk om jag hade ...	Stell dir vor ich hätte ...
gapa -r -de -t	gaffen
spindel -n, spindlar	Spinne
klättra -r -de -t	klettern
trå´n (tråden)	den Faden
tråd -en -ar	Faden
spola -r -de -t	spülen

9 Naturen i svenska efternamn

naturkoppling -en -ar	Naturverbindung
rest -en -er	Rest
norra	Nord-, nördliche/r/s
västra	West-, westliche/r/s
efterled -et -	Nachsilbe
kvist -en -ar	Zweig
lund -en -er	Hain
berg -et –	Berg
gren -en -ar	Ast
fors -en -ar	Wasserfall
ström, strömmen, strömmar	Strom
holme -n, holmar	kleine Insel
blom -men (**blomning** -en -ar)	Blüte
blad -et -	Blatt
lind -en -ar	Linde
ros -en, rosor	Rose
hägg -en -ar	Traubenkirsche
förled -et -	Vorsilbe
ek -en -ar	Eiche
löv -et -	Laub
dal -en -ar	Tal
å -n -ar	Fluss, Bach
äng -en -ar	Wiese
mo -n -ar	Heide
backe -n, backar	Hügel
väderstreck -et -	Himmelsrichtung
trend -en -er	Trend
identitet -et -er	Identität
stick/a -er, stack, stuckit **ut**	herausstechen
unik -t -a	einzigartig
brus -et -	Brausen, Rauschen
ligg/a -er, låg, legat **i tiden**	zeitgemäß

10 Väderstreck (118)

norr	Norden
söder	Süden
öster	Osten
väster	Westen
norr om	nördlich von
söder om	südlich von
öster om	östlich von
väster om	westlich von
norra	Nord-, nördliche/r/s
södra	Süd-, südliche/r/s
östra	Ost-, östliche/r/s
västra	West-, westliche/r/s

11 Jämtland

i mängd	massenhaft
barrskog -en -ar	Nadelwald
naturreservat -et -	Naturschutzgebiet
myr -en -ar	Moor, Sumpf
österut	Richtung Osten
järv -en -ar	Vielfraß
orkidé -n -er	Orchidee

12 Ord i fokus - camping

tält -et -	Zelt
campingkök -et -	Campingkocher
sovsäck -en -ar	Schlafsack
ryggsäck -en -ar	Rucksack
regnkläder	Regenbekleidung
vandringskänga -n, -kängor	Wanderschuhe
liggunderlag -et -	Isomatte
ficklampa -n, -lampor	Taschenlampe
myggmedel, -medlet, -medel	Mückenmittel
termos -en -ar	Thermoskanne
konservöppnare -n -	Dosenöffner
pennkniv -en -ar	Taschenmesser
solglasögon (pl.)	Sonnenbrille
fästingplockare -n -	Zeckenzange
första-hjälpen-kit -et -	Erste-Hilfe-Set
klädnypa -n, klädnypor	Wäscheklammer

14 Allemansrätten (119)

öppen, öppet, öppna	offen
ströva -r -de -t	streifen
mark -en -er	Boden, Flur (die)
visa -r -de -t **hänsyn**	Rücksicht nehmen
detta	diese/r/s
kalla -r -de -t	nennen
rid/a -er, red, ridit	reiten
vistas, vistas, vistades, vistats	sich aufhalten
privat, privat, privata	privat
tomt -en -er	Grundstück
lov (oböjl.)	Erlaubnis
grind -en -ar	Pforte
stäng/a -er -de -t	schließen
ordentlig -t -a	ordentlich
tälta -r -de -t	zelten
göra, gör, gjorde, gjort **upp eld**	Feuer machen
eld -en -ar	Feuer
fara -n, faror	Gefahr
brand -en, bränder	Brand
elda -r -de -t	Feuer machen

särskild, särskilt, särskilda	besonders
torr, torrt, torra	trocken
sprid/a -er, spred, spridit **sig**	sich verbreiten
släck/a -er -te -t	löschen
lämna -r -de -t	verlassen
vattendrag -et –	Wasserlauf
förtöj/a -er -de -t	vertäuen
dygn -et –	24 Stunden
gå -r, gick, gått **iland**	an Land gehen
utom	außer
myndighet -en -er	Behörde
förbjud/a -er, förbjöd, förbjudit	verbieten
tillträde -t -n	Zutritt
vara, är, var, varit **tillåtet**	erlaubt sein
plocka -r -de -t	pflücken
vild, vilt, vilda	wild
bär -et –	Beere
ris -et –	Reisig
näver -n, nävrar	Birkenrinde
bark -en	Rinde
ollon -et –	Eichel
nöt -en, nötter	Nuss
buske -n, buskar	Busch
en del	einige
växt -en -er	Pflanze
fridlyst, fridlyst, fridlysta	geschützt
spring/a -er, sprang, sprungit **lös**	frei herumlaufen
jakt -en -er	Jagd
ingå -r, ingick, ingått	einbeziehen
fiskekort -et –	Angelschein
skräpa -r -de -t **ner**	verschmutzen
orsaka -r -de -t	verursachen
skada -n, skador	Schaden
förstöra, förstör, förstörde, förstört	zerstören
regel -n, regler	Regel

15 Får man parkera här?

få -r, fick, fått	dürfen, bekommen
vara, är, var, varit **tillåtet**	erlaubt sein

OBS!

1. **landa** – landen (bei Flugzeugen)
   hamna – landen
2. **rolig** – lustig
   orolig – unruhig
3. **matte** – Frauchen
   husse – Herrchen
4. **tanke** – Gedanke
   tanka – tanken
5. Andere Wörter im Zusammenhang mit Himmelsrichtungen: **ostkust, västkust** [Ost-, Westküste] etc., **åt ost, åt väst** [in Richtung Osten/Westen] etc.

Hur känner du dig? Avsnitt 9

Startsidan (120)

Det beror på	Das kommt darauf an
med måtta/måttligt	mit Maßen
motionera -r -de -t	sich bewegen, Sport treiben
slöa -r -de -t	faulenzen
lata -r -de -t **sig**	faulenzen

1 Snack på jobbet

vara, är, var, varit **på benen**	auf den Beinen sein
influensa -n, influensor	Grippe
feber -n, febrar	Fieber
hosta -n	Husten
hjärta -t -n	Herz
stå -r, stod, stått **ngn upp i halsen**	jmdm. zum Hals heraushängen
prata -r -de -t **i munnen på varandra**	gleichzeitig reden
ryck/a -er -te -t **på axlarna**	mit den Schultern zucken
ha -r, hade, haft **mage att ...**	die Stirn haben zu ...
ljug/a -er, ljög, ljugit	lügen
överläkare -n -	Oberarzt
rakt upp i ansiktet	gerade heraus ins Gesicht
Ärlighet varar längst.	Ehrlichkeit währt am längsten.
ha -r, hade, haft **skinn på näsan**	Haare auf den Zähnen haben
vara, är, var, varit **upp över öronen förälskad**	bis über die Ohren verliebt sein
vara, är var, varit **urkär**	total verliebt sein
kär -t -a	verliebt
hjärna -n, hjärnor	Gehirn
cancer -n, cancrar	Krebs
forskning -en -ar	Forschung
tillfälligtvis	zufälligerweise
på rak arm	aus dem Stehgreif
på tu man hand	zu zweit
vara, är, var, varit **rund under fötterna**	angetrunken sein
röntgenavdelning -en -ar	Röntgenabteilung
snabbt som ögat	in Windeseile

2 Ord i fokus - kroppen (121)

kropp -en -ar	Körper
huvud -et -en	Kopf
ansikte -t -n	Gesicht
hand -en, händer	Hand
finger, fingret, fingrar	Finger
hals -en -ar	Hals
ben -et -	Bein
näsa -n, näsor	Nase
öga -t, ögon	Auge
fot -en, fötter	Fuß
tå -n -r	Zehe
hår -et -	Haar
haka -n, hakor	Kinn
mun -nen -nar	Mund
öra -t, öron	Ohr
kind -en -er	Wange
hjärta -t -n	Herz
mage -n, magar	Magen, Bauch
arm -en -ar	Arm
ryggrad -en -er	Rückgrat, Wirbelsäule
rygg -en -ar	Rücken
tarm -en -ar	Darm
knä -et -n	Knie
nacke -n, nackar	Nacken
lunga -n, lungor	Lunge
hjärna -n, hjärnor	Gehirn
bröst -et -	Brust
panna -n, pannor	Stirn
höft -en -er	Hüfte
axel -n, axlar	Schulter

3 Följa John

böj/a -er -de -t	biegen, beugen
sträck/a -er -te -t **upp**	hochstrecken
andas, andas, andades, andats **in/ut**	ein-/ausatmen
slappna -r -de -t **av**	entspannen
jogga -r -de -t **på stället**	auf der Stelle laufen
hoppa -r -de -t	springen
framåt	nach vorne
bakåt	nach hinten

4 Ett fästingbett - Agnetha berättar (122)

fästing -en -ar	Zecke
bett -et -	Biss
kryp -et -	kleine Insekten, Gewürm
upptäck/a -er -te -t	entdecken
sug/a -er, sög sugit **sig fast**	sich festsaugen
äcklig -t -a	eklig
klokt nog	klugerweise
bettställe -t -n	Bissstelle
klia -r -de -t	jucken
utslag -et -	Ausschlag
vårdcentral -en -er	Gesundheitszentrum
farlig -t -a	gefährlich, schlimm
trots allt	trotz alledem
penicillin -et	Antibiotikum, Penicillin
rodnad -en -er	Rötung
vara, är, var, varit **på bättringsvägen**	auf dem Besserungsweg sein

5 Accent 1

betonad, betonat, betonade	betont

6 Pluskvamperfekt

ta -r, tog, tagit **tempen**	Fieber/Temperatur messen
huvudvärk -en -ar	Kopfschmerzen
ta -r, tog, tagit **bort**	entfernen
ont i magen	Bauchschmerzen
eftersom	weil
yr -t -a	schwindlig
innan	bevor
skära, skär, skar, skurit **sig**	sich schneiden

7 På vårdcentralen

anmäl/a -er -de -t **sig**	sich anmelden
ropa -r -de -t **upp**	aufrufen
mät/a -er, mätte, mätt	messen

8 Hos läkaren (123)

kräftskiva -n, kräftskivor	Krebsfest
distriktsläkare -n -	Bezirksarzt, -ärztin
mottagning -en -ar	Praxis
väntrum -met –	Warteraum
patient -en -er	Patient/in
tur -en -er	Reihe, dran sein
undersköterska -n, -sköterskor	Krankenpflegehelfer/in
märk/a -er -te -t	merken
förstås	selbstverständlich
en hel del	eine ganze Menge
fruktansvärd, fruktansvärt, fruktansvärda	fürchterlich
illa	übel
svettas, svettas, svettades, svettats	schwitzen
frossa -n, frossor	Schüttelfrost
ha -r, hade, haft **ont i**	Schmerzen im ... haben
kräkas, kräks, kräktes, kräkts	sich übergeben
diarré -n -er	Durchfall
symptom -et -	Symptom
tyda, tyder, tydde, tytt **på**	darauf hinweisen
matförgiftning -en -ar	Lebensmittelvergiftung
tåla, tål, tålde, tålt	vertragen
kräfta -n, kräftor	Krebs
känslig, känsligt, känsliga	empfindlich
mottaglig, mottagligt, mottagliga	empfänglich
bakterie -n -r	Bakterie
undersök/a -er -te -t	untersuchen
andas, andas, andades, andats	atmen
djup, djupt, djupa	tief
gapa -r -de -t	Mund öffnen

räck/a -er -de -t **ut**	herausstrecken
tunga -n, tungor	Zunge
tablett -en -er	Tablette
tarmflora -n, tarmfloror	Darmflora
dagligen	täglich
kamomill -en -er	Kamille
vila -r -de -t	ausruhen
aptit -en	Appetit
buljong -en -er	Bouillon
Krya på dig!	Gute Besserung!

10 Deponens

låtsas, låtsas, låtsades, låtsats	so tun als ob
skämmas, skäms, skämdes, skämts	sich schämen
minnas, minns, mindes, mints	sich erinnern
lyckas, lyckas, lyckades, lyckats	glücken
misslyckas, -lyckas, -lyckades, -lyckats	missglücken

12a Hur känner du dig? (124)

urkass -t -a	total schlecht
himla (oböjl.)	total, sehr, schrecklich
Stackars dig!	Du Armer!

12c

vara, är, var varit **deprimerad**	deprimiert sein
ha -r, hade, haft **tandvärk**	Zahnschmerzen haben
må -r, mådde, mått **illa**	Übelkeit verspüren
ha -r, hade, haft **diarré**	Durchfall haben
känn/a -er, kände, känt **sig yr**	sich schwindlig fühlen
vara, är, var varit **förkyld**	erkältet sein
ha -r, hade, haft **frossa**	frösteln
ha -r, hade, haft **snuva**	Schnupfen haben
bränn/a -er, brände, bränt **sig**	sich verbrennen

13 Ett gott råd

ett gott råd	ein guter Rat
råd -et -	Rat
näsdroppar	Nasentropfen
droppe -n, droppar	Tropfen
spruta -n, sprutor	Spritze
salva -n, salvor	Salbe
Ta det lugnt!	Nimm es mit der Ruhe!
medicin -en -er	Medizin
plåster, plåstret, plåster	Pflaster
smörj/a -er, smorde smort **in**	einschmieren
ambulans -en -er	Krankenwagen
akut -en -er	Notfallaufnahme
akutmottagning -en –ar	Notfallaufnahme
febertermometer -n, -termometrar	Fieberthermometer

15a Ullis och Nisse (125)

godisråtta -n, -råttor	Naschkatze
i 25-årsåldern	etwa 25 Jahre alt
tjock -t -a	dick
ful -t -a	hässlich
banta -r -de -t	abnehmen
en och annan	der/die/das eine und andere
diet -en -er	Diät
medveten, medvetet, medvetna	bewusst
regelbunden, regelbundet, regelbundna	regelmäßig
judo -n	Judo
skippa -r -de -t	weglassen
kondition -en -er	Kondition
gå -r, gick, gått **ner**	abnehmen
kedjerökare -n -	Kettenraucher
hängig -t -a	schlapp
varna -r -de -t	warnen
följd -en -er	Folge
klara -r -de -t **av**	schaffen
maraton -et -	Marathon
ha -r, hade, haft **ngt i sikte**	etwas vor Augen haben
mål -et -	Ziel, Tor
form -en -er	Form
håll/a -er, höll, hållit **konditionen på topp**	sich extrem fit halten

15b

vana -n, vanor	Gewohnheit
ovana -n, ovanor	schlechte Angewohnheit
bit/a -er, bet, bitit **på naglarna**	an den Nägeln kauen

16 Sport och idrott är bra för hälsan

ensidig -t -a	einseitig
belastning -en -ar	Belastung
press -en -ar	Druck
prestation -en -er	Leistung
prestationsångest -en -ar	Leistungsangst
allvarlig -t -a	ernst
skada -n, skador	Verletzung
öka -r -de -t **självförtroendet**	das Selbstvertrauen stärken
förtroende -t -n	Vertrauen
ambitiös -t -a	strebsam
krav -et -	Anforderung, Anspruch, Forderung
Enligt min mening ...	Meiner Ansicht nach ...
åsikt -en -er	Ansicht, Meinung
å ena sidan ... å andra sidan	auf der einen Seite ... auf der anderen Seite

OBS!

å ena sidan/å andra sidan	einerseits/andererseits
på ena sidan/på andra sidan	auf der einen Seite/auf der anderen Seite

Liv i förändring

Startseite (126)

liv -et -	Leben
förändring -en -ar	Veränderungen
skilsmässa -n, skilsmässor	Scheidung
bli -r, blev, blivit **konfirmerad**	konfirmiert werden
bli -r, blev, blivit **arbetslös**	arbeitslos werden
ta -r, tog, tagit **körkort**	Führerschein machen
ta -r, tog, tagit **examen**	Examen machen
gå -r, gick, gått **i pension**	in Rente gehen
vinn/a -er, vann, vunnit **på lotto**	im Lotto gewinnen
bli -r, blev, blivit **opererad**	operiert werden
händelse -n -r	Ereignis

1 Förändringar

citat -et -	Zitat
innebära, -bär, -bar, -burit	bedeuten
förbättring -en -ar	Verbesserung
sträva -r -de -t	streben
bestå -r, bestod, bestått	bestehen
process -en -er	Prozess
otålig -t -a	ungeduldig
efterlängta -r -de -t	ersehnen
vemod -et	Wehmut
lämna -r -de -t	hier: verlassen
för	hier: weil
träd/a -er, trädde, trätt **in**	eintreten
misstag -et -	Fehler, Irrtum
rädsla -n, rädslor	Angst
bör, bör, borde, bort	sollen, sollte
bry -r -dde -tt **sig om**	sich kümmern
pröva -r -de -t	ausprobieren

2 Familjesidan

födda	hier: geboren
vigsel -n, vigslar	Trauung
guldbröllop -et -	goldene Hochzeit
vig/a -er -de -t	trauen
skjutsa -r -de -t **ngn**	jmdn. fahren
sorg -en -er	Trauer
begravning -en -ar	Begräbnis
äg/a -er -de -t **rum**	stattfinden
krets -en -ar	Kreis (gesellschaftlich)
Jag beklagar sorgen.	Mein herzliches Beileid.
formell -t -a	formell

3 Vilken överraskning! (127)

överraskning -en -ar	Überraschung
Det är hur bra som helst!	Das ist supergut!
sno -r -dde -tt	klauen
Menar du det?	Wirklich?, Echt?
arg -t -a	böse
Vad dumt!	Wie blöd!
skoja -r -de -t	scherzen
Är det sant?	Ist das wahr?, Wirklich?
Med den där mäklar-snubben?	Mit diesem Maklertyp?
snubbe -n, snubbar	Typ, Kerl
gäst -en -er	Gast
Lägg av!	Hör auf!
Va?	Was?
Det var som tusan!	Ach was!
Vad förfärligt!	Wie schrecklich!
Vad synd!	Wie schade!
Du skämtar!	Du scherzt!
skämta -r -de -t	scherzen
Stackars dem!	Die Armen!

5 En otrolig historia

diamant -en -er	Diamant
vara, är, var, varit **värd**	wert sein
efterlys/a -er, -te -t	fahnden nach
förvånansvärd, förvånansvärt, förvånansvärda	erstaunlich
tappa -r -de -t	verlieren
identifiera -r -de -t	identifizieren
upphittare -n -	Finder
dyrgrip -en -ar	Kleinod
fyrling -en -ar	Vierling
årligen	jährlich
förlossning -en -ar	Geburt, Entbindung
vart fjärde år	jedes vierte Jahr
chock -en -er	Schock
hur lyckliga som helst	sehr glücklich
bebis -en -ar	Baby
ta -r, tog, tagit **hand om**	sich kümmern
daggmask -en -ar	Regenwurm
bli -r, blev, blivit **kidnappad**	gekidnappt werden
hamna -r -de -t **i fängelse**	im Gefängnis landen
fall/a -er, föll, fallit **ner**	herunterfallen
fria -r -de -t	Heiratsantrag machen
ex -et -	Exmann/Exfrau

7 Sjung med! (128)

åra -n, åror	Ruder
förutan	ohne
fäll/a -er -de -t **tårar**	Tränen vergießen
tår -en -ar	Tränen

8 Volontärarbete på ett barnsjukhus i Rumänien

volontär -en -er	Freiwillige/r
veta, vet, visste, vetat	wissen
antingen ... eller	entweder ... oder
utomlands	im Ausland
det sistnämda	der/die/das letztere

tveklös -t -a	zweifelsohne
aktiv -t -a	aktiv
val -et -	Wahl
hittills	bis jetzt
total -t -a	total
modig -t -a	mutig
flexibel -t, flexibla	flexibel
tacksam -t, tacksamma	dankbar
ödmjuk -t -a	demütig
fattig -t -a	arm
skillnad -en -er	Unterschied
övergiven, övergivet, övergivna	verlassen
mata -r -de -t	füttern
byt/a -er, bytte, bytt **blöjor**	Windeln wechseln
blöja -n, blöjor	Windel
håll/a -er, höll, hållit **om ngn**	jmdn. umarmen
massor av	massenhaft
uppmärksamhet -en	Aufmerksamkeit
barriär -en -er	Barriere
besvärlig -t -a	beschwerlich, anstrengend
nyttig -t -a	nützlich
minoritet -en -er	Minderheit
delta -r, deltog, deltagit	teilnehmen
direktiv -et -	Richtlinie, Norm, Anweisung
ge -r, gav, gett	geben
förståelse -n -r	Verständnis
modersmål -et -	Muttersprache
inriktning -en -ar	Ziel
våga -r -de -t	wagen
uppskattning -en -ar	Wertschätzung

8 Annika hamnade i fängelse (129)

fängelse -t -r	Gefängnis
tuff -t -a	hart, kess, schneidig
kaxig -t -a	frech, aufsässig
bråkig -t -a	streitsüchtig, laut, unruhig
stökig -t -a	streitsüchtig, laut, unruhig
nian	die neunte Klasse
försäljningsstall	Verkaufsstall
stall -et -	Stall
ett hundratal	ca. 100
om året	jedes Jahr
varken … eller	weder … noch
bokföra, -för, -förde, -fört	buchführen
skatt -en -er	Steuer, Schatz
hur naiv som helst	sehr/super naiv
brott -et -	Verbrechen
visserligen ... men	zwar ... aber
varna -r -de -t	warnen
kontant, kontant, kontanta	bar
byrålåda -n, -lådor	Kommodenschublade
vara, är, var, varit **medveten om**	sich bewusst sein
håll/a -er, höll, hållit **på med**	gerade machen
laglig -t -a	legal
skatteskuld -en -er	Steuerschuld
storma -r -de -t	stürmen
gömm/a -er, gömde, gömt	verstecken
arrestera -r -de -t	verhaften
sitt/a -er, satt, suttit **häktad**	in Untersuchungshaft sitzen
rättegång -en -ar	Prozess
dom -en -ar	Urteil
straff -et -	Strafe
grov -t -a	grob, hier: schwer
acceptera -r -de -t	akzeptieren
personal -en -er	Personal
finka -n, finkor	Gefängnis
schyst, schyst, schysta	in Ordnung, nett
stötta -r -de -t	stützen
behov -et -	Bedürfnis
samtidig -t -a	gleichzeitig
bli behandlad	behandelt werden
sitt/a -er, satt, suttit **inne**	im Gefängnis sitzen

9 En sjukdom förändrade mitt liv (130)

beteende -t -n	Verhalten
bli inlagd på ...	in ... eingewiesen werden
snurra -r -de -t	drehen
ångest -en -ar	Angst
tankemönster, -mönstret, -mönster	Denkmuster
kasta -r -de -t **om**	hier: umkrempeln
trygghet -en -er	Geborgenheit
vara, är, var, varit **rädd för ngt**	Angst haben vor etwas
rädsla -n, rädslor	Angst
kognitiv -t -a	kognitiv
framkalla -r -de -t	hervorrufen
falsk -t -a	falsch
passion -en -er	Passion

10 Konjunktioner

tjatig -t -a	nörgelig
blyg -t -a	schüchtern
orättvis -t -a	ungerecht

11 Jag blir glad när ...

överraskad, överraskat, överraskade	überrascht
irriterad, irriterat, irriterade	irritiert
entusiastisk -t -a	enthusiastisch
besviken, besviket, besvikna	enttäuscht
ledsen, ledset, ledsna	traurig

12 (131)

hängig -t -a	abgespannt, müde
termin -en -er	Semester
vid årsskiftet	zum Jahreswechsel
årsskifte -t -n	Jahreswechsel
tära, tär, tärde, tärt **på**	zehren an
tjänsteresa -n, -resor	Dienstreise
passa tider	Zeiten einhalten
jämt	immer
fixa -r -de -t **hushållet**	den Haushalt schmeißen

vete -t	Weizen
vara, är, var, varit **dödstrött**	totmüde sein
livspussel, -pusslet, -pussel	Leben im Alltag
egentid -en	Zeit für sich/mich
glädje -n	Freude
skoj (oböjl.)	Spaß
du borde	du solltest
böra, bör, borde, bort	sollen
ändra -r -de -t	ändern
tillgodose -r, -såg, -sett	wahrnehmen, erfüllen, befriedigen
prioritera -r -de -t	bevorzugen
perfektionist -en -er	Perfektionist/in
produktiv -t -a	produktiv
tillräcklig -t -a	ausreichend
balans -en -er	Gleichgewicht

13 Modalverbet böra ...

humör -et -	Laune
rensa -r -de -t	reinigen, jäten, säubern
sömn -en	Schlaf
rutin -en -er	Routine

14 Ord i fokus - våra behov

fred -en -er	Frieden
ömhet -en -er	Zärtlichkeit
närhet -en	Nähe
stillhet -en -er	Stille
humor -n	Humor
öppenhet -en	Offenheit
ordning -en -ar	Ordnung
tacksamhet -en	Dankbarkeit
respekt -en	Respekt
harmoni -n -er	Harmonie
nöje -t -n	Vergnügen
jämställdhet -en	Gleichberechtigung
feedback -en	Feedback
självförtroende -t -n	Selbstvertrauen
oberoende -t	Unabhängigkeit
stöd -et -	Stütze, Unterstützung

OBS!		
	krets	Kreis (gesellschaftlich)
	ring	Kreis (als Formation), Ring
	cirkel	Kreis (mathematisch), Kurs

Stad och land — Avsnitt 11

Startsidan (132)

gå -r, gick, gått **barfota**	barfuß gehen
hugg/a -er, högg, huggit **ved**	Holz hacken
flanera -r -de -t	flanieren
nöjespark -en -er	Vergnügungspark
lata -r -de -t **sig**	faulenzen

1 Ord i fokus - stad och land

trafik -en	Verkehr
flykt -en -er	Flucht
kärna -n, kärnor	Kern
gård -en -ar	Hof
ställe -t -n	Stelle, Platz
lag -en -ar	Gesetz
bygd -en -er	ländliche Gegend
bruk -et -	Anbau, Gebrauch, Brauch, Hütte
ting -et -	Ding, Gericht
miljö -n -er	Umwelt, Umfeld

2 Birka - ett världsarv i Sverige (133)

handelsplats -en -er	Handelsplatz
mötas, möts, möttes, mötts	begegnen
vara -n, varor	Ware
ändelse -n -r	Endung
vittna -r -de -t **om**	bezeugen
slå -r, slog, slagit **sig ner**	sesshaft werden
kust -en -er	Küste
bedriv/a -er, bedrev, bedrivit	betreiben
bonde -n, bönder	Bauer
köpman, köpmannen, köpmän	Kaufmann
ö -n, öar	Insel
grundades	wurde gegründet
grunda -r -de -t	gründen
lantlig -t -a	ländlich
idyll -en -er	Idylle
slätt -en -er	Ebene
bre(da), brer, bredde, brett **ut sig**	sich ausbreiten
sveakung -en -ar	Schwedenkönig
ekonomisk -t -a	ökonomisch
politisk -t -a	politisch
anlägg/a -er, anlade, anlagt	anlegen
vara, är, var, varit **som störst**	am größten sein
borg -en -ar	Burg
befästning -en -ar	Festung
runt	um ... herum
specialiserad, specialiserat, specialiserade	spezialisiert
viking -en -ar	Wikinger
rike -t -n	Reich

Östeuropa	Osteuropa
Mellanöstern	Naher u. Mittlerer Osten
utgrävning -en -ar	Ausgrabung
arabisk -t -a	arabisch
silver, silvret -	Silber
pärla -n, pärlor	Perle
glasbägare -n -	Glasbecher
keramik -en	Keramik
exklusiv -t -a	exklusiv
tyg -et -er	Stoff
päls -en -ar	Pelz
järn -et -	Eisen
hud -en -ar	Haut, Fell
horn -et -	Horn
bärnsten -en -ar	Bernstein
munk -en -ar	Mönch
utsänd/a -er, utsände, utsänt	aussenden
kejsare -n -	Kaiser
Ludvig den fromme	Ludwig der Fromme
sprid/a -er, spred, spridit	verbreiten
kristendom -en	Christentum
predika -r -de -t	predigen
evangelium, evangeliet, evangelier	Evangelium
låt/a -er, lät låtit **döpa sig**	sich taufen lassen
kristen, kristet, kristna	christlich
blomstra -r -de -t	blühen
överge -r, övergav, övergivit	verlassen

Apropå

facklig -t -a	gewerkschaftlich
folkvald, folkvalt, folkvalda	vom Volk gewählt
regional -t -a	regional
självstyrande	selbstverwaltend
enhet -en -er	Einheit
ansvara -r -de -t **för**	verantwortlich sein für
hälsovård -en	Gesundheitswesen
län -et -	Verwaltungsgebiet in Schweden

3 Verb - passiv form (134)

lägg/a -er, lade, lagt **ner**	niederlegen, schließen
odla -r -de -t	anbauen
rapportera -r -de -t	berichten
utforma -r -de -t	gestalten
införa, inför, införde, infört	einführen
sänk/a -er -te -t	senken
arbetstillfälle -t -n	Arbeitsplatz
påverka -r -de -t	beeinflussen
allt fler	immer mehr
odling -en -ar	Anbau
engagera -r -de -t	engagieren
tänkbar -t -a	denkbar
yta -n, ytor	Fläche
kolonilott -en -er	Schrebergarten
vara, är, var, varit **expert på**	Fachmann sein für ...
expert -en -er	Experte, Expertin
igelkott -en -ar	Igel
anpassa -r -de -t **sig**	sich anpassen
variation -en -er	Variation
inte längre	nicht mehr
livsmiljö -n -er	Lebensumfeld
hastighet -en -er	Geschwindigkeit

4 Stockholm - Sveriges huvudstad (135)

idyllisk -t -a	idyllisch
överallt	überall
bro -n -ar	Brücke
på grund av	aufgrund
strategisk -t -a	strategisch
läge -t -n	Lage
holme -n, holmar	kleine Insel
skydda -r -de -t	schützen
inlopp -et -	Einmündung
central, centralt, centrala	zentral
provins -en -er	Provinz
tjäna -r -de -t	dienen
skeppningshamn -en -ar	Verladehafen
medelpunkt -en -er	Mittelpunkt
handel -n	Handel
tradition -en -er	Tradition
1200-talet	13. Jahrhundert
staty -n -er	Statue
befästa, befäster, befäste, befäst	befestigen
låt/a -er, lät, låtit	lassen
befästningstorn -et -	Wehrturm
betydelse -n -r	Bedeutung
ort -en -er	Ort
fast, fast, fasta	hier: fest
organisation -en -er	Organisation
så småningom	allmählich
väx/a -er -te -t **fram**	hervorwachsen, entstehen
funktion -en -er	Funktion
prägla -r -de -t	prägen
befolkning -en -ar	Bevölkerung
öka -r -de -t	(an)steigen
flytta -r -de -t **in**	einziehen
ämbetsman, -mannen, -män	Beamter, Beamtin
militär -en -er	Militär
hantverkare -n -	Handwerker
bygge -t -n	Bau
trångboddhet -en	beengtes Wohnen
hygienisk -t -a	hygienisch
industri -n -er	Industrie
förort -en -er	Vorort
tillväxt -en	Zuwachs
residens -et -	Residenz
garnison -en -er	Garnison
stift -et -	Bistum
regering -en -ar	Regierung
Svea hovrätt	Oberlandesgericht
säte -t -n	Sitz

paradis -et -	Paradies
föremål -et -	Gegenstand, Sache
kunglig -t -a	königlich
magnifik -t -a	großartig
fotografi -et -er	Fotografie
löna -r -de -t **sig**	sich lohnen
pass -et -	Pass
entré -n -er	Eintritt
attraktion -en -er	Attraktion
obegränsad, obegränsat, obegränsade	unbegrenzt

5 Stockholms tunnelbana

tunnelbana -n, tunnelbanor	U-Bahn
tunnelbanesystem -et -	U-Bahn-System
invig/a -er -de -t	einweihen

6 Linjenät (136)

mot	hier: in Richtung
gå -r, gick, gått **av**	aussteigen

7 Ett besök från Sverige

kollega -n, kollegor	Kollegin
kollega -n, kolleger	Kollege
avtala -r -de -t	absprechen, besprechen
ankomst -en -er	Ankunft
se -r, såg, sett **fram emot**	sich freuen

8 Hur man anger århundrade och årtionde

århundrade -t -n	Jahrhundert
årtionde -t -n	Jahrzehnt
debutera -r -de -t	debütieren
kloster, klostret, kloster	Kloster
stiftelse -n -r	Stiftung
uppfinn/a -er, -fann, -funnit	erfinden
dynamit -en	Dynamit
vinn/a -er, vann, vunnit	gewinnen
segrare -n -	Sieger
regera -r -de -t	regieren

9 Sjung med!

poet -en -er	Poet
visa -n, visor	Lied
trubadur -en -er	Troubadour
betrakta -r -de -t	betrachten
nationalskald -en -er	Nationaldichter/in
en hedersman	ein Ehrenmann
heder -n	Ehre
ark -en -ar	Arche
plantera -r -de -t	pflanzen
mark -en -er	Boden
ro -r, rodde, rott	rudern
butelj -en -er	Flasche, Pulle
jord -en - ar	Erde
syndaflod -en -er	Sintflut

11 Smultron och smultronställe (137)

smultron -et -	Walderdbeere
smultronställe -t -n	Lieblingsplatz
glänta -n, gläntor	Lichtung
nypon -et -	Hagebutte
stämning -en -ar	Stimmung
grässtrå -et -n	Grashalm
pyttesmå	klitzekleine
trä -r -dde -tt **på**	aufziehen
skenfrukt -en -er	Scheinfrucht
nämn/a -er -de -t	erwähnen
regissör -en -er	Regisseur

12 Att stänga stugan för vintern

ta -r, tog, tagit **upp**	hochholen
rensa -r -de -t **upp**	aufräumen
brygga -n, bryggor	Steg
plocka -r -de -t **undan**	wegräumen
leksak -en -er	Spielsache
gräs -et -	Gras
utemöbel -n, utemöbler	Gartenmöbel
parasoll -et -	Sonnenschirm
torkvinda -n, torkvindor	Wäschespinne
skjul -et -	Schuppen
glömm/a -er, glömde, glömt	vergessen
huvud(vatten)kran -en -ar	Hauptwasserhahn
stick/a -er, stack, stuckit	hier: abhauen
i morgon bitti	morgen früh
elkontakt -en -er	Stecker
hala -r -de -t **ner**	hinunterlassen
vimpel -n, vimplar	Wimpel
i morse	heute Morgen
vik/a -er, vek, vikt **ihop**	zusammenfalten
snyggt och prydligt	ganz ordentlich
frosta -r -de -t **av**	abtauen
diska -r -de -t **ur**	auswaschen
sophink -en -ar	Mülleimer
vara, är, var, varit **skraj** (vard.)	Angst haben
inbrott -et -	Einbruch
äsch ...	ach ...
dumburk -en -ar (vard.)	(dumme Dose), Fernseher
lägg/a -er, la(de), lagt **undan**	weglegen
mus -en, möss	Maus
gå -r, gick, gått **på**	angreifen
lås/a -er -te -t	abschließen
vedbod -en -ar	Holzschuppen
ta -r, tog, tagit **bort**	wegnehmen
kantarell -en -er	Pfifferlinge

13 Partikelverb (138)

skruva -r -de -t	schrauben
vik/a -er, vek, vikt	falten
häll/a -er -de -t	gießen
fäll/a -er -de -t	falten, klappen
samman	zusammen
bort	weg, fort

loss	weg-, los-
fast	fest
ur	aus
ihop	zusammen

14 Natur finns även i stan

lantis (vard.) -en -ar	Landmensch
fundamental -t -a	fundamental
naken, naket, nakna	nackt
ensamhet -en -er	Einsamkeit
mörker, mörkret	Dunkelheit
avgas -en -er	Abgas
betong -en	Beton
spontan -t -a	spontan
det mesta	das meiste
miljövänlig -t -a	umweltfreundlich
soluppgång -en -ar	Sonnenaufgang
utbud -et -	Angebot
Det spelar ingen roll.	Das ist egal.
gnällig -t -a	nörgelig
jag är övertygad om	ich bin überzeugt von

OBS!

1. **bro**	Brücke
brygga	Steg, Anleger
2. **termin**	Semester
tid	Termin, Zeit
semester	Urlaub

Sverige i stora drag — Avsnitt 12

Startsidan (139)

drag -et -	Zug
politik -en	Politik
geografi -n -er	Geografie
utbildning -en -ar	Ausbildung
vetenskap -en -er	Wissenschaft
design -en -er	Design

2 Några Sverigesymboler

kors -et -	Kreuz
botten, bottnen, bottnar	Boden, Grund
inspiration -en -er	Inspiration
troligen	wahrscheinlich
förmodligen	vermutlich
representera -r -de -t	repräsentieren
vars	dessen, deren
popularitet -en	Popularität
symbol -en -er	Symbol
PR (oböjl.) (Public Relations)	Öffentlichkeitsarbeit
glimma -r -de -t	funkeln
heraldisk -t -a	heraldisch, wappenkundlich
vapen, vapnet, vapen	Wappen
konsulat -et -	Konsulat
myndighet -en -er	Behörde
verk -et -	hier: Amt
smycka -r -de -t **sig**	sich schmücken
herrlandslag -et -	Herrennationalmannschaft
representant -en -er	Vertreter/in
slå -r, slog, slagit **igenom**	den Durchbruch haben
Sifo (Svenska institutet för opinionsundersökningar) Institutet heter idag Kantar Sifo	eine Art Meinungsforschungsinstitut
framkomm/a -er, framkom, framkommit	hervorkommen
marknadsföra, -för, -förde, -fört	vermarkten
kriga -r -de -t	Krieg führen
nederlag -et -	Niederlage
fly -r -dde -tt	fliehen
den/det/de dåvarande	der/die/das damalige/n
kaffeböna -n, kaffebönor	Kaffeebohne
medeltid -en	Mittelalter
tidigare	früher
magisk -t -a	magisch
lag -en -ar	Gesetz
proportion -en -er	Proportion
nyans -en -er	Nuance
världskrig -et -	Weltkrieg
sätt/a -er, satte, satt **sina spår**	seine Spuren hinterlassen
spår -et -	Spur
visst	gewiss
motstridig -t –a	widersprüchlich
uppgift -en -er	hier: Information, Angabe
historiker -n -	Historiker/in
vidare	weiter
riksvapen, riksvapnet, riksvapen	Staatswappen
stadion (en), stadion, stadion	Stadion

4 Sjung med! (140)

glädjerik, glädjerikt, glädjerika	freudenreich
vänaste	(veraltet) anmutigste
ängd -en -er	(veraltet) Wiese
trona -r -de -t	tronen
minne -t -n	Erinnerung
fornstora dar	gute, alte Zeit

dar (dagar)	Tage
ärad, ärat, ärade	geehrt

5 Sveriges geografi och naturtillgångar

yta -n, ytor	Fläche
täckt, täckt, täckta	bedeckt
jordbruk -et -	Landwirtschaft
känneteckna -r -de -t	kennzeichnen
skandinavisk -t -a	skandinavisch
fjällkedja -n, fjällkedjor	Bergkette
topp -en -ar	Spitze
landhöjning -en -ar	Landerhöhung
naturresurs -en -er	Naturressource
komm/a -er, kom, kommit **ihåg**	erinnern

7a Monarkin i Sverige (141)

valspråk -et -	Wahlspruch
regent -en -er	Regent/in
makt -en -er	Macht
vishet -en -er	Weisheit
stöd -et -	Stütze
välfärd -en	Wohlstand
folk -et -	Volk
fosterland -et -	Vaterland
plikt -en -er	Pflicht

7b

fransman -nen, fransmän	Franzose
marskalk -en -ar	Marschall
kronprins -en -ar	Kronprinz
bakgrund -en -er	Hintergrund
krön/a -er -te -t	krönen
ärv/a -er -de -t	erben
tron -en -er	Thron

7c

statsskick -et -	Staatsform

7d Sveriges statsskick och kungahus

parlamentarisk -t -a	parlamentarisch
demokrati -n -er	Demokratie
konstitutionell -t -a	verfassungsmäßig
monarki -n -er	Monarchie
uppvuxen, -vuxet, -vuxna	aufgewachsen
ändra -r -de -t	ändern
successionsordning -en -ar	Tronfolge
grundlag -en -ar	Grundgesetz, Verfassung
oavsett	ungeachtet
kön -et -	Geschlecht
tronföljare -n -	Thronfolger/in
riksföreståndare -n -	Reichsvorsteher/in
bortrest, bortrest, bortresta	verreist
evangelisk -t -a	evangelisch
luthersk -t -a	lutherisch
tro -n	Glauben
prinsessa -n, prinsessor	Prinzessin
äktenskap -et -	Ehe
monark -en -er	Monarch/in
regering -en -ar	Regierung
godkännande -t -n	Billigung, Genehmigung
inte längre	nicht mehr
tillhöra, tillhör, tillhörde, tillhört	dazugehören
uteslut/a -er, uteslöt, uteslutit	ausschließen
apanage -t -	Apanage
uppdrag -et -	Auftrag
titel -n, titlar	Titel
hertig -en -ar	Herzog
hertiginna -n, hertiginnor	Herzogin
förtroende -t -n	Vertrauen
minska -r -de -t	hier: abnehmen, weniger werden
tredjedel -en -ar	Drittel
behåll/a -er, behöll, behållit	behalten

8 Diskussion om monarki (142)

diskussion -en -er	Diskussion
rojalist -en- er	Royalist/in
glans -en	Glanz
skimmer, skimret	Schimmer, Glitzer
exportindustri -n -er	Exportindustrie
president -en -er	Präsident/in
minsann	wirklich
Det kan du ge dig tusan på!	Darauf kannst du dich verlassen!
omöjligen	unmöglich
demokrati -n -er	Demokratie
folkvald, folkvalt, folkvalda	vom Volk gewählt
gå -r, gick, gått **i arv**	vererbt werden
tronarvinge -n, tronarvingar	Thronfolger/in
skola -r -de -t	ausbilden
lyckligtvis	glücklicherweise
otidsenlig -t -a	nicht zeitgemäß
rätt -en -er	hier: Recht
styra, styr, styrde, styrt	steuern, lenken, regieren
omänsklig -t -a	unmenschlich
överdriven, överdrivet, överdrivna	übertrieben
kult -en -er	Kult
alltihop	alle
kunglighet -en -er	königliche Hoheit
frihet -en -er	Freiheit
ålderdomlig -t -a	altertümlich
abdikera -r -de -t	abdanken
utföra, utför, utförde, utfört	ausführen
givetvis	selbstverständlich
men ändå ...	aber trotzdem ...
insats -en -er	Einsatz
migrant -en -er	Migrant/in
tillhörighet -en -er	Zugehörigkeit
show -en -er	Show
Ge dig!	Gib auf!

11a Svensk industri och export

export -en -er	Export
stål -et -	Stahl
splittring -en -ar	Zersplitterung, hier: Trennung
leverans -en -er	Lieferung
säkerhet -en -er	Sicherheit
leverera -r -de -t	liefern
erövra -r -de -t	erobern
varuexport -en -er	Warenexport

11b

öka -r -de -t	ansteigen, erhöhen
rytm -en -er	Rhythmus

11c

partner -n -	Partner

12 Ord i fokus - de svenska partierna (143)

parti -et -er	Partei
liberal -t -a	liberal
demokrat -en -er	Demokrat
initiativ -et -	Initiative
rösta -r -de -t	wählen
rösträtt -en -er	Wahlberechtigung

13 Så styrs Sverige

fr.o.m. (från och med)	vom
medborgare -n -	Bürger
nivå -n -er	Niveau
landsting -et -	eine Art Landesparlament
regional -t -a	regional
lokal -t -a	lokal
val -et -	Wahl
fördela -r -de -t	verteilen
mandat -et -	Mandat
proportionell -t -a	proportional
utifrån	hier: von ... her
röst -en -er	Stimme
statsminister -n, statsministrar	Ministerpräsident
utse -r, utsåg, utsett	ernennen
stifta -r -de -t	erlassen, stiften, begründen
lag -en -ar	Gesetz
godkänna, godkänner, godkände, godkänt	genehmigen, billigen
budget -en -ar	Budget, Haushaltsplan
relation -en -er	Beziehung, Relation
förvaltning -en -ar	Verwaltung
Migrationsverket	Einwanderungsbehörde
Skatteverket	Finanzbehörde
Kulturrådet	Kultusministerium
direktör -en -er	Direktor
region -en -er	Region, Verwaltungsgebiet
kräv/a -er -de -t	fordern
tandvård -en	Zahnpflege
kollektivtrafik -en	öffentlicher Verkehr
föreslå -r, föreslog, föreslagit	vorschlagen
sköt/a -er, skötte, skött	pflegen
verkställ/a -er -de -t	ausführen
försvar -et -	Wehrmacht, Verteidigung
departement -et -	Ministerium
administrativ -t -a	administrativ, Verwaltungs...
kommun -en -er	Kommune, Gemeinde
area -n, areor	Areal
barnomsorg -en	Kinderbetreuung
äldrevård -en	Betreuung und Pflege von älteren Menschen
avlopp -et -	Kanalisation

Vi i Sverige — Avsnitt 13

Startsidan (144)

pryl -en -ar	Sache
fredagsmys -et	gemütlicher Wochenausklang am Freitagabend
självständighet -en	Selbstständigkeit
gå i strumplästen	auf Strümpfen/Socken gehen
jämlikhet -en	Gleichberechtigung
bada -r -de -t **bastu**	saunieren
hem -met -	Zuhause
säkerhet -en -er	Sicherheit
perfektion -en	Perfektion
teknik -en -er	Technik

1 Mejl från Liselott

genomsnittlig -t -a	durchschnittlich
fornnordisk -t -a	altnordisch
föraktfull -t -a	verächtlich
smeknamn -et -	Kosename
töntig -t -a	blöd
nedsättande	herabsetzend, abfällig
stöt/a -er, stötte, stött **på**	auf etwas/jmdn. treffen
så gott jag kan	so gut ich kann
yngling -en -ar	Jüngling
allmänhet -en	Allgemeinheit
stereotyp -t -a	stereotyp
etnisk -t -a	etnisch

2 Medelsvensson i förändring

numera	heutzutage
vård och omsorg	Gesundheits- und Sozialwesen

gottegris -en -ar	Naschkatze
överviktig -t -a	übergewichtig
kaffebröd -et -	Gebäck zum Kaffee
självklarhet -en - er	Selbstverständlichkeit

Apropå

bergig -t -a	bergig
gud -en -ar	Gott

3a Samtal om fredagsmys (145)

det kan hända	hier: vielleicht
i alla fall	auf jeden Fall
ensam, ensamt, ensamma	alleine, einsam
begrepp -et -	Begriff
amerikanare -n -	Amerikaner
mys/a -er -te -t	es gemütlich haben, kuscheln
häromveckan	neulich, dieser Tage
hantera -r -de -t	hantieren, handhaben
året om	das ganze Jahr über
exakt, exakt, exakta	genau, exakt
slappa -r -de -t	ausspannen, entspannen
definitiv -t -a	endgültig
porta -r -de -t	verboten, ausgeschlossen
tajt, tajt, tajta	eng
ritual -en -er	Ritual
vuxna	Erwachsene
vuxen, vuxet, vuxna	gewachsen
för den delen	im Übrigen
syrra -n, syrror	ugs. Schwester
så	so
samma här	ich auch, so war das auch bei mir
för	weil
tand -en, tänder	Zahn
hälsomedveten, -medvetet, -medvetna	gesundheitsbewusst
trots att	obwohl
häv/a -er -de -t **i sig**	in sich hineinstopfen
smågodis -et	kleinere Süßigkeiten
lösgodis -et	Süßigkeiten zur Selbstbedienung
konsumtion -en	Verbrauch
markant, markant, markanta	markant, auffallend
katastrof -en -er	Katastrophe
alternativ -et -	Alternative
även om	auch wenn
köra, kör, körde, kört **med ngt**	etwas nehmen/machen
nyttig -t -a	gesund
grönsaksstav -en -ar	Gemüsesticks
salt, salt, salta	salzig
kex -et -	Keks, Kräcker
nöt -en, nötter	Nuss
och så där ...	und so ...
vara, är, var, varit **uppe**	auf sein
pysselkväll -en -ar	Bastelabend

3c

marknadsföra, -för, -förde, -fört	vermarkten
göra, gör, gjorde, gjort **sitt intåg**	Einzug halten

Apropå

disk -en -ar	Tresen
plockgodis -et	Süßigkeiten zur Selbstbedienung
runt	in etwa, ungefähr

4 Subjunktioner (146)

av en slump	per Zufall
slump -en -ar	Zufall
luciatåg -et -	Luciazug (Lucia mit ihrem Gefolge)
fullständig -t -a	vollständig
vara, är, var, varit **hänförd**	hingerissen sein, begeistert sein
i fjol	letztes Jahr
kod -en -er	Code
knäck/a -er -te -t	knacken
förfest -en -er	kleines Fest vor einer Feier oder dem Ausgehen
grunda -r -de -t	vor dem Ausgehen zu Hause alkoholhaltige Getränke trinken
-haltig -t -a	-haltig
het, hett, heta	heiß
ämne -t -n	hier: Thema
diverse	verschiedene
lek -en -ar	Spiel
krogrunda -n, krogrundor	Kneipenrunde
stupfull -t -a	total besoffen
håll/a -er, höll, hållit **avstånd**	Abstand halten
avstånd -et -	Abstand
bänk -en -ar	Bank (zum Sitzen)
vänj/a -er, vande, vant **sig vid**	sich an ... gewöhnen
dröj/a -er -de -t	dauern
ta -r, tog, tagit **tid**	dauern
ge -r, gav, gett **upp**	aufgeben
hopp -et -	Hoffnung, Sprung

5 Ord i fokus - personord och några kända svenskar

entreprenör -en -er	Unternehmer/in
uppfinnare -n -	Erfinder/in
vetenskapsman -nen, -män	Wissenschaftler/in
miljöaktivist -en -er	Umweltaktivist/in
astronaut -en -er	Astronaut/in
politiker -n -	Politiker/in
diplomat -en -er	Diplomat/in
spräng/a -er -de -t	sprengen
nomenklatur -en -er	Nomenklatur
talang -en -er	Begabung
rymd -en -er	Weltraum
tillbringa -r -de -t	zubringen
tyngdlöshet -en	Schwerelosigkeit

centralstyre -t -n	Zentralregierung
akvarell -en -er	Aquarell
regissera -r -de -t	Regie führen
manus -et -	Drehbuch
dynamit -en	Dynamit
komponera -r -de -t	komponieren
legend -en -er	Legende
jude -n, judar	Jude
skala -n, skalor	Skala, Tonleiter, Maßstab
strejka -r -de -t	streiken
uppmärksamma -r -de -t	bemerken, beachten

7 Alfred Nobel

dualism -en -er	Dualismus
händelse -n -r	Geschehen
kiselgur -en	Kieselgur
förresten	übrigens
sandhed -en -ar	Sandheide
sprängämne -t -n	Sprengstoff
patentera -r -de -t	patentieren
omkomm/a -er, -kom, -kommit	ums Leben kommen
mänsklighet -en	Menschheit, Menschlichkeit
fred -en -er	Frieden
vistelse -n -r	Aufenthalt

8 Sjung med (147)

fjät -et -	(veraltet) Schritt
gård -en -ar	Hof
stuva -n, stuvor	Stube
kring	um
jord -en -ar	Erde
förlät	(veraltet) verließ
ruva -r -de -t	brüten
stig/a -er, steg, stigit	steigen
tänd, tänt, tända	angezündet
stum, stumt, stumma	stumm
höra, hör, hörde, hört	hören
svinga -r -de -t	schwingen
sus -et	Brausen, Sausen
vinge -n, vingar	Flügel
tröskel -n, trösklar	Schwelle
klädd, klätt, klädda	gekleidet
flykta -r -de -t	fliehen
dal -en -ar	Tal
ny -tt -a	neu, hier: aufs Neue
rosig -t -a	rosig
sky -n, skyar	Himmel

10 Hur svenska är svenskarna egentligen?

invandrare -n -	Einwanderer, Einwanderin
allihop/allihopa	alle
hy -n	Gesichtshaut
inlandsis -en -ar	Eiskappe (in der Eiszeit)
rom -en -er	Rom, Roma
invandra -r -de -t	einwandern
vallon -en -er	Wallone
järnhantering -en	Eisengewerbe
filosof -en -er	Philosoph/in
skotte -n, skottar	Schotte
bryggeri -et -er	Brauerei
italienare -n -	Italiener
skicklig -t -a	geschickt
stuckatör -en -er	Stuckateur/in
mosaikläggare -n -	Mosaikleger/in
Turkiet	Türkei
expert -en -er	Experte, Expertin
byggmästare -n -	Baumeister/in
holländare -n -	Holländer
engelsman -nen, engelsmän	Engländer
stenkol -en	Steinkohle
fabrik -en -er	Fabrik
schweizare -n -	Schweizer
polack -en -er	Pole
krydda -n, kryddor	Kräuter
islamisk -t -a	islamisch
Orienten	der Orient
projekt -et -	Projekt
illustrera -r -de -t	illustrieren
förlag -et -	Verlag
driv/a -er, drev, drivit	treiben, betreiben
kaffehandlare -n -	Kaffeehändler/in
rot -en, rötter	Wurzel
norrman -nen, norrmän	Norweger

12a Sveriges fem nationella minoriteter (148)

minoritet -en -er	Minderheit
känneteckna -r -de -t	kennzeichnen
nationell -t -a	national
definiera -r -de -t	definieren
särställning -en -ar	Sonderstellung
samhörighet -en -er	Zusammengehörigkeit
särart -en -er	Eigenart

12c

sverigefinne -n, sverigefinnar	Finnen in Schweden
tornedaling -en -ar	Menschen die in Tornedalen leben

12d

kaffesump -en	Kaffeesatz
makthavare -n -	Machthaber
diskriminering -en -ar	Diskriminierung
utanförskap -et	Ausgrenzung
bofast	sesshaft
lagstiftning -en -ar	Gesetzgebung
fördom -en -ar	Vorurteil
misstänksamhet -en	Misstrauen, Verdacht
kringresande (oböjl.)	herumreisend
kränkning -en -ar	Kränkung
rättighet -en -er	Recht
skolgång -en	Schulbesuch

12e

förföljelse -n -r	Verfolgung
försörj/a -er -de -t **sig på**	sich mit ... versorgen

13 Det här säger utländska personer om svenskarna

fras -en -er	Phrase
finne -n, finnar	Finne
gå rakt på sak	gleich zur Sache kommen
kompetent, kompetent, kompetenta	kompetent
norm -en -er	Norm
excentriker -n -	Exzentriker/in
stel -t -a	steif, verkrampft
offentlig -t -a	öffentlich
gråt/a -er, grät, gråtit	weinen
skrik/a -er, skrek, skrikit	schreien
utåt	nach außen
aggressivitet -en	Aggressivität
lyhörd, lyhört, lyhörda	hellhörig
respektfull -t -a	respektvoll
empati -n	Empathie
planering -en -ar	Planung
vara konflikträdd, -rädda	Angst vor Konflikten haben
trampa -r -de -t	treten

OBS!

stöta <u>på</u>	auf etwas/jmdn. treffen
<u>stöta</u> på	ugs. anmachen, sexuelles Interesse zeigen

Böcker och berättelser — Avsnitt 14

Startsidan (149)

biografi -n -er	Biographie
saga -n, sagor	Märchen
science fiction (oböjl.)	Science-Fiction
historisk -t -a	historisch
facklitteratur -en	Fachliteratur

1 Början av berättelsen

komet -en -er	Komet
karl -en, karlar	Mann, Kerl
omgivning -en -ar	Umgebung
beslut -et -	Beschluss
grubbla -r -de -t	grübeln
upptäckt -en -er	Entdeckung
slink/a -er, slank, slunkit **in**	hineinschlüpfen
port -en -ar	Haustür, Tor, Einfahrt
tänd/a -er, tände, tänt	anzünden, anmachen
belysning -en -ar	Beleuchtung
sväva -r -de -d	schweben
ande -n, andar	Geist
spökhistoria -n, spökhistorier	Geistergeschichte
ranglig -t -a	hoch aufgeschossen
linhårig -t -a	hellblond, flachsblond
dug/a -er, dög, dugt	taugen
dugde (dialekt)	taugte
därnäst	dann
ställ/a -er -de -t **till**	anstellen
odygd -en -er	Unfug
kvarter -et -	Viertel
asfaltera -r -de -t	asphaltieren
dån -et -	Donner
närma -r -de -t **sig**	sich nähern
kryp/a -er, kröp, krupit	krabbeln, kriechen
kolonn -en -er	Kolonne
stridsvagn -en -ar	Panzer
...liknande	...ähnliche
böka -r -de -t	wühlen
riv/a -er, rev, rivit	reißen, kratzen
gropig -t -a	voller Löcher
grusväg -en -ar	Schotterstraße

2a Ord i fokus - språk

finska -n	Finnisch
engelska -n	Englisch
danska -n	Dänisch
norska -n	Norwegisch
arabiska -n	Arabisch
isländska -n	Isländisch
spanska -n	Spanisch
nederländska -n	Niederländisch
turkiska -n	Türkisch
franska -n	Französisch
italienska -n	Italienisch
vietnamesiska -n	Vietnamesisch
ungerska -n	Ungarisch

2b

härma -r -de -t	nachmachen
ett sorts	eine Art
likna -r -de -t	ähneln
hitta -r -de -t **på**	erfinden

3 Astrid Lindgren (150)

älskad, älskat, älskade	geliebt
tröst -en	Trost
kraft -en -er	Kraft
ting -et -	Ding
barndom -en -ar	Kindheit

trygghet -en -er	Geborgenheit
trygg, tryggt, trygga	geborgen
bry -r, brydde, brytt **sig om**	sich kümmern
varann (varandra)	einander
fastna -r -de -t **för ngt**	gefesselt von etwas sein
läsning -en -ar	Lesen
uppsats -en -er	Aufsatz
publicera -r -de -t	veröffentlichen
realexamen, -examen, -examina	mittlere Reife
notis -en -er	Notiz, kurze Nachricht
reportage -t -	Reportage
förhållande -t -n	Verhältnis
redaktör -en -er	Redakteur
gravid, gravida	schwanger
skandal -en -er	Skandal
undkomma, undkommer, undkom, undkommit	entkommen
skvaller, skvallret	Klatsch
bo -r -dde -tt **kvar**	wohnen bleiben
fostermor, -modern, -mödrar	Pflegemutter
anställning -en -ar	Anstellung
förälska -r -de -t **sig i någon**	sich in jmdn. verlieben
ta -r, tog, tagit **hand om**	sich kümmern
betydande	bedeutende/r/s
samhällsdebatör -en -er	Gesellschaftskritiker
kämpa -r -de -t	kämpfen
rättighet -en -er	Recht
kärnkraft -en	Kernkraft
engagera -r -de -t **sig i ngt**	sich für etwas engagieren
djurskyddskampanj -en -er	Tierschutzkampagne
avlid/a -er, avled, avlidit	sterben

Apropå

stengärdsgård -en -ar	Steinmauer
hage -n, hagar	Weide, Feldwiese

4 Ur barnen på Bråkmakargatan (151)

fast	obwohl
förrän	bevor
dan (dagen)	Tag
burk -en -ar	hier: Dose
barnkammare -n –	Kinderzimmer
opp (upp)	hinauf
samma	derselbe/dieselbe/dasselbe
rotmos -et	Steckrübenmus
stå -r, stod, stått **sig**	sich halten
tigg/a -er -de -t	betteln
göra, gör, gjorde, gjort **i ordning**	fertig machen
brasa -n, brasor	Kaminfeuer
klenät -en -er	Schürzkuchen
klä -r, klädde, klätt	hier: schmücken
plantera -r -de -t	pflanzen
fullt med	viele
hyacint -en -er	Hyazinte
doppa -r -de -t **i grytan**	Brot in Schinkensud tunken
tant -en -er	Tante
julklapp -en -ar	Weihnachtsgeschenk
knäck -en -ar	Sahnebonbon
brända mandlar	gebrannte Mandeln
jultomte -n, jultomtar	Weihnachtsmann
stampa -r -de -t	stampfen
farstu -n -r	Vorflur
dundra -r -de -t	donnern
säck -en -ar	Sack
pinfull -t -a	total voll
utanskrift -en -er	(veraltet) Adresse
Akta dej!	Pass auf!
trilla -r -de -t **ur**	herausfallen
huvet (huvudet)	Kopf
stirra -r -de -t **på**	anstarren
röra, rör, rörde, rört **sig**	anstarren
kill i magen	Kribbeln im Bauch
Fy Fransson! (gemeint ist eigentlich »Fy fan!«)	Pfui Teufel!, Zum Teufel!
julotta -n, julottor	Christmette
julkärve -n, julkärvar	Hafergarbe zu Weihnachten
rista -r -de -t **av**	abschütteln
sparv -en -ar	Spatz
stjärna -n, stjärnor	Stern
måne -n, månar	Mond
underlig -t -a	sonderbar

5 Adjektiv - superlativ i bestämd form

festlig -t -a	besonders, toll
julkrubba -n, julkrubbor	Krippe
omslags/papper, -pappret –	Einwickelpapier
ängel -n, änglar	Engel
ljusstake -n, ljusstakar	Kerzenleuchter
halmbock -en -ar	Bock aus Stroh
välkomstkrans -en -ar	Willkommenskranz
smide -t -n	Schmiede
träslöjd -en	Handarbeit aus Holz
halmslöjd -en	Handarbeit aus Stroh

7 Den svenska deckaren (152)

deckare -n -	Krimi
doktor -n -er	Doktor/in
sociologi -n	Soziologie
skräck -en	Horror
sammanhang -et -	Zusammenhang
hot -et -	Bedrohung
skaka -r -de -t **om**	schütteln
landa -r -de -t	landen
aspekt -en -er	Aspekt

8 Ord i fokus - sinnesintryck

sinne -t -n	Sinn
utnyttja -r -de -t	ausnutzen
stimulera -r -de -t	stimulieren
lukta -r -de - t	riechen
skria -r -de -t	wiehern
dunkel, dunklet	Dunkelheit

skrapa -r -de -t	scharren
orolig -t -a	unruhig
box -en -ar	Box
gödsel -n	Mist, Dünger
urin -en	Urin
hö -et	Heu
rys/a -er, rös, ryst	schauern, schaudern
skräna -r -de -t	schreien
långt borta	weit weg
åker -n, åkrar	Acker, Feld
kylig -t -a	kühl
luft -en -er	Luft
märk/a -er -te -t	merken
blåst -en	Wind
tillta -r, tilltog, tilltagit	zunehmen
känsel -n	Gefühl
hörsel -n	Gehör
syn -en -er	Sehen
lukt -en -er	Geruch
smak -en -er	Geschmack

10 Nordiska naturväsen

naturväsen -det -	Naturwesen
troll -et -	Troll
skogsrå -et -n	Waldfrau
tomte -n, tomtar	Wichtel
jätte -n, jättar	Riese
älva -n, älvor	Elfe
näck -en -ar	Nöck
skrock -et	Aberglaube
avundsjuk -t -a	neidisch
galen, galet, galna **i**	verückt nach

11a Bortbytingarna - en svensk saga (153)

drottning -en -ar	Königin
väntan (en), väntan	Warten
döp/a -er -te -t	taufen
obeskrivlig -t -a	unbeschreiblich
hy -n	Haut
genomskinlig -t -a	durchsichtig
mun -nen -nar	Mund
förnäm -t -a	vornehm
uppasserska -n, uppasserskor	hier: Kindermädchen
riksgrevinna -n, riksgrevinnor	Reichsgräfin
ansvarsfull -t -a	verantwortungsvoll
post -en -er	Posten
nämligen	nämlich
sömnig -t -a	schläfrig
jämt och ständigt	ständig
somna -r -de -t	einschlafen
sängkammare -n –	Schlafgemach
vagga -n, vaggor	Wiege
akacielund -en -er	Akazienhain
hustru -n -r	Ehefrau
gumma -n, gummor	alte Frau
unge -n, ungar	Junges, Kind
tovig -t -a	zottelig
gubbe -n, gubbar	alter Mann
springbrunn -en -ar	Springbrunnen
nyfiken, nyfiket, nyfikna	neugierig
smyg/a -er, smög, smugit	schleichen
sidengardin -en -er	Seidengardine
mjuk -t -a	weich
duva -n, duvor	Taube
ful -t -a	hässlich
gnistra -r -de -t	funkeln
dumhet -en -er	Blödsinn
nöj/a -er -de -t **sig med**	sich mit ... zufrieden geben
stjäla, stjäl, stal, stulit	stehlen
luta -r -de -t **sig**	sich beugen
skrik/a -er, skrek, skrikit **till**	aufschreien
arg -t -a	böse
håll/a -er , höll, hållit **på**	mit etwas beschäftigt sein
svimma -r -de -t	in Ohnmacht fallen
tillkalla -r -de -t	herbeirufen
hov -et –	Hof
påstå -r, påstod, påstått	behaupten
vaken, vaket, vakna	wach
förtvivlad, förtvivlat, förtvivlade	verzweifelt
livmedikus -en -ar	Leibarzt, Leibärztin
underlig -t -a	merkwürdig
ordinera -r -de -t	verordnen
viol -en -er	Veilchen
vänj/a -er, vande, vant **sig vid**	sich gewöhnen an
förtjust, förtjust, förtjusta	entzückt
bleknos -en -ar	Blassnase
tanig, tanigt, taniga	mager
purjolök -en -ar	Porree
smärt, smärt, smärta	schlank
gyllene (oböjl.)	golden
vara, är, var, varit **lydig mot**	gehorsam sein gegenüber
anse -r, ansåg, ansett	ansehen, betrachten
böra, bör, borde, bort	müssen, sollen
göra, gör, gjorde, gjort **sig till**	sich zieren, sich einschmeicheln
lägg/a -er, la(de), lagt **huvudet på sned**	den Kopf schief legen
pip/a -er, pep, pipit	quieken
råtta -n, råttor	Ratte
sjåpa -r -de -t **sig**	sich anstellen
få -r, fick, fått **sin vilja fram**	seinen Willen durchsetzen
olydig, olydigt, olydiga	unerzogen
gift/a -er, gifte, gift **bort**	verheiraten
brudgum -men -mar	Bräutigam
örfila -r -de -t	ohrfeigen
räck/a -er -te -t **ut**	herausstrecken
tunga -n, tungor	Zunge
bli -r, blev, blivit **rädd för**	Angst bekommen vor
vid, vitt, vida	hier: weit
giftasvuxen, -vuxet, -vuxna	heiratsfähig
berggrotta -n, berggrottor	Berggrotte
underjordisk -t -a	unterirdisch

Lektionswortschatz

sal -en -ar	Saal
fackla -n, facklor	Fackel
lykta -n, lyktor	Laterne, Lampion
trumpet -en -er	Trompete
trumma -n, trummor	Trommel
rymm/a -er, rymde, rymt	fliehen
bre(da), brer, bredde, brett **ut**	ausbreiten
kyss/a -er -te -t	küssen
smäll -en -ar	Knall
kyss -en -ar	Kuss
så småningom	allmählich

11c

rufsig -t -a	zerzaust
hygglig -t -a	nett
väluppfostrad, väluppfostrat, väluppfostrade	nett
ond, ont, onda	böse
desperat, desperat, desperata	verzweifelt
anemisk -t -a	anämisch
konstig -t -a	komisch, merkwürdig
aristokratisk -t -a	aristokratisch
tillfreds (oböjl.)	zufrieden

14 Sjung med! (154)

viska -r -de -t	flüstern
lund -en -er	Hain
ström -men, strömmar	Strom
ila -r -de -t	eilen
störtvåg -en -or	eine reißende Welle
klaga -r -de -t	klagen
vallhorn -et -	Waldhorn
klang -en -er	Klang
sorg -en -er	Trauer, Sorge
vaka -n, vakor	Singdrossel
kring	rund um
brist/a -er, brast, brustit	bersten
låga -n, lågor	Flamme
avsked -et -	Abschied
plåga -n, plågor	Plage
grönskande	grünende
skrud -en -ar	prachtvolles Kleid
drill -en -ar	Triller

16 Viskleken

påstående -t -n	Behauptung
upprepa -r -de -t	wiederholen

OBS!

1. **festlig** – besonders, lustig, toll, festlich
   högtidlig – festlich
2. **tomt/e** -en -ar – Weihnachtsmann, Zwerg
   tomt -en -er – Grundstück
3. **landa** – landen (Flugzeug)
   hamna – landen, per Zufall hineinkommen, geraten
4. Das Wort **tant** war früher die Bezeichnung für eine ältere Frau, z. B. **tant Berg**, und für eingeheiratete Tanten. Die männliche Entsprechung ist **farbror**, z. B. **farbror Melker**. Heutzutage sagt man z. B. noch **kiosktanten**, **tanten i affären.**

Väder och klimat — Avsnitt 15

Startsidan (155)

klimat -et -	Klima
vänd/a -er, vände, vänt	drehen, umdrehen
tills	bis
käring -en -ar	altes Weib
motvind -en -ar	Gegenwind
så -r -dde -tt	sähen
skörda -r -de -t	ernten
storm -en -ar	Sturm
gömm/a -er, gömde, gömt	verstecken
tö -et	Tauwetter
seglare -n -	Segler
Regnet står som spön i backen.	Es regnet Bindfäden.
spö -et -n	Gerte, Rute
backe -n, backar	Hügel
råka -r -de -t **i**	zufällig hineinkommen
blåsväder	windiges Wetter, (heftige Kritik)
is -en -ar	Eis
hal -t -a	glatt

1 Varför allt snack om väder?

väder, vädret -	Wetter
engagera -r -de -t	engagieren
ytlig -t -a	oberflächlich
meningslös -t -a	unsinnig
kallprat -et	leeres Geschwätz
funktion -en -er	Funktion
en sorts	eine Art
isbrytare -n -	Eisbrecher
före	vor, davor
kommentar -en -er	Kommentar
påträngande	aufdringlich

inledning -en -ar	Einleitung
nosa -r -de -t	schnuppern (bei Tieren)
komm/a -er, kom, kommit **igång**	in Gang kommen
gnäll/a -er -de -t	nörgeln
tystnad -en -er	Stille
jobbig -t -a	anstrengend
kitt -et	Kitt
väderfixerad, -fixerat, -fixerade	wetterfixiert
folkslag -et -	Volk
löpsedel -n, löpsedlar	Schlagzeilenplakat
varierad, varierat, varierade	unterschiedlich
ha -r, hade, haft **på sig**	hier: Zeit haben
hoppa -r -de -t **jämfota**	mit beiden Beinen gleichzeitig springen
solstråle -n, solstrålar	Sonnenstrahl
prognos -en -er	Prognose
jord -en -ar	Erde
regna -r -de -t **bort**	verregnen

2 Ord i fokus - vädret (156)

sol -en -ar	Sonne
skin/a -er, sken, skinit	scheinen
Det är klart.	Es ist klar.
solig -t -a	sonnig
Det är halvklart.	Es ist halbklar.
moln -et -	Wolke
molnig -t -a	wolkig
mulen, mulet, mulna	bewölkt
regn -et	Regen
regnig -t -a	regnerisch
regnskur -en -ar	Regenschauer
regna -r -de -t	regnen
åska -n, åskor	Gewitter
blixt -en -ar	Blitz
blixtra -r -de -t	blitzen
snö -n	Schnee
snöa -r -de -t	schneien
dimma -n, dimmor	Nebel
dimmig -t -a	neblig
vind -en -ar	Wind
blås/a -er -te -t	wehen
svag -t -a	schwach
måttlig -t -a	mäßig
frisk -t -a	frisch
hård, hårt, hårda	hart
nordlig -t -a	nördlich
västlig -t -a	westlich
ostlig -t -a	östlich
sydlig -t -a	südlich
grad -en -er	Grad

3a Väderleksrapporten

väderleksrapport -en -er	Wetterbericht
högtryck -et -	Hochdruck
lågtryck -et -	Tiefdruck
uppehållsväder, -vädret, -	beständiges Wetter
ostkust -en -er	Ostküste

3b

slask -et	(Schnee)Matsch
hemester -n, hemestrar	Urlaub zu Hause
värmebölja -n, värmeböljor	Wärmewelle
ryggskott -et -	Hexenschuss
fläkt -en -ar	Ventilator
blötsnö -n	nasser Schnee
outhärdlig -t -a	unerträglich

3c

hammock -en -ar	Hollywoodschaukel
värme -n	Wärme
åtminstone	wenigstens
frys/a -er, frös, frusit	frieren
kila -r -de -t	losgehen
genomvåt, -vått, -våta	durchnässt

4 Väder-leken

förresten	übrigens

7a Fyra texter (157)

generell -t -a	generell
följd -en -er	Folge
hetta -n	Hitze

A

meteorolog -en -er	Meteorologe
knapp -t -a	knapp
den värsta	der/die/das Schlimmste
förödelse -n -r	Verwüstung
någonsin	jemals
vindby -n, vindbyar	Windböe
motsvara -r -de -t	entsprechen
orkanstyrka -n, orkanstyrkor	Orkanstärke
orkan -en -er	Orkan
uppmättes	wurde gemessen
nå -r -dde -tt	erreichen
drabba -r -de -t	betreffen
avta -r, avtog, avtagit	abnehmen, nachlassen
över	vorüber
kuslig -t -a	gruselig
oigenkännlig -t -a	nicht wiederzuerkennen
chockad, chockat, chockade	geschockt
mist/a -er -te -t **livet**	sterben, ums Leben kommen
blockerad, blockerat, blockerade	blockiert
avspärrad, avspärrat, avspärrade	abgesperrt
ledning -en -ar	Leitung
förstörd, förstört, förstörda	zerstört
lamslagen, -slaget, -slagna	lahmgelegt
nerblåst, nerblåst, nerblåsta	runtergeweht
fall/a -er, föll, fallit	fallen
spår -et -	Schiene

instängd, instängt, instängda	eingesperrt
isolerad, isolerat, isolerade	isoliert
plockepinn -et	Mikado
uppskattningsvis	schätzungsweise
stormfälldes	wurden vom Sturm gefällt
årsavverkning -en -ar	jährliche Fällung

B

håll/a -er, höll hållit **i sig**	anhalten
flöde -t -n	Flut, Strom
viss, visst, vissa	einige/s
område -t -n	Umgegend
fara -n, faror	Gefahr
allmänhet -en	Allgemeinheit
höj/a -er -de -t	erhöhen
vattendrag -et -	Wasserlauf
översvämmad, översvämmat, översvämmade	überschwemmt
räddningstjänst -en -er	Rettungsdienst
kommunstyrelse -n -r	Gemeindevorstand
begära, begär, begärde, begärt	verlangen
förstärkning -en -ar	Verstärkung
tusentals	tausende
sandsäck -en -ar	Sandsäcke
stoppa -r -de -t	stoppen, aufhalten
hotad, hotat, hotade	bedroht
skydda -r -de -t	schützen
verksamhet -en -er	Betrieb, Tätigkeit

C (158)

kust -en -er	Küste
vara, är, var, varit **utsatt för**	ausgesetzt sein
erosion -en -er	Erosion
bitvis	stückweise
process -en -er	Prozess
våg -en -or	Welle
havsström -men -mar	Meeresströmung
föra, för, förde, fört **bort**	abtragen, wegschaffen
någon annanstans	irgendwo anders
effekt -en -er	Effekt
smält/a -er, smälte, smält	schmelzen, tauen
pol -en -er	Pol
stig/a -er, steg, stigit	steigen
successiv -t -a	nach und nach, schrittweise
gå -r, gick, gått **förlorad**	verloren gehen
zon -en -er	Zone
miljon -en -er	Million
locka -r -de -t	locken
årligen	jährlich
näringsliv -et -	Wirtschaft
bebyggelse -n -r	Bebauung
infrastruktur -en -er	Infrastruktur
stå -r, stod, stått **på spel**	auf dem Spiel stehen
kant -en -er	Kante
minska -r -de -t	reduzieren, verringern
metod -en -er	Methode
motverka -r -de -t	entgegenwirken
gynna -r -de -t	begünstigen, fördern
ekosystem -et -	Ökosystem

D

brist -en -er	Mangel
nederbörd -en -er	Niederschlag
period -en -er	Periode
torka -n	Trockenheit
allvarlig -t -a	ernst
betesmark -en -er	Weide
uttorkad, uttorkat, uttorkade	ausgetrocknet
foder, fodret -	Futter
höskörd -en -ar	Heuernte
nödslakt -en -er	Notschlachtung
svårighet -en -er	Schwierigkeit
konsument -en -er	Konsument
öring -en -ar	Forelle
syrefattig -t -a	sauerstoffarm
brandrisk -en -er	Brandgefahr
konsekvens -en -er	Konsequenz
brinn/a -er, brann, brunnit	brennen
långvarig -t -a	anhaltend, lang
orsaka -r -de -t	verursachen
hälsoproblem -et -	Gesundheitsprobleme
utsätt/a -er, -satte, -satt	aussetzen
påfrestning -en -ar	Belastung, Beanspruchung

7e

oroa -r -de -t **sig för**	sich Sorgen machen, sich beunruhigen
vara, är, var, varit **tvungen att**	gezwungen sein zu ...

9 Komihåglistan (159)

tömm/a -er, tömde, tömt	entleeren
sopa -r -de -t	fegen, kehren
släng/a -er -de -t	wegwerfen
stryk/a -er, strök, strukit	bügeln

10 Sveriges klimat

tempererad, tempererat, tempererade	temperiert
polar -t -a	polar
lövskog -en -ar	Laubwald
dominera -r -de -t	dominieren
barrskog -en -ar	Nadelwald
vegetation -en -er	Vegetation
tundra -n, tundror	Tundra
höjd -en -er	Höhe
Atlanten	Atlantik
förhållandevis	verhältnismäßig
mild, milt, milda	mild
köldrekord -et -	Kälterekord
köld -en	Kälte
bälte -t -n	Gürtel
prägla -r -de -t	prägen

kamp -en -er	Kampf
massa -n, massor	Masse
svängning -en -ar	Schwankung, Schwingung
fördelad, fördelat, fördelade	verteilt
indikation -en -er	Indikation
uppgång -en -ar	Aufgang, Anstieg
klättra -r -de -t	klettern
glaciär -en -er	Gletscher
krymp/a -er -te -t	schrumpfen
sprid/a -er, spred, spridit **sig**	sich verbreiten
mellersta	Mittel-, mittlere

12 Greta Thunberg

depression -en -er	Depression
sittstrejk -en -er	Sitzstreik
budskap -et -	Botschaft

14 En diskussion för eller emot

vara, är, var, varit **övertygad om**	überzeugt sein von ...
utan tvekan	ohne Zweifel
Det har du rätt i!	Da hast du Recht!

OBS!

1. **humör**	Laune
humor	Humor
1. **spö**	Gerte, Rute
metspö	Angel
ridspö	Reitgerte

Bli miljöhjälte! Avsnitt 16

Startsidan (160)

miljöhjälte -n, miljöhjältar	Umweltheld
element -et -	Element
luft -en	Luft
eld -en -ar	Feuer
resurs -en -er	Ressource
nödvändig -t -a	notwendig

1 Källvatten

källvatten, källvattnet -	Quellwasser
källa -n, källor	Quelle
rättvisa -n, rättvisor	Gerechtigkeit
svårmärklig -t -a (Boyes eget ord)	schwer definierbar
egen, eget, egna	eigen, sonderbar
slik -t -a	solchen/solches/solcher
kärv -t -a	scharf, herb
själ -en -ar	Seele

2 Ord i fokus - miljö

klimatförändring -en -ar	Klimaveränderung
förtunning -en -ar	Verdünnung
skräp -et -	Müll, Schrott, Gerümpel
sopa -n, sopor	Müll
försörjning -en -ar	Versorgung
förorening -en -ar	Verschmutzung
koldioxid -en -er	Kohlendioxid
avgas -en -er	Abgase
utsläpp -et -	Emission, Ausstoß
växthusgas -en -er	Treibhausgase
överbefolkning -en -ar	Überbevölkerung
smog -en	Smog
försurning -en -ar	Übersäuerung
övergödning -en	Überdüngung
buller, bullret -	Lärm
köttproduktion -en -er	Fleischproduktion
skogsskövling -en -ar	Waldabholzung
bekämpningsmedel, -medlet -	Bekämpfungsmittel

3 På väg till ett klimatneutralt samhälle (161)

nollvision -en -er	Nullvision
Naturvårdsverket	Umweltschutzbehörde in Schweden
uppdrag -et -	Auftrag
ta -r, tog, tagit **fram**	ausarbeiten
färdplan -en -er	Fahrplan
hållbar -t -a	haltbar, dauerhaft
ökning -en -ar	Anstieg
begränsa -r -de -t	begrenzen
övergripande	übergreifend
koncentration -en -er	Konzentration
stabilisera -r -de -t	stabilisieren
omställning -en -ar	Umstellung
på egen hand	allein/e
ske -r -dde -tt	geschehen
global -t -a	global
samförstånd -et -	Einvernehmen, Einverständnis

3 Styrmedel

styrmedel, styrmedlet -	politisches Instrument
långsiktig -t -a	langfristig
skatt -en -er	Steuer

fossil -t -a	fossil
bränsle -t -n	Brennstoff
uppvärmning -en -ar	Erwärmung
bensin -en	Benzin
diesel -n, dieslar	Diesel
vägtransport -en -er	Straßentransport
belagd, belagt, belagda	belegt
utsläppsrätt -en -er	Emissionsrecht
marknadsetablering -en -ar	Markteinführung
satsa -r -de -t **på**	investieren
skärp/a -er -te -t	verschärfen
sektor -n -er	Sektor
koldioxidsnål -t -a	kohlendioxidarm
gods -et -	Güter
sjöfart -en	Seefahrt
investering -en -ar	Investition
anläggning -en -ar	Anlage
djurhållning -en -ar	Tierhaltung
optimerad, optimerat, optimerade	optimiert
tillförsel -n	Zufuhr
växtnäring -en -ar	Pflanzennahrung
åtgärd -en -er	Maßnahme

3 Pyrolysolja

träavfall -et -	Holzabfall
tjäna -r -de -t	dienen
drivmedel, drivmedlet, -	Treibmittel
bolag -et -	Unternehmen
framställ/a -er -de -t	herstellen
sågspån -et -	Sägespäne
hetta -r -de -t **upp**	erhitzen, aufheizen
fast, fast, fasta	fest
material -et -	Material
förånga -r -de -t	verdampfen
kondensera -r -de -t	kondensieren
vätska -n, vätskor	Flüssigkeit
rot -en, rötter	Wurzel
topp -en -ar	Spitze
omvandla -r -de -t	umwandeln
raffinera -r -de -t	raffinieren
förnybar -t -a	erneuerbar

3 Vatten-, vind- och kärnkraft (162)

anpassa -r -de -t	anpassen
ta -r, tog, tagit **vara på**	nutzen
väderkvarn -en -ar	Windmühlen
syn -en -er	Anblick
förutsättning -en -ar	Voraussetzung
leverera -r -de -t	liefern
förbruka -r -de -t	verbrauchen
minimal -t -a	minimal
antal -et -	Anzahl
solcell -en -er	Solarzelle
installera -r -de -t	installieren
befintlig -t -a	befindlich, vorhanden

omdebatterad, omdebatterat, omdebatterade	viel diskutiert, viel erörtert
släpp/a -er -te -t **ut**	ausstoßen, herauslassen
brytning -en -ar	hier: Abbau
ton -net -	Tonne
malm -en -er	Erz
bergkrossning -en -ar	Zertrümmerung des Berges
maskin -en -er	Maschine
bidra -r, bidrog, bidragit	beitragen
förstörelse -n -r	Zerstörung
uran -et	Uran
ansvarsfull -t -a	verantwortlich
förvänta -r -de -t **sig**	erwarten

3 Jord-, berg- och fjärrvärme

fjärrvärme -n	Fernwärme
form -en -er	Form
sätt -et -	Art
utvinn/a -er, utvann, utvunnit	herausholen, gewinnen
lagra -r -de -t	lagern
pump -en -ar	Pumpe
hälft -en -er	Hälfte
kraftvärmeverk -et -	Heizkraftwerk, KWK-Kraftwerk
rest -en -er	Rest
avverkning -en -ar	Abholzung
överskottsvärme -n	Überschusswärme
tack vare	dank
byt/a -er, bytte, bytt **ut**	austauschen
återvunnen, återvunnet, återvunna	recyceln, wiedergewinnen
ytterligare	noch mehr, ferner

3 Individens beteende viktigt

beteende -t -n	Verhalten
ytterst	letzten Endes
den enskilde	der/die einzelne
individ -en -er	Individuum
trend -en -er	Trend
behöv/a -er -de -t	hier: müssen
halvera -r -de -t	halbieren
drivkraft -en -er	treibende Kraft

4 En produktpresentation (163)

kemikalie -n -r	Chemikalie
skonsam -t -ma	schonend
sugrör -et -	Strohhalm
glödlampa -n, glödlampor	Glühbirne
mjölkvarn -en -ar	Mühle

5a En cykelvänlig arbetsplats

tillgänglig -t -a	zugänglich
logotype -n -r	Logo
reflex -en -er	Reflektor
poncho -n -r	Poncho
tjänsteresa -n, tjänsteresor	Dienstreise

tillhandahåll/a -er, -höll, -hållit bereithalten, zur Verfügung stellen
cykelpump -en -ar Fahrradpumpe
utmärkelse -n -r Auszeichnung
arbetsgivare -n - Arbeitgeber
ersättning -en -ar Vergütung
dubbdäck -et - Spikes

5b

antagande -t -n Vermutung

5c

förmån -en -er Vergünstigung, Vorteil

6 Ord i fokus - cykeln

kedja -n, kedjor Kette
hjul -et - Rad
däck -et - Reifen
styre -t -n Lenker
ram -en -ar Rahmen
pedal -en -er Pedale
sadel -n, sadlar Sattel
växel -n, växlar Gangschaltung
cykelkorg -en -ar Fahrradkorb
ventil -en -er Ventil
reflex -en -er Reflektor
framlykta -n, framlyktor Vorderlampe
baklykta -n, baklyktor Rücklicht
broms -en -ar Bremse
pakethållare -n - Gepäckträger
ringklocka -n, ringklockor Klingel

8 Ett samtal om miljön (164)

sommarställe -t -n Ferienhaus
kotlett -en -er Kotelett
aromatisk -t -a aromatisch
KRAV (Kontrollförening för alternativ odling)
krav -et - Forderung
märkt, märkt, märkta gekennzeichnet
odla -r -de -t anbauen
tänk/a -er -te -t **om** umdenken
vegetarisk -t -a vegetarisch
allmän, allmänt, allmänna allgemein
försämrad, försämrat, försämrade verschlechtert
stressa -r -de -t stressen
klimatsmart, -smart, -smarta klimafreundlich
källsortera -r -de -t Müll trennen
producerad, producerat, producerade produziert
svemestra -r -de -t (Sverige + semester) Urlaub in Schweden
cykelpendla -r -de -t mit dem Fahrrad pendeln
plastbanta -r -de -t Plastik reduzieren
banta -r -de -t abnehmen

plastfolie -n -r Plastikfolie
bivaxduk -en -ar Bienenwachstuch
impregnerad, impregnerat, impregnerade imprägniert
testa -r -de -t ausprobieren
tänk/a -er -te -t **över** überdenken, durchdenken
behov -et - Bedürfnis
lite grann ein wenig
impulsshoppa -r -de -t spontan kaufen
skyhög -t -a haushoch, sehr hoch
skona -r -de -t schonen
bidra -r, bidrog, bidragit beitragen
det lilla hier: das wenige
förorenad, förorenat, förorenade verschmutzt, verpestet
kollektiv -t -a kollektiv
början (en), början Anfang
undvik/a -er, undvek, undvikit vermeiden
nyupptäckt, nyupptäckt, nyupptäckta neu entdeckt
lovande vielversprechend
alternativ -et - Alternative
skeptisk -t -a skeptisch
debatt -en -er Debatte, Diskussion
hit och dit hin und her
initiativ -et - Initiative
agera -r -de -t agieren
övertyga -r -de -t überzeugen

Apropå

vattentät, vattentätt, vattentäta wasserdicht, hier: gewässerreich
knyt/a -er, knöt, knutit knoten
labyrint -en -er Labyrinth
kanalstump -en -ar kleine Strecke eines Kanals

10 Källsortera sopor (165)

kapsyl -en -er Kronkorken
papp -en Pappe
kartong -en -er Karton
plast -en -er Plastik
dunk -en -ar Kanister
frigolit -en Styropor
burk -en -ar Dose, Glas
lock -et - Deckel
engångs- Einmal-
reklamblad -et - Flyer
blöja -n, blöjor Windel
hink -en -ar Eimer
fimp -en -ar Zigarettenkippe
toarulle -n, toarullar Klopapierrolle
färgad, färgat, färgade gefärbt
ofärgad, ofärgat, ofärgade farblos
trycksak -en -er Drucksache

11a Vi drar vårt strå till stacken

dra -r, drog, dragit	ziehen
strå -et -n	Halm
stack -en -ar	Haufen
myra -n, myror	Ameise
myrstack -en -ar	Ameisenhaufen

11b

miljötips -et -	Umwelttipp
dela -r -de -t **med sig**	miteinander teilen
veganmat -en	veganes Essen
cool -t -a	cool
begagnad, begagnat, begagnade	gebraucht
släng/a -er -de -t	wegwerfen
på en halvtimme	in einer halben Stunde
prenumerera -r -de -t	abonnieren
avlång -t -a	länglich
noga	genau
köksfläkt -en -ar	Dunstabzugshaube
i onödan	unnötig
förut	davor, vorher
bibbla -n, bibblor (bibliotek)	Bibliothek
låna -r -de -t	leihen

11d

överdosera -r -de -t	überdosieren
rengöringsmedel, -medlet -	Putzmittel

13 Annonserna (166)

bi -et -n	Biene
föreläsare -n -	Vortragshalter
plogga -r -de -t (plocka och jogga)	beim Joggen Müll sammeln
event -et -	Event
insats -en -er	Einsatz
samlas, samlas, samlades, samlats	sich versammeln
stå -r, stod, stått **för ngt**	für etwas aufkommen
häng/a -er -de -t **med**	mitkommen
mask -en -ar	Wurm

14 Att övertyga någon

kampanj -en -er	Aktion, Kampagne
meningsfull -t -a	sinnvoll
Snälla, häng med!	Bitte, komm mit!
lönlös -t -a	zwecklos
vara, är, var, varit **tveksam till**	zweifeln an ...

OBS!

1.	**form** -en -er	Form
	form -en -ar	Form, Backform
2.	**enda**	einzige/s/r
	ända	Hintern
	ända (till/tills)	bis

Du och jag — Avsnitt 17

Startsidan (167)

make -n, makar	Ehemann
hustru -n -r	Ehefrau
fru -n -ar	Frau
maka -n, makor	Ehefrau
sambo -n -r	Lebenspartnerschaft
kompisgäng -et -	Clique, Freundeskreis
arbetstagare -n -	Arbeitnehmer/in
anställd, anställt, anställda	angestellt
anställd (en), anställda	Angestellte/r
kärleksrelation -en -er	Liebesbeziehung
relation -en -er	Beziehung
vänskap -en -er	Freundschaft
par -et -	Paar

1 Hej på dig, du!

reform -en -er	Reform
dua -r -de -t	»du« sagen
nästan	fast
undantag -et -	Ausnahme
tilltala -r -de -t	anreden
makar	Eheleute
generaldirektör -en -er	Generaldirektor
lott -en -er	Los
schlager -n, schlagrar	Schlager
skojig -t -a	lustig
roa -r -de -t	unterhalten
bruk -et -	Brauch
nybliven, nyblivet, nyblivna	neue/r/s
håll/a -er, höll, hållit **ett tal**	eine Rede halten
be -r, bad, bett	bitten
oavsett	ungeachtet
befinn/a -er, -fann, -funnit **sig**	sich befinden
intern -t -a	intern
hierarki -n -er	Hierarchie
bakgrund -en -er	Hintergrund
i stort sett	im großen Ganzen
omgiven, omgivet, omgivna	umgeben
demokratisk -t -a	demokratisch
skillnad -en -er	Unterschied

3a De fann kärleken på jobbet (168)

dejtingsajt -en -er	Partnervermittlungsseite
helgpass -et -	Wochenenddienst
ögonkast -et -	Blick
dejta -r -de -t	verabreden
korsa -r -de -t	kreuzen
komplettera -r -de -t	ergänzen
våga -r -de -t	wagen
förälskad, förälskat, förälskade	verliebt
förståelse -n -r	Verständnis

3b

bli -r, blev, blivit **kära i varandra**	sich ineinander verlieben
få -r, fick, fått **upp ögonen för varandra**	zum ersten mal wahrnehmen
fall/a -er, föll, fallit **för ngn**	sich in jmdn. verlieben
Alla hjärtans dag	Valentinstag

3d

korsa -r -de -t **varandras väg**	sich begegnen
våra vägar korsades	unsere Wege kreuzten sich, wir begegneten uns
vara, är, var, varit **upp över öronen kär**	bis über beide Ohren verliebt sein
kärlek vid första ögonkastet	Liebe auf den ersten Blick
känn/a -er, kände, känt **sig dragen till någon**	sich zu jmdm. hingezogen fühlen
vara, är, var, varit **dödligt kär**	tödlich verliebt sein
ha -r, hade, haft **fjärilar i magen**	Schmetterlinge im Bauch haben
vara, är, var, varit **i sjunde himlen**	im siebten Himmel sein
skänk/a -er -te -t **ngn sitt hjärta**	jmdm. sein Herz schenken

Apropå

blomstring -en -ar	Blüte

4 Det är sant (169)

sann, sant, sanna	wahr
fantisera -r -de -t	fantasieren
väninna -n, väninnor	Freundin
snäsig -t -a	abweisend, schnippisch
bli -r, blev blivit **mobbad**	gemobbt werden
förstås	natürlich, selbstverständlich
stil -en -ar	Stil
utanför	außen vor
utfryst, utfryst, utfrysta	ausgefroren
vara, är var, varit **synd om ngn**	jmd. tut einem leid
Det är synd om henne.	Sie kann einem leid tun.
ambitiös -t -a	ehrgeizig
reta -r -de -t **sig på ngn**	sich über jmdn. aufregen
petig -t -a	pingelig
imponerad, imponerat, imponerade	beeindruckt, imponiert
våga -r -de -t	sich trauen
fullt ut	ganz und gar
stjärntecken, stjärntecknet, -	Sternzeichen
Klockrent!	Sauber!
vara, är, var, varit **bra på ngt**	in etwas gut sein
horoskop -et -	Horoskop
Hör här!	Hör mal zu!
duktig -t -a	tüchtig
saklig -t -a	sachlich
metodisk -t -a	methodisch
lojal -t -a	loyal
pålitlig -t -a	zuverlässig
komplicerad, komplicerat, komplicerade	kompliziert
tendens -en -er	Tendenz
överreagera -r -de -t	überreagieren
bli -r, blev, blivit **uppskattad**	geschätzt werden
reagera -r -de -t	reagieren
bli -r, blev, blivit **förvandlad**	verwandelt werden

5 Verb - passiv form

inställ/a -er -de -t	einstellen, absagen
stjäla, stjäl, stal, stulit	stehlen
anhåll/a -er, anhöll, anhållit	verhaften, festnehmen
bit/a -er, bet, bitit	beißen
smitta -r -de -t	anstecken
hota -r -de -t	drohen
begära, begär, begärde, begärt	verlangen, beanspruchen
skadestånd -et -	Schadensersatz
bedrägeri -et -er	Betrug
ordförande -n -	Vorsitzende/r
anhörig (en), anhöriga	Verwandte/r
återbetald, återbetalt, återbetalda	zurückgezahlt
ombyggnad -en -er	Umbau

6 Ord i fokus - stjärntecken och egenskaper (170)

generös -t -a	großzügig
energisk -t -a	energisch
entusiastisk -t -a	enthusiastisch
tålamod -et	Geduld
aggressiv -t -a	aggressiv
våghalsig -t -a	wagemutig
trofast, trofast, trofasta	treu
plikttrogen, -troget, -trogna	pflichtbewusst
lyx -en	Luxus
kommunikativ -t -a	kommunikativ
modig -t -a	mutig
mångsidig -t -a	vielseitig
begåvad, begåvat, begåvade	begabt
uthållig -t -a	ausdauernd

få -r, fick, fått **sin vilja igenom**	seinen Willen durchsetzen
personlighet -en -er	Persönlichkeit
känslosam -t -ma	gefühlvoll
omtänksam -t -ma	umsichtig
moderlig -t -a	mütterlich
känslig -t -a	empfindlich, empfindsam
tystlåten, tystlåtet, tystlåtna	still
reserverad, reserverat, reserverade	zurückhaltend
sömn -en	Schlaf
passionerad, passionerat, passionerade	passioniert
självsäker, självsäkert, självsäkra	selbstsicher
viljestark -t -a	willensstark
hävda -r -de -t **sig**	sich behaupten
svartsjuk -t -a	eifersüchtig
analytisk -t -a	analytisch
tillgiven, tillgivet, tillgivna	anhänglich, zugetan sein
melankolisk -t -a	melancholisch
livlig -t -a	lebhaft
harmonisk -t -a	harmonisch
förförisk -t -a	verführerisch
charmig -t -a	charmant
diplomatisk -t -a	diplomatisch
ytlig -t -a	oberflächlich
individualistisk -t -a	individualistisch
öppenhjärtig -t -a	offenherzig
optimistisk -t -a	optimistisch
frihet -en -er	Freiheit
överdriven, överdrivet, överdrivna	übertrieben
rastlös -t -a	rastlos
sparsam -t -ma	sparsam
tålmodig -t -a	geduldig
flitig -t -a	fleißig
ängslig -t -a	ängstlich
uthållig -t -a	ausdauernd
intuitiv -t -a	intuitiv
stolt, stolt, stolta	stolz
självgod, -gott, -goda	selbstgefällig
kärleksfull -t -a	liebevoll
empatisk -t -a	empathisch
drömmare -n -	Träumer
flegmatisk -t -a	phlegmatisch
slarvig -t -a	unordentlich
förståelse -n -r	Verständnis

7 Ansiktet (171)

lockig -t -a	lockig
kortklippt, -klippt, -klippta	kurz geschnitten
lugg -en -ar	Pony
fläta -n, flätor	Zopf
uppsatt hår	hochgestecktes Haar
hästsvans -en -ar	Pferdeschwanz
örhänge -t -n	Ohrring
läppstift -et -	Lippenstift
ögonskugga -n, ögonskuggor	Liedschatten
böjd näsa	gebogene Nase
mustasch -en -er	Schnurrbart
skägg -et -	Bart
buskig -t -a	buschig
ögonbryn -et -	Augenbrauen
attraktiv -t -a	attraktiv
sympatisk -t -a	sympathisch
nonchalant, nonchalant, nonchalanta	nonchalant, gelassen
äventyrlig -t -a	abenteuerlich
vältränad, -tränat, -tränade	gut trainiert
utåtriktad, -riktat, -riktade	offen
arrogant, arrogant, arroganta	arrogant, überheblich
smart, smart, smarta	smart
sportig -t -a	sportlich
äventyrlig -t -a	abenteuerlustig

8a Vänskap

först och främst	zunächst, in erster Linie
ömsesidig -t -a	gegenseitig
i vått och torrt	in guten wie in schlechten Zeiten, durch dick und dünn
förtrolig -t -a	vertraulich
ifall	wenn
seriös -t -a	seriös
respektfull -t -a	respektvoll
ändra -r -de -t	ändern
kritisera -r -de -t	kritisieren
ifrågasätt/a -er, ifrågasatte, ifrågasatt	infrage stellen

8b

lita -r -de -t **på ngn**	sich auf jmdn. verlassen
taskig -t -a	gemein
otrogen, otroget, otrogna	untreu
ljug/a -er, ljög, ljugit	lügen
avundsjuk -t -a	neidisch
vara avig mot någon	unfreundlich/gemein gegenüber jmdm. sein
spydig -t -a	spöttisch
ha -r, hade haft **flyt**	Fluss haben
skryt/a, skröt, skrutit	angeben
gå -r, gick gått **bakom ryggen på ngn**	jmdn. hintergehen
förbannad, förbannat, förbannade	verärgert, böse

9 Selma Lagerlöf och kärleken (172)

lärarinna -n, lärarinnor	Lehrerin
kön -et -	Geschlecht
anslut/a -er, anslöt, anslutit **sig**	sich anschließen
intellektuell -t -a	intellektuell
höj/a -er -de -t **sina röster**	ihre Stimmen erheben
kvinnlig rösträtt	Frauenwahlrecht

konflikt -en -er	Konflikt
jordisk -t -a	irdisch
himmelsk -t -a	himmlisch
tyckas, tycks, tycktes, tyckts	scheinen
sysselsätt/a -er, -satte, -satt	beschäftigen
viska -r -de -t	flüstern
lesbisk -t -a	lesbisch
inblick -en -ar	Einblick
homosexualitet -en	Homosexualität
samkönad, -könat, -könade	gleichgeschlechtlich
anse -r, ansåg, ansett	ansehen
brott -et -	Verbrechen
ända fram till	bis
mental -t -a	mental
rubbning -en -ar	Störung
skäl -et -	Grund
förknippa -r -de -t	verknüpfen, verbinden
äktenskap -et -	Ehe
ömhet -et -er	Zärtlichkeit
väck/a -er -te -t **anstöt**	Anstoß erregen
uppsats -en -er	Aufsatz
sexuell läggning	sexuelle Neigung
identitet -en -er	Identität
liknande	ähnliches
ej	nicht
judisk -t -a	jüdisch
börd -en	Herkunft
änka -n, änkor	Witwe
svärmisk -t -a	schwärmerisch
vittna -r -de -t	bezeugen
få -r, fick, fått **utlopp för**	ausleben
fysisk -t -a	physisch
smyg/a -er, smög, smugit	schleichen
ljuv -t -a	süß, lieblich
bli -r, blev, blivit **bortskämd**	verwöhnt werden
korrektur -et -	Korrektur
svartsjuk -t -a	eifersüchtig
på resande fot	auf Reisen
förtvivlad, förtvivlat, förtvivlade	verzweifelt
invecklad, invecklat, invecklade	verwickelt
triangeldrama -t, -dramer	Dreiecksdrama
triangel -n, trianglar	Dreieck

10 Nils Holgersson (173)

fräkne -n, fräknar	Sommersprosse
stå -r, stod, stått **på glänt**	einen Spalt offenstehen
tröskel -n, trösklar	Schwelle
vara, är, var, varit **rätt åt ngn**	jmdm. recht geschehen
Det tjänar ingenting till.	Das nützt nichts.
råtthål -et -	Rattenloch
försona -r -de -t **sig**	sich versöhnen
gråsparv -en -ar	Spatz
svik/a -er, svek, svikit	Vertrauen brechen
lås -et -	Schloss
elak -t -a	gemein

11 Erik

mambo -n -r (mamma + bo)	jmd., der bei der Mama wohnt
vuxen, vuxet, vuxna	erwachsen
hopplös -t -a	hoffnungslos
för länge sedan	seit langem
hyra -n, hyror	Miete
stå -r, stod, stått **på sig**	sich durchsetzen
en/ett slags	eine Art
kollektiv -et -	Kollektiv
syssla -n, sysslor	Arbeit, Tätigkeit

11 Anna - Karin

uppvuxen, -vuxet, -vuxna	aufgewachen
driven, drivet, drivna	engagiert, energisch
viljestark -t -a	willensstark
framgång -en -ar	Erfolg
egocentrisk -t -a	egozentrisch
bråka -r -de -t	streiten
prägla -r -de -t	prägen
allihop	alle

14 Sjung med!

slag -et -	Art
buga -r -de -t	verbeugen
så saktelig	langsam
bölja -n, böljor	Welle
snäcka -n, snäckor	Muschel
uti handen	an der Hand

OBS!

ansikte	Gesicht
åsikt	Ansicht

Lektionswortschatz

Startsidan (174)

förut	vorher
kompass -en -er	Kompass
inåt	nach innen
ro -r -dde -tt	rudern
åra -n, åror	Ruder
hällristning -en -ar	Felsritzungen, Felszeichnungen
ångbåt -en -ar	Dampfschiff
rymdfärja -n, rymdfärjor	Raumfähre
vikingaskepp -et -	Wikingerschiff
skeppssättning -en -ar	Schiffssetzung

1 En resa till Nordens ursprung

nedteckna -r -de -t	aufschreiben
gud -en -ar	Gott
utdrag -et -	Auszug
spådom -en -ar	Wahrsagung
skapelse -n -r	Schöpfung
undergång -en -ar	Untergang
allitteration -en -er	Allitteration
arla	altertümlich für »früh am Morgen«
sval -t -a	kühl
icke	nicht
omätlig -t -a	unermesslich
gap -et -	Schlund
bragte	altertümlich für »brachte«
hovo	altertümlich für »hoben«
gro -r -dde -tt	keimen
mull -en	Erde, Humus
grönska -r -de -t	grünen
lilja -n, liljor	Lilie
rand -en, ränder	Rand
äg/a -er -de -t	besitzen

Vad är allitteration?

rim -met -	Reim
konsonant -en -er	Konsonant
vokal -en -er	Vokal
talesätt -et -	Sprichwort, Redewendung
klappat och klart	alles erledigt, fix und fertig
med nöd och näppe	mit Müh und Not, mit Ach und Krach
prata persilja	Unsinn reden
ur askan i elden	vom Regen in die Traufe

2a Världen blir till (175)

tom -t -ma	leer
oändlig -t -a	unendlich
slut -et -	hier: Ende
avgrund -en -er	Abgrund
glöd/a -er, glödde, glött	glühen
vid namn	mit Namen
låga -n, lågor	Flamme
fukt -en	Feuchtigkeit
varelse -n -r	Wesen
droppe -n, droppar	Tropfen
forma -r -de -t	formen
ljuver, ljuvret -	Euter
slicka -r -de -t	lecken
rimfrostklädd	mit Raureif überzogen
rimfrost -en	Raureif
i sin tur	seinerseits
jättinna -n, jättinnor	Riesin

2b

himlavalv -et -	Himmelsgewölbe
dvärg -en -ar	Zwerg
huvudskål -en -ar	Schädel
ask -en -ar	Esche
alm -en -ar	Ulme
förstånd -et -	Verstand
rörelseförmåga -n	Bewegungsvermögen
benknota -n, benknotor	Knochen
gnista -n, gnistor	Funken

3 Fynd från förr (176)

Föremål:

yxa -n, yxor	Beil
dryckeshorn -et -	Trinkhorn
nål -en -ar	Nadel
amulett -en -er	Amulett
stockbåt -en -ar	Stockboot
ring -en -ar	Ring
kam -men, kammar	Kamm
ljusstake -n, ljusstakar	Kerzenhalter
slev -en -ar	Holzlöffel, Kelle, Kochlöffel
smörbytta -n, smörbyttor	Butterfass, Butterdose

Material:

guld -et -	Gold
lera -n, leror	Lehm, Ton
horn -et -	Horn
brons -et -	Bronze
silver, silvret -	Silber
trä -et -n	Holz
ben -et -	Bein, Knochen
järn -et -	Eisen
läder, lädret	Leder
mässing -en	Messing

4 Vart gick färden?

färd -en -er	Fahrt
berghäll -en -ar	Felsenplatte
inhuggen, inhugget, inhuggna	eingehauen
f.Kr (före Kristus)	vor Christus
bronsålder -n	Bronzezeit
bofast, bofast, bofasta	sesshaft
bruka -r -de -t **jorden**	Land bestellen
boskap -en	Vieh
avbildad, avbildat, avbildade	abgebildet
slutta -r -de -t	abschüssig sein
soltillvänd, -tillvänt, -tillvända	der Sonne zugewandt
havsvik -en -ar	Meerbusen
skaffa -r -de -t	holen, besorgen, anschaffen
expedition -en -er	Expedition
tacksägelseritual -en -er	Danksagungsritual
helskinnad, helskinnat, helskinnade	unversehrt
död -en -ar	Tod
dödsrike -t -n	Todesreich
mytologi -n -er	Mythologie
ta -r, tog, tagit **sig över**	überqueren
färjekarl -en -ar	Fährmann
grav -en -ar	Grab
begravd, begravt, begravda	beerdigt
underlätta -r -de -t	erleichtern
livet efter detta	das Leben nach dem Tod
fruktbarhetsrit -en -er	Fruchtbarkeitsritus
soldyrkan (en), soldyrkan	Sonnenanbetung
underjord -en	Unterwelt
bildlig -t -a	bildlich
cykel -n, cykler	Zyklus

8a Vasa - skeppet som sjönk på sin jungfruresa (177)

sjunk/a -er, sjönk, sjunkit	sinken
jungfruresa -n, jungfruresor	Jungfernreise

8b

ek -en, ekar	Eiche
flotta -n, flottor	Flotte
varv -et -	Werft
sjösätt/a -er, sjösatte, sjösatt	vom Stapel lassen
Riksråd -et (historiskt)	Reichsrat

8c

vattenyta -n, vattenytor	Wasseroberfläche
bärgning -en -ar	Bergung
kanon -en -er	Kanone
skrov -et -	Rumpf
etapp -en -er	Etappe
ornament -et -	Ornament

8d

bärg/a -er -de -t	bergen
dykarklocka -n, dykarklockor	Taucherglocke
regalskepp -et -	Kriegsschiff
lyft/a -er, lyfte, lyft	heben
grund, grunt, grunda	flach
havsbotten, havsbottnen, havsbottnar	Meeresboden
bryt/a -er, bröt, brutit	brechen, durchbrechen
ombord	an Bord
dykare -n, dykare	Taucher
bogsera -r -de -t	abschleppen
temporär -t -a	zeitweilig
arkeolog -en -er	Archäologe
utgrävning -en -ar	Ausgrabung
figur -en -er	Figur
föremål -et -	Gegenstand
spric/ka -er, sprack, spruckit	bersten, platzen
bespruta -r -de -t	bespritzen
konserveringsvätska -n, -vätskor	Konservierungsflüssigkeit
unik -t -a	einzigartig
originell -t -a	original
det nuvarande	das jetzige
örlogs-	kriegs-
makt -en -er	Macht

10 Utvandring (178)

Utvandringen till Amerika

utvandra -r -de -t	auswandern
sedan	seit
kontinent -en -er	Kontinent
emigrant -en -er	Emigrant
västerut	nach Westen
destination -en -er	Destination, Ziel
dricksvatten, dricksvattnet	Trinkwasser
frustrerad, frustrerat, frustrerade	frustriert
karaktär -en -er	Charakter
övre	obere
mellan-	mittel-
utpräglad, utpräglat, utpräglade	ausgeprägt
bygd -en -er	Gegend (auf dem Lande)
näst största	zweitgrößte
»push and pull« (engl.)	drücken und ziehen
vaccin -et -	Impfstoff
barnadödlighet -en	Kindersterblichkeit
fördubbla -r -de -t	verdoppeln
missväxt -en -er	Missernte
svält -en	Hungersnot
orsaka -r -de -t	verursachen
utvandringsvåg -en -or	Auswanderungswelle
strejk -en -er	Streik
levnadsförhållande -t -n	Lebensverhältnis
brist -en -er	Mangel
odlingsmark -en -er	Ackerland
arbetstillfälle -t -n	Arbeitsgelegenheit
religiös -t -a	religiös
förtryck -et -	Unterdrückung
konservatism -en	Konservatismus
gynna -r -de -t	begünstigen

Lektionswortschatz

byråkrati -n -er	Bürokratie
pass -et -	Pass
visum -et -	Visum
arbetstillstånd -et -	Arbeitsgenehmigung
åtminstone	wenigstens
hembiträde -t -n	Hausangestellte
skogshuggare -n -	Holzfäller/in
rallare -n -	Bahnarbeiter
innehavare -n -	Inhaber/in
värnplikt -en	Wehrpflicht
misslyckas, misslyckas, misslyckades, misslyckats	scheitern
kris -en -er	Krise
återvänd/a -er -de -t	zurückkehren
en femtedel	ein Fünftel

10 Min flytt till USA

släpa -r -de -t **sig fram**	schleppend gehen
juridik -en	Jura
intryck -et -	Eindruck
motsägelsefull -t -a	widersprüchlich
förfader -n, förfäder	Vorfahre
fundering -en -ar	Überlegung
smockfull -t -a	gerammelt voll
supermodig -t -a	total mutig
ensamhet -en -er	Einsamkeit
vara tjenis med någon	Kumpel mit jmdm. sein
främling -en -ar	Fremder
hemlängtan (en) -	Heimweh
uppehållstillstånd -et -	Aufenthaltsgenehmigung
tränare -n -	Trainer
sedan tre månader tillbaka	seit drei Monaten
stormtrivas, stormtrivs, stormtrivdes, stormtrivts	sich superwohl fühlen
vimsig -t -a	durcheinander
skrämm/a -er, skrämde, skrämt	erschrecken
ha -r, hade haft **planer på**	Pläne haben

Apropå

rullstensås -en -ar	Geschiebерücken
ås -en -ar	Bergrücken
anor (pl.)	Ahnen, Tradition

13 Sjung med! (179)

skillingtryck -et -	Bänkellied, Liedblatt
häfte -t -n	Heft
skilling -en -ar	Schilling
bråd död	plötzlicher Tod
intrång -et -	Einmarsch
möjeligt (möjligt)	möglich
fröjdelig -t -a	fröhlich
skada att ...	schade, dass …
dejelig (dejlig) -t -a	altertümlich für »hübsch«
docka -n, dockor	Puppe
höns -et -	Hühner
and -en, änder	Ente
gås -en, gäss	Gans
lår -et -	Schenkel

14 Christer Fuglesang

astronaut -en -er	Astronaut
startplatta -n, startplattor	Startrampe
hastighet -en -er	Geschwindigkeit
omloppsbana -n, -banor	Umlaufbahn
omlopp -et -	Umlauf
sagolik -t -a	märchenhaft
sväva -r -de -t	schweben
tyngdlöshet -en	Schwerelosigkeit
karusell -en -er	Karusell
fysik -en	Physik
fascinerad, fascinerat, fascinerade	fasziniert
skämt -et -	Scherz
utvald, utvalt, utvalda	ausgewählt
krävande	fordernd
behörig -t -a	berechtigt, kompetent, zuständig
väntan (en) -	Warten
landning -en -ar	Landung
tillryggalägg/a -er, -la(de), -lagt	zurücklegen

OBS!

cykel -n, cykler	Zyklus
cykel -n, cyklar	Fahrrad

Grammatik

LB 3 Das Verb *bruka*

Das Verb **bruka** bedeutet »(zu tun) pflegen« und drückt eine Gewohnheit aus. Es wird wie ein modales Hilfsverb gebraucht und steht immer zusammen mit dem Infinitiv des Hauptverbes. Nach dem Wort **bruka** entfällt das Infinitiv-att.

	bruka +	**Infinitiv**	
Jag	**brukar**	spela	fotboll en gång i veckan.
Vi	**brukar**	dricka	kaffe till frukost.

LB 4 Einige temporale Präpositionen

i sekunden, i minuten, i veckan, i månaden	Linda rider en gång i veckan.
om dagen	Thomas tränar en gång om dagen.
om året	Lena reser utomlands två gånger om året.

LB 5 Ja, jo, ju

ja (javisst)	*ja*
jo (jovisst)	*doch (in der Antwort auf eine Frage, die eine Negation enthält)*
ju	*ja, wie du weißt*

Har du tid på onsdag?	**Ja**, det har jag.	*Ja, das habe ich.*
Ville inte du bli läkare?	**Jo**, det ville jag.	*Doch, das wollte ich.*
Och så vill man **ju** träffa kompisarna också.		*Und dann möchte man ja auch die Freunde treffen.*

LB 5 Das Adverb - Übersicht über einige Adverbien der Zeit

aldrig	*nie*	genast	*sofort*	sedan	*dann, nachher*
alltid	*immer*	ibland	*manchmal*	strax	*sofort*
då	*dann*	just	*gerade*	sällan	*selten*
fortfarande	*immer noch*	nu	*jetzt*	till slut	*zum Schluss*
för det mesta	*meistens*	ofta	*oft*	då och då	*ab und zu*
först	*zuerst*	redan	*schon*		

Einige wichtige Adverbien wie z. B. **alltid**, **aldrig**, **fortfarande**, **för det mesta**, **ofta**, **redan** und **sällan** stehen im Hauptsatz nach dem Hauptverb und im Nebensatz vor dem Hauptverb.

im Hauptsatz	**im Nebensatz**
Vi äter alltid middag klockan fem.	Jag vill att vi alltid äter middag klockan fem.
Göran är ofta sjuk.	Svea tycker, att Göran ofta är sjuk.

LB 11

Das Substantiv - Plural (bestimmte Form)

1. Die bestimmte Form Plural wird wie die unbestimmte mit einer Endung gebildet. Meistens wird an die unbestimmte Pluralform die Endung **-na** oder **-en** gehängt. Bei der Deklination 5b fällt das -e vor der Pluralendung weg.

Dekl.	Singular	Plural-endung	Plural - unbestimmte Form	Plural - bestimmte Form
1.	en flicka	- or	flickor	flicko**rna**
2a.	en bil	- ar	bilar	bila**rna**
2b.	en pojke	- ar	pojkar	pojka**rna**
2c.	en tidning	- ar	tidningar	tidninga**rna**
2d.	en cykel	- ar	cyklar	cykla**rna**
3.	en apelsin	- er	apelsiner	apelsine**rna**
4.	ett äpple	- n	äpplen	äpple**na**
5a.	ett barn	-	barn	barn**en**
5b.	en lärare	-	lärare	lära**rna**

2. Auch an Substantive in der bestimmten Form Plural kann man das Genitiv -s anhängen.

Flickornas blommor ligger på bordet.	*Die Blumen der Mädchen liegen auf dem Tisch.*
Barnens boll ligger i sandlådan.	*Der Ball der Kinder liegt in der Sandkiste.*

3. Bestimmte Wendungen im Plural drücken eine Wiederholung aus.

på somrarna	*jeden Sommer*	på kvällarna	*jeden Abend*
på förmiddagarna	*jeden Vormittag*	på tisdagarna	*jeden Dienstag*

LB 12

Das Substantiv - Plural (Vokalwechsel)

Einige Substantive wechseln den Vokal im Plural.

ett land	➡ länder		en strand	➡ stränder		en fot [*Fuß*]	➡ fötter
en tand	➡ tänder		en man	➡ män		en son	➡ söner
en hand	➡ händer		en bokstav	➡ bokstäver		en dotter	➡ döttrar
en natt	➡ nätter		en bok	➡ böcker		en morot	➡ morötter
en stad	➡ städer		en rot [*Wurzel*]	➡ rötter			

LB 14

Das Relativadverb *där*

Das Relativadverb **där** gehört zu den Lokaladverbien. Es leitet einen Relativsatz ein und bedeutet »wo«. Weitere Relativadverbien sind **dit** [wohin] und **varifrån** [woher].

Vi var i Årrenjarka, **där** vi vandrade.	*Wir waren in Årrenjarka, wo wir wanderten.*
Affären, **där** jag handlar, ligger mitt i byn.	*Das Geschäft, wo ich einkaufe, liegt mitten im Dorf.*
Olle bor på en ö, **dit** man bara kan komma med båt.	*Olle wohnt auf einer Insel, wohin man nur mit einem Boot gelangen kann.*
Staden, **varifrån** Allan kommer, har en miljon invånare.	*Die Stadt, woher Allan kommt, hat eine Million Einwohner.*

Grammatik

LB 3

Das Adjektiv - unbestimmte Form (attributive Wortstellung)

1. Das Adjektiv (Eigenschaftswort) steht in der attributiven Wortstellung immer vor dem Hauptwort. Die Endung des Adjektivs richtet sich nach dem Hauptwort (en, ett oder Plural). Bei En-Wörtern hat das Adjektiv seine Grundform. Bei Ett-Wörtern erhält das Adjektiv meistens ein **-t** als Endung. Beim Plural erhält das Adjektiv immer ein **-a** als Endung.

En-Wörter	Ett-Wörter	Plural
en stor apelsin	ett stor**t** hus	två stor**a** hus/apelsiner
en gullig stuga	ett gullig**t** hus	två gullig**a** hus/stugor

2. Es gibt einige unregelmäßige Adjektive, die bei Ett-Wörtern ein **-tt** als Endung erhalten. Dazu gehören einsilbige Adjektive, die auf langen Vokal enden, einsilbige Adjektive, die auf langen Vokal plus -t enden und Adjektive, die auf langen Vokal plus -d enden. Der Vokal wird bei angehängtem **-tt** kurz gesprochen. Beim Plural wird ein **-a** an die Grundform gehängt.

En-Wörter	Ett-Wörter	Plural
blå	blått	blåa
söt	sött	söta
röd	rött	röda

3. Adjektive, die auf einen Konsonanten plus -t enden, bleiben bei Ett-Wörtern unverändert. Adjektive, die auf einen Konsonanten plus -d enden, erhalten **-t** als Endung. Beim Plural wird ein **-a** an die Grundform gehängt.

En-Wörter	Ett-Wörter	Plural
svart	svart	svarta
hård	hårt	hårda

4. Bei Adjektiven mit den Endungen -er, -el, -en entfällt das -e- der letzten Silbe in der Pluralform. Bei Ett-Wörtern erhält das Adjektiv ein **-t** als Endung.

En-Wörter	Ett-Wörter	Plural
vacker	vackert	vackra
enkel	enkelt	enkla
vuxen	vuxet	vuxna

5. Einige Adjektive bleiben sowohl bei Ett-Wörtern als auch im Plural unverändert.

En-Wörter	Ett-Wörter	Plural	En-Wörter	Ett-Wörter	Plural
rosa	rosa	rosa	bra	bra	bra
lila	lila	lila	extra	extra	extra
orange	orange	orange	fel	fel	fel
beige	beige	beige	kul	kul	kul
lagom	lagom	lagom	gratis	gratis	gratis

LB 3

Die unregelmäßigen Adjektive *liten* und *gammal* (unbestimmte Form)

	En-Wörter	Ett-Wörter	Plural
Attributiv	en **liten** stuga	ett **litet** hus	två **små** stugor/hus
	en **gammal** bil	ett **gammalt** hus	två **gamla** bilar/hus
Prädikativ	Stugan är **liten**.	Huset är **litet**.	Stugorna/husen är **små**.
	Bilen är **gammal**.	Huset är **gammalt**.	Bilarna/husen är **gamla**.

LB 5

Die Demonstrativpronomen *sådan, sådant* und *sådana*

Die Demonstrativpronomen **sådan**, **sådant**, **sådana** werden sowohl attributiv als auch selbständig gebraucht und richten sich nach dem Hauptwort. In der Umgangssprache kommen auch die Formen **sån**, **sånt**, **såna** vor.

En-Wörter	sådan	En **sådan** (blus) skulle jag vilja ha.	*So eine (Eine solche Bluse) möchte ich haben.*
Ett-Wörter	sådant	Ett **sådant** fint hus ni har!	*Was für ein schönes Haus ihr habt!*
		Hur kan Eva säga något **sådant**?	*Wie kann Eva so etwas sagen?*
Plural	sådana	**Sådana** blusar är snygga.	*Solche Blusen sind hübsch.*
		Vill hon köpa **sådana**?	*Will sie solche kaufen?*

LB 5

Vilken, vilket, vilka im Ausruf

Vilken, **vilket**, **vilka** wird gebraucht, wenn etwas Bestimmtes betont wird.

En-Wörter	Ett-Wörter	Plural
Vilken snygg klänning!	Vilket fint skärp!	Vilka hemska hattar!

LB 3, 6

Einige Nachsilben bei Adjektiven

-ig	molnig, fiffig, rutig, prickig	-ad	bredaxlad, oskolad
-sam	hjälpsam, tröttsam, lönsam	-isk	österrikisk, klassisk, typisk
-bar	användbar, höjbar, ätbar,	-sk	svensk, afrikansk, himmelsk
-lig	begriplig, allvarlig, skriftlig, festlig	-enlig	planenlig, avtalsenlig
-aktig	pojkaktig, gulaktig, sötaktig	-ant	elegant, intressant
-artad	godartad, chockartad, storartad		

LB 8

Das Adjektiv - unbestimmte Form (prädikative Wortstellung)

In der prädikativen Wortstellung steht das Adjektiv nach dem Verb. Das Beugungsmuster ist wie in der attributiven Wortstellung.

En-Wörter	Ett-Wörter	Plural
Apelsinen är stor.	Huset är stort.	Stugorna är stora.

LB 13

Die Präposition *för*

Die Präposition **för** entspricht dem Deutschen »zu« in Konstruktionen wie »zu groß« oder »zu klein«.

Jackan är **för** stor.
Klänningen är **för** liten.
Vantarna är **för** små.

Grammatik

Avsnitt 3

LB 1

Die Subjunktionen *därför att, för (att), eftersom*

Der mit **därför att, för att** oder ugs. nur **för** eingeleitete Nebensatz steht in der Regel nach dem Hauptsatz. Wenn der Nebensatz vor dem Hauptsatz steht, gebraucht man **eftersom**. Auf die Frage »Varför?« kann man einen Satz mit **därför att, för (att)** oder **eftersom** einleiten.

Mia läser tidningen på morgonen, **därför att** hon vill informera sig.
Jag mår inte bra, **för (att)** jag har ont i huvudet.
Eftersom Anna försov sig, kom hon försent.
Anna kom försent, **därför att/för (att)/eftersom** hon försov sig.
Varför kom du för sent? **Därför att/För att/Eftersom** min väckarklocka inte ringde.

LB 3

Das Satzadverb - *inte*

In einem Satz mit einem Modalverb steht **inte** zwischen dem Modalverb und dem Verb im Infinitiv. Bei Partikelverben, Perfekt und Plusquamperfekt steht **inte** auch zwischen dem Verb und dem Partikel.

Datorn startar **inte**.	Datorn vill **inte** starta.
Anna jobbar **inte**.	Anna ska **inte** jobba.
Johan ringde upp Mia.	Johan ringde **inte** upp Mia.
Eva har hämtat Anna.	Eva har **inte** hämtat Anna.
Jörgen hade städat.	Jörgen hade **inte** städat

LB 5

Das Personalpronomen - Objektform

Die moderne schwedische Sprache kennt nur noch die beiden Kasus (Fälle) Grundform (Nominativ) und Genitiv. Die Fälle Akkusativ und Dativ sind im Schwedischen in der sogenannten »Objektform« des Personalpronomens zusammengefasst.
Umgangssprachlich spricht man die Formen **mig** und **dig** [mej] und [dej] aus. Die Form **dem** wird wie die Subjektform **de** [domm] ausgesprochen. Heutzutage findet man auch die Formen **mej**, **dej** und **dom** in der Schriftsprache.

Subjektform	**Objektform**		
jag	mig	*mich, mir*	Kan du hjälpa mig?
du	dig	*dich, dir*	Jag ringer upp dig i kväll.
han	honom	*ihn, ihm*	Jag visade honom min dator.
hon	henne	*sie, ihr*	Vi träffade henne på stan igår.
hen	hen	*sie, ihr/ihn, ihm*	Polisen stoppade hen.
den	den	*ihn, ihm, sie, ihr*	Stefan lagade den (radion).
det	det	*ihn, ihm, sie, ihr*	Anna köpte det (huset).
vi	oss	*uns*	De väntar på oss.
ni, Ni (Anrede)	er, Er (Anrede)	*euch, Sie, Ihnen*	Ska vi köra er till Lund?
de	dem	*sie, ihnen*	Jag tycker om dem.

LB 11

Das Verb - Futur

1. Das Futur ist eine Zeitform, die angibt, dass etwas in der Zukunft passieren wird. Es gibt vier Möglichkeiten, das Futur zu bilden:

		Verb zur Bildung des Futurs	Infinitiv vom Hauptverb	Zeitausdruck
a) Wille, Absicht, Befehl:	Jag	ska	arbeta	i morgon.
b) Plan, Absicht:	Han	tänker	åka	i morgon bitti.
c) Programm, Prognose, Erwartung:	Det	kommer att	regna	på lördag.
d) Verb im Präsens + Zeitangabe der Zukunft:	Jag	åker		nästa vecka/månad/år.

2. Beachten Sie bitte die Wortfolge, die dem Deutschen gleicht! Wenn das Zeitwort am Anfang des Satzes steht, muss das gebeugte Prädikat vor dem Subjekt stehen.

Zeitausdruck	Verb zur Bildung des Futurs		Infinitiv vom Hauptverb
I morgon	ska	jag	arbeta.
I morgon bitti	tänker	han	åka.
På lördag	kommer	det	att regna.
Nästa vecka	åker	jag.	

3. Bei der Bildung des Futurs mit **ska** und **tänka** müssen die sog. aufgelösten Formen des Indefinitpronomens **inte någon/inte något/inte några** verwendet werden.

Jag skriver inga mejl idag. Jag ska/tänker **inte** skriva **några** mejl idag.

LB 11

Einige Zeitausdrücke der Zukunft

i morgon	*morgen*	nästa år	*nächstes Jahr*
i övermorgon	*übermorgen*	nästa torsdag	*nächsten Donnerstag*
i morgon bitti	*morgen früh*	nästnästa år	*übernächstes Jahr*
i kväll	*heute Abend*		
i augusti	*im August*	om två år/dagar	*in zwei Jahren/Tagen*
i sommar / till sommaren	*im Sommer*	om en minut/timme/ vecka	*in einer Minute/Stunde/ Woche*
i vinter / till vintern	*im Winter*		
i höst / till hösten	*im Herbst*		
i vår / till våren	*im Frühling*		
i jul / till jul	*zu Weihnachten*		
i påsk / till påsk	*zu Ostern*		

Beachte, dass **nästa** ohne bestimmten Artikel steht: nästa dag, nästa år, nästa vecka
Aber: förra veckan, förra året

Avsnitt 4

LB 3

Das Adjektiv - bestimmte Form Singular und Plural (attributiv)

1. Steht ein Adjektiv zusammen mit einem Substantiv in der bestimmten Form, wird vor das Adjektiv ein zweiter Artikel (Adjektivartikel) **den**, **det** oder **de** gesetzt.

	En-Wörter	Ett-Wörter	Plural
Unbestimmte Form	en röd stol	ett grönt hus	röda stolar / gröna hus
Bestimmte Form	den röda stolen	det gröna huset	de röda stolarna / de gröna husen
	den gamla bilen	det gamla huset	de gamla bilarna / de gamla husen
	den lilla stugan	det lilla rummet	de små stugorna / de små rummen

2. Nach Ordnungszahlen und bei Eigennamen wird der Adjektivartikel weggelassen.

Ta andra gatan till vänster!
Långe Jan är en fyr på Öland.
Vita Huset ligger i Washington.
Svarta döden drabbade tusentals människor på medeltiden.

LB 6

Nationalitätsadjektive

svensk	svenskt	svenska
norsk	norskt	norska
dansk	danskt	danska
finsk	finskt	finska
tysk	tyskt	tyska
nederlänsk	nederländskt	nederländska
fransk	franskt	franska
spansk	spanskt	spanska
italiensk	italienskt	italienska
brittisk	brittiskt	brittiska
grekisk	grekiskt	grekiska
portugisisk	portugisiskt	portugisiska
turkisk	turkiskt	turkiska
kinesisk	kinesiskt	kinesiska
indisk	indiskt	indiska
thailändsk	thailändskt	thailländska
indonesisk	indonesiskt	indonesiska

LB 9

Varsågod, varsågoda

Varsågod och ta en bit tårta! (<u>eine</u> Person ist angesprochen)
Varsågoda och ta en bit tårta! (<u>mehrere</u> Personen sind angesprochen)

LB 11 Die Präposition *på*

Nach einigen Verben folgt die Präposition **på**.

bjuda på	*einladen*	Får jag bjuda dig på lunch?
lita på	*sich verlassen auf jmdn./etwas*	Jag litar på dig.
tro på	*glauben*	Jag tror på vad du säger.
lyssna på	*zuhören*	Lasse lyssnar på musik.
vänta på	*warten*	Katarina väntade på bussen.
svara på	*antworten*	Benny svarade faktiskt på mitt mejl.
klaga på	*klagen*	Klaga inte på vädret!
ropa på	*rufen*	Ska jag ropa på Pelle?
skaka på	*schütteln*	Han skakade på huvudet.
fundera på	*überlegen*	Nils funderade på saken.

LB 15 Die reflexiven Possessivpronomen

Wie die persönlichen Pronomen haben die possessiven Pronomen eine reflexive Form. Diese Formen beziehen sich auf das Subjekt im Satz. In der dritten Person Singular und Plural heißen sie **sin**, **sitt sina**. Sie werden nach dem Hauptwort gebeugt.

	En-Wörter	Ett-Wörter	Plural		En-Wörter	Ett-Wörter	Plural
jag	min	mitt	mina	vi	vår	vårt	våra
du	din	ditt	dina	ni	er	ert	era
han, hon, hen, den, det	**sin**	**sitt**	**sina**	de	**sin**	**sitt**	**sina**

1. Vergleiche bitte:

Sven tar **sin** hatt.

Sven ist der Besitzer des Hutes. Das Wort **sin** bezieht sich also auf das Subjekt (Sven).

Kalle tar **hans** hatt.

Kalle ist nicht der Besitzer des Hutes. Das Wort **hans** bezieht sich also nicht auf das Subjekt (Kalle).

Eva kör med sin bil.	*Eva fährt mit ihrem Auto (ihrem eigenen).*
Eva kör med hans bil.	*Eva fährt mit seinem Auto (z. B. dem Auto eines Freundes).*
Eva talar med sin syster.	*Eva spricht mit ihrer Schwester (ihrer eigenen).*
Eva talar med hennes bror.	*Eva spricht mit ihrem Bruder (z. B. dem Bruder einer Freundin).*
Kalle leker med sina katter.	*Kalle spielt mit seinen Katzen (den eigenen).*
Kalle leker med deras katter.	*Kalle spielt mit ihren Katzen (den von anderen Leuten).*

2. Bei einem doppelten Subjekt:

Eva och hennes bror bor i Falun.	*Eva und ihr Bruder wohnen in Falun.*
Göran och hans fru arbetar i trädgården.	*Göran und seine Frau arbeiten im Garten.*

Avsnitt 5

LB 1

Substantivbildung auf -is

Wörter auf -is enden zu lassen, ist eine typisch schwedische Form, Wörter abzukürzen.

bästa vän	➡	bästis	*bester Freund/beste Freundin*
kamrat*	➡	kompis	*Freund/Freundin*
fritidshem	➡	fritis	*Kinderhort*
godsaker	➡	godis	*Süßigkeiten*
tjock person	➡	tjockis	*dicke Person*
loppmarknad	➡	loppis	*Flohmarkt*
skådespelare	➡	skådis	*Schauspieler*
trumslagare	➡	trummis	*Schlagzeuger/in*
mellanmål	➡	mellis	*Zwischenmahlzeit*
knytkalas	➡	knytis	*Mitbringparty*
populär	➡	poppis	*beliebt*
känd person	➡	kändis	*bekannte Person*
bagatell	➡	baggis	*Kleinigkeit*

* kompis ist ursprünglich von dem Wort kompanjon abgeleitet.

LB 3

Die Präposition - einige gewöhnliche Zeitausdrücke der Vergangenheit

igår	*gestern*	i tisdags kväll	*letzten Dienstag Abend*
igår morse	*gestern Morgen*	i somras	*letzten Sommer*
igår kväll	*gestern Abend*	i vintras	*letzten Winter*
igår natt	*gestern Nacht*	i våras	*letzten Frühling*
i förrgår	*vorgestern*	i höstas	*letzten Herbst*
i eftermiddags	*heute Nachmittag*	i julas	*letztes Weihnachten*
i förmiddags	*heute Vormittag*	i påskas	*letztes Ostern*
i morse	*heute Morgen*	förra året	*letztes Jahr*
i måndags	*letzten Montag*	för ett år sedan	*letztes Jahr, vor einem Jahr*
i tisdags, etc.	*letzten Dienstag, etc.*		

Beachte die Wortstellung:

Jag var i Stockholm i måndags. I måndags var jag i Stockholm.

LB 2, 5

Das Possessivpronomen im Ausruf

Die schwedische Sprache benutzt anstelle des Personalpronomens ein Possessivpronomen in Ausrufen und Schimpfreden:

Din lyckans ost!	*Du Glückspilz!*
Din tråkmåns!	*Du Langweiler!*
Din latmask!	*Du Faulpelz!*
Din dumbom!	*Du Dummkopf!*
Era stackare!	*Ihr Armen!*

LB 5

Das Adverb - Steigerung

Obwohl die meisten Adverbien unveränderlich sind, können einige wie das Adjektiv gesteigert werden.

Positiv	Komparativ	Superlativ	Positiv	Komparativ	Superlativ
gärna	hellre	helst	lite	mindre	minst
nära	närmare	närmast	vackert	vackrare	vackrare
mycket	mer	mest	tidigt	tidigare	tidigast
bra	bättre	bäst			

LB 6

Das Adverb - Adverb als Bestimmung zu einem Verb

1. Das Adverb (Umstandswort) wird meistens als Umstandsangabe in Verbindung mit einem Verb gebraucht. Es gibt Auskunft über das Verb und beantwortet die Frage nach dem »Wie?«

Olle cyklade snabbt till bussen. Hur cyklade han till bussen? Han cyklade snabbt.

2. Viele Adjektive können in ein Adverb umgewandelt werden und erhalten dann die Endung -t. Das Adjektiv und das Adverb sind bei Ett-Wörtern identisch.

	Adjektiv	Adverb
En-Wörter	Det är en dålig klocka.	Klockan går dåligt.
	Det är en energisk ingenjör.	Ingenjören arbetar energiskt.
Ett-Wörter	Olle är ett snällt barn.	Barnet leker snällt.
	Det är ett vackert hus.	Huset ligger vackert.
Plural	Det är dåliga klockor.	Klockorna går dåligt.
	Det är snälla barn.	Barnen leker snällt.

LB 8, 10

Vore

Vore (wäre) wird bei Formulierungen von Wünschen und Hoffnungen gebraucht.

vore	*wäre*	Det vore bra!	*Das wäre gut!*
		Ja, det vore jättekul!	*Ja, das wäre total lustig/schön!*

LB 8,10

Vad sägs om att ...

Es gibt viele Wendungen im Schwedischen, die unpersönlich ausgedrückt werden.

Vad sägs om att äta lite?	*Was hälst du/haltet ihr/halten Sie davon, etwas zu essen?*
Hur står det till?	*Wie geht's?*
Vad tycks om den här klänningen?	*Wie findest du/findet ihr/finden Sie dieses Kleid?*
Finns det ID-kort?	*Hast du/Habt ihr/Haben Sie eine Identitätskarte bei dir/euch/sich?*

LB 12

Die Präposition *för ... skull*

Han gjorde det **för** hennes **skull**.	*Er machte es ihretwillen.*
för hans skull	*seinetwegen*
för min skull	*meinetwegen*
för din skull	*deinetwegen*
för deras skull	*ihretwegen*
för kärlekens skull	*der Liebe wegen*

LB 13

Das Verb - Partizip Präsens

1. Das Partizip Präsens wird durch das Anhängen von **-ande** oder **-ende** an den Verbstamm gebildet. Endet das Verb auf einen langen, betonten Vokal (z. B. Konjugation 3), wird die Endung **-ende** angehängt. Bei den anderen Verben wird die Endung **-ande** an den Stamm gefügt. Bei der ersten Konjugation entfällt allerdings das unbetonte -a des Stammes (tala ➡ talande).

Konj.	Infinitiv	Stamm	Partizip Präsens
1.	tala	tala	talande
2a.	ringa	ring	ringande
2b.	köpa	köp	köpande
3.	bo	bo	boende
4.	skriva	skriv	skrivande
	gå	gå	gående

2. Das Partizip Präsens wird oft wie ein Adjektiv verwendet. Es kann aber auch als Substantiv und Adverb gebraucht werden.

Adjektiv	ett lekande barn	*ein spielendes Kind*
	en leende kvinna.	*eine lächelnde Frau*
Substantiv	en studerande	*ein Studierender*
	ett påstående	*eine Behauptung*
Adverb	Han arbetar fortfarande.	*Er arbeitet weiterhin.*

3. Das Partizip Präsens wird u. a. auch nach den Verben **komma**, **gå** und **stå** gebraucht und drückt dann Gleichzeitigkeit aus.

Han kommer gående.	*Er kommt gehend.*
Hon gick sjungande.	*Sie ging singend.*
Hon stod lyssnande.	*Sie stand lauschend.*

Grammatik

Avsnitt 6

LB 1, 2, 3 Berufsbezeichnungen

1. Die meisten Berufe haben keine weibliche Form. Die Berufsbezeichnungen **lärare, läkare, präst, optiker** usw. gelten sowohl für Frauen als auch für Männer.

männliche Form	weibliche Form		männliche Form	weibliche Form
lärare	—	aber:	kassör	kassörska
läkare	—		sångare	sångerska
präst	—		frisör	frisörska
optiker	—		servitör	servitris
journalist	—			

2. Will man deutlich machen, dass es sich bei einer Berufsbezeichnung um eine Frau handelt, benutzt man das Adjektiv **kvinnlig**.

en kvinnlig präst	en kvinnlig polis

3. Wie im Deutschen fehlt der Artikel, wenn die Berufsbezeichnung in prädikativer Wortstellung steht.

Han är lärare.	Hon är läkare.

LB 3 Das Verb *trivas*

Das Verb **trivas** [sich wohlfühlen] kommt nur in der s-Form (Passivform) vor, hat aber aktive Bedeutung. Es gehört zu den Deponentia.

Ni kommer säkert att trivas.	*Ihr werdet euch sicher wohlfühlen.*
Jag trivs med mitt jobb.	*Ich fühle mich mit meinem Job wohl.*
Johan trivdes med sitt arbete.	*Johan fühlte sich mit seiner Arbeit wohl.*

LB 10 Das Verb - Perfekt

1. Wenn man das Perfekt bildet, wird eine Verbform benutzt, die es im Deutschen nicht gibt, das sogenannte Supinum (nicht adjektivisches Partizip Perfekt). Die Supinumform endet entweder auf **-t, -tt** oder **-it**. Das Perfekt wird mit **har** (Präsens von »haben«) und dem Supinum gebildet.

Konj.	Infinitiv	Stamm	Supinum	Perfekt
1.	tala	tala	talat	**har** talat
2a.	ringa	ring	ringt	**har** ringt
2b.	köpa	köp	köpt	**har** köpt
3.	bo	bo	bott	**har** bott
4.	skriva	skriv	skrivit	**har** skrivit
	ligga	ligg	legat	**har** legat

2. Perfekt von modalen Hilfsverben:

Infinitiv	Präsens	Präteritum	Perfekt
vilja	vill	ville	**har** velat
skola	ska	skulle	**har** skolat
kunna	kan	kunde	**har** kunnat
—	måste	måste	**har** måst
böra	bör	borde	**har** bort
—	lär [*soll*]	—	—
få	får	fick	**har** fått

3. In Zusammenhang mit einem temporalen Hilfsverb bei Perfekt müssen die sog. aufgelösten Formen des Indefinitpronomens **inte någon/inte något/inte några** verwendet werden.

Jag hittar inget paraply. Jag har inte hittat något paraply.

4. Anwendung des Perfekts:

a) Eine Handlung liegt in der Vergangenheit, dauert aber in der Gegenwart noch an.
Det **har** regnat hela dagen. (Es regnet immer noch)

b) Eine Handlung ist abgeschlossen, ist aber in der Gegenwart noch relevant.
Vi **har** ätit. / Jag **har** läst boken.

c) Eine sich wiederholende Handlung:
Jag **har** läst tidningen varje dag den här veckan.

LB 11

Die Demonstrativpronomen *denna, detta, dessa*

Denna, **detta** und **dessa** werden sowohl attributiv als auch selbständig benutzt. Nach **denna**, **detta** und **dessa** steht das Substantiv in der unbestimmten Form. Sie werden meistens in der Schriftsprache gebraucht.

En-Wörter	denna	*diese/r/s*	Denna penna är min.
Ett-Wörter	detta	*diese/r/s*	I detta hus bodde Carl Larsson. Detta kallas allemansrätten.
Plural	dessa	*diese*	Dessa datorer är nya.

Vergleiche bitte: Denna penna är min. Den här pennan är min.

LB 13

Die temporale Präposition *i*

Temporale Präpositionen kennzeichnen die Zeit. Die Präposition **i** beantwortet die Frage »Wie lange?«.

Hur länge har du varit i Malmö?
Jag har varit där **i** fem veckor.

Aber bei einer Negation:
- Har du sett Ove? - Nej, jag har inte sett honom **på** två veckor.

Avsnitt 7

LB 1

Substantivierte Zahlwörter

Zahlwörter, besonders die Zahlen 0 - 12, lassen sich durch das Hinzufügen des Suffixes *-a* substantivieren. Sie gehören dann der 1. Deklination an:

0	en nolla, nollan, nollor, nollorna	2	en tvåa, tvåan, tvåor, tvåorna
1	en etta, ettan, ettor, ettorna	3	en trea, trean, treor, treorna

Jag har två fyror.	*Ich habe zwei Vieren.*
De bor i en trea.	*Sie wohnen in einer Dreizimmerwohnung.*
Jag brukar ta sjuan till jobbet.	*Ich nehme immer die Sieben zur Arbeit.*
Staffan gick i mål som etta.	*Staffan kam als Erster ins Ziel.*
Kan du låna mig en tia?	*Kannst du mir einen Zehner leihen?*
Lina går i femman.	*Lina geht in die fünfte (Klasse).*

LB 4

Die Präposition *på*

Die Präposition **på** wird u. a. in bestimmten Wendungen gebraucht.

Jag har en lägenhet på två rum och kök.	*Ich habe eine Wohnung mit zwei Zimmern und Küche.*
Stugan har en boyta på 13 m^2.	*Das Ferienhaus hat eine Wohnfläche von 13 m^2.*
Jag har en son på fem år.	*Ich habe einen fünf Jahre alten Sohn.*

LB 5

Das Adjektiv - regelmäßige und unregelmäßige Komparation (Steigerung)

1. Das Adjektiv hat zwei Komparationsformen: Komparativ und Superlativ. Die Grundform wird Positiv genannt. Die meisten Adjektive werden durch Anhängen der Endungen **-are** im Komparativ und **-ast** im Superlativ gesteigert. Adjektive mit den Endungen -el, -en, -er verlieren das -e- beim Komparativ und Superlativ.

Positiv		Komparativ	Superlativ	Positiv		Komparativ	Superlativ
billig	*billig*	billig**are**	billig**ast**	enkel	*einfach*	enkl**are**	enkl**ast**
dyr	*teuer*	dyr**are**	dyr**ast**	mogen	*reif*	mogn**are**	mogn**ast**
trevlig	*nett*	trevlig**are**	trevlig**ast**	vacker	*hübsch*	vackr**are**	vackr**ast**

2. Einige Adjektive erhalten als Endung **-re** im Komparativ und **-st** im Superlativ. Bei diesen Adjektiven verändern sich die Vokale o, u, å der Hauptsilbe im Komparativ und Superlativ in die Vokale ö, y, ä (Ausnahme: **hög**).

Positiv		Komparativ	Superlativ	Positiv		Komparativ	Superlativ
stor	*groß*	större	störst	få	*wenige*	färre	—
grov	*grob*	grövre	grövst	låg	*niedrig*	lägre	lägst
hög	*hoch*	högre	högst	lång	*lang*	längre	längst
tung	*schwer*	tyngre	tyngst	trång	*eng*	trängre	trängst
ung	*jung*	yngre	yngst				

3. Einige Adjektive werden unregelmäßig gesteigert, d. h. sie weichen in den Komparationsformen völlig von der Grundform ab.

Positiv		**Komparativ**	**Superlativ**
bra	*gut*	bättre	bäst
dålig	*schlecht*	sämre	sämst
dålig, illa, ond	*schlimm*	värre	värst
gammal	*alt*	äldre	äldst
liten	*klein*	mindre	minst
mycket	*viel*	mer(a)	mest
många	*viele*	fler(a)	flest

4. Die Komparationsformen **sämre**, **sämst** bedeuten »schlechter, am schlechtesten« und **värre**, **värst** »schlimmer, am schlimmsten«.

Kalle är sämre i matte än Eva.	*Kalle ist in Mathe schlechter als Eva.*
Vädret ska bli sämre på lördag.	*Das Wetter soll Samstag schlechter werden.*
Lotta kände sig dålig igår. Idag känner hon sig sämre.	*Lotta fühlte sich gestern schlecht. Heute fühlt sie sich schlechter.*
Något ännu värre kan inträffa.	*Etwas noch schlimmeres kann passieren.*
Kalle vill alltid vara värst.	*Kalle will immer der schlimmste sein.*
Värst är det när det är kallt.	*Am schlimmsten ist es wenn es kalt ist.*

5. Adjektive, die auf -isk und -ad enden, und das Präsenspartizip (Abschnitt 7) als Adjektiv werden mit Hilfe von **mer** und **mest** gesteigert.

Positiv	**Komparativ**	**Superlativ**
praktisk	mer praktisk	mest praktisk
begåvad	mer begåvad	mest begåvad
intresserad	mer intresserad	mest intresserad
spännande	mer spännande	mest spännande

6. Dem Komparativ folgt oft die Konjunktion **än** [als].

Anna är vackrare än Malin.	*Anna ist hübscher als Malin.*
Johanssons bil är större än vår.	*Johanssons Auto ist größer als unseres.*

LB 6

Ortsadverbien zusammengesetzt mit *-för*

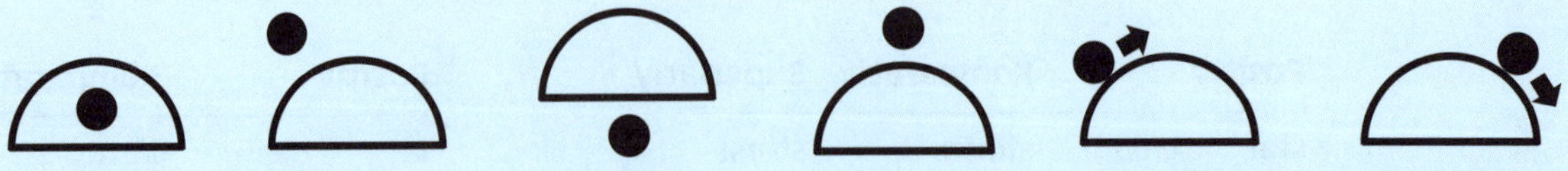

innanför utanför nedanför ovanför uppför nedför/nerför

Mobilen ligger precis innanför dörren.	Utanför dörren stod min kusin.
Nedanför på gatan var det mycket folk.	Kopparna står i skåpet ovanför diskbänken.
Lisa gick uppför trappan.	Hon gick nerför trappan.

LB 9

Präposition am Ende des Satzes

Eine typisch schwedische Ausdrucksweise ist es, die Präposition am Ende eines Satzes zu haben.

	Det är inget fel på gungstolen.	*Es ist nichts an dem Schaukelstuhl auszusetzen.*
oder:	Gungstolen är det inget fel på.	*An dem Schaukelstuhl ist nichts auszusetzen.*
	Anders var bra på golf.	*Anders war beim Golf gut.*
oder:	Golf var Anders bra på.	*Beim Golf war Anders gut.*

LB 11

Das Substantiv - zusammengesetzte Substantive

1. Zusammengesetzte Wörter bestehen aus einem Grundwort und einem Bestimmungswort. Bei Zusammensetzungen erhält das zusammengesetzte Wort das Geschlecht des Grundwortes.

Bestimmungswort		**Grundwort**		
ett brev	+	en låda	=	en brevlåda
en buss	+	ett torg	=	ett busstorg

2. Ein unbetontes -a oder -e fällt weg.

en flicka	+	ett rum	=	ett flickrum
en läkare	+	en mottagning	=	en läkarmottagning

3. Oft steht ein Fugen-s vor dem Grundwort.

ett kök	+	ett bord	=	ett köksbord

4. Wenn das Bestimmungswort zusammengesetzt ist, steht ein Fugen-s vor dem Grundwort.

ett armband	+	en klocka	=	en armbandsklocka

5. Bei einigen Wörtern wird das unbetonte -a ein -u, -e oder -o.

en gata	+	ett kök	=	ett gatukök [*Imbißbude*]
en vara	+	ett hus	=	ett varuhus
en olja	+	ett pris	=	ett oljepris
en ränta	+	en höjning	=	en räntehöjning [*Zinserhöhung*]
en vecka	+	en dag	=	en veckodag
en saga	+	en bok	=	en sagobok

Aber: en hyra + ett hus = ett hyreshus

LB 11

Einige Nachsilben bei Substantiven

-dom	sjukdom, fattigdom	**-ling**	älskling, församling
-het	nyhet, enkelhet	**-nad**	kostnad, byggnad
-lek	kärlek, storlek	**-ation**	organisation, demonstration
-skap	kunskap, vetenskap	**-ion**	diskussion, kollision
-ning	visning, målning	**-itet**	graviditet, identitet
-ing	förening, försäkring	**-tor**	rektor, pastor

LB 5

Das Adverb - Adverbien des Ortes und der Richtung

Die Adverbien des Ortes und der Richtung beantworten die Fragen »Wo?«, »Wohin?« und »Woher?«

Var?	***Wo?***	**Vart?**	***Wohin?***	**Varifrån?**	***Woher?***
här	*hier*	hit	*hierher*	härifrån	*von hier*
där	*dort*	dit	*dorthin*	därifrån	*von dort*
inne	*drinnen*	in	*hinein*	inifrån	*von drinnen*
ute	*draußen*	ut	*hinaus*	utifrån	*von draußen*
hemma	*zuhause*	hem	*nach Hause*	hemifrån	*von Zuhause*
framme	*da (am Ziel), vorn*	fram	*heran, herbei, heraus*	framifrån	*von vorn*
uppe	*oben*	upp	*nach oben*	uppifrån	*von oben*
nere	*unten*	ner	*nach unten*	nerifrån	*von unten*
borta	*weg*	bort	*weg*	bortifrån	*von ... her*
i söder	*im Süden*	söderut	*in den Süden*	söderifrån	*von Süden*
Jag bor uppe i Kiruna.		Jag åker upp till Kiruna.		Jag kommer uppifrån Kiruna.	
Lena är ute i trädgården.		Lena går ut i trädgården.		Lena kommer utifrån.	
Kalle är hemma.		Kalle cyklar hem.		Kalle cyklade hemifrån.	

LB 6

Das „wandernde" Satzadverb *inte*

Das Satzadverb **inte** wechselt manchmal den Platz. Es steht im Hauptsatz nach dem Hauptverb und im Nebensatz vor dem Hauptverb.

im Hauptsatz	**im Nebensatz**
Anna gillar inte jordgubbar.	Hitta någon som inte gillar jordgubbar!
Kalle joggar inte i skogen.	Jag vet att Kalle inte joggar i skogen.

LB 10

Angabe der Himmelsrichtung

norr	Jokkmokk ligger **norr om** Arvidsjaur.	Jokkmokk ligger i **norra** Sverige.
söder	Kristianstad ligger **söder om** Ljungby.	Kristianstad ligger i **södra** Sverige.
väster	Göteborg ligger **väster om** Borås.	Göteborg ligger i **västra** Sverige.
öster	Årrenjarka ligger **öster om** Kvikkjokk.	Norrtälje ligger i **östra** Sverige.

Die Präposition **ut** in den Zusammensetzungen **norrut/söderut/västerut/österut** zeigt eine Richtung an.

Han reste söderut.
Nils flyttade norrut och fick jobb direkt.

LB 3

Adverbien, die eine Richtung angeben

framåt	*nach vorne*	inåt	*nach innen*
bakåt	*nach hinten*	hemåt	*nach Hause*
uppåt	*nach oben*	hitåt	*hierher*
neråt	*nach unten*	ditåt	*dorthin*
utåt	*nach außen*	Beachte: efteråt	*hinterher, danach*

LB 6

Das Verb - Plusquamperfekt

1. Wenn man das Plusquamperfekt bildet, wird wie beim Perfekt das Supinum (nicht adjektivisches Partizip Perfekt) benutzt. Die Supinumform endet entweder auf **-t**, **-tt** oder **-it**. Das Plusquamperfekt wird mit **hade** (Präteritumform von »haben«) und dem Supinum gebildet.

Konj.	Infinitiv	Stamm	Supinum	Perfekt	Plusquamperfekt
1.	tala	tala	talat	har talat	**hade** talat
2a.	ringa	ring	ringt	har ringt	**hade** ringt
2b.	köpa	köp	köpt	har köpt	**hade** köpt
3.	bo	bo	bott	har bott	**hade** bott
4.	skriva	skriv	skrivit	har skrivit	**hade** skrivit
	ligga	ligg	legat	har legat	**hade** legat

2. Plusquamperfekt von modalen Hilfsverben:

Infinitiv	Präsens	Präteritum	Perfekt	Plusquamperfekt
vilja	vill	ville	har velat	**hade** velat
skola	ska	skulle	har skolat	**hade** skolat
kunna	kan	kunde	har kunnat	**hade** kunnat
—	måste	måste	har måst	**hade** måst
böra	bör	borde	har bort	**hade** bort
—	lär [*soll*]	—	—	—
få	får	fick	har fått	**hade** fått

3. In Zusammenhang mit einem temporalen Hilfsverb bei Plusquamperfekt müssen die sog. aufgelösten Formen des Indefinitpronomens **inte någon**/**inte något**/**inte några** verwendet werden.

Jag köpte ingen bil. Jag hade inte köpt någon bil.

4. Anwendung des Plusquamperfekts: Eine Handlung liegt in der Vergangenheit, aber zeitlich vor einer Handlung, die bereits abgeschlossen ist, also im Präteritum ausgedrückt ist.

När han **hade** ätit, gick han hem. (Beachte die Wortfolge!)

LB 8

För

För hat mehrere Bedeutungen.

Ibland är man mottaglig **för** [*für*] bakterier.	(nach gewissen Adjektiven)
Tack **för** [*für*] hjälpen.	(Präposition)
Byxorna är **för** [*zu*] stora.	(Adverb)
Lasse klippte gräsmattan **för att** [*damit*] gräset inte skulle bli för högt.	(Subjunktion)
Ulla stannar hemma, **för** [*weil*] hon är sjuk.	(Subjunktion)

LB 10

Das Verb - Deponentia

1. Deponentia sind Verben, die trotz Passivform (mit »Passiv-s«-Endung) aktive Bedeutung haben.

Infinitiv	Präsens	Präteritum	Supinum/Perfekt/ Plusquamperfekt	
andas	andas	andades	andats	*atmen*
fattas	fattas	fattades	fattats	*fehlen*
saknas	saknas	saknades	saknats	*fehlen, nicht haben*
hoppas	hoppas	hoppades	hoppats	*hoffen*
lyckas	lyckas	lyckades	lyckats	*glücken*
låtsas	låtsas	låtsades	låtsats	*so tun als ob*
svettas	svettas	svettades	svettats	*schwitzen*
vistas	vistas	vistades	vistats	*sich aufhalten*
kännas	känns	kändes	känts	*sich anfühlen*
minnas	minns	mindes	mints	*sich erinnern*
trivas	trivs	trivdes	trivts	*sich wohl fühlen*
kräkas	kräks	kräktes	kräkts	*sich erbrechen*
finnas	finns	fanns	funnits	*vorhanden sein*
umgås	umgås	umgicks	umgåtts	*Umgang haben*
brottas	brottas	brottades	brottats	*kämpfen, ringen*
skämmas	skäms	skämdes	skämts	*sich schämen*
kivas	kivas	kivades	kivats	*sich zanken*
försonas	försonas	försonades	försonats	*sich versöhnen*
avundas	avundas	avundades	avundats	*beneiden*
hämnas	hämnas	hämnades	hämnats	*sich rächen*
misslyckas	misslyckas	misslyckades	misslyckats	*missglücken*
åldras	åldras	åldrades	åldrats	*altern*
tyckas	tycks	tycktes	tyckts	*scheinen*
väsnas	väsnas	väsnades	väsnats	*lärmen*
färdas	färdas	färdades	färdats	*fahren, reisen*
samlas	samlas	samlades	samlats	*sich versammeln*

2. Vergleiche die Verben:

Deponens	Kein Deponens
Jag hoppas att du kommer på min födelsedag.	Lisa hoppar hopprep [*Springseil*].
Det saknas en kniv.	Jag saknar dig, Lena. [*Du fehlst mir, Lena.*]

Grammatik

LB 10

Reziproke Verben

Einige s-Formen haben auch eine reziproke (gegenseitige) Bedeutung. Das Subjekt muss im Plural stehen. Oft können diese Verben auch durch den normalen Präsens + **varandra** ersetzt werden. Folgende Verben sind reziprok: **träffas, ses, hjälpas åt, mötas, skiljas, kramas, kyssas, pussas, följas åt, talas vid, slåss.**

De träffas.	De träffar varandra.	De hjälps åt.	De hjälper varandra.
De kysstes.	De kysste varandra. *(gibt es nicht in Präsens)*	De kramas.	De kramar varandra.
		De ses.	De ser varandra.
De pussas.	De pussar varandra.	De talas vid.	De talar med varandra.
De möts.	De möter varandra.	De slåss.	De slår varandra. [*Sie prügeln sich.*]
De skiljs.	De skiljer sig.		

LB 14, 15

Einige Indefinitpronomen

1. Indefinitpronomen (unbest. Fürwörter) bezeichnen etwas Unbestimmtes, z. B. Personen, Tiere, Sachen oder Begriffswörter. Sie richten sich meistens nach dem Hauptwort (en, ett oder Plural).

En-Wörter	**Ett-Wörter**	**Plural**	
varannan	vartannat	-	*jede/r/s zweite; in der Pluralform: einander (reziprok)*
var	vart	-	*jede/r/s*
varje	varje	-	*jede/r/s*
varenda	vartenda	-	*jede/r/s*
annan	annat	andra	*andere/r/s*
all	allt	alla	*alle/r/s*
man *(eine nicht näher bestimmte Person)*			*man*

Varannan vecka kör jag till Stockholm.
Vartannat år semestrar de med husvagn.
Var tredje sommar är jag i Amerika.
Vart fjärde år är det val i Sverige.
Vi äter frukost varje dag klockan nio.
Kan jag få en annan tallrik?

Har ni inget annat frimärke?
De andra husvagnarna står där till vänster.
All färg tog slut.
Han åt upp allt bröd.
Hon diskade alla koppar.
Man får inte göra upp eld om det är fara för brand.

2. Die Indefinitpronomen können sowohl attributiv als auch selbstständig benutzt werden.

Han åt upp allt bröd.	(attributiv)	*Er aß das ganze Brot auf.*
Tack för allt!	(selbstständig)	*Danke für alles!*

3. Die folgenden Indefinitpronomen werden nur selbstständig benutzt.

var och en	*(ein) jeder*	Var och en av er måste hjälpa Eva.
var	*jeder (in der Bedeutung „pro Person")*	Vi fick ett äpple var.
allting/allt	*alles*	Han kan göra allting/allt.

4. Einige Wendungen mit annan/annat:

av en eller annan anledning	bland annat
på ett eller annat sätt	en och annan

Grammatik

LB 6 Zusammensetzungen mit som helst

någon/något/några som helst	*irgendein/e/er, irgendwelche*	Det görs utan någon som helst kontroll.
ingen som helst	*gar keine*	Det finns ingen som helst anledning till oro.
vad som helst	*alles*	Det kan hända vad som helst.
hur som helst	*wie auch immer, auf beliebige Art*	Hur som helst, vi reste dagen därpå. Gör hur som helst.
hur mycket/många som helst	*beliebig viel/e, endlos viel/e*	Du kan ju inte spara hur många lådor som helst.
hur länge som helst	*beliebig lange*	Lena kan spela piano hur länge som helst.
när som helst	*zu jeder (beliebigen) Zeit, jeden Augenblick*	Han kan komma när som helst.
vem som helst	*wer auch immer, jeder*	Vem som helst kan göra det.
vilken (...) som helst	*jede/r/s Beliebige, irgendeine/r, irgendetwas*	- Vilken glass ska jag ta? - Ta vilken glass som helst.
vilket (...) som helst		Göran kan komma vilket ögonblick som helst.
vilka (...) som helst	*irgendwelche*	- Vilka blommor ska jag köpa? - Köp vilka som helst.

LB 8 Die Bezeichnung für eine ungefähre Anzahl

Durch Anhängen von -tal oder -tals an die Grundzahl erhält man ein Substantiv, das eine ungefähre Anzahl (-tal) oder eine Größenordnung (-tals) ausdrückt.

ett hundratal människor	*ungefähr hundert Menschen*	ett tusental fåglar	*ungefähr tausend Vögel*
hundratals människor	*mehrere hundert Menschen*	tusentals fåglar	*mehrere tausend Vögel*

LB 10 Die Konjunktion

1. Konjunktionen (Bindewörter) fügen Wörter, Wortgruppen oder Sätze zusammen. Sie werden nicht gebeugt und sind gewöhnlich unbetont.

och	*und*	Jag går på kvällskurs och lär mig svenska.
samt (Schriftspr.)	*und, sowie*	Han var regissör vid stadsteatern samt chef för Dramaten.
både ... och	*sowohl ... als auch*	Sven kan både tala tyska och svenska.
inte bara ... utan också	*nicht nur ... sondern auch*	Vi såg inte bara renar utan också älgar.
eller	*oder*	Ska Ulla eller Mona göra det?
antingen ... eller	*entweder ... oder*	Vi kan antingen se en skräckfilm eller en kärleksfilm.
varken ... eller	*weder ... noch*	Jag kan varken tala spanska eller franska.
men	*aber*	Olle steg upp klockan sju, men kom ändå försent.
visserligen ... men	*zwar ... aber*	Visserligen ser han osäker ut, men han är modig.
utan	*sondern*	Lasse äter aldrig kött utan bara grönsaker.
för	*denn*	Vi köpte vatten, för vi var törstiga.
så	*und deshalb*	Det regnar, så vi måste stanna inne.

2. Eine Konjunktion beeinflusst nicht die Wortstellung im Hauptsatz.

Stina går på bio och Lotta tittar på tv.	(Konjunktion)
Om vädret är fint, kommer jag.	(Subjunktion)

LB 13

Die Modalverben böra und få

Infinitiv	Präsens	Präteritum	Supinum	
böra	bör	borde	bort	*sollen*
få	får	fick	fått	*dürfen, müssen*

1. Anwendung des Modalverbes **böra**:

einen Rat geben:	Du borde verkligen sluta röka.	*Du solltest wirklich aufhören zu rauchen.*
eine Aufforderung ausdrücken (nur Präsens):	Man bör inte ljuga.	*Man sollte nicht lügen.*
eine Unterlassung bedauern:	Jag borde ha ringt Anna.	*Ich hätte Anna anrufen sollen.*

2. Anwendung des Modalverbes **få**:

eine Erlaubnis/ein Verbot ausdrücken:	Jag fick arbeta som volontär.	*Ich durfte als Volonär arbeiten.*
einen Zwang ausdrücken:	Han fick jobba hela dagen.	*Er musste den ganzen Tag arbeiten.*
Höflichkeit ausdrücken:	Får jag be om saltet?	*Kann ich bitte das Salz bekommen?*

LB 13

Verben mit einem Infinitiv ohne att

behöva	*müssen, brauchen*	Ni behöver inte komma på måndag. [*Ihr braucht nicht am Montag zu kommen.*]
orka	*körperlich schaffen*	Han orkade inte bygga klart garaget. [*Er schaffte es nicht, die Garage fertig zu bauen.*]
slippa	*etwas nicht machen müssen*	Jag slipper gå till tandläkaren. [*Ich muss nicht zum Zahnarzt gehen.*]
våga	*wagen, sich trauen*	Ella vågade klättra upp i det höga trädet. [*Ella traute sich, in den hohen Baum zu klettern.*]
verka	*scheinen*	Det verkar bli en solig dag. [*Es scheint ein sonniger Tag zu werden.*]
hinna	*zeitlich schaffen*	Erik hann komma i tid till skolan. [*Erik schaffte es rechtzeitig, zur Schule zu kommen.*]

Grammatik

LB 3

Das Verb - einfaches Passiv (s-Passiv)

1. In einem Passivsatz steht das Geschehen im Vordergrund. Das Passiv wird häufig bei Rezepten, Gebrauchsanweisungen und Zeitungsartikeln gebraucht. Im Schwedischen gibt es zwei Möglichkeiten, das Passiv zu bilden: Das zusammengesetzte Passiv, das mit den Formen von **vara** oder **bli** gebildet wird (Abschnitt 17) und das einfache Passiv, das durch Anhängen von **-s** an die Aktivform gebildet wird. Im Präsens fällt die Präsensendung -r bzw. -er vor der Endung **-s** weg (baka~~r~~ ➡ bakas, köp~~er~~ ➡ köps).

Konj.	Infinitiv	Präsens	Präteritum	Perfekt	Plusquamperfekt
1.	bakas	bakas	bakades	har bakats	hade bakats
2a.	stängas	stängs	stängdes	har stängts	hade stängts
2b.	köpas	köps	köptes	har köpts	hade köpts
3.	sys	sys	syddes	har sytts	hade sytts
4.	skrivas	skrivs	skrevs	har skrivits	hade skrivits

2. Verben, bei denen der Stamm auf -s endet (z. B. läs/a), erhalten die Endung -es im Präsens.

Boken läses inte för tillfället.

LB 4

Groß- oder Kleinschreibung

Gamla Stan	Dramaten
Stadshuset	Centralen
Aber:	Stockholms stadshus
	Stockholms central

LB 8

Die Angabe des Jahrhunderts und Jahrzehnts

Die Angabe des Jahrhunderts und Jahrzehnts wird mit der Endung **-talet** gebildet.

1100	elvahundratalet
1200	tolvhundratalet
1500	femtonhundratalet
1950-talet	nittonhundrafemtiotalet
70-talet	sjuttiotalet

Birger Jarl grundade Stockholm på 1200-talet.	*Birger Jarl gründete Stockholm im 13. Jahrhundert.*
På 1900-talet växte befolkningen.	*Im 20. Jahrhundert wuchs die Bevölkerung.*
På 70-talet var det modernt med långt hår.	*In den 70-er Jahren waren lange Haare modern.*

Das Partikelverb

1. Ein Partikelverb besteht aus einem Verb und einem Partikel. Der Partikel ist meistens eine Präposition oder ein Adverb und verändert die Bedeutung des Verbes. Da der Partikel die Bedeutung der Verbes ausmacht, ist er betont.

Ska vi **gå in**?
Vi **gick ut** igen.
Nu tycker jag vi **går hem**.
Han **bröt av** en gren.
Branden **bröt ut** i köket.

2. Adverbien, die als Partikel gebraucht werden:

in	hem	igen	loss
ut	bort	ihop	samman
upp	undan	igång	fast
ner	förbi	kvar	iväg

3. Präpositionen, die als Partikel gebraucht werden:

av	igenom	på
efter	i	till
för	emot	ur
ifrån	om	över

4. Die Partikel **av**, **isär**, **iväg**, **undan**, **ur**, **ut**, **loss** und **bort** kennzeichnen das Entfernen.

gå av	*abgehen*
ta isär	*auseinandernehmen*
springa iväg	*weglaufen, davonlaufen*
dra undan	*wegziehen*
dricka ur	*austrinken*
låna ut	*ausleihen*
rycka loss	*wegreißen*
gå bort	*fortgehen, ausgehen, sterben*

LB 3

Einige Relativpronomen

Relativpronomen beziehen sich auf ein vorangestelltes Wort, eine vorangestellte Phrase oder einen ganzen Satz. Die Relativpronomen leiten einen Nebensatz ein.

1. Das Relativpronomen **som** bezieht sich auf ein Substantiv oder Pronomen im Singular oder Plural. Vor **som** steht üblicherweise kein Komma im Schwedischen.

Vi har en sommarstuga som ligger i Dalsland.	*Wir haben ein Ferienhaus, das in Dalsland liegt.*
Det var han som hittade guldarmbandet.	*Er war es, der das Goldarmband fand.*

2. Das Relativpronomen **vilket** (**något som**) bezieht sich auf ein Verb, eine Verbphrase oder einen ganzen Satz.

Sverige vann melodifestivalen, vilket var helt oväntat.
Schweden gewann das Eurovisionsschlagerfestival, was ganz unerwartet war.

3. Das Relativpronomen **vars** bedeutet »deren, dessen«. Es ist ein Genitiv und steht zusammen mit dem Substantiv.

Jag har två systrar, vars döttrar ofta leker ihop.
Ich habe zwei Schwestern, dessen Töchter oft zusammen spielen.

4. Die Relativpronomen **vilken**, **vilket** und **vilka** werden anstatt von **som** verwendet, wenn der Nebensatz von einer Präposition eingeleitet wird.

Elin läste brevet, i vilket det stod att hon hade ärvt en massa pengar efter sin moster.
Elin las den Brief, worin stand, dass sie viel Geld von ihrer Tante (mütterlicherseits) geerbt hatte.
Dessa kopior, av vilka ni ska få ett exemplar var, kan ni fylla i hemma.
Diese Kopien, von denen jeder von euch ein Exemplar bekommen soll, könnt ihr zu Hause ausfüllen.

Grammatik

LB 9

Satzadverbien

Satzadverbien beziehen sich auf einen ganzen Satz. Es gibt vier Gruppen: verneinende, modale und fokussierende Satzadverbien, sowie Konjunktionaladverbien.

1. Verneinende Satzadverbien

aldrig	*nie*	knappast	*kaum*
inte/icke/ej	*nicht*	knappt	*knapp*

2. Modale Satzadverbien

kanske, kanhända	*vielleicht*	lyckligtvis	*glücklicherweise*
nog	*sicher, wohl*	antagligen	*wahrscheinlich*
möjligen, möjligtvis	*möglicherweise*	förmodligen, troligen,	
säkert, säkerligen	*sicher*	troligtvis, nog	*vermutlich*
väl	*wohl, doch*	förstås, naturligtvis	*natürlich*
egentligen	*eigentlich*	tydligen	*offenbar*
tyvärr	*leider*	verkligen, minsann	*wirklich*
gärna	*gerne*	faktiskt	*tatsächlich*
givetvis	*selbstverständlich*		

3. Fokussierende Satzadverbien heben ein bestimmtes Satzglied in einem Satz oder Ausdruck hervor.

bara, endast, enbart	*nur*	till och med	*sogar*
just, precis, exakt	*genau*	framför allt	*insbesondere*
särskilt	*besonders*	i synnerhet	*vor allem*
åtminstone	*wenigstens*		

4. Konjunktionaladverbien beziehen sich auf den ganzen Satz.

ändå	*dennoch, doch*	därför	*deshalb*
tvärtom	*im Gegenteil*	annars	*sonst*
däremot	*dagegen*	eventuellt	*eventuell*
i alla fall	*auf jeden Fall*	i värsta fall	*schlimmstenfalls*
i så fall	*dann*	också, även	*auch*
dessutom	*außerdem*	inte ... heller	*auch nicht*
förresten	*übrigens*	alltså	*also*

5. Viele Satzadverbien sind sog. »wandernde« Adverbien. In einem Hauptsatz stehen sie nach dem Hauptwort und in einem Nebensatz vor dem Hauptwort.

Johan äter **aldrig** fisk.
Eva säger att Johan **aldrig** äter fisk.

Det kommer **förmodligen** att åska i morgon.
Jan läste i tidningen, att det **förmodligen** kommer att åska i morgon.

Grammatik

Avsnitt 13

LB 4

Die Subjunktion

Eine Subjunktion fügt Sätze und Satzglieder zusammen und leitet oft einen Nebensatz ein.

att	*dass*	Han säger att han inte har tid.
när	*als*	När jag var liten, fick jag lördagsgodis.
sedan	*seitdem, seit*	Sedan jag bor i Sverige har jag flyttat fyra gånger.
efter det att	*nachdem*	Efter det att vi hade lagat cykeln, fikade vi i solen.
medan	*während*	Medan Anna lagade mat, dukade Anders bordet.
tills	*bis*	Vi kan väl vänta med fikat tills Johan kommer hem.
innan	*bevor, ehe, bis*	Innan vi körde till stan, åt vi en bit mat.
just som	*gerade als*	Just som jag hade kommit hem, ringde telefonen.
därför att/för att	*weil*	Varför kom Lena för sent? Därför att hon missade bussen
eftersom	*weil*	Eftersom Lotta försov sig, missade hon bussen.
för att/så att	*damit*	Eva kör Lotta till stationen, så att hon hinner med tåget.
så (att)	*so dass*	Vattnet var så kallt, så att vi inte kunde bada. Vattnet var så kallt så vi kunde inte bada.
trots att/fastän	*obwohl*	Lennart gick till jobbet, trots att han var sjuk.
även om	*wenn ... auch*	Även om det är gott med godis, brukar vi bara äta godis på helgen.
om/ifall	*wenn, falls*	Om jag hinner, kommer jag i morgon.
utan att	*ohne dass*	Hon åkte till Spanien, utan att jag visste om det.
som/liksom	*wie*	Stefan körde genom stan som en galning [*Verrückter*].
än	*als*	Min pappa är tio år äldre än din.
som om	*als ob*	Det ser ut som om det börjar regna.
ju ... desto	*je ... desto*	Ju mer han åt, desto tjockare blev han.
knappt ... förrän	*kaum ... als*	Vi hade knappt kommit hem, förrän det började åska.

Beachte die Wortstellung: Wenn der Satz mit einem Nebensatz beginnt, steht das Prädikat im Hauptsatz vor dem Subjekt.

Men just som jag nästan hade gett upp hoppet, träffade jag flera fantastiska svenskar.
Innan jag åkte till jobbet, läste jag mejlen.

LB 4

Angabe des Alters

Olle är 75 år.	*Olle ist 75 Jahre alt.*
Han är i 25-årsåldern.	*Er ist ungefähr 25 Jahre alt.*
Han är en 75-årig man.	*Er ist ein 75-jähriger Mann.*
På firman arbetade en 75-åring.	*In der Firma arbeitete ein 75-jähriger.*
En jobbig klass med tuffa fjortonåringar.	*Eine anstrengende Klasse mit kessen Vierzehnjährigen.*
Sven är en pojke på 17 år.	*Sven ist ein Junge von 17 Jahren.*

LB 11

Einige europäische Länder, Sprachen und Bezeichnungen für weibliche bzw. männliche Staatsbürger

Weibliche Suffixe sind meistens: **-a, -ska, -iska, -yska**
Männliche Suffixe sind häufig: **-man, -are**

Land	Språk	Invånare Man	Invånare Kvinna	Adjektiv
Sverige	svenska	svensk -en -ar	svenska -n, svenskor	svensk -t -a
Norge	norska	norrman -nen, norrmän	norska -n, norskor	norsk -t -a
Danmark	danska	dansk -en -ar	danska -n, danskor	dansk -t -a
Finland	finska	finländare -n -	finska -n, finskor	finsk -t -a
Island	isländska	isländare -n -	isländska -n, isländskor	isländsk -t -a
Storbritannien	engelska	britt -en -er	brittiska -n, brittiskor	brittisk -t -a
England	engelska	engländare -n -	engelska -n, engelskor	engelsk -t -a
Irland	iriska	irländare -n -	irländska -n, irländskor	irisk -t -a
Nederländerna	nederländska	nederländare -n -	nederländska -n, nederländskor	nederländsk -t -a
Holland	holländska	holländare -n -	holländska -n, holländskor	holländsk -t -a
Tyskland	tyska	tysk -en -ar	tyska -n, tyskor	tysk -t -a
Frankrike	franska	fransman -nen, fransmän	fransyska -n, fransyskor	fransk -t -a
Spanien	spanska	spanjor -en -er	spanjorska -n, spanjorskor	spansk -t -a
Portugal	portugisiska	portugis -en -er	portugisiska -n, portugisiskor	portugisisk -t -a
Italien	italienska	italienare -n -	italienska -n, italienskor	italiensk -t -a
Schweiz	tyska, franska, italienska, rätoromanska	schweizare -n -	schweiziska -n, schweiziskor	schweizisk -t -a
Österrike	tyska	österrikare -n -	österrikiska -n, österrikiskor	österrikisk -t -a
Polen	polska	polack -en -er	polska -n, polskor	polsk -t -a
Tjeckien	tjeckiska	tjeck -en -er	tjeckiska -n, tjeckiskor	tjeckisk -t -a
Turkiet	turkiska	turk -en -er	turkiska -n, turkiskor	turkisk -t -a
Grekland	grekiska	grek -en -er	grekiska -n, grekiskor	grekisk -t -a
Ungern	ungerska	ungrare -n -	ungerska -n, ungerskor	ungersk -t -a
Ryssland	ryska	ryss -en -ar	ryska -n, ryskor	rysk -t -a
Bulgarien	bulgariska	bulgar -en -er	bulgariska -n, bulgariskor	bulgarisk -t -a
Bosnien	bosniska	bosnier -n -	bosniska -n, bosniskor	bosnisk -t -a
Slovenien	slovenska	sloven -en -er	slovenska -n, slovenskor	slovensk -t -a
Lettland	lettiska	lett -en -er	lettiska -n, lettiskor	lettisk -t -a
Estland	estniska	estländare -n -/ est -en -er	estniska -n, estniskor	estnisk -t -a

Grammatik

LB 5

Das Adjektiv - Superlativ (bestimmte Form)

1. Der Superlativ eines Adjektivs hat eine unbestimmte (siehe Grammatik zu Abschnitt 7) und eine bestimmte Form. Die bestimmte Form des Superlativs bekommt immer den freistehenden Artikel **den**, **det**, **de** vorangestellt. Die Superlativformen, die auf -ast enden, erhalten in der bestimmten Form Singular und Plural ein **-e**. Das Substantiv steht immer in der bestimmten Form.

En-Wörter	Ett-Wörter	Plural
den finaste	**det** finaste	**de** finaste
den snällaste pojken	**det** vackraste huset	**de** godaste äpplena

Unbestimmte Form	Bestimmte Form
Flickan bredvid Jan är vackrast.	Hon är **den** vackraste flickan.
Museet i Lund är trevligast.	Det är **det** trevligaste museet.
Apelsinerna på ICA är billigast.	ICA har **de** billigaste apelsinerna.

2. Die Superlativformen, die auf -st enden, erhalten in der bestimmten Form Singular und Plural ein **-a**.

Unbestimmte Form	Bestimmte Form
Huset bredvid posten är störst.	Det är det största huset i stan.
Barnen på lekplatsen var minst.	Det var de minsta barnen på lekplatsen.

LB 11

Einige Präpositionen

av Tavlan är målad av [*von*] min syster.
Stolen är av [*aus*] plast.
Det var snällt av [*von*] dig.
Lotta är intresserad av [*an*] sport.
Esmeralda njöt av solen.

om Boken handlar om [*von*] en viking.
Anna drömde om [*von*] honom.
Vi var kalla om [*an*] händerna.
Jag kommer om [*in*] en kvart.
Det är en bok om [*über*] yoga.
Stockholm ligger söder om [*von*] Uppsala.

mot Prinsessan var lydig mot [*gegenüber*] sin far.
Han var snäll mot [*zu*] sin mor.
Anna är ärlig mot [*zu*] oss.
De är vänliga mot [*zu*] Karin.
Trollen var elaka mot [*zu*] prinsessan.

på Hon var trött på [*von*] skolan.
Kalle var arg på [*auf*] sin bror.
Karin var rik på [*an*] idéer.

för Mia är rädd för [*vor*] ormar [*Schlangen*].
Vad är typiskt för [*für*] svensk mat?
Jag är orolig för [*um*] Peter.
Kan du förklara det för mig?
Berätta för mig vad som hände.

åt Hon räckte ut tungan åt sin mamma.
Vi skrattade åt [*über*] skämtet [*Witz*].
Åt [*in*] vilket håll kör du?

i Jag har ont i [*in*] armen.
Jag är förtjust i [*in*] choklad.
Pelle är kär *(verliebt)* i [*in*] Eva.
Lisa är duktig i [*in*] matte.

LB 15

Direkte und indirekte Rede, direkte und indirekte Frage (mit *om*)

1. In der indirekten Rede wird die Aussage einer anderen Person aus der Perspektive des Sprechers wiedergegeben. Die indirekte Rede ist ein Nebensatz, der mit **att** (dass) eingeleitet wird und auf einen Hauptsatz folgt, der oft ein Verb des Sagens enthält (z. B. **säga**).

Direkte Rede	Indirekte Rede
- Det är så vackert, säger Jonas.	Jonas säger att det är så vackert.
- Det var roligt, sa Lotta.	Lotta sa att det var roligt.
- Jag mår bra, sa Maria.	Maria sa att hon mår bra.

2. Die indirekte Frage folgt als Nebensatz einem Hauptsatz, der oft ein Verb des Fragens enthält (z. B. **undra**, **fråga**). Wenn die indirekte Frage kein Fragewort enthält, wird sie mit der Konjunktion **om** eingeleitet.

Direkte Frage	Indirekte Frage
- Var det roligt?	Lotta frågade, om det var roligt.
- Har Peter nycklarna?	Anna frågar, om Peter har nycklarna.
- Kan du hämta Lisa från skolan?	Jag undrar, om du kan hämta Lisa från skolan.

Grammatik

Avsnitt 15

LB 3, 4

Interjektionen

Äsch!	*Ach was!*	Usch!	*Igitt!, Pfui!*	Fy!	*Pfui!*
Aj!	*Au!*	Oj!, Ojdå!	*Ach!, Oh!*	O!, Oh!, Åh!	*Oh!*

LB 5

Verben verbunden mit *och*

Im Schwedischen werden oft zwei Verben mit einem **och** verbunden. Damit drückt man eine gleichzeitige Handlung oder Absicht aus. Das erste Verb ist immer unbetont. Beide Verben haben die gleiche Zeitform.

1. Folgende Verben werden gerne mit einem zweiten Verb durch **och** verbunden:

gå	följa med	sitta	åka	stå
gå ut	komma	ligga	vara ute	

2. Gleichzeitige Handlung:

Jan ligger och läser en deckare.	*Jan (liegt und) liest einen Krimi.*
Han sitter och skriver ett sms.	*Er (sitzt und) schreibt eine SMS.*
Pontus ligger och sover.	*Pontus schläft.*
Kaj står och väntar på bussen.	*Kaj wartet auf den Bus.*

3. Absicht:

Jan har åkt och handlat.	*Jan ist Einkaufen gefahren.*
Nu går ni och lägger er, ungar!	*Nun geht ihr ins Bett, Kinder!*
Vi kan ju gå ut och dansa på fredag.	*Wir können ja am Freitag Tanzen gehen.*

LB 8

Das Verb - Partizip Perfekt (prädikative Wortstellung)

1. Das Partizip Perfekt ist eine Vergangenheitsform, die eine Mittelstellung zwischen Verb und Adjektiv einnimmt. Es richtet sich nach dem Geschlecht des Bezugswortes. Das Partizip Perfekt wird prädikativ nach dem Verb **vara** benutzt und hat in diesem Fall eine passive Bedeutung. Es hebt ein Resultat hervor.

Konj.	**Perfekt (har + supinum)**	**Partizip Perfekt**		
		En-Wörter	**Ett-Wörter**	**Plural**
1.	har renoverat	Stugan är renoverad.	Huset är renoverat.	Stugorna är renoverade.
2a.	har stängt	Grinden är stängd.	Fönstret är stängt.	Grindarna är stängda.
2b.	har köpt	Ringen är köpt.	Huset är köpt.	Ringarna är köpta.
3.	har sytt	Kjolen är sydd.	Nattlinnet är sytt.	Kjolarna är sydda.
4.	har skrivit	Boken är skriven.	Brevet är skrivet.	Böckerna är skrivna.

2. Beim Partizip Perfekt wird der Partikel bei Partikelverben vorangestellt und mit dem Verb zusammengeschrieben.

bryta av	-	avbruten
stänga in	-	instängd
låsa in	-	inlåst

LB 9

Das Verb - Partizip Perfekt (attributive Wortstellung)

Das Partizip Perfekt kann auch attributiv vor einem Substantiv stehen und wird dann wie ein Adjektiv benutzt. Es richtet sich nach dem Hauptwort (en, ett oder Plural). Die bestimmte Form ist mit der unbestimmten Form Plural identisch.

Konj.	Perfekt (har + supinum)	Partizip Perfekt	
		Unbestimmt	Bestimmt
1.	har renoverat	en renoverad stuga	den renoverade stugan
		ett renoverat hus	det renoverade huset
		två renoverade stugor	de renoverade stugorna
2a.	har stängt	en stängd grind	den stängda grinden
		ett stängt fönster	det stängda fönstret
		två stängda grindar	de stängda grindarna
2b.	har köpt	en köpt ring	den köpta ringen
		ett köpt hus	det köpta huset
		två köpta ringar	de köpta ringarna
3.	har sytt	en sydd kjol	den sydda kjolen
		ett sytt nattlinne	det sydda nattlinnet
		två sydda kjolar	de sydda kjolarna
4.	har skrivit	en skriven bok	den skrivna boken
		ett skrivet brev	det skrivna brevet
		två skrivna böcker	de skrivna böckerna

LB 12

Die temporale Präposition *på*

Die temporale Präposition **på** sagt aus, wie lange eine Handlung dauert. Meistens ist die Handlung abgeschlossenen.

Joakim lagade sin cykel på en halvtimme.	(abgeschlossene Handlung)
Eva reste till Lund på fem timmar.	(abgeschlossene Handlung)
Jag borstar tänderna på tre minuter.	
Jag har inte träffat honom på tre år.	(Negation plus Zeitdauer)
Vi har inte sett Jan på länge.	(Negation plus Zeitdauer)

Andere temporale Ausdrücke mit der Präposition **på**:

på måndag/på dagen/på natten/på morgonen/på eftermiddagen
på 1200-talet/på 1970-talet
På helgen är vi på landet.
På sista tiden var Anna ofta i Frankrike.

Avsnitt 17

LB 5 Das Verb - Passiv (*bli* + Partizip Perfekt)

1. In der Umgangssprache wird das Passiv gern mit **bli** + Partizip Perfekt gebildet.

	Präsens	Präteritum	Perfekt/Plusquamperfekt
En-Wörter	Pojken blir förvandlad.	Pojken blev förvandlad.	Pojken har/hade blivit förvandlad.
Ett-Wörter	Huset blir målat.	Huset blev målat.	Huset har/hade blivit målat.
Plural	Husen blir renoverade.	Husen blev renoverade.	Husen har/hade blivit renoverade.

2. **Bli** + Partizip Perfekt betont den Verlauf eines Geschehens, hingegen hebt **vara** + Partizip Perfekt das Resultat hervor.

Verlauf des Geschehens	Resultat
Resväskan blir stulen.	Resväskan är stulen.
Husen blir målade.	Husen är målade.

LB 12 Konditional 1 und 2

Etwas Irreales, Unwahrscheinliches oder Wünschenswertes wird mit einer Form des konditionalen Nebensatzes ausgedrückt, die im Schwedischen als »konditionalis« bezeichnet wird. Es wird eine Handlung/ ein Zustand beschrieben, die/der unter gewissen Bedingungen eintreffen kann. Der Unterschied zwischen Konditional 1 und 2 besteht darin, dass beim Konditional 1 die Bedingung in Erfüllung gehen könnte, es beim Konditional 2 dagegen dafür zu spät ist.
Im Schwedischen werden meistens Indikativformen benutzt, während im Deutschen der Konjunktiv II gebraucht wird.

1. Das Konditional 1 wird gebildet aus: skulle + Infinitiv + Präteritum im Nebensatz.

	skulle	Infinitiv		Präteritum		
Jag	**skulle**	**köpa**	en villa, om jag	**vann**	på lotteri.	*Ich würde eine Villa kaufen, wenn ich im Lotto gewinnen würde.*
Pelle	**skulle**	**bada**	om vattnet	**var**	lite varmare.	*Pelle würde baden, wenn das Wasser wärmer wäre.*
Jag	**skulle**	**hämta**	Eva, om jag	**hade**	tid.	*Ich würde Eva abholen, wenn ich Zeit hätte.*

2. Das Konditional 2 wird gebildet aus: skulle ha + Supinum + Plusquamperfekt im Nebensatz.
Ha und hade können auch weggelassen werden.

	skulle ha	Supinum		Plusquamperfekt		
Jag	**skulle ha**	**köpt**	en villa, om jag	**hade vunnit**	på lotteri.	*Ich hätte eine Villa gekauft, wenn ich im Lotto gewonnen hätte.*
Pelle	**skulle ha**	**badat**	om vattnet	**hade varit**	varmare.	*Pelle hätte gebadet, wenn das Wasser wärmer gewesen wäre.*
Jag	**skulle ha**	**hämtat**	Eva, om jag	**hade haft**	tid.	*Ich hätte Eva abgeholt, wenn ich Zeit gehabt hätte.*

3. Die Wortfolge im Nebensatz:

Hauptsatz + Nebensatz	**Nebensatz + Hauptsatz**
Jag skulle hämta Eva, om jag hade tid.	Om jag hade tid, **skulle jag** hämta Eva.
Jag skulle ha hämat Eva, om jag hade haft tid.	Om jag hade haft tid, **skulle jag** ha hämtat Eva.
Jag hade köpt en villa, om jag hade vunnit på lotteri.	Om jag hade vunnit på lotteri, **hade jag** köpt en villa.

4. Die Konstruktion Plusquamperfekt + Plusquamperfekt im Nebensatz kann ebenfalls benutzt werden, um etwas Unwahrscheinliches oder Unwirkliches auszudrücken (Umgangssprache).

	Plusquamperfekt	**+**	**Plusquamperfekt**	
Jag	**hade köpt**	en villa, om jag	**hade vunnit**	på lotteri.
Jag	**hade hämtat**	Eva, om jag	**hade haft**	tid.
Pelle	**hade badat**,	om vattnet	**hade varit**	lite varmare.

5. Man kann auch die Konjunktion **om** weglassen, wenn der Konditionalsatz dem Hauptsatz vorausgeht.

Hade jag vunnit på lotteri, skulle jag ha köpt en villa.
Hade jag tid, skulle jag hämta Eva.

Grammatik

Avsnitt 18

LB 5

Satzspaltung (emphatische Umschreibung)

Die Konstruktion Satzspaltung (utbrytning), auch emphatische Umschreibung (emfatisk omskrivning) genannt, wird im Schwedischen häufig gebraucht, um ein Satzglied hervorzuheben. Das Satzglied, das betont werden soll, wird »herausgebrochen« und in einen neuen Satz gesetzt, der mit **det är** oder **det var** beginnt. Der Rest wird ein Relativ-**som**-Satz.

	Det är/var	**+ betontes Satzglied**	**+ som**	**+ Rest des Satzes**
Ann läser tidningen.	Det är	Ann	som	läser tidningen.
	Det är	tidningen	som	Ann läser.

1. **Som** kann wegfallen, wenn es vor dem Subjekt steht.

Bosse städade vardagsrummet igår.	Det var igår **(som)** Bosse städade vardagsrummet.

2. Nach **det är** steht eine Zeitform der Gegenwartsebene und nach **det var** eine Zeitform der Vergangenheitsebene.

Ann läser tidningen.	Det **är** Ann som **läser** tidningen.
Nils ska dammsuga.	Det **är** Nils som **ska** dammsuga.
Bo städade igår.	Det **var** Bo som **städade** igår.
Pia hade brutit foten.	Det **var** foten (som) Pia **hade brutit**.

3. Verschiedene Satzglieder können hervorgehoben werden:

	Stadsbiblioteket får nya böcker nästa vecka.
betontes Subjekt:	Det är **stadsbiblioteket** som får nya böcker nästa vecka.
betontes Objekt:	Det är **nya böcker** (som) stadsbiblioteket får nästa vecka.
betontes Adverbial:	Det är **nästa vecka** (som) stadsbiblioteket får nya böcker.

4. Wenn das hervorgehobene Satzglied eine Präposition enthält, kann die Präposition an das Ende des Satzes gestellt werden.

Jan leker med Kalle.	Det är **med** Kalle (som) Jan leker.
	Det är Kalle (som) Jan leker **med**.

5. Auch in Fragesätzen gebraucht man die emphatische Umschreibung.

Började kursen igår?	Var det igår (som) kursen började?
Vilket parti blev valt?	Vilket parti var det som blev valt?
Ska bröllopet äga rum i Venedig?	Är det i Venedig (som) bröllopet ska äga rum?
Vem kommer?	Vem är det som kommer?
Vad heter han?	Vad är det han heter?

Grammatik

LB 12

Übersicht über einige temporale Präpositionen

Die temporalen Präpositionen kennzeichnen die Zeit und beantworten die Fragen »Wie lange?« (Zeitdauer), »Wie schnell?« (oft kürzere Zeitdauer), »Wann?« (Zeitpunkt) und »Wie oft?« (Periodizität).

Wie oft?	**i**	Det går ett tåg i timmen. En gång i sekunden (i minuten, i veckan, i månaden).
	om	Jag åker till Stockholm en gång om året (om dagen, om dygnet).
Wie lange?	**i**	Vi har varit i Malmö i två veckor.
	på	Jag har inte träffat Jan på många år. (Negation + Zeitdauer)
Wie schnell?	**på**	Han lagade cykeln på två timmar. (abgeschlossene Handlung)
Wann?	**under**	Under semestern åt vi mycket glass.
	för ... sedan	För tre år sedan flyttade jag till Sundsvall.
	sedan ... (tillbaka)	Sedan tre år tillbaka studerar jag juridik.
	om	Jag kommer till Sverige om fyra veckor.

LB 14

Das Substantiv - identisch in unbestimmter und bestimmter Form

Unbestimmte Form: Vi fick en skriftlig inbjudan till middagen.

Bestimmte Form: Tack för inbjudan!

en önskan	*Wunsch*	en väntan	*Warten*	en beundran	*Bewunderung*
en uppfostran	*Erziehung*	en ansökan	*Bewerbung, Antrag*	en strävan	*Bestreben*
en predikan	*Predigt*	en förväntan	*Erwartung*	en anmälan	*Anmeldung*

Verzeichnis wichtiger starker und unregelmäßiger Verben

Infinitiv	Präsens	Präteritum	Supinum	Partizip Perfekt			
be(dja)	be(de)r	bad	bett	-bedd*	-bett	-bedda	*bitten, beten*
binda	binder	band	bundit	bunden	bundet	bundna	*binden*
bita	biter	bet	bitit	biten	bitet	bitna	*beißen*
bjuda	bjuder	bjöd	bjudit	bjuden	bjudet	bjudna	*einladen*
bli(va)	blir	blev	blivit	bliven	blivet	blivna	*werden*
brinna	brinner	brann	brunnit	brunnen	brunnet	brunna	*brennen*
brista	brister	brast	brustit	brusten	brustet	brustna	*bärsten*
bryta	bryter	bröt	brutit	bruten	brutet	brutna	*brechen*
bära	bär	bar	burit	buren	buret	burna	*tragen*
böra	bör	borde	bort	-	-	-	*sollen*
dra(ga)	dra(ge)r	drog	dragit	dragen	draget	dragna	*ziehen*
dricka	dricker	drack	druckit	drucken	drucket	druckna	*trinken*
driva	driver	drev	drivit	driven	drivet	drivna	*treiben*
dö	dör	dog	dött	-	-	-	*sterben*
dölja	döljer	dolde	dolt	dold	dolt	dolda	*verbergen*
falla	faller	föll	fallit	-fallen	-fallet	-fallna	*fallen*
fara	far	for	farit	faren	faret	farna	*fahren*
finna	finner	fann	funnit	funnen	funnet	funna	*finden*
finnas	finns	fanns	funnits	-	-	-	*da sein*
flyga	flyger	flög	flugit	-flugen	-fluget	-flugna	*fliegen*
flyta	flyter	flöt	flutit	-fluten	-flutet	-flutna	*schwimmen, fließen*
frysa	fryser	frös	frusit	frusen	fruset	frusna	*frieren*
få	får	fick	fått	-	-	-	*bekommen, dürfen*
försvinna	försvinner	försvann	försvunnit	försvunnen	försvunnet	försvunna	*verschwinden*
gala	gal	gol	galit	-	-	-	*krähen*
ge (giva)	ger (giver)	gav	gett (givit)	given	givet	givna	*geben*
glida	glider	gled	glidit	-	-	-	*gleiten*
glädja	gläder	gladde	glatt	-	-	-	*freuen*
gripa	griper	grep	gripit	gripen	gripet	gripna	*greifen*
gråta	gråter	grät	gråtit	-gråten	-gråtet	-gråtna	*weinen*
gå	går	gick	gått	gången	gånget	gångna	*gehen*
göra	gör	gjorde	gjort	gjord	gjort	gjorda	*machen*
ha	har	hade	haft	-havd	-haft	-havda	*haben*
heta	heter	hette	hetat	-	-	-	*heißen*
hinna	hinner	hann	hunnit	hunnen	hunnet	hunna	*schaffen*
hugga	hugger	högg	huggit	huggen	hugget	huggna	*hacken*
hålla	håller	höll	hållit	hållen	hållet	hållna	*halten*
knyta	knyter	knöt	knutit	knuten	knutet	knutna	*knoten*
komma	kommer	kom	kommit	kommen	kommet	komna	*kommen*
kunna	kan	kunde	kunnat	-	-	-	*können*
le	ler	log	lett	-	-	-	*lächeln*
lida	lider	led	lidit	liden	lidet	lidna	*leiden*
ligga	ligger	låg	legat	-legad	-legat	-legna	*liegen*
ljuga	ljuger	ljög	ljugit	-ljugen	-ljuget	-ljugna	*lügen*
lyda	lyder	löd	lytt	-lydd	-lytt	-lydda	*gehorchen*
låta	låter	lät	låtit	-låten	-låtet	-låtna	*lassen*

* die Formen mit dem Bindestrich werden nur in Verbindung mit einem Prefix gebraucht, z. B. *ombedd.*

Infinitiv	Präsens	Präteritum	Supinum	Partizip Perfekt			
lägga	lägger	la(de)	lagt	lagd	lagt	lagda	*legen*
njuta	njuter	njöt	njutit	njuten	njutet	njutna	*genießen*
-	måste	måste	måst	-	-	-	*müssen*
pipa	piper	pep	pipit	-	-	-	*piepsen*
rida	rider	red	ridit	riden	ridet	ridna	*reiten*
rinna	rinner	rann	runnit	runnen	runnet	runna	*rinnen, fließen*
riva	river	rev	rivit	riven	rivet	rivna	*zerreißen*
se	ser	såg	sett	sedd	sett	sedda	*sehen*
sitta	sitter	satt	suttit	-sutten	-suttet	-suttna	*sitzen*
sjunga	sjunger	sjöng	sjungit	sjungen	sjunget	sjungna	*singen*
sjunka	sjunker	sjönk	sjunkit	sjunken	sjunket	sjunkna	*sinken*
skina	skiner	sken	skinit	-	-	-	*scheinen*
skjuta	skjuter	sköt	skjutit	skjuten	skjutet	skjutna	*schießen*
skola	ska(skall)	skulle	skolat	-	-	-	*sollen*
skrika	skriker	skrek	skrikit	-skriken	-skriket	-skrikna	*schreien*
skriva	skriver	skrev	skrivit	skriven	skrivet	skrivna	*schreiben*
skära	skär	skar	skurit	skuren	skuret	skurna	*schneiden*
slippa	slipper	slapp	sluppit	-sluppen	-sluppet	-sluppna	*etw. nicht machen müssen*
slå	slår	slog	slagit	slagen	slaget	slagna	*schlagen*
slåss	slåss	slogs	slagits	-	-	-	*sich prügeln*
smyga	smyger	smög	smugit	-smugen	-smuget	-smugna	*schleichen*
smörja	smörjer	smorde	smort	smord	smort	smorda	*schmieren*
snyta	snyter	snöt	snutit	snuten	snutet	snutna	*schneutzen*
sova	sover	sov	sovit	-	-	-	*schlafen*
spricka	spricker	sprack	spruckit	sprucken	sprucket	spruckna	*platzen*
sprida	sprider	spred	spridit	spridd	spritt	spridda	*verbreiten*
springa	springer	sprang	sprungit	sprungen	sprunget	sprungna	*laufen*
sticka	sticker	stack	stuckit	stucken	stucket	stuckna	*stecken*
stiga	stiger	steg	stigit	stigen	stiget	stigna	*steigen*
stjäla	stjäl	stal	stulit	stulen	stulet	stulna	*stehlen*
strida	strider	stred	stridit	-stridd	-stritt	-stridda	*streiten*
stryka	stryker	strök	strukit	struken	struket	strukna	*bügeln, streichen*
stå	står	stod	stått	-stådd	-stått	-stådda	*stehen*
suga	suger	sög	sugit	-sugen	-suget	-sugna	*saugen*
svika	sviker	svek	svikit	sviken	sviket	svikna	*im Stich lassen*
svälja	sväljer	svalde	svalt	svald	svalt	svalda	*schlucken*
säga	säger	sa(de)	sagt	sagd	sagt	sagda	*sagen*
sälja	säljer	sålde	sålt	såld	sålt	sålda	*verkaufen*
sätta	sätter	satte	satt	satt	satt	satta	*setzen*
ta(ga)	ta(ge)r	tog	tagit	tagen	taget	tagna	*nehmen*
vara	är	var	varit	-	-	-	*sein*
veta	vet	visste	vetat	-	-	-	*wissen*
vika	viker	vek	vik(i)t	vikt	vikt	vikta	*falten, nachgeben*
vilja	vill	ville	velat	-	-	-	*wollen*
vinna	vinner	vann	vunnit	vunnen	vunnet	vunna	*gewinnen*
välja	väljer	valde	valt	vald	valt	valda	*wählen*
vänja	vänjer	vande	vant	vand	vant	vanda	*gewöhnen*
växa	växer	växte	växt (vuxit)	vuxen	vuxet	vuxna	*wachsen*
äta	äter	åt	ätit	äten	ätet	ätna	*essen*

Lösungen

Avsnitt 1

1

1. rida
2. spela piano
3. läsa
4. jaga
5. surfa
6. sy
7. meditera
8. resa
9. snickra
10. dansa
11. laga mat
12. fiska
13. titta på film
14. måla
15. sticka
16. fotografera

2

2. Sven brukar spela golf ...
3. Sten brukar snickra ...
4. Lotta brukar koppla av ...
5. Lennart brukar åka skidor ...
6. Karl brukar simma ...
7. Lasse brukar spela handboll ...
8. Pia brukar spela kort ...
9. Åsa brukar sticka ...
10. Katarina brukar segla ...

3

1. i
2. i
3. om
4. om

4

Spela ...	Titta på ...	Gå på ...	Gå i ...	Åka ...
piano	film	museum	skogen	skidor
fotboll	tv	bio		skridskor
basket		konsert		skatebord
kort		auktioner		
ishockey		kurs		
innebandy				
trumpet				

5 Rätta gemensamt eller be kursledaren rätta din text.

6

1. ju
2. Jo, ...
3. Ja, ...
4. ju
5. Jo, ...
6. Ja, ...

7

1. hann
2. sjöng
3. Ville
4. brukade
5. spelade
6. hade
7. Pluggade
8. övade

8

2. då
3. alltid
4. ibland
5. ofta
6. då och då
7. nu
8. sällan
9. genast
10. fortfarande
11. sedan
12. först
13. dagligen
14. i morgon
15. idag

9a

1. drömma
2. styrketräna
3. dreja
4. spela teater
5. gå på gympa
6. öka

9b

1. rätt
2. rätt
3. fel
4. fel
5. rätt

9c Hörtext:

Nästan alla svenskar har en hobby eller ett intresse på fritiden. 95 % av alla svenskar tycker att man blir lycklig och mår bra av att ha en hobby. Det stärker självkänslan. Många, framför allt kvinnor, skriver om sin hobby på Facebook eller andra sociala medier. En del har fritidsintresset som jobb.

I topp i Sverige ligger följande intressen: På plats nummer 1 är musik, sedan kommer resor, god mat, teknik, husdjur, film och tv. Intresset för politik ökar igen. Men också gympa, dans, styrketräning, cykling och att titta på sport är populärt.

Män intresserar sig för dataspel, sport, aktier, bilar och att snickra. Kvinnor gillar läsning, matlagning, yoga, mode, husdjur, ridning och att jobba i trädgården.

Det är inte så många, bara ca 5 %, som har lust att måla, dreja eller spela teater.

Många svenskar drömmer om att ha ett hobbyrum hemma, där de har plats att utöva sin hobby.

1. 1 musik, 2 resor, 3 god mat, 4 teknik, 5 husdjur, 6 film och tv
2. dataspel, sport, aktier, bilar, de gillar att snickra
3. läsning, matlagning, yoga, mode, husdjur, heminredning, ridning och att jobba i trädgården

10

1. djur
2. hjärta
3. ljud
4. ljus
5. gjorde
6. hjälm
7. hjälpa
8. djungel

12

1. rätt
2. rätt
3. fel
4. rätt
5. fel
6. fel
7. rätt

13

1. blommor, blommorna
2. stolar, stolarna
3. hotell, hotellen
4. hjälmar, hjälmarna
5. fiskar, fiskarna
6. äpplen, äpplena
7. vykort, vykorten
8. nycklar, nycklarna
9. klubbor, klubborna
10. lag, lagen
11. killar, killarna
12. handskar, handskarna
13. knän, knäna
14. barn, barnen

14

golf	Man behöver golfbollar och klubbor.
ishockey	Man behöver skridskor, en hjälm, knäskydd, en klubba och en puck.
simning	Man behöver en baddräkt och simglasögon.
skidåkning	Man behöver skidor, stavar och en hjälm.
handboll	Man behöver en handboll, knäskydd och träningsskor.

15

1. händer
2. länder
3. stränder
4. städer
5. änder
6. bokstäver
7. tänder
8. män
9. nätter
10. fötter
11. böcker
12. söner
13. döttrar
14. rötter

16

1. ... ont i ryggen.
2. ... ont i fingret.
3. ... ont i handen.
4. ... ont i huvudet.
5. ... ont i knät.
6. ... ont i tån.

17
2. skridskoåkare
3. fotbollsspelare
4. tennisspelare
5. orienterare
6. simmare
7. golfspelare/golfare
8. friidrottare

18
1. där
2. som
3. där
4. där
5. som
6. där

19
2. träna
3. simma
4. paddla
5. dyka
6. tävla
7. träffa
8. skratta
9. bo
10. hoppa

20
1. Vad gör du på din fritid, Peter?
2. Vad synd!
3. Djurgårdens IF vann matchen.
4. Just det! Precis!
5. Kan du hämta hjälmen, Lena?
6. Jag är intresserad av sport.
7. Jag brukar spela handboll på måndagar.
8. Jag rider en gång i veckan.

Avsnitt 2

1
2. grön
3. gul
4. blå
5. brun/svart
6. grå
7. svart
8. vit

2
1. lojalitet
2. harmoni
3. romantik
4. kvinnlighet
5. renhet
6. auktoritet
7. sorg
8. elegans
9. stabilitet

3
1. liten
2. praktisk
3. lång
4. dyr
5. snygg
6. dålig
7. ful
8. gammal
9. stor
10. kort
11. opraktisk
12. bra

4

1. brun	bruna
2. stort	stora
3. gul	gula
4. rött	röda
5. bra	bra
6. svart	svarta
7. rolig	roliga
8. sött	söta
9. lila	lila
10. gulligt	gulliga
11. grå	gråa
12. vacker	vackra

5
1. stor
2. stort
3. snygga
4. röd
5. svarta
6. läckert
7. svart
8. fina
9. prickig
10. nytt
11. dyrt
12. bruna
13. eleganta
14. praktiska
15. gamla
16. höga
17. stora
18. underbar
19. litet
20. bekväma
21. blommig

6
1. d
2. b
3. e
4. c
5. a

7a
2. Ett sådant
3. Sådana
4. En sådan
5. Sådana
6. Ett sådant

7b
1. Vilken ...!
2. Vilka ...!
3. Vilken ...!
4. Vilket ...!
5. Vilket ...!
6. Vilken ... !
7. Vilka ...!
8. Vilket ...!
9. Vilka ...!

8
1. kavaj
2. kappa
3. klänning
4. blus
5. bh
6. väst
7. kjol
8. kalsonger
9. topp
10. handskar
11. stövlar
12. kostym
13. skjorta
14. skärp
15. tröja
16. dräkt
17. skor
18. strumpor

9
2. en blommig kjol
3. en enfärgad slips
4. en rutig blus
5. en randig skjorta
6. en prickig klänning

10

2. en mössa	mössan	mössor	mössorna
3. en byxa	byxan	byxor	byxorna
4. en kostym	kostymen	kostymer	kostymerna
5. en jacka	jackan	jackor	jackorna
6. en sko	skon	skor	skorna
7. en blus	blusen	blusar	blusarna
8. en handske	handsken	handskar	handskarna

11 8, 5, 2, 6, 7, 3, 4, 1

12 färg, matcha, passar, storlek, tjusig, bröllop, festligt, verkligen, ingenting, vänta, siden, glänser, modell, trendig, prova, Provrummet

13
1. en t-shirt
2. 42
3. bomull och polyester
4. ingenting

Hörtext:

Dialog 1

A: Hej, kan jag hjälpa dig?
B: Ja, jag letar efter en helt vit t-shirt.
A: Ja, då ska vi se. Gillar du den här?

Dialog 2

A: Ursäkta, får jag fråga, har ni de här jeansen i storlek 42 också?
B: Ja, titta där borta.
A: Tack!

Dialog 3

A: Titta här, Eva! Vilken fin blus!
B: Härlig färg! Är det siden?
A: Ja, det tror jag.
B: Men vänta, jag ska kolla. Det är polyester. Nej, men då vill jag inte ha den.
A: Ta den här i stället. Den är också fin. 67 % bomull och 33 % polyester.
B: Ja, den är snygg. Och vilken härlig blå färg! Men titta Anna, här är också en elegant blus.
A: Ja, verkligen. Den verkar vara av bomull.
B: Ja, det stämmer, men jag gillar inte färgen. Jag tar den blåa!

Dialog 4

A: Ville inte du köpa nya träningsskor, Pelle?

B: Jo, jag var på Skodej igår och tittade. Det fanns ett par som var bekväma. Men de kostade över tusen kronor.

A: Ja, riktigt bra träningsskor är jättedyra.

B: Men vänta lite, jag ska kolla på nätet. ... Intersport har skor på rea just nu. Här är ett par för 499:-, och här är ett för 599:-. Det är ok.

A: Det låter bra. Men, du! Prova de här skorna. Jag köpte de i höstas, men jag tycker att de är obekväma.

B: Ok. ... Wow, de sitter perfekt! Vad vill du ha för dem?

A: Ja men, du kan få dem! Jag köpte dem billigt på Blocket.

B: Tack, vad snäll du är!

14a

	sj-ljud	tj-ljud		sj-ljud	tj-ljud
1. chips	☐	☒	6. kjol	☐	☒
2. schampo	☒	☐	7. stjärna	☒	☐
3. tjena	☐	☒	8. skjorta	☒	☐
4. sjö	☒	☐	9. station	☒	☐
5. sjunga	☒	☐	10. tjusig	☐	☒

14b 1. sjal
2. tjugo
3. schimpans
4. tjock
5. champinjon
6. chili
7. skjorta
8. kjol

15 Här rättar kursledaren.

16 1. Mössan är för liten.
2. Tröjan är för liten/kort.
3. Handskarna är för stora.
4. Byxorna är för små/korta.
5. Skorna är för stora.
6. Skjortan är precis lagom!

17 2. De vill gå ut i skogen, även om det regnar.
3. Jens vill ha på sig jeans, även om han sitter i rullstol.
4. Lotta jobbar, även om hon mår dåligt.
5. Jan joggar även om han har ont i benet.

18 extra, vecka, Stjärnkocken, asiatisk, sjunga, måndag, välkommen, gamla, skjortor, klänningar, läderskärp, hjälpen

19 1. Det är lagom.
2. Klänningen klär dig, Eva!
3. Jag letar efter en blå tröja.
4. Gillar du blusen, Olle?
5. Vilken snygg kostym!
6. Jag har storlek 42.
7. Var är provrummet?
8. Blusen ska matcha en blå kjol.

Avsnitt 3

1 2. en gps
3. en telefon, en mobil
4. en dator, en surfplatta, en laptop, en mobil, en dagstidning
5. en radio, en mobil, en cd, en skivspelare, en surfplatta
6. en skivspelare
7. en dator, en laptop, en mobil
8. en bok
9. en dator, en surfplatta, en mobil
10. en radio
11. en mobil, en surfplatta
12. en dvd, en tv, en dator, en mobil, en surfplatta
13. en tidning

2a 2. Varför har Eva ont i benet?
3. Varför kommer Göran inte till kalaset?
4. Varför kom Malin inte till mötet?
5. Varför startar datorn inte?

2b Exempel:
1. Han kom för sent till kursen, (där)för att han missade bussen.
2. Eva har ont i benet, (där)för att hon ramlade.
3. Göran kommer inte till kalaset, (där)för att han är förkyld.
4. Malin kom inte till mötet, (där)för att hon var på semester.
5. Datorn startar inte, (där)för att den har ett virus.

3 1. Datorn startar inte.
2. Pelle tankar inte.
3. Anna vill inte flytta.
4. Johan ska inte köra till Uppsala.
5. Mia behövde inte hjälp med laptoppen.
6. Han ringde inte upp Mia.

4 1. bilen 2. mc:n 3. laptoppen

Hörtext:

Dialog 1

A: Patrik Ohlsson!

B: Tjena, det är Jörgen. Du, kan du hjälpa mig med en grej?

A: Ja, vad då?

B: Bilen krånglar. Jag fick motorstopp. Jag står på väg 22 utanför Lund.

A: Ja ok, jag kommer om en liten stund.

B: Jättebussigt!

Dialog 2

C: Sara!

D: Hejsan Sara. Det är Lotta. Kan du hjälpa mig med min mc? Den startar inte.

C: Ja, jag kan ta mig en titt på den i eftermiddag.

D: Jättesnällt!

Dialog 3

D: 18 67 95

A: Hej, det är Peter. Du, jag har ett litet problem. Jag fattar inte en grej. Det är något som inte funkar med laptoppen.

D: Jaså. Behöver du hjälp?

A: Ja, jag tror det.

5

1. öppna	4. ta bort/radera	7. kopiera
2. bifoga	5. stänga	8. skriva ut
3. ångra	6. spara	9. söka

6

1. usb-minne	5. kulspetspenna	9. dator
2. skrivare	6. kopiator	10. sax
3. skärm	7. mus	11. tangentbord
4. kabel	8. pärm	

7

1. fett	6. bearbeiten
2. Punkt	7. Betreff
3. Ordner	8. kursiv
4. Fragezeichen	9. Rechtschreibung
5. Ausrufezeichen	

8

1. skriva ut	7. skärmen
2. fylla på	8. kabeln, koppla
3. stäng av	9. kraschar, starta om
4. knappa in, lösenord	10. installera
5. logga in	11. filer
6. ladda ner	

9 Här rättar kursledaren.

10

1. köra	kör	körde
2. koppla	kopplar	kopplade
3. ladda	laddar	laddade
4. försöka	försöker	försökte
5. hjälpa	hjälper	hjälpte
6. bjuda	bjuder	bjöd
7. sätta	sätter	satte
8. göra	gör	gjorde

11

rad 1: aktiv	rad 4: att börja
rad 2: gillar	rad 4: ser jag
rad 2: vänner	rad 4: alltid
rad 2: kände jag	rad 5: helgen
rad 3: komma	rad 5: mobilen
rad 3: något	rad 6: älskar
rad 4: bestämde	rad 6: mycket

12a Stäng av mobilen och lev här och nu!

12b 1. fel 2. rätt 3. rätt 4. fel 5. rätt

12c
1. Den är praktisk, man kan hålla kontakt, skriva meddelanden och söka information.
2. Exempel: Att många inte lyssnar, man pratar inte med varandra utan knappar på mobilen.
3. Exempel: Att vi stänger av mobilen ibland, verkligen är tillsammans och umgås, lyssnar på varandra, tar en paus och njuter av livet här och nu.

Hörtext:

Välkomna! I det här programmet ska vi bl.a. få höra Johan Lund som talar om en liten, intelligent maskin, mobilen.
En intelligent liten maskin. Vi har den med oss ... alltid. Den är praktisk, javisst! Vi kan hålla kontakt, söka information, hitta vägen, skriva meddelanden och mycket, mycket mer. Men vi är fast. Vi kan inte leva utan den.
Jag försöker ... men märker att det bara är jag som sitter utan mobil. Jag vill prata och berätta något. Men ingen vill lyssna. Många tar fram mobilen vid matbordet och kollar vad som händer. Är det så viktigt? Vi sitter ju tillsammans och äter. Vi kan prata tillsammans om det som är ... just nu.
När vi har fikapaus på jobbet, tar alla fram sina mobiler, skickar ett meddelande till barnen, ber partnern handla köttbullar. Man fotograferar bullen, kaffet och gör en selfie. Man skickar iväg bilder för att berätta att man fikar och talar om hur trevligt man har det. Att prata med varandra är sekundärt. Det är viktigt att andra vet vad man gör.
Föräldrar följer med barnen på en aktivitet, men knappar hela tiden på mobilen.
Tar batteriet slut blir det panik. Man blir orolig, när mobilen ligger i ett annat rum. Det är omöjligt att gå till affären utan att ha mobilen med sig. Forskare kallar det här problemet för nomofobi (no mobile phobia).
Jag tycker att det är viktigt att vi känner att vi verkligen lever. Att vi stänger av mobilen då och då, pratar med varandra, äter tillsammans i lugn och ro. Att vi verkligen är tillsammans med barnen, lyssnar på varandra. Att vi verkligen tar en paus, njuter av livet och lever här och nu!

13 Träna din mentala förmåga

14
1. Visst, jag kan stänga av **den** nu.
2. Absolut! Du hittar **mig** på Facebook.
3. Nej, jag träffar **honom** först på fredag.
4. Ja, jag ska se **det**!
5. Ja, jag tycker om **henne**.
6. Ja, jag bjuder **honom** på kaffe sedan!
7. Nej, så dumt! Jag kommer inte ihåg **det**.
8. Ja, hjälp **oss**, är du snäll!
9. Ok, jag skriver ut **dem** genast!
10. Jag kan visa **dig**!

15

1. henne	3. oss	5. er	7. mig
2. dig	4. dem	6. den	8. honom

16
1. Jag träffar henne i morgon.
2. Hälsa honom från mig.
3. Kan du hjälpa oss med datorn?

4. Jag ringer (upp) dig på tisdag.
5. Spelet är till er.
6. Klockan tre var Johan hos henne.
7. Ser du dem på födelsedagskalaset?

17

1. mejl	4. sprej	7. sajt
2. tejp	5. smajl	8. tajt
3. skajp	6. fejs	9. dejt

18
2. Jag söker sällan information.
3. Jag surfar ibland.
4. Jag spelar aldrig dataspel.
5. Jag tittar på internet-tv ibland.
6. Jag handlar sällan.
7. Jag mejlar ofta.
8. Jag laddar aldrig ner musik.

19

1. cykel	3. zebra	5. musik	7. centrum
2. sol	4. precis	6. social	8. söka

20
1. Benny och Anders tänker/ska göra en cykeltur på lördag.
2. I morgon bitti ska Karin och Olle flyga till Kreta.
3. Katja ska/tänker gå på teater på fredag kväll.
4. Enligt väderleksrapporten kommer det att regna och åska i morgon./Enligt väderleksrapporten blir det regn och åska i morgon.
5. Ulla och Lasse ska/tänker arbeta i trädgården på eftermiddagen.
6. Klas ska/tänker spela kort med sina kompisar nästa vecka.

21
2. Lasse ska byta jobb, så han tänker gå till arbetsförmedlingen nästa vecka.
3. Det kommer att regna i eftermiddag, så Karin tänker ta med sig paraplyet.
4. Lotta ska gå ut och dansa i Folkets Park på lördag, så hon tänker köpa en ny blus i morgon.
5. Per ska åka utomlands i juni, så han tänker boka hotell på onsdag.
6. Nilla ska se på tv i kväll, så hon tänker köpa chips i eftermiddag.
7. Eva ska gå på bio med Janne kl. 19.00, så de tänker träffas kl. 18.30 utanför Grand.

22 i morgon bitti, i övermorgon, nästa vecka, om tre veckor, om tre månader

23
1. Jag håller med dig, Kalle.
2. Jag missade tåget.
3. Bra gjort, Sven!
4. Jag tittar helst på deckare.
5. Vad tycker du?
6. Det kommer att snöa i morgon.
7. Jag tänker flyga till Oslo nästnästa vecka.
8. Varför kommer Tina inte i kväll?

Avsnitt 4

1

```
S D V U B Å N H I M Y R T G K L C B P
W Ö G M E Z P A K Ä J V Ö D Ö O H Y Y
E X Y J K N F Ö T V C B I H T R Å L T
K R O P P K A K O R Ä J E G T U F N T
T F O J U A L B R U Y S K L B N Ö K I
A B S G Ä S U Ö B T P A V T U U N O P
K A T O H V K S J K Å L D O L M A R A
U I K R I S O A M O D E K Ä L N O L N
P C A B E N R A G G M U N K A R H E N
C D K I F K V E T R G E R U R E J N A
N H A S S E L B A C K S P O T A T I S
T U N O M Ö L S Å F B Ä K U N P D S U
```

2

1. svarta vinbär	4. lingon	7. hjortron
2. hallon	5. smultron	8. röda vinbär
3. jordgubbar	6. björnbär	9. blåbär

3

2. en burk	burken	burkar	burkarna
3. en bakterie	bakterien	bakterier	bakterierna
4. en fisk	fisken	fiskar	fiskarna
5. en strömming	strömmingen	strömmingar	strömmingarna
6. en lukt	lukten	lukter	lukterna
7. ett läger	lägret	läger	lägren
8. en delikatess	delikatessen	delikatesser	delikatesserna
9. en svensk	svensken	svenskar	svenskarna
10. en premiär	premiären	premiärer	premiärerna

4
1. Haparanda ligger i Norrbotten, vid riksgränsen mot Finland.
2. Staden heter Torneå.
3. Haparanda har 6 700 invånare.
4. Det är ett minoritetsspråk som man talar i området kring Haparanda.
5. Under medeltiden fanns det viktiga marknadsplatser i Torneå.
6. 1842 fick Haparanda stadsprivilegier.
7. I båda världskrigen mottog Haparanda många flyktingar.
8. I Haparanda finns en gemensam grundskola, där hälften av eleverna kommer från Torneå och hälften från Haparanda. I språkskolan talar man både svenska och finska.

5
2. Den svenska vardagsmaten var enkel förr. / Förr var den svenska vardagsmaten enkel.
3. Sockret blir vardagsmat i det moderna samhället.
4. Det färska vetebrödet ligger på bordet.
5. De regionala maträtterna har en lång tradition.
6. Den smarriga ostkakan kommer från Småland.

6
2. Jag vill ha de röda/de gröna.
3. Jag vill ha det franska/det spanska.
4. Jag vill ha den gamla/den nya.
5. Jag vill ha de söta/ de sura.
6. Jag vill ha de stora/de små.
7. Jag vill ha det rutiga/det randiga.

7 Exempel:
2. den mumsiga falukorven
3. de smarriga bullarna
4. det gulliga barnet./ den gulliga bebisen
5. den italienska pizzan
6. den gamla bilen
7. de goda köttbullarna
8. den antika klockan
9. de snygga jeansen
10. den lyxiga tårtan
11. den bekväma soffan
12. det vackra trädet

8
2. Vilka smarriga köttbullar!
3. Vilka mumsiga saffranspannkakor!
4. Vilken fin fisk!
5. Vilken lyxig potatisgratäng!
6. Vilka smaskiga raggmunkar!
7. Vilken kanongod ostkaka!
8. Vilken fantastisk älgstek!

9
1. tysk
2. grekiska
3. spansk
4. japansk
5. svenska
6. tyskt
7. grekisk
8. franskt
9. svensk
10. thailändska
11. turkiska
12. indiskt

10

1. ett glas	glas
2. en tallrik	tallrikar
3. en djup tallrik	djupa tallrikar
4. en kniv	knivar
5. en gaffel	gafflar
6. en sked	skedar
7. en dessertsked	dessertskedar
8. en duk	dukar
9. en pepparströare	pepparströare (peppar)
10. en saltströare	saltströare (salt)
11. en servett	servetter

11
1. mätt
2. Fiskar
3. äter
4. maten
5. vatten
6. Smakar
7. Öl
8. Smulor

12

13
1. ta
2. sitta
3. hamnen
4. göra
5. hungrig
6. matsedeln
7. äta
8. förrätt
9. pommes frites
10. fisksoppa
11. sallad
12. juice
13. läsk
14. kvart
15. fin

14a
1. rätt
2. rätt
3. fel
4. fel
5. rätt
6. rätt
7. fel
8. fel
9. rätt

14b
* Det är viktigt att komma i tid.
* Man har en liten present med sig, blommor, en chokladask eller en flaska vin.
* Man tar av sig ytterskorna och har ibland med sig finskor.
* Man visar att man tycker om maten.
* Man tackar för maten.
* Man säger t.ex. »Tack för i kväll!« när man går.
* Man tackar för senast.

Hörtext:

L: Lotta M: Maike

L: Hej Maike!
M: Hejsan Lotta!
L: Hur är det? Trivs du här i Umeå?
M: Jo, det är bra, tack. Jag trivs jättebra! Det är fantastiskt att studera i Sverige! Och hur är det med dig?
L: Tack, bara bra! Ska vi fika?
M: Ja, gärna! Det ska bli gott med kaffe! Du Lotta, kan du hjälpa mig med en grej? Jag fick en inbjudan till ett födelsedagskalas igår. Och jag känner mig lite osäker. Finns det något viktigt man måste tänka på när man ska gå på kalas i Sverige? Jag vill absolut inte göra bort mig!
L: Jo, men visst finns det vissa regler. Ähhm ... jag tror något som är superviktigt här i Sverige, är att man kommer i tid, alltså att man är punktlig. Är man bjuden klockan sju, så kommer man prick sju!
M: Oj då! Är det så viktigt! Inte som i Italien. Där börjar en konsert officiellt klockan åtta men alla kommer halv nio!
L: Ja, just det! Nej, här är man super-punktlig!
M: Men vad har man med sig?
L: Ja, det kan vara blommor, en flaska vin eller en ask choklad.
M: Ok! Och man tar av sig skorna, eller hur?
L: Ja, det brukar man göra. Ta med dig finskor om du vill. Det är ju inte så snyggt att gå i bara strumporna.
M: Finskor ... ja, det är ett bra tips! Och efter maten så säger man "Tack för maten"!
L: Precis! Du är ju redan jättebra på det här! Visa att du tycker om maten. Du kan säga t.ex. "Vad gott!" eller "Det är jättegott!", "Det smakar fantastiskt!"
M: Jaha!
L: Och när du går, så kan du säga "Tack för i kväll. Det var så trevligt!"
M: Tack för i kväll. Det var så trevligt! Vad bra! Sedan så tackar man för senast. Det gör man väl?
L: Ja just det. Men det gör man några dagar senare.
M: Ja, det vet jag. Men kan jag mejla och tacka för senast?
L: Ja absolut! Det går jättebra. Man kan mejla, messa, skriva ett vykort eller ringa.
M: Tack för alla bra tips, Lotta!
L: Ah men, det var så lite!

15 Koka först upp kryddorna med vattnet ca 30 minuter och sila sedan ifrån kryddorna.
Blanda sockret och vinet med kryddlagen.
Servera glöggen het i små koppar eller glas med skållade mandlar och russin.

16 Här rättar kursledaren.

17
- ■ Tjena, hur är det?
- ▶ Tack bra, och själv då?
- ■ Bara bra. Jag var i London några dagar. Det var härligt.
- ▶ Jaså, vad roligt! Det står i tidningen idag att de strejkar.
- ■ Vilka då?
- ▶ Busschaufförerna i London.
- ■ Jaha. ... Ses vi i morgon?
- ▶ Javisst! Hos mig klockan fem.
- ■ Ok. Ha en bra dag!
- ▶ Detsamma!

18
1. sin	3. sin	5. sitt	7. sitt
2. sitt	4. sina	6. sina	8. sin

19
1. Hennes	5. sin	9. hennes
2. sin	6. hennes	10. sin
3. sina, Deras	7. sin	
4. sitt, Hans	8. sin	

20
1. sina	8. sina	15. hans	22. sin
2. Hennes	9. Hennes	16. sin	23. sitt
3. hennes	10. Hennes	17. sina	24. sin
4. sin	11. sin	18. deras	25. sin
5. sina	12. Hans	19. deras	26. deras
6. hennes	13. sin	20. sina	
7. sin	14. sina	21. sina	

21 Till exempel:
Bild 1: Det är natt och Olle är törstig. Han ropar på sin mamma. Hans mamma heter Eva. Hon hämtar ett glas vatten till sin son. Hennes man sover.
Bild 2: Olle är fortfarande törstig. Han vill ha något att dricka. Han ropar på sin mamma, men hans mamma sover. Då ropar han på sin pappa. Hans pappa kommer.
Bild 3: Olles pappa är trött. Han har en idé. Han hämtar rör och sina verktyg.
Bild 4: Hans pappa installerar en vattenledning från köket till Olles rum. Nu kan hans föräldrar sova och Olle kan dricka när han är törstig.

22
1. knepig	4. hitta	7. satsa	10. gilla
2. stressig	5. jobba	8. fundera	11. plugga
3. prova	6. vänner	9. talang	12. mysig

23
1. Kan jag få betala, tack!
2. Tack för maten!
3. Förlåt, men det fattas en sked.
4. Jag är ledsen, men jag kan tyvärr inte komma på ditt födelsedagskalas.
5. Jag skulle vilja boka/beställa ett bord.
6. Tack för (att) du ringde!
7. Tack för inbjudan!
8. Jag rekommenderar den goda makrillsoppan från Bohuslän.

Avsnitt 5

1
2. göra en sightseeingtur	7. gå på bio
3. gå på opera	8. gå på konsert
4. gå ut och äta	9. gå på en utställning
5. gå på ett föredrag	10. gå på museeum
6. gå ut och dansa/gå på disko	

2
1. sångerska	6. pianist
2. sångare	7. föredragshållare
3. skådespelare	8. dansare
4. konstnär	9. trumslagare/trummis
5. regissör	10. gitarrist

3
2. himla	4. otroligt	6. fantastiskt
3. oerhört	5. väldigt	

4
2. I onsdags gick hon på konsert.
3. I lördags gick hon på teater.
4. I torsdags gick hon på opera.
5. I fredags gick hon på en utställning.
6. I söndags gick hon på ett föredrag.

5
2. Anna reste till Stockholm i våras. / I våras reste Anna till Stockholm.
3. Anna var i sommarstugan i somras. / I somras var Anna i sommarstugan.
4. Anna köpte en ny bil i höstas. / I höstas köpte Anna en ny bil.

6
1. i augusti	4. igår	7. i lördags	10. i julas
2. förra året	5. i morse	8. i juli	
3. i onsdags	6. i påskas	9. i tisdags	

7
1. gå på opera	4. utanför Café Wasa
2. på fredag klockan 18.30	5. efter klockan 21
3. klockan 17	

Hörtext:
Hej Lotta, det är Karin. Jag hann fixa biljetter till Figaros bröllop igår. Bra, va? Jag ser fram emot att gå på opera. Föreställningen är på fredag klockan halv sju. Vad sägs om att träffas klockan fem utanför Café Wasa? Ring i kväll efter klockan nio. Hej så länge!

8
1. Vi kan antingen se en skräckfilm eller en kärleksfilm.
2. Vi kan antingen gå på bio eller på teater.
3. Vi kan antingen laga något gott eller gå ut och äta.
4. Vi kan antingen gå på museum eller på en utställning.
5. Vi kan antingen ta flyget eller tåget.

9
1. Är kvart i sex ok?
2. Fint, då ses vi.
3. Ska jag ordna biljetter?
4. Jag kan hämta dig.

10
1. När börjar bion?
2. Vad kostar biljetten?/Hur mycket kostar biljetten?
3. Var går filmen?
4. Vad heter filmen?
5. Var sitter vi? / Var ska vi sitta?

11
1. varmt adverb
2. fint adverb
3. tråkigt adjektiv
4. tidigt adverb
5. vackert adjektiv
6. underbart adverb
7. skön adjektiv
8. vackert adverb
9. långt adjektiv
10. suveränt adverb
11. förskräckligt adverb
12. trevlig adjektiv

12 Till exempel:
2. De kör långsamt.
3. Det snöar förskräckligt.
4. Vi stiger upp tidigt.
5. Hen kommer för sent.
6. Han talar tydligt.
7. Det blåser kallt.
8. Hon ser dåligt.
9. Hon sjunger professionellt.
10. Han öppnar dörren försiktigt.

13
1. Jag ser så dåligt.
2. Ulla hämtade snabbt sitt paraply.
3. Var snäll och tala lite långsammare. / Kan du tala lite långsammare?
4. Bussen kom för sent.
5. Huset ligger mycket vackert vid sjön.

14

1. fel	3. rätt	5. rätt	7. rätt	9. fel
2. rätt	4. fel	6. fel	8. rätt	

15

operan	orkestern
långklänningarna	ridån
salongen	andan
raden	kuliss
sittplatser	scenen
publiken	rörelse
nödutgången	operasångerska

16
1. bostäder
2. violinist
3. konserter
4. torsdag
5. musiker
6. länder
7. varm
8. vilar
9. ljud
10. klädda
11. färger
12. enorm
13. orkestrar
14. besöka

17
2. Det vore jättekul!
3. Det vore roligt!
4. Det vore bra!
5. Det vore suveränt!

18

bam	bam-ba	ba-bam
film	hellre	nervös
kul	grilla	musik
rad	spelar	reklam

bam-ba-ba	ba-bam-ba	ba-ba-bam
musiker	museum	regissör
killarna	orkester	instrument
fängslande	konserthus	pianist

19 Till exempel:
1. Ska vi gå på bio?
2. Har du lust att äta en bit mat?
3. Vi kan väl gå på teater?
4. Vad sägs om att göra en sightseeingtur?
5. Jag föreslår, att vi går på en handbollsmatch.
6. Om du vill, kan vi ta en långpromenad i skogen.

20 Till exempel:

Hej Maria!
Jag har tid och följer gärna med på bio. Vad kul! Vi kan antingen se ... eller ... . På Royal går "Ted". Den ska vara bra! Vi kan väl träffas på restaurang Kvarnen klockan 17.00, så kan vi äta något gott! Vi ses!
Kram

21
1. Hur
2. utmärkt
3. följa
4. filmer
5. tidningen
6. huvudrollen
7. jättebra
8. verkar
9. kärleksfilm
10. hellre
11. konsert
12. kyrka
13. orkar
14. teater
15. roligt
16. pjäs
17. som
18. skådespelare
19. kul
20. hinner
21. hämtar
22. Hoppas
23. vore

22
1. naturfilm
2. deckare
3. dokumentärfilm
4. äventyrsfilm
5. skräckfilm
6. animerad film
7. sciencefictionfilm
8. kärleksfilm
9. thriller
10. actionfilm
11. komedi

23
1. lekande barn
2. fängslande film
3. passande tid
4. växlande väder
5. lugnande medicin
6. skrattande män
7. underhållande film
8. fascinerande skådespelerska
9. förstående vän
10. underhållande artist

24

Infinitiv	Presens	Preteritum
1. fascinera	fascinerar	fascinerade
2. skratta	skrattar	skrattade
3. underhålla	underhåller	underhöll
4. stå	står	stod
5. fängsla	fängslar	fängslade
6. leka	leker	lekte
7. producera	producerar	producerade
8. gå	går	gick

25
1. Vad går det för filmer just nu?
2. Jag är så trött. Jag orkar inte gå på konsert idag.
3. Vad ska vi göra i kväll?
4. Jag kan hämta dig.
5. Lova att ringa klockan tre!

6. Jag tycker att filmen är mycket sevärd.
7. Passar det klockan tre/femton?
8. Filmen är fängslande!

Avsnitt 6

1
1. tandläkare
2. ha
3. samarbetar
4. andra
5. undersöka
6. vilken
7. arbetsuppgifter
8. tänderna
9. skador
10. viktig
11. med

2
1. veterinär
2. barnskötare
3. sotare
4. nätverks-tekniker
5. journalist
6. optiker
7. frisör
8. sjuksköterska
9. polis
10. snickare
11. präst
12. läkare
13. lärare
14. kock
15. lantbrukare
16. speditör

3

1. rök	*lång*	6. kött	*kort*
2. öppna	*kort*	7. dröm	*kort*
3. förra	*kort*	8. ögonblick	*lång*
4. söka	*lång*	9. röst	*kort*
5. strömming	*kort*		

4
1. Han är speditör.
2. Han jobbar på ett transportföretag.
3. Man kan jobba på ett rederi eller inom industri och handel.
4. Han/Göran organiserar transporter mellan olika länder och förhandlar med kunder.
5. Det är viktigt att man kan lösa problem. Man ska vara duktig på språk och bra på att planera.
6. Det är bra att kunna engelska, spanska och franska.
7. Ja, man måste vara stresstålig.

Hörtext:

J: Mycket välkomna till Jobbextra. I det här programmet träffar vi bl.a. Göran Andersson. Han jobbar som speditör. Hej Göran! Välkommen hit.
G: Tack.
J: Du är speditör. Var jobbar man i detta yrke?
G: Ja, jag jobbar på ett transportföretag. Men många speditörer jobbar på rederi eller inom industri och handel.
J: Kan du berätta lite om ditt jobb?
G: Ja, jag organiserar transporter mellan olika länder. Det gäller att förhandla med kunder och transportörer om avtal. Viktigt är att man kan lösa problem, är duktig på språk och bra på att planera.
J: Vilka språk är bra att kunna?
G: Ja, engelska är ju ett absolut måste att kunna flytande. Sedan är det lite olika. En del kan lite spanska eller franska. Ryska har börjat bli viktigt.
J: Jaha, det är intressant, faktiskt! Är jobbet stressigt, tycker du?
G: Ja, visst kan det vara stressigt, så man måste vara stresstålig, och så jobbar jag ofta kvällar och helger.
J: Är du ofta utomlands ...

5 Här rättar kursledaren.

6

```
R E U L Ö B H Å M I N N Ä J T L O D E S S
H V S T Ä M N I N G I N S A C J P L I R U
T E A K L Å N V I L T Ö R M P E D I J A T
E N O C M K U R S Å S R I P U Ä V A D L R
K E N B T Ö R K O M E L Å O B H T A Ö C U
Ä M T A S S M U J L I F R A T Å S L O P S
B A M K U R F Å R Y T M S E N G I Å R Ä T
U N H D A P T I L Ä B Ö M R S T U T Å L N
F G N J U R K A S Å N R B O T S I T B R I
G L Å J H I L M A G Ö D U K L A M I S T N
Ö F Ö R E T A G S A R R A N G E M A N G G
```

1. evenemang
2. stämningar
3. kurser
4. rytmer
5. pubar
6. låtar
7. utrustningar
8. företags-arrangemang

7 1. om 2. på 3. om 4. för 5. i

8
1. Wilma, vad jobbar du med?
2. Vad är dina arbetsuppgifter? / Vad har du för arbetsuppgifter?
3. Är ditt jobb farligt?
4. Vad är nackdelen/svårt i ditt yrke?
5. Vad har du för utbildning? / Vilken utbildning har du?
6. Vad fick ni lära er där?

9
1. tar hand om
2. handlar om
3. är, jobbar
4. har
5. möter, känner, kan
6. älskar
7. ser till, får
8. försöker
9. träffar
10. håller, leder, ordnar
11. snöar, spöregnar

10
1. rätt
2. rätt
3. fel
4. fel
5. fel
6. fel
7. rätt
8. rätt
9. fel

11

Bengt	Gunnar	Per
nätverkstekniker	lärare	speditör
Andersson AB	skola	Nilssons Frakt
deltid	heltid	halvtid

12
(D) Receptionist/ Läkarassistent
(A) Säljare
( ) Lönekontorist
(E) Snickare
(G) Kock
(F) Byggnads-ingenjör
( ) Läkare
(B) Frisör
(C) Matematik-lärare

13
1. livet
2. marknadsassistent
3. gymnasieutbildning
4. ekonomisk
5. företagsekonomi
6. bas
7. marknadsavdelning
8. språk
9. kontakter
10. positiv
11. lätt
12. trivs
13. svar

14
4 Man har ca 40 timmars arbetstid per vecka.
3 Man har mindre än 35 timmars arbetstid per vecka.
7 Man kan gå hit när man söker jobb.

1 Man är utan arbete.
6 En anställning utan tidsbegränsning.
8 Man har rätt till fem veckors ledig tid per år.
2 Man prövar ett arbete eller samlar yrkeserfarenhet.
5 En ... är en person som arbetar i stället för någon annan.

15 Personuppgifter

Namn: Emma Svanberg	Telefon: 031 - 46 25 72
Adress: Skolgatan 37	E-post: emma.svanberg@
413 02 Göteborg	telia.se
	Född: 800315

Anställningar

Arbetsplats	Uppgift	Period
Transport AB	lönekontorist	2004 -
Senator	ekonomiassistent	2002-2004

Utbildning

Utbildning	Examen
tvåårig datautbildning	2002
treårig ekonomisk gymnasieutbildning	1999

Språk & datorprogram

Språk	engelska, flytande i tal och skrift
	spanska, flytande i tal och skrift
	franska, grundläggande kunskaper
Dataprogram	Word, Excel

Hörtext:

Emmas cv

U: Ulla Svensson P: personalchefen

U: Här har vi en tjej som verkar intressant. Emma Svanberg, Skolgatan 37, Göteborg. Hon jobbade som ekonomiassistent på Senator mellan 2002-2004. Sedan 2004 är hon lönekontorist på Transport AB. Hon verkar vara en glad person och skriver att hon har lätt att anpassa sig, är tolerant och trivs med teamwork.
P: Hur gammal är hon?
U: Hon är född 800315 ... alltså 29.
P: Jaha, och hur är det med utbildningar?
U: Hon gick en treårig ekonomisk gymnasieutbildning och tog studenten 1999. Sedan gick hon en tvåårig datautbildning. Hon tog sin examen 2002.
P: Så hon är bra på Word och Excel, hoppas jag.
U: Javisst. Jag tycker det låter bra! Hon har väldigt goda språkkunskaper.
P: Kan hon spanska? Det är så viktigt nu, när vi har kontakter i Madrid och Valencia.
U: Ja, det kan hon faktiskt ... engelska och spanska flytande i tal och skrift. Och dessutom grundläggande kunskaper i franska.
P: Ja, men det låter ju toppen. Jag tycker absolut att Emma Svanberg ska komma på intervju.

16a
2. har slutat
3. har skickat
4. har expanderat
5. har startat
6. har jobbat
7. har snöat
8. har investerat
9. har hittat
10. har spelat

16b
1. har rest
2. har ansökt
3. har ringt
4. har känt
5. har växt
6. har hyrt
7. har bott
8. har lärt sig
9. har byggt
10. har köpt
11. har kört
12. har hyrt

16c
2. har varit
3. har hållit
4. har kunnat
5. har velat
6. har gått
7. har skrivit
8. har fått
9. har gjort
10. har erbjudit
11. har valt
12. har druckit

17
1. De har skickat ett inbjudningskort.
2. Vi har köpt flygbiljetterna idag.
3. Jag har hyrt en ny lägenhet.
4. Har ni bokat bord?
5. Han har kommit tillbaka från England.
6. Hon har lärt sig svenska.

18
1. har jobbat
2. spelade
3. drack
4. sökte
5. har varit
6. firade
7. har regnat
8. arbetade

19

1.	2.	3.
talar	namn	fel
tala	träffas	
kopplar	ögonblick	
lämna	inne/ledig	
meddelande	upptaget	
ringer	senare	
	återkommer	

20

109 702 km^2	fjällbjörk
47 %	tundran
500 meter	Torne träsk
2 111 m	älvar
fjällräven	fjällen
fjällsippan	0.83
polarklimat	Järnmalmen
-40° C	Gruvorna

21
1. Martin har bott på Gotland i fem år.
2. Eva kom till Lund för 4 år sedan.
3. Lena skrev meddelandet för tio minuter sedan.
4. Anja har läst svenska i 4 terminer.
5. Jag tränar en gång i veckan.
6. Eivor har jobbat på sjukhuset i 20 år.

22
1. Hej! Mitt namn är ... . Kan jag få tala med marknadschefen?/ Är marknadschefen inne?/ Träffas marknadschefen?
2. I mitt jobb måste man vara kreativ och stresstålig.
3. Vad sysslar/jobbar du med, Anna?
4. Jag trivs med mitt jobb.
5. Erik är en öppen och ansvarsfull person.
6. Jag har aldrig ångrat det.
7. Jag är arbetslös just nu.
8. Jag är nöjd med min lön.

Avsnitt 7

1
2. en fyra
3. en sexa
4. en åtta
5. en etta
6. en trea
7. en femma
8. en sjua

2
1. Jonas.
2. Hon ska flytta.
3. Den är 60 m^2.
4. Den har två rum och kök.
5. Köket är jättemysigt.
6. Ja, det har hon.
7. Nej, hon har redan hjälp av Karin och Peter.
8. De kommer på lördag klockan elva.
9. Hon tänker ha festen i slutet av mars.
10. Sara.

Hörtext: **Pernillas flytt**
P: Pernilla J: Jonas

J: Hej Pernilla, det är Jonas.
P: Nej men, hej! Vad kul att du ringer!
J: Hur är det?
P: Jo tack, det är bra. Lite stressigt bara. Jag ska ju flytta i helgen.
J: Jaså, ska du det. Vart då någonstans?
P: Till Storängen. De har byggt ett helt nytt område där med nya hyreshus och en del radhus också.
J: Vad bra! Då bor du nära golfbanan.
P: Ja, precis. Det är ett lugnt område. Jag är så trött på trafiken här i centrum.
J: Berätta om lägenheten. Är den stor?
P: Nja, stor vet jag inte, en tvåa på 60 m^2. Det räcker för mig. Med ett jättemysigt kök. Och så har jag balkong också.
J: Superbra! Förresten, behöver du hjälp med flytten?
P: Tack Jonas, jag klarar mig. Karin och Peter har lovat att hjälpa till. De kommer på lördag klockan elva med sin stora buss. Men jag tänker ha en inflyttningsfest i slutet av mars. Då måste du komma!
J: Gärna.
P: Oj då! Nu ringer det på dörren. Det är nog Sara. Vi ska gå på bio i kväll.
J: Men du, vi hörs! Hej då!
P: Hej, hej!

3 1. rätt 2. fel 3. rätt 4. fel 5. rätt

4
1. en skorsten
2. ett fönster
3. en vägg
4. en trappa
5. ett golv
6. ett tak
7. en ytterdörr
8. en tvättstuga
9. ett tak
10. en vind
11. andra våningen
12. en balkong
13. första våningen
14. bottenvåningen
15. en källare
16. ett pannrum

5a
1. en innehavare
2. en ägare
3. ett boende
4. en reparation
5. en kostnad
6. en förbättring

5b
1. erbjuda
2. betyda
3. installera
4. hyra
5. betala
6. ansvara

6 .... Mäklaren hälsade **vänligt** på oss när vi **kom**. Hon verkade glad och **sympatisk** och vi **fick** veta att föreningen är stabil och har en bra **ekonomi**. Det är **viktigt** för oss. Vi började se oss omkring i lägenheten. Hallen var **praktisk** och stor, större än vi hade tänkt. Men oj, vad de hade stylat **lägenheten**! **Säljarna** hade städat jättemycket. Det stod designgrejer överallt, allt var perfekt!
Det var **mycket** folk på visningen. Lägenheten verkade vara populär. Sanna gillade **vardagsrummet**, det var **stort**, **socialt** och ljust, ljusare och rymligare än hemma hos **oss** nu. Här kunde man få plats med en rejäl **soffgrupp**, ett matbord och **vårt** fina **gamla** skåp! Mindre bra var **balkongen**, tyckte jag. Den var **liten** och smal. Men både Sanna och jag var **nöjda** med badrummet. Det var nytt och **fräscht**. Vi tyckte absolut att det var bättre än det vi har nu.
Bäst och en stor fördel med lägenheten var **köket**. Det var också rymligare än vi **hade** trott. Det var ett **vitt** Ikea-kök, allt var i toppskick. Det hade en öppen och snygg planlösning. Det här hade vi drömt om länge! Mäklaren frågade oss, om vi var intresserade och ville **lägga** ett bud. Absolut, sa vi! Det här är **en** lägenhet för oss! Nu blir det **spännande**, om det blir vi som får lägenheten. Håll tummarna!

7 Här är felen:
1. Bredvid hatthyllan står en skohylla (inte ett telefonbord).
2. Det finns bara två stolar i köket (inte fyra).
3. Från sovrummet (inte från köket) kommer man ut på en balkong.
4. Lampan står på nattduksbordet (hänger inte över sängen).
5. Vardagsrummet har tre stora fönster (inte två).
6. Bokhyllan står bredvid pianot (inte bredvid skrivbordet).
7. Tv:n står på byrån (inte i bokhyllan).
8. Det står två fåtöljer i vardagsrummet (inte bara en).

Hörtext: **Åsa och Torstens lägenhet**

Åsa och Torsten har en tvårumslägenhet mitt i Göteborg. Vi ska titta in i deras lägenhet.
Först kommer man in i hallen. Här har de en skohylla, en spegel och en hatthylla, där man kan hänga ytterkläderna. Bredvid hatthyllan står ett telefonbord. Till vänster om hallen ligger badrummet och köket. Köket är litet men Åsa och Torsten får plats med ett matbord och fyra stolar ändå. Från köket kommer man ut på en liten balkong. Härifrån har Åsa och Torsten en härlig utsikt över parken. Till höger om hallen är sovrummet. Där står en säng och ett nattduksbord.

Det hänger en lampa över sängen. Mittemot sängen har de en garderob. Det ljusa vardagsrummet har två stora fönster med långa gardiner. Mellan fönstren står en byrå med många lådor. Längs väggen till vänster står ett skrivbord. Här sitter Åsa ofta och arbetar. Hon studerar nämligen litteraturhistoria på universitetet. Bredvid skrivbordet står en stor bokhylla. Här har Åsa och Torsten sina böcker, tv:n och stereon. Åsa och Torsten är båda mycket musikintresserade. Åsa spelar ofta på pianot som står vid väggen till höger och Torsten lyssnar mycket på musik.
Mitt i rummet står en soffgrupp med en soffa, en fåtölj och ett soffbord. I den vackra, gamla vasen på bordet står några gula rosor. Åsa och Torsten trivs i Göteborg och är nöjda med sin hemtrevliga lägenhet.

8 Avicii Arenan är lägre än Kaknästornet.
Ulf är tröttare än Linda.
Linda är piggare än Ulf.
Ulf mår sämre än Linda.
Linda mår bättre än Ulf.
Stockholm är större än Malmö.
Malmö är mindre än Stockholm.
Stockholm har fler invånare än Malmö.
Malmö har färre invånare än Stockholm.
Slottskyrkan i Stockholm är yngre än Uppsala domkyrka.
Uppsala domkyrka är äldre än Slottskyrkan.

9
1. I februari är det redan ljusare än i januari.
2. Johan är tröttare än Anna.
3. Lottas hus är så stort som Jörgens.
4. Malena är äldre än sin syster.
5. Ulrik har en mindre bil än Lena.
6. Vädret i Uppsala är bättre än i Malmö.
7. Väskan är lättare än resväskan.
8. Kistan är bredare än skåpet.

10
2. Hunden är lika stor som vargen.
3. Soffan är lika mjuk som fåtöljen.
4. Olle är lika snabb som Kalle.
5. Cykeln är lika dyr som mopeden.

11

söt	sötare	sötast
pigg	piggare	piggast
dålig	sämre	sämst
dålig	värre	värst
enkel	enklare	enklast
lång	längre	längst
ung	yngre	yngst
gammal	äldre	äldst
mogen	mognare	mognast
tung	tyngre	tyngst
hög	högre	högst
låg	lägre	lägst
vacker	vackrare	vackrast
fin	finare	finast
bra	bättre	bäst
liten	mindre	minst

12

2. det	7. varm	12. över	17. oss
3. våra	8. oss	13. koppla	18. som
4. stort	9. stort	14. hade	19. gjorde
5. verkligen	10. stora	15. vacker	20. hyr
6. såg	11. rent	16. bryggan	21. efter

13 Till exempel:
Den här stugan ligger i Svensköp. Den är på 56 kvadratmeter med tre rum och kök.
Stugan har fyra bäddar, kyl och frys, elspis och bastu. Det finns varken öppen spis, diskmaskin, mikro eller bredband i stugan.
Det är 4 km till närmaste sjö, där man kan bada. Det är 2 km till närmaste tätort och affär.

14

1. tvättmaskin	6. bredband	11. grill
2. frys	7. båt ingår	12. mikrovågsugn
3. bastu	8. spis	13. säng
4. diskmaskin	9. kyl	14. lågsäsong
5. rum och kök	10. dusch	

15

1. namn	7. speciell	13. kosta
2. angående	8. sitsen	14. sälja
3. kvar	9. ungefär	15. snacka
4. ser	10. skick	16. hämta
5. ut	11. fel	17. förbi
6. originalskick	12. annonsen	18. hemma

16

1. en säng	5. ett skåp	9. ett bord
2. en hylla	6. en soffa	10. en stol
3. en kista	7. en fåtölj	
4. en byrå	8. en moraklocka	

17

Obestämd form	Bestämd form
2. ett stort bord	det stora bordet
3. en bekväm fåtölj	den bekväma fåtöljen
4. en liten byrå	den lilla byrån
5. en modern bokhylla	den moderna bokhyllan
6. ett gammalt skåp	det gamla skåpet

18

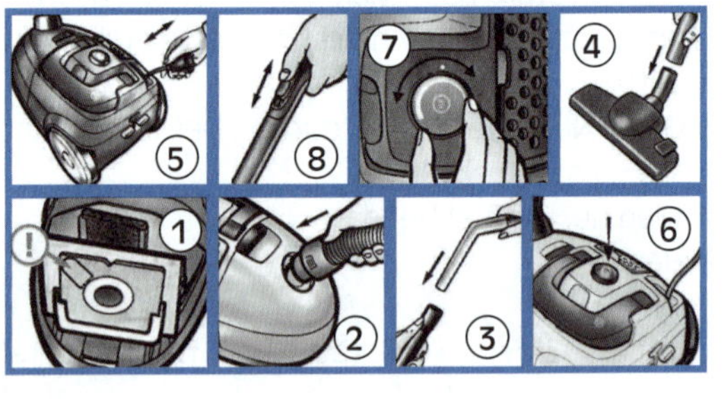

19

2. kaffebryggare	5. bottenvåning	8. arbetsrum
3. vardagsrum	6. skrivbord	9. bokhylla
4. barnvagn	7. elräkning	10. tvättmaskin

20
2. köksbord
3. tunnelbanestation
4. arbetsmarknadsundersökning
5. gungstol
6. utrikesdepartementet
7. kursdeltagaravgift
8. vattenräkning

Lösungen

21

```
F G K L C O N B S F P A M L Ä L T B Ö
H U M D T O M T A C Ö R V A G I S H B
Y N U M Ä R H E G V T E G E L M E A K
I N R G D Å S B A T J L Ä F C A T N M
Ö B K I L P Ä D H Å V T U K E S D D I
J T O R R D A S S T N U F Å G Ö P F H
T U L K N R L U M O H D R Ö M S T A Ö
S P L Ä F Ö U R D I B A K J Å H L T S
L E S F A M B U T S M Y C K N I N G L
U F H O G D S A R E T N U M I L Ä V T
```

tegel
handfat
drömmar
sagor
tomter
torrdass
murar
utsmyckningar

22
1. Vad kostar stugan i veckan?
2. Hur långt är det till närmaste affär?
3. Är bordet i gott/bra skick?
4. Jag bor på en lugn gata.
5. Jag tänker/vill slänga den gamla dammsugaren.
6. Jag tänker lämna lamporna till Erikshjälpen.
7. Soffan är bekvämare än fåtöljen.
8. Hej, mitt namn är ... . Jag ringer angående matbordet.

Avsnitt 8

1

2. arg	6. klok	10. rädd
3. hal	7. hungrig	11. dum
4. trogen	8. envis	12. flitig
5. listig	9. tyst	

2

1. ko	7. elefant	13. åsna	19. mus
2. ren	8. björn	14. kanin	20. älg
3. lodjur	9. ål	15. bi	21. hund
4. lejon	10. apa	16. katt	22. räv
5. får	11. gris	17. myra	
6. tiger	12. varg	18. häst	

3

1. kanin	3. björn	5. varg/hund
2. ekorre	4. kråka	6. älg

4
1. Vi blev bästisar på direkten/meddetsamma.
2. Randis är en hjältekatt.
3. Han är stilig och intelligent.
4. Två gånger har han räddat hennes liv.
5. Jag tog med honom hem.
6. Jag föll medvetslös omkull på golvet.
7. Men alla nekade.
8. Jag vaknade på sjukhuset.
9. Jag kände mig trygg.
10. De frågade mig, om jag ville ha Randis.

5

1. bästis	4. poppis	7. kändis	10. godis
2. loppis	5. kondis	8. skådis	
3. trummis	6. mellis	9. tjockis	

6

1. ut, ute, utifrån	5. där, dit, därifrån
2. härifrån, hit, här	6. bortifrån, bort, borta
3. inne, inifrån, in	7. hemma, hem, hemifrån, hemma
4. uppifrån, upp, uppe, upp	8. framme, fram, framifrån

7

Var?	**Vart?**	**Varifrån?**
där	hit	hemifrån
hemma	upp	därifrån
uppe	ut	utifrån

8 Hörtext:

Några djur

Älgen: Älgen är ett mycket stort landdäggdjur. Den väger ca 500 kg och har en mankhöjd på 2,3 meter. Älgen lever huvudsakligen i skogsmarker. Den äter bark och blad. Älghonan föder 1-2 kalvar per år.

Renen: I Sverige finns ca 250 000 renar. Den är ett flockdjur och lever i fjällen. Den väger ca 60-170 kg och har en mankhöjd på 1,1 meter. Renen äter gräs. Honan föder 1 kalv per år.

Lodjuret: Lodjuret är ett litet kattdjur. Det väger bara ca 15-30 kg. Lodjuret har en kort svans men långa ben. Mankhöjden kan bli 70 cm. Lodjuret lever i skogen och jagar mest hare och rådjur. Honan föder 1-2 ungar per år.

Järven: Järven tillhör mårdfamiljen och lever i fjällen. Den väger ca 15 kg och är ca 1,1 meter lång. Den äter bär, ägg, fisk och kött och jagar till och med ren. Honan föder 2-4 ungar per år.

9 Här rättar kursledaren.

10

2. en skärgård	5. en strand	8. en sjö
3. en skog	6. ett berg	
4. ett hav	7. ett fjäll	

11

1. Blomsterkungen	7. ja
2. 1707 - 1778	8. på sommaren
3. zoolog	9. Lappland, Dalarna, Öland, Gotland, Västergötland, Skåne
4. Småland	
5. 1741	
6. nej	10. 35 år

Hörtext: **Carl von Linné**

Carl von Linné, eller "Blomsterkungen" som han också kallas, levde från 1707 - 1778. Han var naturforskare, läkare, zoolog och botanist. Han var född i Småland och studerade i Lund och Uppsala. 1741 blev han professor i praktisk medicin i Uppsala. Linné grundade ett sexualsystem för växtriket och införde bl.a. släkt- och artnamn för växter och djur.

År 1758 köpte Linné gården Hammarby som ligger utanför Uppsala. Här var han på sommaren med sin familj. Hammarby är idag museum och i parken kan man fortfarande se blommor och växter som Linné planterade.

Han gjorde forskningsresor till Lappland, Dalarna, Öland, Gotland, Västergötland och Skåne.

Linnés hus i Uppsala, där han bodde i 35 år, blev museum 1937. Här kan man se, hur Linné levde och arbetade, och man kan promenera genom Linnéträdgården.

12 1. stor 2. gammal 3. upptagen 4. sluta 5. otrevlig 6. lång 7. natt 8. vacker 9. soligt 10. hög 11. ljus 12. ovän 13. varmt 14. bra 15. ostadig 16. ogiltig 17. synlig 18. inne

Versen: Sol ute, sol inne, sol i hjärta, sol i sinne.

13
2. Göteborg ligger i västra Sverige.
3. Kiruna ligger i norra Sverige.
4. Stockholm ligger i östra Sverige.
5. Jokkmokk ligger i norra Sverige.
6. Kristianstad ligger i södra Sverige.
7. Varberg ligger i västra Sverige.
8. Visby ligger i östra Sverige.

14

norr

väster  öster

söder

Svar: De rodde åt väst. En av männen åt ost [*aß Käse*].

15 1. fel 2. rätt 3. rätt 4. rätt 5. fel 6. fel 7. rätt 8. fel 9. rätt

16
ett tält
ett campingkök
en sovsäck
en ryggsäck
regnkläder
vandringskängor
ett liggunderlag
en ficklampa
ett myggmedel
en termos
en konservöppnare
en pennkniv
(ett par) solglasögon
en fästingplockare
ett första-hjälpen-kit
en klädnypa, klädnypor

17 1. tomten (1) 2. stegen (2) 3. tanken (2) 4. vaken (2) 5. stegen (1) 6. värden (2) 7. buren (1) 8. tomten (2) 9. regel (2) 10. tanken (1) 11. biten (1) 12. regel (1)

18 1. natur 2. hänsyn 3. tält 4. natt 5. bär 6. eld 7. fara 8. rida 9. tomt 10. stänger 11. sjöar 12. gå 13. fridlysta 14. kvistar 15. buskar 16. mars 17. augusti 18. skräpa 19. skada 20. förstöra

19 1. ja 2. två schäferhundar 3. cyklar med hundarna 4. i skogen 5. aldrig

Hörtext:

R: Markus, du har hundar. Tycker du att en hund ska gå i koppel?

M: Ja, absolut! Det är jätteviktigt. Framför allt inom ett bostadsområde. Jag har två stora schäferhundar som har ett behov av att springa ordentligt. Jag cyklar med hundarna, men de är alltid i koppel. Många människor som är ute och går eller joggar är faktiskt hundrädda. Man måste visa hänsyn. Ibland är jag uppe i skogen med hundarna och då får de springa lösa. Efter den 20 augusti är det ju ok.

R: Men även här finns det ju hundrädda som t.ex. är ute och plockar svamp.

M: Visst, det är viktigt att jag som ledare kan styra min hund.

R: Hur är det när barn är ute med sina hundar?

M: Ja, då är det inte alltid det hjälper med koppel. Ett barn i 10-årsåldern klarar aldrig att hålla en riktigt stor hund i alla situationer. Så det är verkligen viktigt att föräldrarna tar ansvar.

20
1. Man får inte köra mc./ Det är inte tillåtet att köra mc.
2. Man får inte stanna./ Det är inte tillåtet att stanna.
3. Man får parkera./ Det är tillåtet att parkera.
4. Man får bada./ Det är tillåtet att bada.
5. Man får rida./ Det är tillåtet att rida.
6. Man får inte svänga till vänster./ Det är inte tillåtet att svänga till vänster.

21
1. Jag har skaffat (en) hund.
2. Hur (tusan/sjutton) har fästingplockaren hamnat i sovsäcken!
3. Jag har slarvat bort/tappat bort min pennkniv.
4. Får man parkera här?/ Är det tillåtet att parkera här?
5. Det är tillåtet att tälta en natt.
6. Jag har haft tur!/ Vilken tur jag har haft!/ Vilken tur!
7. Jag vill inte sticka ut.
8. Jag bor uppe i Kiruna nu.

Avsnitt 9

1 Till exempel:

nyttigt: Det är nyttigt att jogga.
Det är nyttigt att äta grönsaker.
Det är nyttigt att sova och vila.
Det är nyttigt att meditera.

onyttigt: Det är onyttigt att äta godis dagligen.
Det är onyttigt att röka.
Det är onyttigt att dricka för mycket alkohol.
Det är onyttigt att äta för mycket fastfood.

2
1. De träffades på tu man hand.
2. Sara har skinn på näsan.
3. Han är rund under fötterna.
4. Olle är upp över öronen förälskad.
5. De pratar/pratade i munnen på varandra.

3 1. benen 2. hjärtat 3. halsen 4. munnen 5. axlarna 6. mage 7. näsan 8. öronen 9. hjärnan 10. arm 11. hand 12. fötterna 13. ögat

4
2. (ett) hår / hår
3. en tå / tår
4. ett öra / öron
5. ett finger / fingrar
6. ett hjärta / hjärtan
7. en hals / halsar
8. ett ben / ben
9. en mun / munnar
10. en haka / hakor
11. en hand / händer
12. ett huvud / huvuden
13. ett öga / ögon
14. en fot / fötter
15. en kind / kinder
16. en rygg / ryggar
17. ett knä / knän
18. en panna / pannor
19. en axel / axlar
20. en näsa / näsor

5 **Accent 1:**

tycker, matchen, kväll, säger, faktiskt, benet, huset, dusch, springer, jobb, stå, foten, dricker

6
1. De hade jobbat till klockan fem.
2. Eva hade ätit ett äpple.
3. Han hade druckit ett glas mjölk.
4. Hon hade städat lägenheten.
5. De hade sprungit till bussen.
6. Vi hade ringt efter ambulansen.
7. Lasse hade köpt en ny sovsäck.
8. Anna hade läst tidningen.
9. Linus hade skrivit ett meddelande.

7
1. Innan hon åt en smörgås, hade hon läst tidningen.
2. Innan hen körde till jobbet, hade hen skrivit ett mejl.
3. Innan han duschade, hade han joggat 5 km.
4. Innan hen handlade, hade hen klippt gräsmattan.
5. Innan han gick och la sig, hade han borstat tänderna.

8
1. slutade
2. hade känt
3. snöade
4. fyllde
5. hade jobbat
6. hade letat
7. hade ätit
8. hade låst
9. körde
10. hade bott

9

F T A J N O B S Å L G R Ö H K E F
R G V U Z M E P A T I E N T G R O
H B A K T E R I E D T M O H S T Ä
K F K X S T Ö K N A B P Å M R A N
R E G M I J H A K L E T R A N U V
Ä N F E S T Å D I M H A P G M D R
F P A P O N S T P L T B R E F U N
T S D O V S R J V Ä N L A P L O K
A C Y P H N E U B C A E Ö K Ä G R
T R G H T U Z M I E O T R U K Ä I
V L N I N A M N K U T T R D A H B
A M G K E S F Y M P O C Ö Z R L Å
S R E C E P T H I R S B J V E I S
Å F T C K E G J T U N G A M H J O
N U G E A B R O H S D A K L E M T

Plural:
bakterier
dygn
fester
kräftor
patienter
vänner
recept
tabletter
tungor
magar
läkare
namn

10
1. Eftersom jag älskar kräftor, åt jag en hel del.
2. Jag frös, eftersom jag bara hade en tunn tröja.
3. Jag vaknade, eftersom jag hade frossa.
4. Eftersom jag hade hög feber, ringde jag vård-centralen.

11
1. Närsjukvård
2. Vårdcentralen
3. Akutvård
4. Planerad vård
5. Sluten vård
6. Öppen vård
7. Specialist-vård
8. Tandvård
9. Hemtjänst

12 1. ut 2. in 3. upp 4. in 5. ut

13
1. Man har oftast kräftskiva i augusti.
2. Många sjöar har kräftpest, så det är ont om svenska kräftor.
3. De har pappershattar på huvudet och haklappar om halsen.
4. Man kokar kräftorna med dill.
5. nubbe
6. Man sjunger en visa till varje nubbe och dricker en nubbe till varje klo.
7. Man bryter av huvudet och tar fram köttet ur stjärten och klorna. Sedan suger man ut saften.
8. Nej, man äter t.ex. bröd och ost också.

Hörtext: **En kräftskiva**

K: Kalle U: Ulrike O: Olle

I augusti hälsar Ulrike från Bonn på sin svenska kompis Kalle. Hon träffade honom i Lund för några år sedan. Hos Kalles föräldrar får hon vara med om en riktig kräftskiva för första gången.

U: Det är så trevligt att få uppleva en riktig kräftskiva!
K: Jaså, har du aldrig varit på en kräftskiva förut?
U: Nej, det här är första gången. Är det här svenska kräftor?
K: Nej, tyvärr. Många sjöar i Sverige har kräftpest, så det är ont om svenska kräftor. Därför måste vi importera dem från andra länder.
U: Jaha. Det är så mysigt med alla papperslyktorna här på terrassen. Och vad roligt det ser ut när alla har pappershattar på huvudet och haklappar om halsen.
K: Ja, och titta här: på haklapparna står det snapsvisor.
U: Vad kul! Kan man egentligen ha kräftskiva året om?
K: Man kan naturligtvis äta frysta kräftor året om numera. Men enligt traditionen har man kräftskiva i augusti månad.
O: Skål och välkomna! Ska vi ta en liten nubbevisa?
Alla sjunger.
U: Vad trevligt att man sjunger så mycket!
K: Ja, på en riktig kräftskiva ska man ju dricka en snaps till varje klo och sjunga en snapsvisa till varje snaps eller nubbe som vi också säger!
U: Jaså! Men apropå klo: kan du visa mig hur man äter kräftorna egentligen?
K: Javisst, det är ingen konst. Titta här: Du bryter av huvudet och tar sedan fram köttet ur stjärten och klorna. Sedan suger man ut saften.
U: Det var inte lätt. Så här?
K: Ja, precis!
U: Åh, vad gott. Kräftorna är kokade med dill, eller hur?
K: Ja, just det. Med massor av dill! Vill du ha lite bröd och ost till kräftorna?
U: Ja tack, gärna!

14 Till exempel:
Anna mår dåligt. Hon har ont i huvudet, hosta och feber. Hon bestämmer sig för att gå till läkaren. Hon väntar i väntrummet på sin tur. Till slut ropar en sköterska upp hennes namn. Det är en trevlig, kvinnlig läkare som undersöker Anna. Hon tittar Anna i halsen, lyssnar på henne och ställer några frågor. Det finns inga allvarliga symptom utan Anna har bara en vanlig influensa. Läkaren skriver ut ett recept på tabletter och hostmedicin. Anna tackar och går genast till apoteket.

15

1. känns	5. fattas	9. kivas	13. funnits
2. svettades	6. andas	10. vistas	14. minns
3. hoppas	7. trivs	11. kräktes	15. lyckats
4. skämmas	8. låtsades	12. umgås	

16
1. Andas in djupt.
2. Jag minns nyårsafton 1999.
3. Det är härligt att vistas i skogen.
4. Det finns många stugor att hyra i Småland.
5. Jag trivs med mitt jobb.
6. Vi hoppas att du mår bra, Jonas!
7. Vi hjälptes åt att laga mat.
8. På bordet fattas/saknas en gaffel.

17
1. kramades
2. kramar
3. ser/såg/har sett/hade sett
4. ses
5. träffades
6. träffade
7. kysser/kysste/har kysst/hade kysst
8. kysstes
9. mötte
10. möts/möttes/har mötts/hade mötts

18

1. hoppas	3. finns	6. saknar	8. känns
2. hoppar/hoppade	4. funnit	7. känner/kände	
	5. saknas		

19

1. skönt	6. genom	11. Den	16. att
2. första	7. något	12. äggen	17. på
3. de	8. om	13. långa	18. små
4. kallas	9. som	14. bara	
5. insekter	10. på	15. mot	

20
1. fästingplockare
2. tabletter
3. näsdroppar
4. akuten
5. spruta
6. salva
7. frossa
8. febertermometer
9. snuva
10. plåster
11. ambulans
12. tandvärk

21 **Avslappningsövning**
Sätt dig bekvämt på en stol. Känn att ryggen får stöd av ryggstödet. Slut ögonen. Lägg en hand på magen och känn, hur du andas. Du andas sakta. In - ut. In - ut. Blås nu ut all luft du har i dina lungor, och låt din andningsmuskulatur själv fylla dina lungor med luft igen. Andas sakta och lugnt. In och ut, in och ut. Känn nu dina fötter. Känn, hur de får kontakt med golvet. Känn värmen strömma genom fötterna.
Flytta din uppmärksamhet till lår och säte. Känn, hur lår och säte får kontakt med stolen. Sjunk ner i stolen. Du känner dig tung, avslappnad och varm.
Flytta din uppmärksamhet till axlar och skuldror. Känn, hur de långsamt slappnar av och sjunker ner, allt medan du fortsätter att andas (i din egen andning) lugnt och skönt.
Låt nu din käke slappna av. Känn värmen och avslappningen sprida sig från käken ner till halsen. Känn, hur ögonlocken blir tunga och att pannan är avslappnad, varm och öppen.
Andas djupt ner i magen. Du känner dig tung, avslappnad och varm. Varje inandning fyller dig med kraft och energi. Nu kan du långsamt vakna upp genom att ta ett djupt andetag. Öppna ögonen. Sträck på dig och gäspa.

22
1. Varje dag jobbar jag på sjukhuset.
2. Husbilen ställer vi bredvid de andra.
3. Vartannat år kör Gun och Anders genom Sverige.
4. De träffas på semestern./ De träffar varandra på semestern.
5. Ungefär varannan vecka går vi på bio.
6. Alla gillade kräftskivan.

23
1. varannan/varje/varenda
2. varje/varenda/varannan
3. Var
4. Vart
5. Man
6. alla
7. allt
8. ett - annat
9. annat
10. andra
11. vartannat/varje/vartenda
12. många
13. alla
14. en -annan
15. annan

24
1. Hur känner du dig, Anna?
2. Jag har feber och ont i huvudet/huvudvärk.
3. Krya på dig, Carina!
4. Jag tål ingen alkohol.
5. Varsågod och sitt!/Sätt dig, Arne!
6. Jag skulle vilja ha plåster och näsdroppar, tack.
7. Stackars dig!
8. Jag är känslig mot myggbett.
9. Kan jag få en tid?
10. Jag mår mycket dåligt. Jag har ont i magen.

Avsnitt 10

1

K T O J B M E S A D V Ä R L D C F U H F E
Ä L I V M U L N T Y S G R I V H O J Å Ö B
Z Ö N T I R H Å B L A T U M J Ä C K P R G
E R G I L T A P R Å V I L F U S H Y T B I
K L E N T S F Ö R Ä N D R I N G S S Å Ä M
A V H E G M I J H A K L E P R F A U V T Ä
M E T A N K E I R G Å T K Ä H T B L Ö T N
S M I B S D A M Ä U N E P R O C E S S R H
E O G T A Y V K D R F H N V B O D Å K I E
R D O M S Ö J G S T E M I S S T A G Ä N S
T I F U E R D Ö L Å J O T P I O H M C G T
U M Ä N N I S K A S I B A M K L E S H I A

en värld - världar | en förändring - förändringar
ett liv - liv | en människa - människor
en tanke - tankar | ett vemod - vemod
en process - processer | en rädsla - rädslor
ett misstag - misstag | en förbättring - förbättringar

2 Här rättar kursledaren.

3a 1. Nej men usch, vad tråkigt!
2. Lägg av!
3. Vad säger du?
4. Det var som tusan!
5. Oj då!
6. Va? Är det sant?
7. Jaså! Vad tråkigt!

3b Till exempel:
1. Är det sant?/ Vad tråkigt att höra./ Stackars dem!/ Menar du det?
2. Det är inte möjligt!/ Det är inte sant!/ Är det sant?/ Usch, vad äckligt!/ Fy, vad hemskt!
3. Stackars henne!/ Menar du det?/ Va? Är det sant?/ Så tråkigt.
4. Jaså!/Vad roligt!/Är det sant?/Du skojar!/Du skämtar!
5. Usch, vad äckligt!/ Fy, vad hemskt!/ Är det sant?
6. Vad härligt!/ Fantastiskt!/ Vad roligt!/ Är det sant?/ Du skojar!
7. Oj då!/ Jaså!/ Vad synd!/ Är det sant?/ Det är inte möjligt!

Hörtext:
1. Du Lena ... vet du om att Emma har skilt sig?
2. Kalle åt en daggmask igår.
3. Lotta bröt benet och har blivit opererad.
4. Jag har sett att Olle har köpt ny bil. En riktigt stor Volvo.
5. Titta här! Jag har en fästing på armen.
6. Det ska bli 30 grader på fredag!
7. Jag hörde att de har stängt Åhléns i stan.

4 1. Aj, det gör ont!
2. Fy, vad äckligt!
3. Usch, vad hemskt!
4. Oj då!
5. Åh, vad tråkigt!
6. Nej men, vilken överraskning!

5

Infinitiv	Presens	Preteritum	Supinum
1. hitta	hittar	hittade	hittat
2. efterlysa	efterlyser	efterlyste	efterlyst
3. tappa	tappar	tappade	tappat
4. höra av sig	hör av sig	hörde av sig	hört av sig
5. identifiera	identifierar	identifierade	identifierat
6. få	får	fick	fått
7. hända	händer	hände	hänt
8. ske	sker	skedde	skett
9. födas	föds	föddes	fötts
10. kunna	kan	kunde	kunnat

6 1. Chansen 2. Risken 3. risk 4. Chansen 5. chans 6. risk 7. Risken

7 fint, ny, lilla, lång, lång, hårig, gulbrun, vackra, stora, nya, liten, små

8 2. Vi kan äta vad som helst.
3. Vi kan tälta var som helst.
4. Han ringer hur ofta som helst.
5. De har varit gifta hur länge som helst.
6. Vi kan åka vart som helst.
7. Det är hur många myror som helst.
8. Ja, Karin är hur lycklig som helst.
9. Jo, hon är hur gullig som helst!
10. Vi kan ta vilken färg som helst.
11. Det kan vara vem som helst.
12. Ta vilka tomater som helst.

9 1. Hon byter blöjor.
2. Hon leker med barnen.
3. Hon matar barnen.
4. Hon håller om barnen och ger dem massor med kärlek.

10

10 bra	3 byxor
19 tv:n	13 prata
15 syster	4 toaletten
12 ringde	14 mamma
17 snäll	18 smörgås
5 kille	2 roligt, kul
11 småfranskor	8 spela
9 maten	7 jobba
20 actionfilmer	16 brodern
1 fängelse	6 kontrollerade

11

Singular		Plural	
obestämd	**bestämd**	**obestämd**	**bestämd**
ett straff	straffet	straff	straffen
en dom	domen	domar	domarna
ett fängelse	fängelset	fängelser	fängelserna
en finka	finkan	finkor	finkorna
en skatte-skuld	skatte-skulden	skatte-skulder	skatte-skulderna
en polis	polisen	poliser	poliserna
ett brott	brottet	brott	brotten
en rättegång	rättegången	rättegångar	rättegångarna

12a b Fältbiologerna
c Cancerfonden
d Skydda skogen
f Tjejzonen
h Djurens rätt

12b Lukas: a, b, h, d
Maria: e, f
Anna: a, d, f
Christine: e, g
Arne: c, h

13 1. tacksam
2. blyg
3. bråkig
4. schyst
5. tuff
6. modig
7. ödmjuk
8. glad
9. naiv
10. flexibel

14 men
inte bara - utan också/ både - och
så
både - och
och
eller
antingen - eller
Visserligen - men
utan
och

Lösungen

15 2. Han jagar både älg och vildsvin.
3. De dricker inte bara kaffe utan också te.
4. Hon hjälper inte bara sin son utan också sin mamma.
5. Till frukost äter Lena antingen en fralla eller havregrynsgröt.
6. Vi kan antingen gå på bio eller gå ut och äta.
7. Hon spelar varken fotboll eller basket.
8. Han kan varken läsa eller skriva.
9. Kalle är visserligen bråkig, men mycket intelligent.
10. Det är visserligen jobbigt, men väldigt roligt.

16 1. besviken 2. ängslig 3. förvånad 4. irriterad 5. överraskad

17a Man bör inte ljuga.
Man bör inte ha 24 grader i sovrummet.
Man bör inte gå med feber till jobbet.
Man bör inte väga för mycket.

17b 1. Jag orkar/hinner inte gå på bio i kväll.
2. Han verkar må bra.
3. Jag måste/behöver inte gå till jobbet idag./ Jag slipper gå till jobbet idag.
4. Linus fick åka till Kenya.
5. Hon vågade byta jobb.
6. Du måste/behöver/får lyssna mer på din kropp.
7. Lotta hann baka en kaka igår.
8. Du borde inte röka så mycket.

18 Bohuslän
Bohuslän **ligger** vid Skagerrak och **norra** delen av Kattegatt på Västkusten. Kala klippor ger **landskapet** dess karaktär. Det har **fått** sitt namn efter Bohus fästning. Bohuslän var **från** tidig medeltid danskt. Det blev norskt på 1100-talet. **Svenskt** blev Bohuslän **genom** freden i Roskilde 1658.
Sillfisket har **länge** varit **viktigt** för Bohuslän. Det fanns många små fisklägen eller **fiskebyar**, orter där fisket var basnäringen och i Lysekil **byggde man** ut konservindustrin. Dessa fiskelägen har **utvecklats** till populära semesterorter. Tjörn, Orust, Marstrand och Öckerö är **kända öar**. **Lyxiga** badorter som under **sommarmånaderna** blommar **upp** och fylls av sommarstugeägare och **turister**.
Bohuslän har ca. 20 000 **fornlämningar**. Mycket känt är Tanum, där **människor** från **bronsåldern** har ristat in **tusentals** bilder i landskapets släta berghällar.
En mycket populär ort i Bohuslän är Fjällbacka, där skådespelerskan Ingrid Bergman gärna bodde under **sina** vistelser i Sverige. Här **utspelar** sig också Camilla Läckbergs deckare. Kungsklyftan i Vetteberget var **en** av inspelningsorterna för filmen Ronja Rövardotter.

19a 1. rätt 2. fel 3. rätt 4. fel 5. rätt 6. fel 7. fel 8. rätt

19b 1. Det är en nackdel att anpassa sig till många personer. Man är inte alltid överens.
2. Det finns en stor trädgård, bastu, hobbyrum och ett litet bibliotek.
3. Barnen har alltid någon att leka med och de kan springa över till varandra utan att "boka" det innan. Det finns lekplatser och ett stort lekrum.

Hörtext:
M: Markus L: Lina T: Tore

M: När jag hörde att ni skulle flytta till ett kollektivhus, var jag rätt skeptisk faktiskt.
L: Jag förstår det, Markus. Vi hade också en del fördomar, innan vi lärde känna det här. Man tror att det är flummigt, politiskt, att man inte har något privatliv och så där. Men det är rätt normalt, bara vissa skillnader mot att bo i en vanlig lägenhet.
M: Hur många är det som bor här?
L: Det är 20 vuxna och 20 barn just nu.
M: Jaha. Men är det inte en stor förändring för er att bo så här nu?
T: Jo, det kan man säga. Absolut! Det är nytt för oss att man delar matlagning, diskning, städning och trädgårdsarbete.
L: Ja, det är hur bra som helst, för man behöver ju t.ex. inte laga mat varje dag. Två gånger i månaden ska en boende laga mat och diska.
M: Ja, det är smart. Så då har ni matsal här i huset?
T: Precis. Det var jättenervöst att laga mat till 30 pers första gången!
M: Det kan jag tänka mig.
L: Men man måste inte äta i matsalen. Alla har ett litet kök i sina lägenheter, så man kan laga mat där också om man vill. Men grejen med kollektivet är ju att man hjälper varandra och vill träffas.
M: Ja, det är klart.
L: Det är perfekt för barnen. De har alltid någon att leka med och de kan springa över till varandra utan att "boka" det innan. Här finns lekplatser och ett stort lekrum. Det är fantastiskt!
T: Ja, det känns jätteskönt! Vi har fått många nya vänner här. Och det finns alltid någon som kan ta hand om barnen, när vi t.ex. vill gå på bio någon gång. Sånt har blivit mycket enklare.
M: Det är nog jättebra!
L: Och sedan har man ju fler möjligheter när man bor så här. Vi har en jättestor, mysig trädgård, bastu, hobbyrum och ett litet bibliotek.
M: Jaså, har ni! Vad bra! Men är det inte jobbigt att man måste anpassa sig till så många personer?
T: Jo, det är en nackdel. Och man är inte alltid överens. Men man lär sig att uttrycka sina behov och att lyssna på andra. Det är bra.

20 1. Du borde vila dig och sova mer, Anna.
2. Jag längtar efter mer egentid.
3. Det var tråkigt att höra. / Åh, vad tråkigt.
4. Vilken överraskning!
5. Är det sant!/Lägg av!/Det är inte möjligt!
6. Aj!

7. Åh, vilket härligt/underbart/fantastiskt väder!
8. Grattis till silverbröllopet!

Avsnitt 11

1
1. ett gatukorsning
2. ett stadshus
3. ett frågeord
4. en landsort
5. en veckotidning
6. ett grannland
7. en stadskärna
8. ett varuhus
9. en oljetank
10. en pojkvän
11. en kappficka
12. ett köksfönster
13. en landsväg
14. en landsbygd

2
1. glas 2. tyg 3. järn 4. päls 5. bärnsten 6. keramik 7. silver 8. horn 9. hud

3
2. kontrolleras, kontrollerades, har kontrollerats, hade kontrollerats
3. rings, ringdes, har ringts, hade ringts
4. skrivs, skrevs, har skrivits, hade skrivits
5. körs, kördes, har körts, hade körts
6. hittas, hittades, har hittats, hade hittats
7. berättas, berättades, har berättats, hade berättats
8. byggs, byggdes, har byggts, hade byggts
9. köps, köptes, har köpts, hade köpts

4
2. Man köpte huset 1966.
3. Man hittade ringen i en byrålåda.
4. Man sålde villan för 1 miljon kronor.
5. Man säljer kaffe billigt på Maxi den här veckan.
6. Man måste lämna tillbaka nycklarna.

5
1. Boken har översatts av Milan Johansson.
2. En man i 24-årsåldern greps av polisen i morse.
3. Viruset sprids på barer och restauranger.
4. Vår altan ska renoveras av byggfirman.
5. Lena undersöktes av en trevlig läkare igår.
6. På vintern stängs museet.
7. En 59-åring överfölls mitt i stan av en ung kille.
8. Många fina akvareller har målats av Carl Larsson.
9. De nya hyreshusen köptes av kommunen.
10. Hunden behandlades mot ohyra av veterinären.

6
1. anses
2. möttes
3. grundades
4. höjas
5. gripits
6. bedrevs
7. hittades
8. skalas
9. skärs, steks
10. vattnas
11. byggts
12. serveras
13. odlas
14. lagts, granskas

7 5, 3, 1, 4, 2

8
1. har
2. startade
3. är
4. tog
5. strövade
6. tittade
7. åt
8. var
9. såg
10. shoppade
11. köpte
12. ville
13. bor
14. åka
15. reser

9
1. Var ...
2. Vad ...
3. Vem ...
4. Hur ...
5. Hur ...
6. Vad ...
7. Vilken ...
8. Varför ...
9. Vart ...
10. Vad ...

10
1. Gamla, gammalt, gammal, gamla
2. liten, små, lilla
3. vackert, vackra, vackra
4. blå, blåa, blåa
5. billig, billigt, billiga, billiga

11
1. Ta den gröna linjen till T-Centralen. Byt till den röda linjen mot Mörby centrum. Du åker fyra stationer.
2. Ta den blåa linjen mot Kungsträdgården till T-Centralen. Där byter du till den gröna linjen mot Farsta, Skarpnäck eller Hagsätra och åker en station. Du kan också stiga av på Fridhemsplan och byta till den gröna linjen direkt. Då åker du sex stationer.
3. Du tar den röda linjen mot Mörby centrum eller Ropsten och åker till T-Centralen. Där byter du till den blåa linjen mot Kungsträdgården.

12
2. fjortonhundratalet
3. elvahundratalet
4. femtonhundratalet
5. sextonhundratalet
6. artonhundratalet
7. nittonhundratalet
8. tolvhundratalet

13
2. Popgruppen Abba vann melodifestivalen med låten »Waterloo« på 70-talet.
3. Charles Lindbergh flög över Atlanten på 1920-talet.
4. Elvis Presley släppte sitt musikalbum »Elvis Presley« på 50-talet.
5. 1930-talet präglades av en stark lågkonjunktur.
6. Rubiks kub var mycket populär på 80-talet.
7. 90-talet medförde den »digitala revolutionen«.

14a
Text **1**: 1700-talet
Text **2**: 1300-talet
Text **3**: 1500-talet
Text **4**: 1900-talet
Text **5**: 1600-talet

14b
1. fel 2. rätt 3. fel 4. rätt 5. fel 6. rätt 7. rätt 8. rätt 9. rätt 10. fel

Hörtext:

Text 1: 1700-talet

Carl Mikael Bellman är en av Sveriges mest kända skalder och trubadurer, ofta omnämnd som nationalskald. Han föddes 1740. Bellman sjöng visor som han själv hade komponerat. Han ackompanjerade sig själv på citrinchen, en sorts luta. Han blev ofta anlitad som musiker på privata fester. Bellman levde i en tid, då Stockholm var mycket trångbott, fattigt och smutsigt. Stockholm hade ca 7 000 invånare och det fanns 700 krogar. Man drack mycket alkohol, eftersom vattnet var så smutsigt. Bellmans visor handlar ofta om naturen kring Stockholm, t.ex. skärgården och Hagaparken och människorna där. Visorna handlar också om alkoholen och dess följder. Bellman dog sjuk och fattig 1795.

Text 2: 1300-talet
Den heliga Birgitta är Nordens första helgon och var känd i Europa. Hon föddes 1303 i Uppland. Hon var av fin släkt, för hennes mor var släkt med kungahuset. Hon fick lära sig läsa och skriva, vilket var ovanligt för flickor på den tiden. Birgitta ville gå i kloster men det ville inte hennes far. Hon giftes bort och fick åtta barn. Redan som liten fick Birgitta uppenbarelser, där Jesus talade till henne. Hon skrev ner dem och präster översatte dem till latin. 1349 reste Birgitta till Rom för att få tillstånd att grunda en klosterorden. Hon dog 1373 och 1384 invigdes Vadstena kloster, där Birgittas dotter blev abedissa.

Text 3: 1500-talet
Gripsholms slott är ett av de 11 kungliga slotten som ägs av staten. Det ligger mycket vackert vid Mälaren. Slottet byggdes på 1500-talet på Gustav Vasas initiativ. Slottet är internationellt känt för sin stora porträttsamling och fantastiska slottsrum från vasakungarnas tid. Med närhet till naturreservatet Gripsholms hjorthage är det ett populärt utflyksmål.

Text 4: 1900-talet
Stadshuset är en av Sveriges mest kända byggnader. Det är en arbetsplats, politisk kontorsbyggnad och en av landets viktigaste festlokaler. I Blå hallen firas Nobelfesten. Efter festmiddagen dansar Nobelpristagare, kungligheter och gäster i Gyllene salen med dess 18 miljoner guldmosaikbitar. Arkiteketen Ragnar Östberg fick uppdraget att rita byggnaden. Det tog 15 år att bygga Stadshuset och det invigdes 1923.

Text 5: 1600-talet
Falu koppargruva var rikets största skattkammare. Gruvan var det svenska rikets hjärta. Det var landets största arbetsplats. Över 1000 arbetare var anställda där. Sverige var världens största kopparexportör under 1600-talet. Med gruvan blev Falun Sveriges första stora industrisamhälle och landets näst största stad. Mer än 5000 människor bodde och arbetade här. Här bröts även järn och av malmen tillverkades bl.a. kanoner. Gruvan rasade 1687. Gruvan var då helt överexploaterad. I och med det var Sveriges stormaktstid över.

15a Accent 2 har: hoppas, vänner, mamma, ville, mage, vakna, jobbar

15b

Accent 1		Accent 2	
bordet	cykel	blomma	övningsbok
flyger	landet	blåbärspaj	sexton
godis	nätter	byxor	gjorde
väljer	säljer	pratar	slutar

16
1. ligger, lägga
2. står, ställa
3. sitta, sätt
4. Står, ställde
5. Låg, la
6. sitta, sätter
7. sitter/ligger, satte/la

17
1. samman/ihop
3. av, i
4. upp, ihop/samman
5. ner
6. ut
7. ut
8. upp, ner

18
1. loss
2. bort
3. ut
4. av
5. ur
6. upp
7. ner
8. in
9. upp
10. på
11. på
12. till
13. in
14. på
15. in
16. upp

19a
2. Nackdelen är att min lägenhet bara har en pytteliten balkong.
3. Fördelen är att jag har fler sociala kontakter.
4. Fördelen är att det finns ett stort utbud av restauranger.
5. Fördelen är att det finns fina parker.
6. Nackdelen är att det är långt till jobbet.

19b
2. Å ena sidan finns det härlig natur, å andra sidan är det långt till jobbet.
3. Å ena sidan kan man vara spontan och träffa folk, å andra sidan längtar jag till ensamma skogspromenader.
4. Å ena sidan kan man ha en egen häst, å andra sidan måste jag skjutsa mina barn till fritidsaktiviteter.
5. Å ena sidan ger lantlivet ett fundamentalt lugn, å andra sidan saknar jag möjligheten att träffa mina vänner ofta.

20
1. Det är fyra stationer från T-Centralen till Skanstull.
2. Vi måste byta till den Blå linjen.
3. Jag får inte glömma att köpa en biljett.
4. Perfekt!
5. Birger Jarl grundade Stockholm på 1200-talet.
6. Jag tycker/anser att det är en fördel att bo på landet.
7. Jag är övertygad om, att det är miljövänligt att bo i stan.
8. Jag tycker/anser att det är bra att ha många sociala kontakter.

Avsnitt 12

1
1. sport
2. traditioner
3. politik
4. kungahuset
5. kultur
6. utbildning
7. geografi
8. vetenskap
9. design
10. industri
11. historia

2 Till exempel:
juldagen
annandag jul
trettondag jul
långfredagen
Kristi himmelfärdsdag
gons dag
Sveriges nationaldag
påskdagen
annandag påsk
pingstdagen
midsommardagen
allhelgonadagen/alla hel-

3

en symbol	- symboler
ett spår	- spår
en representant	- representanter
en flagga	- flaggor
en krona	- kronor
ett genombrott	- genombrott
en älg	- älgar
ett rike	- riken
en häst	- hästar
ett stadsvapen	- stadsvapen

4

1. fel	3. fel	5. fel	7. rätt
2. rätt	4. rätt	6. fel	8. fel

Hörtext:

Under långa vinterkvällar, framför den varma brasan, föddes förebilden till den svenska dalahästen.
Där satt, kanske pappan i familjen, och gjorde leksaker till barnen. Oftast med enkla verktyg, t.ex. en kniv.
Att man täljde hästar var naturligt. Hästen var ett viktigt transportmedel och för bönderna var hästen en trogen vän och viktig i både jord- och skogsbruk.
Trähästar har varit till salu på marknader i ca 400 år.
De gjordes för hand och hade olika former. Någon gång på 1830-talet fick hästarna blommönster, det vi idag kallar kurbits.
Bröderna Nils och Jannes Olsson från Nusnäs i Dalarna hjälpte till med försörjningen genom att snida trähästar. 1928, när bröderna var 15 och 13 år gamla, lånade de pengar till en bandsåg och den första lilla dalahästfabriken kom till. Nu började man arbeta med en mall och hästarna blev mer likformade, men dekoren målades helt för hand. Även idag snidas hästen färdig och målas med den karakteristiska dekoren av skickliga händer.
Det internationella genombrottet kom på världsutställningen i New York 1939, där en tre meter hög dalahäst gjorde en enorm succé. Dalahästen blev världskänd!

5

1. som	3. som	6. vilket	9. vilket
2. vilken, som	4. vars	7. som	10. vilket
	5. vilket	8. vars	

6

1. Klarälven	8. skärgård	15. skog
2. Öland	9. jordbruket	16. istiden
3. landhöjning	10. Vänern	17. Treriksröset
4. nordtopp	11. vindkraften	18. glaciär
5. Norge	12. Östersjön	19. Kebnekaise
6. halvön	13. landskap	
7. Skanderna	14. älvar	

7

1. brev	5. svenska	9. resa
2. Bergvik	6. Edsbyn	10. hemma
3. Helsingborg	7. semester	11. fel
4. ledig	8. Svedala	12. evighet

8

1. kronprinsessa	3. kung/statschef	5. prinsessa
2. prins	4. drottning	

9

1. otidsenlig	6. rojalist	11. dyr
2. omänsklig	7. rätt	12. export
3. olycklig	8. bra	13. demokrati
4. stor	9. öppna	14. ålderdom
5. stark	10. omöjligen	

10

2. en statschef	- statschefer
3. demokrati	- demokratier
4. en migrant	- migranter
5. ett kungahus	- kungahus
6. en president	- presidenter
7. en exportindustri	- exportindustrier
8. en monarki	- monarkier
9. ett arv	- arv
10. ett fängelse	- fängelser

11

1. sina	4. hans	7. sin	10. sina
2. Hennes	5. sin	8. Deras	
3. sina	6. sina	9. sitt	

12

1. kanske	7. minsann	13. nog
2. tyvärr	8. väl	14. gärna
3. nog	9. endast	15. eventuellt
4. hellre	10. ej	16. förmodligen
5. faktiskt	11. verkligen	17. helst
6. eventuellt	12. bara	18. antagligen

13

enbart - endast - bara
givetvis - naturligtvis
kanske - kanhända - möjligen - möjligtvis - eventuellt
antagligen - troligen - förmodligen - nog
inte - ej
minsann - verkligen - faktiskt

14

1. Anna trodde, att han bara ville dricka ett glas vatten.
2. Sven säger, att det förmodligen kommer att bli bra.
3. Eva påpekar, att hon hellre äter vegetariskt.
4. Pontus tror, att han antagligen hinner med bussen.
5. Lotta säger, att det nog blir fint väder i morgon.
6. Kalle har hört, att Micke tyvärr inte har tid med flytten.

15

2. bli	blir	blev	blivit
3. rida	rider	red	ridit
4. skina	skiner	sken	skinit
5. stiga	stiger	steg	stigit
6. skrika	skriker	skrek	skrikit
7. lida	lider	led	lidit
8. gripa	griper	grep	gripit
9. pipa	piper	pep	pipit

16

1. fel	4. fel	7. fel	10. fel
2. rätt	5. rätt	8. fel	11. rätt
3. rätt	6. fel	9. rätt	12. rätt

17

1. ekonom	8. levererar
2. exporterar	9. leveranssäkerhet
3. handelspartner	10. industrivaror
4. utvecklingen	11. gruvindustrin
5. varuexport	12. dataspelsbranschen
6. företag	13. exportprodukt
7. Trä	14. fördubblats

18

1. varit	7. vilken	13. kan
2. fall	8. fått	14. både
3. kommer	9. också	15. ofta
4. att	10. svensk	16. många
5. som	11. tror	17. säger
6. det	12. med	

19

1. Vad var det nu igen? / Vad hette det nu igen? / Det kommer jag inte ihåg.
2. Jag tycker att det är överdrivet.
3. Ge dig!
4. Jag håller inte med dig, Ann.
5. Jag håller med dig, Peter.
6. Det har du rätt i, Ulrika.
7. Jag tycker att svensk musik är bra.
8. Jag kom att tänka på en annan sak/grej.

Avsnitt 13

1 Här rättar kursledaren.

2 Närke är ett **av** Sveriges minsta landskap. **Landskapsdjuret** är hasselmusen och landskapsblomman är gullvivan. Kilsbergen eller »de blå bergen« **knappt** två mil väster **om** Örebro är ekoparken, **där** de norrländska barrskogarna **möter** Mellansveriges lövskogar **och** jordbruksbygder.
I bergen **fanns** det gott om järn förr i **tiden** och järnhanteringen har **varit** viktig under **många** hundra år. Det **märks** på de många ortnamnen med efterledet -hyttan. Även **om** järnet har tagit slut, **finns** det fortfarande industrier i **norra** Närke som bearbetar järn och stål. När järnet tog **slut**, började **man** använda sig av skogen och **det** finns **fortfarande** sågverk och pappersindustrier i Närke. Men **även** jordbruket är en viktig näring för Närkeborna. **Eftersom** många viktiga vägar, vattenvägar och järnvägar går **genom** Närke, kallas landskapet **ibland** för Sveriges hjärta.
Sveriges säkraste fängelse **ligger** i Kumla. I sjön Fagertärn **växer** röda näckrosor och det är **den** enda platsen i världen, där **de** växer vilt.

3

1 sega råttor	7 geléhallon
2 löständer	8 gröna grodor
3 salta sillar	9 lakritsbåtar
4 hallonbåtar	10 colaflaskor
5 bilar	11 chokladbananer
6 häxvrål	

4

sockerfri	ljudlös, bottenlös, livlös
bottendålig, superdålig, skitdålig	hemtrevlig, hemlös
	knallröd
spegelblank	livrädd
iskall	supergott
skitbra, superbra	kristallklar

5

1. slappa	5. umgås	9. införa
2. kolla på	6. köra med	10. lagar
3. ökar	7. fixa	11. pysslar
4. handlar om	8. häva i sig	12. ger

6

1. trots att	5. När	9. tills
2. om	6. som om	10. därför att
3. att	7. ifall	
4. Även om	8. medan	

7a

1. Innan	3. Medan	5. innan
2. medan	4. Innan	6. medan

7b

1. fastän	3. därför att	5. därför att
2. därför att	4. fastän	

8

1. så att	6. Just som
2. tills	7. fastän/även om
3. därför att/för att	8. utan att
4. När	9. trots att/fastän/även om
5. att	10. innan

9

1. Jag tror att fredagsmys är viktigt, därför att barn behöver ritualer.
2. När jag var liten, åt jag jättemycket godis/sötsaker.
3. Trots att/Även om/Fastän jag äter mycket godis, har jag bra tänder.
4. Medan jag läste tidningen, lagade Eva pizza.
5. Jag vet inte, om du kan föstå mig.
6. Ju mer jag lär mig, desto bättre blir jag.

10

2. till	6. denna	10. ju	14. än
3. av	7. hans	11. dem	15. viktigast
4. sitt	8. tog	12. om	16. någon
5. sin	9. som	13. Eftersom	

11a

4 bilbältet	3 respiratorn
7 primusköket	1 rullatorn

11b

1. fel	3. rätt	5. fel	7. rätt	9. rätt
2. fel	4. rätt	6. fel	8. rätt	

Hörtext:

Trepunktsbältet

På 50-talet ökade trafikolyckorna och trafiksäkerheten började intressera vetenskapen. Två amerikanare uppfann trepunktsbältet som var mycket säkrare än det tidigare tvåpunktsbältet. Flygingenjören Nils Bohlin började jobba på Volvo i slutet av 50-talet. Han vidareutvecklade trepunktsbältet och det patenterades 1958. Ett år senare började trepunktsbältena monteras i Volvos bilar. Först var modellerna Amazon och PV544. Länge kom Volvo Amazon att betraktas som en av världens säkraste bilar. Trepunktsbältet har fortsatt att utvecklas, men den ursrpungliga designen förblir Nils Bohlins.

Primusköket
Vissa produkter blir en enorm succé och varunamnet blir synonymt med funktionen. Primusköket från 1892 är en av dem. Uppfinnaren heter Frans Lindqvist. Han var först med att konstruera ett sotfritt fotogenkök. Det hade bättre värmekapacitet än dem som fanns på den tiden. Dessutom hade det en klar och sotfri låga. Lindqvists fotogenkök såldes under namnet Primus.

Respiratorn
Under coronakrisen spelade respiratorn en nyckelroll för svårt sjuka patienter. Denna livräddande maskin är en svensk uppfinning. När Sverige skakades av en polioepedemi, drabbades många av andningsförlamning. Patienterna lades i en så kallad järnlunga, en apparat, där de tvingades att andas. Problemet var att man inte kunde kontrollera hur mycket luft patienten fick. Carl Gunnar Engström uppfann en luftpump som pumpade in exakt rätt mängd luft i patientens lungor. Den första prototypen var klar 1950. Respiratorn är idag mycket förfinad och helt elektronisk, men grundprincipen är densamma som Engströms uppfinning.

Rullatorn
Vid 21 års ålder drabbades Aina Wifalk av polio. Hon fick svårt att gå under resten av sitt liv.
Sjukdomen satte även stopp för hennes yrkesliv. 1976 var axlarna utslitna, eftersom hon mycket länge hade gått med käppar. Hon började fundera på, om man inte kunde uppfinna ett hjälpmedel som var skonsammare än käppar för människor som har svårt att gå. 1978 lämnade hon in en idé till en statlig utvecklingsfond. Hon hade uppfunnit en helt ny typ av gånghjälpmedel på hjul. Man insåg potentialen, ordnade med pengar och kopplade in ett företag som gjorde konstruktionen. Tre år senare startades produktionen av rullatorer, ett hjälpmedel som har betytt enormt mycket för äldre och funktionshindrade.

12

1. hedersgäster	5. stjärnkock	9. människa
2. värden	6. smyckas	10. dans
3. middag	7. blommor	
4. tills	8. tema	

13

1. brett	5. vitt	9. rött
2. goda	6. stora	10. ljust
3. fin	7. mörk	
4. löjliga	8. vacker	

14 Kära dagbok!
Idag lussade vi i skolan, så jag steg **upp** tidigt idag. Karin kom **hit** och hämtade mig. Det var kallt **ute** när vi gick **hemifrån** och det snöade lite. Vi gick **upp** till gymnastiksalen och tog på oss våra lucialinnen. Eftersom Kattis var **borta**, var Lotta Lucia. Lotta är snäll, tycker jag. Jag hade stoppat **ner** massor av glitter i skolväskan. Alla tjejer fick lite var. Sedan gick vi **in** i gymnastiksalen och började sjunga luciasången. **Där** satt eleverna och lyssnade. Längst **fram** satt Kent. Han är verkligen söt! Till slut tog vi **fram** lussekatter och pepparkakor och bjöd eleverna på. Sedan gick vi **ner** till klassrummet och hade lektioner som vanligt.

15a

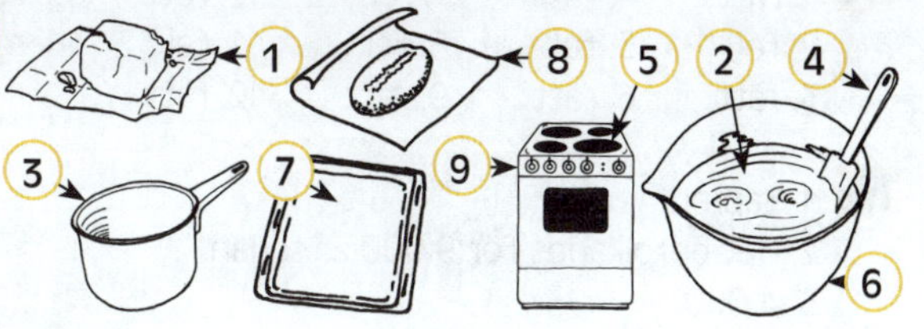

15b

1. smör	7. 37 grader	13. plåtar
2. salt	8. resten	14. russin
3. ägg	9. mjöl	15. ägg
4. ca 180-200 °C	10. bunken	16. ugnen
5. jästen	11. arbeta	17. 15
6. kastrull	12. lussekatter	

16a

1. typ	5. fira	9. skina
2. dricka	6. ni	10. sky
3. drycken	7. fyra	11. bita
4. ny	8. tips	12. byta

16b

1. ring	5. vin	9. bild
2. dricka	6. vinna	10. teknik
3. skriva	7. fika	
4. finger	8. binda	

17

2. binda	binder	band	bundit
3. sitta	sitter	satt	suttit
4. försvinna	försvinner	försvann	försvunnit
5. brinna	brinner	brann	brunnit
6. finna	finner	fann	funnit
7. hinna	hinner	hann	hunnit
8. vinna	vinner	vann	vunnit
9. slippa	slipper	slapp	sluppit
10. springa	springer	sprang	sprungit
11. sticka	sticker	stack	stuckit

18a

2. Danskar gillar wienerbröd.
3. Fransmän gillar vin.
4. Tyskar gillar surkål.
5. Greker gillar fårost.
6. Norrmän gillar getost.
7. Italienare gillar pasta.
8. Finländare gillar tango.
9. Britter gillar te.
10. Spanjorer gillar flamenco.

18b
1. spanjorska
2. tysk
3. svenska
4. fransman
5. finländare
6. danska
7. ryss
8. polska
9. estniska
10. italienare
11. polack
12. spanjor
13. fransyska
14. norrman
15. tyska
16. svensk
17. italienska
18. norska
19. amerikanska

19a
1. Text C
2. Text D
3. Text C
4. Text B
5. Text A
6. Text A
7. Text D
8. Text B

19b
1. rätt
2. fel
3. rätt
4. rätt
5. fel
6. rätt
7. fel
8. fel
9. rätt
10. rätt
11. fel
12. rätt
13. fel
14. rätt

19c
1. Sápmi
2. Det befolkades för 9 000 år sedan.
3. 4 000
4. Sverige tog emot 3 000 judar fram till 1939 och i andra världskrigets slutskede tog Sverige emot ca 12 000 judar.
5. 1809
6. Finländare kom för att jobba i skogen. De bosatte sig bl.a. i Norrland och Värmland. De kom också därför att Finland hade en ekonomiskt svår situation och Sverige behövde arbetskraft.

20
1. Det är sant.
2. Finländare gillar att bada bastu.
3. Jobbkläderna är portade på helgen.
4. Om jag ska vara ärlig, så är jag en gottegris. / Ärligt talat är jag en gottegris.
5. Jag kör alltid med nyttiga tilltugg/snacks till vinet.
6. Samma här!
7. Det är superviktigt.
8. Jag tycker det är urmysigt.

Avsnitt 14

1
1. ... barnbok.
2. ... deckare.
3. ... en kärleksroman.
4. ... en saga.
5. ... äventyrsroman.
6. ... biografi.
7. ... facklitteratur.
8. ... thriller.
9. ... historisk roman.
10. ... science fiction.

2 Hörtext: **Bok 1: Sarahs nyckel**

Det är 1942. När poliserna kommer, gömmer Sarah sin lillebror i garderoben. Hon låser och stoppar nyckeln i fickan. Sedan för polisen bort familjen. Timmarna går och flickans desperation växer ... . Boken är skriven av Tatiana de Rosnay.

Bok 2: Historien om IKEA

För första gången berättar Ingvar Kamprad om sitt liv. Om hur hans blomfröfirma växte till en global möbelgigant värd över 150 miljarder.

Bok 3: Solens smak - nya matresor till Italien

Bo Hagström, mannen bakom tv-programmet Solens mat, fortsätter nu sitt sökande efter nya italienska smaker. Vi får träffa matentusiaster och får en rad recept.

Bok 4: Vart du än går är du där

Medveten närvaro, mindfulness, handlar om att leva sitt liv här och nu. Man ska inte gräma sig över det förflutna eller oroa sig för framtiden. Men hur gör man - rent praktiskt? Den här boken av Jon Kabat Zinn får dig på rätt väg.

3 Hörtext:

Bok 1: Mördare utan ansikte

Nånting har han glömt, det vet han med säkerhet när han vaknar. Nånting han har drömt under natten. Nånting han bör komma ihåg. Han försöker minnas. Men sömnen är som ett svart hål. En brunn som ingenting avslöjar av sitt innehåll.
Ändå har jag inte drömt om tjurarna, tänker han. Då skulle jag ha varit svettig, som om jag hade värkt ut feber under natten. Den här natten har tjurarna lämnat mig ifred.
Han ligger stilla i mörkret och lyssnar. Hustruns andhämtning är så svag vid hans sida att han knappt kan uppfatta den.
En morgon kommer hon att ligga död bredvid mig utan att jag märker det, tänker han. Eller jag. En av oss dör före den andre.

Bok 2: Historien om Sverige, Från istid till framtid

I begynnelsen var Skåne. Och en liten del av Götaland. Men ingen hade ännu hört dessa ord, än mindre orden Sverige eller svensk. Vad som fanns var arktisk tundra och bortom den det väldiga isberget. Däremellan låg barmark där renhjordar strövade mellan sjöar och slamskummande älvar.
Någon måste ha varit den förste. Den som en dag för kanske fjortontusen år sedan kom söderifrån och för första gången såg det som långt senare skulle kallas Sverige ligga där, nyavfrostat. Det första som syntes i fuktdimmorna var det som idag heter Skåne och som då hängde ihop med den europeiska kontinenten.

4
1. rätt
2. fel
3. fel
4. fel
5. rätt
6. fel
7. rätt
8. rätt
9. fel
10. fel
11. rätt
12. fel

5
2. svenska
3. italienska
4. spanska
5. norska
6. danska
7. finska/svenska
8. turkiska
9. ungerska
10. engelska
11. isländska
12. nederländska/ holländska
13. franska
14. grekiska
15. polska
16. kinesiska

6 **De nordiska språken**

Till de inhemska språken i Norden räknas svenska, danska, norska, isländska, färöiska, samiska, finska, tornedalsfinska och grönländska. Dessa **språk** tillhör tre språkfamiljer som inte är släkt med **vararandra**:
- den germanska (svenska, danska, norska, isländska, färöiska)
- den uraliska (samiska, finska, tornedalsfinska)
- den eskimåiska (grönländska)

Urnordiskan var det språk **som** talades i Norden under den yngre järnåldern, folkvandringstiden **och** vendeltiden ca 550-800 efter Kristus. Under vikingatiden utveckades **de** fem nordiska språken **lite** olika. På grund av denna historiska språkgemenskap har de nordiska språken svenska, danska och norska **stora** likheter, vilket gör att grannarna, med lite träning, kan **förstå** varandra rätt bra. Men inte **alla** nordbor förstår varandra lika bra. Svårast är det **för** svenskar och danskar att förstå varandra. Norska och danska liknar varandra mest, så norrmän och danskar **brukar** kunna förstå varandra rätt bra. Svenskar och norrmän har inte **heller** så stora problem att förstå varandra. Naturligtvis är det alltid lättare att förstå en skriven **text** än att förstå en nordisk granne som **talar**. Isländska och färöiska har förändrats minst och är språk som är **mycket** svåra att förstå av grannarna. Finsk-ugriska språk **tillhör** den uraliska språkfamiljen. Dit hör samiska och finska, men även estniska och ungerska. Dessa språk har **inget** gemensamt med de nordiska språken.
Grönländska är **ett** eskimåiskt-aluetiskt språk och talas av den grönländska urbefokningen på Grönland. Där är ett officiellt språk tillsammans med danska. Det talas av ca 40 000 **personer** och kan inte förstås av skandinaver som inte har lärt sig språket.
Det nordiska språksamarbetet främjar mobiliteten mellan länderna och stärker upplevelsen av samhörighet i Norden.

7

1. skidor	11. rygg	21. hyacint
2. stjärna	12. dörr	22. säck
3. julklapp	13. kälke	23. måne
4. burk	14. pepparkaka	24. barn
5. julkärve	15. nötter	25. spis
6. hand	16. ögon	26. brasa
7. sparvar	17. sol	27. apelsiner
8. ljus	18. paket	28. tak
9. gran	19. mössa	
10. dag	20. tomte	

8
1. Hon doppar i grytan. Släkten kommer.
2. Olle har allergi.
3. Det tar ungefär 45 - 60 minuter per kilo.
4. Barnen gillar inte lutfisk.
5. Det finns julskinka, köttbullar, prinskorv, Janssons frestelse, rödkål, brunkål m.m.
6. Det har blivit en tradition.
7. När det har blivit mörkt.

Hörtext: **Julen hos Gunnel och Siv**
G: Gunnel S: Siv

S: Hur tänker ni fira jul i år, Gunnel?
G: Ja, som vanligt. Vi doppar i grytan på lillejulafton. Och så kommer släkten på julafton.
S: Lagar du julmaten själv egentligen?
G: Javisst! Det är ju så roligt! Men vi tänker nog ha mer vegetarisk mat på julbordet i år. Olle med sin allergi äter ju så lite kött.
S: Jaså, säger du det. Ja, det finns ju mycket man kan välja på. Men du tänker väl inte slopa julskinkan?
G: Nej, vad är julen utan skinka! Men jag ska ugnsbaka den i år.
S: Ja, det är säkert gott. Jag brukar koka skinkan i gryta. Den metoden går snabbast, tycker jag. Det tar ungefär 45 - 60 minuter per kilo. Sedan griljerar jag den. Brukar ni äta lutfisk?
G: Självklart! Stina och Janne älskar lutfisk, så det är ett måste hos oss.
S: Vi har faktiskt lagt av med lutfisk. Barnen är ju inte så förtjusta i det. Men annars har vi väl det gamla vanliga på julbordet: julskinka, köttbullar, julkorv och prinskorv, olika sorters sill, Janssons frestelse, leverpastej, kokt potatis, rödkål och brunkål. Och så risgrynsgröt förstås.
G: Ja, just det, Siv, det hör ju julen till!
S: Brukar ni också titta på Kalle Anka?
G: Ja, det är svårt att låta bli. Det har riktigt blivit en tradition. Vi har ju sett det där tv-programmet ända sedan barnen var små.
S: Ja, Kalle Anka måste man ju se. Men sedan när det har blivit mörkt kommer tomten. Vi hade tänkt fråga Göran om han vill vara tomte i år.
G: Ja, han är ju trevlig och hjälpsam! Vi har slutat med tomte och vi dansar inte kring granen heller. Men det är ju bara vi fyra som firar jul.
S: Det är klart. Men är man många, så är det verkligen roligt med sång och dans.
G: Precis, och utan tomte är det ju ingen riktig jul för barnen.

9
2. Den minsta musen.
3. De tyngsta skåpen.
4. Det yngsta barnet.
5. De sämsta tipsen.
6. Det finaste huset.
7. De godaste pepparkakorna.
8. De bästa möjligheterna.
9. Den vackraste utsikten.
10. De roligaste historierna.
11. De gulligaste tomtarna.
12. Det lägsta priset.

10
2. Den största sjön i Sverige är Vänern.
3. Den längsta bron i Europa är Ölandsbron.
4. Det minsta landskapet i Sverige är Blekinge.
5. Det största landskapet i Sverige är Lappland.
6. De godaste köttbullarna i världen är mammas.
7. »Den längsta konstutställningen« i världen är tunnelbanan.

11
1. studerade
2. hette
3. stod
4. hålla
5. följa
6. nå
7. mumlade
8. kom
9. bet
10. vara
11. skaffa
12. fortsatte

12
1. smulas
2. smälts
3. tillsätts
4. värms
5. hälls
6. arbetas
7. läggs
8. knådas
9. delas
10. formas
11. penslas
12. gräddas
13. tas
14. fördelas
15. vispas
16. spritsas
17. läggs
18. siktas

13

1. flyga	flyger	flög	flugit
2. krypa	kryper	kröp	krupit
3. frysa	fryser	frös	frusit
4. knyta	knyter	knöt	knutit
5. flyta	flyter	flöt	flutit
6. stryka	stryker	strök	strukit
7. snyta	snyter	snöt	snutit

14
1. kom
2. sagt
3. tagit
4. skulle
5. gjort
6. smög
7. ansåg
8. sov
9. varit
10. ville
11. blivit
12. vande
13. pep
14. sett
15. valde

15
1. om
2. av
3. för
4. i
5. på
6. åt
7. om
8. med
9. vid
10. på
11. med
12. för

16
2. Jag tycker om köttbullar.
3. När kommer vi fram till Stockholm?
4. Kan du slå på tv:n, Janne?
5. Vad handlar sagan om?
6. I helgen tänker vi hälsa på goda vänner.
7. Slå inte på bordet så där!
8. Vi har inte fått in något i den vägen.
9. Ska vi titta på tv?
10. Oj, så du ser ut!
11. Vi gick på bussen.
12. Karin talade om arbetslösheten i landet.
13. - Tala om för mig vad du har gjort!
14. - Var vänlig och skriv på här!
15. Janne hoppade i vattnet.
16. Anna hoppade i vattnet.

17
1. Liselott frågar/undrar om jultomten kommer i år.
2. Sten frågar/undrar om Lotta hinner med bussen.
3. Karin säger att det är den godaste glöggen i världen.
4. Erik säger att han önskar sig en klocka i julklapp.
5. Ingrid frågar/undrar om vi/de ska träffas på lille-julafton.
6. Hans säger att han tycker väldigt mycket om lutfisk.
7. Frida frågar/undrar om någon har ringt idag.
8. Tomten frågar/undrar om det finns några snälla barn här.

18
2. Anton undrade vilken väg som är bäst.
3. Kalle frågade hur många deckare som har kommit ut.
4. Ulla undrade vem som har lånat boken.
5. Gunilla frågade vilket hus som är störst.
6. Lukas undrade vad som är roligast.
7. Emma frågade vem som hade tappat ringen.
8. Janne frågade vilka strumpor som är Evas.

19
1. Anna, känner du till deckaren av Liza Marklund?
2. Jag gillar att lyssna på musik.
3. Akta dig, Anders!
4. Laxen smakar bra.
5. Osten luktar så äckligt.
6. Jag kan tala både svenska och spanska.
7. Va?/ Förlåt, vad sa du?/ Jag hörde inte vad du sa.
8. Romanen utspelar sig i Stockholm.

Avsnitt 15

1
1. seglaren
2. spön
3. snö, tö
4. is
5. hal
6. sol
7. kläder, väder
8. vind, storm
9. blåsväder

2
1. nosa på
2. ett ryggskott
3. en solstråle
4. gnälla
5. (ett) kallprat
6. hoppa jämfota
7. en isbrytare
8. en löpsedel

3
1. Götaland
2. Svealand
3. Norrland

4
1. Det regnar och åskar. Det är 20 plusgrader och ostlig vind.
2. Det snöar. Det är minus 3 grader och nordostlig vind.
3. Det regnar. Det är 2 plusgrader och sydostlig vind.
4. Det är soligt/Solen skiner. Det är minus 7 grader och sydvästlig vind.

5 Här rättar kursledaren.

6
1. Det är sydlig vind.
2. Det regnar.
3. Det är mulet.
4. Det är omkring noll grader.
5. Det är frisk eller hård vind.
6. Det är regn och någon plusgrad.

Utsikter till lördagen:
Götaland: Vind omkring syd, mulet och tidvis regn, främst i den västra delen. +3 - +6 grader.
Svealand: Sydostlig vind, mulet och här och var något regn, 1 - 4 plusgrader. I nordvästra Svealand något snö och omkring noll.
Norrland: Sydostlig vind, i fjällen frisk eller hård. Snöfall och 1 - 7 minusgrader. Vid södra Norrlandskusten regn och någon plusgrad.

7
2. Karin påstår att Anna har mycket pengar.
3. Anna påstår att Lisa ligger på sjukhus.
4. Sven påstår att Kalle gifte sig i lördags.
5. Johanna påstår att skolmaten är dålig.
6. Nils påstår att Sören sitter i fängelse.

8
1. halvklart
2. värmebölja
3. väderprognoser
4. aprilväder
5. regnskur
6. solglimtar
7. hagel
8. åska
9. lågtryck
10. nordostlig
11. brittsommar
12. moln
13. stormby
14. snö
15. frost
16. blixt
17. solen
18. dimmigt
19. högtryck

9
1. De ligger och solar.
2. Han är ute och skottar.
3. Hon går och shoppar.
4. Hon sitter och stickar.
5. De är ute och joggar.
6. Han ligger och sover.
7. De står och pratar.
8. Hon sitter och läser.
9. Hon är ute och dansar.

10
1. spela tennis
2. en kopp kaffe
3. läsa svenska
4. börja jobba
5. titta på tv
6. ta tåget
7. sitta och skriva
8. ett glas saft
9. äta frukost
10. sluta röka
11. stå och vänta
12. ligga och läsa
13. arbeta halvtid
14. ett gram saffran
15. Ingvar Olsson

11 Här rättar kursledaren.

12
1. läskigt
2. förstörelse
3. ofantlig
4. svårmod
5. efterhand
6. tillgång
7. knapphet
8. försörjnings-system
9. regn och snö
10. hemsöka
11. dö
12. el

13
1. målad
2. stängt
3. sydda
4. stekta
5. klädd
6. bjudna
7. skriven
8. bäddad
9. skickade
10. hyrt
11. stulna
12. tömda

14a
1. frankerat
2. diskat
3. stekt
4. irriterad
5. sminkad
6. sydda
7. gömt
8. förföljda
9. köpt
10. skrivna
11. bjudna
12. låst
13. planterat
14. vattnade
15. såld

14b
1. förbjudet
2. tillåtet
3. stängt
4. slitna
5. gjord
6. hotad
7. chockade
8. missförstådd
9. utbildad
10. målat
11. anställd
12. tvättad
13. sprucken
14. bruten
15. slängda

15
1. isydda
2. ommålat
3. bortrest
4. omgift
5. uppätna
6. inlagd
7. avstängt
8. bortkastad
9. inlåst
10. ifylld
11. ombyggt
12. uthyrd

16a
1. rätt
2. fel
3. fel
4. rätt
5. rätt
6. rätt
7. rätt
8. fel
9. rätt

Hörtext: **En trafikolycka**

S: Stefan K: Karl

Stefan Müller är på semester i Sverige. Han har otur och råkar ut för en bilolycka. Han kör på Karl Gustavssons bil mitt i en korsning. De stiger båda ur bilarna.

S: Usch, det här var inte roligt. Jag är hemskt ledsen.

K: Hur kör du egentligen? Du blinkade ju åt höger och sedan kör du rakt fram. Det är ju inte klokt! Titta så min bil ser ut! Motorhuven är intryckt, strålkastarna helt krossade och en sidospegel är avbruten.

S: Jag vet, det var helt och hållet mitt fel. Ähhh.... förlåt, jag är förvirrad och lite chockad. Jag är här i Göteborg för första gången. Jag letade efter vägen till Mölndal och blev irriterad, när vägen var avspärrad och så ...

K: Jag förstår, du är turist. Men i alla fall, det här var väldigt onödigt. Förlåt mig, jag är också lite skakad. Hoppas det inte har hänt något allvarligt. Är du skadad?

S: Nej då, det gick tack och lov bra. Hur är det med dig?

K: Tack, det var bara bilarna som fick sig en ordentlig smäll vid krocken. Låt oss ställa upp varningstrianglarna och ringa polisen och bärgningsbilen.

16b
1. krossade
2. avbruten
3. intryckt
4. irriterad
5. avspärrad
6. förvirrad, chockad
7. skadad

17
1. Det är tillåtet att bada.
2. Det är förbjudet att stanna.
3. Det är tillåtet att köra 50 km i timmen./ Det är förbjudet att köra mer än 50 km i timmen.
4. Det är förbjudet att köra motorcykel/mc.
5. Det är tillåtet att parkera.
6. Det är förbjudet att parkera.
7. Det är förbjudet att köra om.
8. Det är tillåtet att rida.

18a
1. När cyanobakterier sjunker till botten.
2. Den kallas också mördarsningel.
3. Vi kan minska näringstillförseln från jordbruk, trafik och hushåll.
4. Åke Olsson kan spå väder i abborrar.
5. En köldknäpp eller en torr och varm maj kan ta kål på sniglarna.
6. Växtplankton är alger och cyanobakterier.

18b
1. Algblomning är när alger och cyanobakterier blommar. De massförökar sig och sprids över stora områden på kort tid.
2. Man kan se fler fåglar i Sverige nu än för 30 år sedan, eftersom de väljer att stanna över vintern.
3. Enok Sarri var same och SMHI:s väderobervatör. Han blev rikskändis på 80-talet. Han spådde väder genom att avläsa fisk- och renmagar.
4. Djuren är inte längre kamouflerade på vintern, när de är vita, och blir lätta byten för rovdjur.
5. Att pälsen blir vit har med hormoner, ljuset och dagslängden att göra, inte med snö och kyla.

6. Den spanska snigeln gillar fuktigt klimat. Äggen överlever, när det regnar mycket.
7. Myggen blir fler och ettrigare. De lägger sina ägg där det är översvämning och förökar sig enormt.
8. I Bondepraktikan kan man läsa om hur man spår väder i naturen. Man kan titta på molnen, soluppgången och solnedgången, himlen, träden och växterna.

19 klimatbovar, utsläppen, höjd, inom, oroar, risk, ryser, ohållbart, avstå från, andra, förbrukningen, miljöaktivister, skämmas, samvete, schyst, ingenting, svenskar

20
1. Hur många grader är det idag?
2. Enligt väderprognosen/väderleksrapporten ska det bli soligt och varmt.
3. Jag fryser.
4. Jag är rädd för åska.
5. Jag hoppas att vädret blir fint i morgon.
6. Usch, vilket dåligt väder vi har!
7. Jag är övertygad om att det kommer att regna mer i framtiden.
8. Vad håller Staffan på med?

Avsnitt 16

1 jord: jordbävning, jordbrukare, jordfästning, jordgubbar
luft: luftmadrass, luftförorening, luftfilter, luftfuktighet
eld: eldsläckare, eldsjäl, eldslukare, eldstad
vatten: vattenkraft, vattenpöl, vattenkanna, vattendrag

2

3 ett ris	4 en eld
7 en slaktare	8 ett rep
1 en gumma	10 en katt
5 ett vatten	2 en pojke
9 en råtta	6 en oxe

Hörtext:

Pojken som inte ville gå i skolan
Det var en gång en gumma, som hade en pojke, som inte ville gå i skolan. Då gick gumman till riset och sa: Kära ris, slå pojken för han vill inte gå i skolan.
Nej, sa riset.
Då gick hon till elden och sa: Kära eld, bränn upp riset! Riset vill inte slå pojken och pojken vill inte gå i skolan.
Nej, sa elden.
Då gick hon till vattnet och sa: Kära vatten, släck elden! Elden vill inte bränna riset, riset vill inte slå pojken och pojken vill inte gå i skolan.
Nej, sa vattnet.
Då gick hon till oxen och sa: Kära oxe, drick upp vattnet! Vattnet vill inte släcka elden, elden vill inte bränna riset, riset vill inte slå pojken och pojken vill inte gå i skolan.
Nej, sa oxen.
Då gick hon till slaktaren och sa: Kära slaktare, slakta oxen! Oxen vill inte dricka vattnet, vattnet vill inte släcka elden, elden vill inte bränna riset, riset vill inte slå pojken och pojken vill inte gå i skolan.
Nej, sa slaktaren.
Då gick hon till repet och sa: Kära rep, häng slaktaren! Slaktaren vill inte slakta oxen, oxen vill inte dricka vattnet, vattnet vill inte släcka elden, elden vill inte bränna riset, riset vill inte slå pojken och pojken vill inte gå i skolan.
Nej, sa repet.
Då gick hon till råttan och sa: Kära råtta, gnag av repet! Repet vill inte hänga slaktaren, slaktaren vill inte slakta oxen, oxen vill inte dricka vattnet, vattnet vill inte släcka elden, elden vill inte bränna riset, riset vill inte slå pojken och pojken vill inte gå i skolan.
Nej, sa råttan.
Då gick hon till katten och sa: Kära katt, ät upp råttan! Råttan vill inte gnaga repet, repet vill inte hänga slaktaren, slaktaren vill inte slakta oxen, oxen vill inte dricka vattnet, vattnet vill inte släcka elden, elden vill inte bränna riset, riset vill inte slå pojken och pojken vill inte gå i skolan.
Nej, sa katten.
Men om du får lite grädde och en liten fisk? sa gumman.
Ja, i så fall kan jag väl göra mig det besväret, sa katten.
Och katten på råttan, råttan på repet, repet på slaktaren, slaktaren på oxen, oxen på vattnet, vattnet på elden, elden på riset och riset på pojken och pojken till skolan!

3a

1. en rättvisa	3. en dryck	5. en art
2. ett vatten	4. en smak	

3b 1. älska 2. ge 3. längta 4. fånga

4
1. Hon föddes år 1900.
2. Hon var självmedveten och egoistisk. Hon ville vara bäst, först och störst och få sin vilja igenom.
3. Hon studerade grekiska, nordiska språk och litteraturhistoria.
4. Hennes första diktsamling hette Moln.
5. Hon erkände öppet sin homo- och bisexualitet och genomgick en psykoanalytisk behandling. Hon träffade en judisk kvinna som hon levde tillsammans med ända till sin död.
6. Hon är mest känd för sin poesi.
7. Hon tog sitt liv 1941.

Hörtext:

Karin Boye föddes år 1900. Som barn var hon mycket självmedveten och egoistisk. Hennes bror Ulf berättar: "För henne gällde mest, bäst, störst och först. Fick hon inte sin vilja igenom, kunde hon hota: 'Nu blir det skrik'". Men det blev annorlunda under skoltiden. Hon blev tillbakadragen, asketisk och hänsynsfull.
Karin tog studentexamen 1920 och folkskollärarexamen 1921. Sedan studerade hon grekiska, nordiska språk

och litteraturhistoria i Uppsala. Hon kämpade för kvinnornas rättigheter. Hon var musikalisk, tog pianolektioner och hade en vacker sångröst.
1922 debuterade hon med diktsamlingen Moln, som förmedlade en ung människas grubblande över Gud och sin egen framtid. Karin Boye är mest känd för sin poesi, men hon skrev även flera romaner, noveller och artiklar. Dessutom arbetade hon som översättare.
Under sin vistelse i Berlin 1932-1933 tog Karin Boye steget att erkänna och leva öppet med sin homo- och bisexualitet. Hennes äktenskap med Leif Björk löstes upp och hon träffade en judisk kvinna, som hon levde tillsammans med ända till sin död. I Berlin genomgick hon en psykoanalytisk behandling och upplevde nazismens genombrott.
Karin Boyes liv slutade tragiskt. Hon tog sitt liv den 23 april 1941. Hennes livlösa kropp hittades vid en stor sten på en kulle i utkanten av Alingsås, där hon vistades, för att hjälpa sin dödssjuka väninna Anita.

5

1. tystnad	4. energi	7. människa
2. koldioxid	5. köttproduktion	
3. ozon	6. plantera	

6a

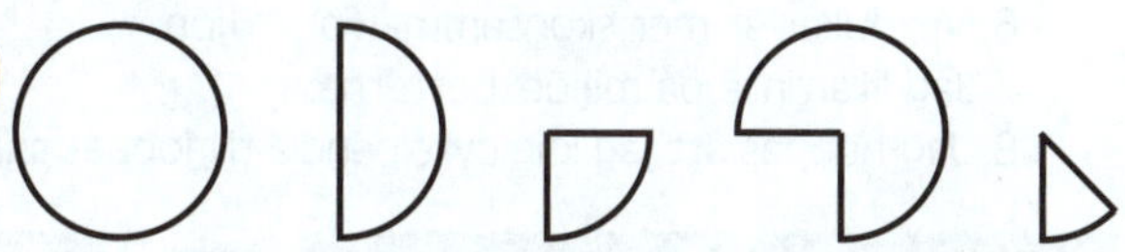

6b

1. Alla	3. En tredjedel	5. En femtedel
2. Hälften	4. En fjärdedel	6. En tiondel

7

8

1. klockan	5. till exempel	8. cirka
2. observera	6. med mera	9. bland annat
3. och så vidare	7. så kallad, så kallat, så kallade	
4. det vill säga		

9 1. c 2. a 3. c 4. b 5. b 6. a 7. c

10 Här rättar kursledaren.

11 Bild B

Hörtext: **Pers råd**
P: Per L: Lasse

L: Tjena Per, det är Lasse.
P: Nej, men hej! Hur är det?
L: Bra! Och själv då?
P: Jo tack, det är fint. Vilket väder, va?
L: Ja, verkligen! Och jag som ska till Lund i eftermiddag.
P: Till Lund? I den här snöstormen! Lägg av!
L: Ja, men var inte löjlig nu. Det är 70 km. Jag kör långsamt.
P: De har varnat i lokalradion hela förmiddagen. Det blir snökaos, alltså.
L: Men jag måste till detta möte. Det är viktigt. Jag har isskrapa och en sandsäck i bilen.
P: Men Lasse, det är viktigt att du har en del andra grejer också, t.ex. en filt, spade, reflexväst. Sedan är det bra att ha två varningstrianglar också.
L: Ja, det är kanske bäst.
P: Och så någon varm tröja och en mössa. Man vet aldrig.
L: Jaja, jag fixar det här. Men du kommer väl till handbollen i morgon?
P: Självklart!
L: Fint, då ses vi i morgon! Hej då!
P: Hej!

12

1. en reflex	9. en cykelkorg
2. en växel	10. en framlykta
3. en baklykta	11. en broms
4. en pakethållare	12. ett hjul
5. en sadel	13. ett däck
6. en ram	14. en pedal
7. ett styre	15. en kedja
8. en ringklocka	16. en ventil

13a

1. världen - lång	5. gärna - lång
2. lärare - lång	6. snäll - kort
3. väldigt - kort	7. värk - kort
4. beställa - kort	8. lägenhet - lång

13b

1. len	4. leka	7. veta	10. län
2. räv	5. sed	8. rätt	
3. läka	6. säd	9. se	

14 - Vi borde **unna** oss ekologisk **mat**. Jag **vill** inspirera **människor** att **ha** kul i **köket** och **laga** god mat **med** schysta **råvaror**. Och med det **menar** jag att dom **är** bra **för** miljön och **inte** minst **bra** för dig!
Så **säger** Leila Lindholm, ett **av** de matlagningsproffs **som** har upptäckt **den** positiva **känslan** av goda **ekologiska** råvaror.
- Det är så ocoolt **att** inte ta **sitt** ansvar. Vi **måste** inte **bli** ekologiska **superhjältar**, men **alla** kan vi **göra** något.

15

1. Demeter	6. Bra miljöval	11. Svanen
2. Bra miljöval	7. Änglamark	12. Från Sverige
3. Änglamark	8. ICA Skona	13. EU-lövet
4. Returpilarna	9. Nyckelhålet	
5. KRAV	10. Demeter	

16

1. ekologisk	6. sjöar	11. negativa
2. mark	7. friluftsbad	12. invånarna
3. förbrukas	8. resurs	13. miljö
4. vattendrag	9. dricksvatten	14. kemiska
5. växtliv	10. verka	

17

	Positiv	Komparativ	Superlativ
1.	liten	mindre	minst
2.	kort	kortare	kortast
3.	ung	yngre	yngst
	ny	nyare	nyast
4.	praktisk	mer praktisk	mest praktisk
5.	bra	bättre	bäst
6.	smal	smalare	smalast
7.	dålig	sämre	sämst
	dålig/illa	värre	värst
8.	gammal	äldre	äldst
9.	svår	svårare	svårast
	tung	tyngre	tyngst
10.	låg	lägre	lägst
11.	vacker	vackrare	vackrast
12.	pigg	piggare	piggast

18a
1. hackad
2. kopplad
3. skalade
4. planterade
5. målat
6. renoverade
7. stekt
8. beställda

18b
1. beställda
2. -byggda
3. -lånade
4. -startat
5. grillad
6. strukna
7. slitna
8. -putsade
9. -gjorda
10. -flugna
11. berömda
12. -bebodda
13. irriterade
14. -torkade
15. -lagda
16. -född
17. hyrd
18. maskerade
19. beväpnade
20. planerade
21. rökt
22. -bakade
23. -bäddade
24. -gifta

19
1. uthyrda
2. utslagna
3. inställd
4. intryckt
5. ifylld
6. nerpackade
7. felparkerade
8. omtyckt
9. avstängt
10. hemkommen

20
1. en skalbagge
2. en myra
3. en fluga
4. en spindel
5. en nyckelpiga
6. en geting
7. en gräshoppa
8. en fjäril
9. en mygga
10. en daggmask

21
2. Staffan limmade stolen på 1 timme.
3. Staffan lagade pizza på 30 minuter/en halvtimme.
4. Staffan skrev mejlet på 10 minuter.
5. Staffan pumpade upp gummibåten på 5 minuter.
6. Staffan hängde upp tvätten på 10 minuter.
7. Staffan kaklade om köket på 6 timmar.
8. Staffan tvättade håret på 4 minuter.

22
2. Familjen Nilsson reser till Spanien två gånger om året.
3. Jonas har bott i Umeå i fyra år.
4. Sven lagade bilen på två timmar.
5. Emma måste ta tabletterna två gånger om dagen.
6. Lotta tar studenten om en månad.
7. Bussen till Järfälla går en gång i timmen.
8. Sven flyttade till Malmö för en vecka sedan.
9. Greta tänker stanna i Uppsala i fjorton dagar.
10. Daniel sprang till affären på två minuter.

23
1. oerhört
2. tråkigt
3. gott
4. vackert
5. sällsynt, faktiskt
6. högt
7. tillräckligt
8. ledsen
9. mänskligt, ofelbar
10. glad
11. snabbt
12. riktigt

24
1. njuter
2. föredrag
3. alternativ
4. kolonilott
5. grej
6. hända
7. skeptisk
8. mask
9. litar på
10. häng med
11. övertala dig
12. plogga
13. annons

25

11 7 5
3 15 14
9 13 2
6 1 10
4 12 8

26
1. Jag är skeptisk till alternativ odling.
2. Har du lust att följa/hänga med, Agnes?
3. Jag är inte helt övertygad.
4. Jag undviker att köra bil.
5. Glödlampan är energisnål.
6. Vaxdukar är mer skonsamma för miljön.
7. Jag litar inte på miljöexperterna.
8. Jag hoppas att jag kan cykelpendla till jobbet snart.

Avsnitt 17

1
1. ... hustru/fru
2. ... elev
3. ... kund
4. ... patient
5. ... anställd
6. ... bror
7. ... arbetstagare
8. ... barn
9. ... pappa
10. ... husse/hund
11. ... häst
12. ... barnbarn

2
1. far/pappa
2. bror
3. mormor
4. moster
5. svärson
6. son
7. barnbarn/dotterson
8. systerson
9. svägerska
10. svåger
11. brorsdotter
12. fru/hustru/maka
13. föräldrar
14. man/make
15. systrar/syskon
16. mor/mamma
17. farmor
18. svärdotter
19. farfar
20. morbror
21. kusiner
22. faster

3
1. Han kommer från Örebro
2. Han är 45 år.
3. Hon ska vara kärleksfull, ärlig och spontan.
4. Hon ska vara i 40-årsåldern.
5. Han är mörk och brunögd, 171 cm lång.
6. Han är rök- och spritfri, har många vänner och ett bra jobb. Han bor i eget hus.
7. Han är glad, positiv, trogen, lojal och ambitiös.
8. Hans intressen är segling, dans, musik, natur och mysiga hemmakvällar.
9. Stenbock i Örebro.

Hörtext: **En kontaktannons**

Örebro-kille på 45 år söker kärleksfull, ärlig, spontan kvinna i 40-årsåldern att umgås med. Jag är mörk och brunögd, 171 cm lång. Jag är rök- och spritfri, har många vänner och ett bra jobb. Jag bor i eget hus. Jag är glad och positiv, trogen, lojal och ambitiös. Mina intressen är segling, dans, musik, natur och mysiga hemmakvällar. Svara helst med foto.
Stenbock i Örebro

4 Mobbning är ett **stort** och **allvarligt** vardagsproblem **för** många. Mobbning kan **vara** allt **från** kommentarer om **vilka** kläder **man** har **på** sig, **till** knuffar **och** slag. Nästan **alla** har **någon** erfarenhet **av** mobbning. Kanske **har** man **blivit** mobbad **själv**, varit **med** och **mobbat** någon **annan** eller sett **det** hända.
Mobbning är inte **bara** ett **problem** mellan **elever**. Konstigt nog **finns** det **faktiskt** också **lärare** som **mobbar** elever. Det är **något** Barnombudsmannen har **fått** veta **av** de **många** brev som kommit in **om** mobbning i **skolan**.
Men det **är** inte bara i skolan **som** mobbning är **ett** problem. Mobbning finns **överallt** i samhället, **även** bland **vuxna**, till exempel **på** arbetsplatser **och** i **föreningar**. Mobbning på nätet och i sociala medier har tyvärr ökat de senaste åren.

5 1. b 2. b 3. b 4. a 5. c 6. b 7. c

6
2. stor
3. lycklig
4. tider
5. Hästen
6. snäsig
7. smörgås
8. varför
9. köpte
10. mig

7

En	Ett	Plural
ledsen	ledset	ledsna
deppig	deppigt	deppiga
ambitiös	ambitiöst	ambitiösa
noggrann	noggrant	noggranna
petig	petigt	petiga
sann	sant	sanna
duktig	duktigt	duktiga
metodisk	metodiskt	metodiska
lojal	lojalt	lojala
pålitlig	pålitligt	pålitliga
stark	starkt	starka

8
2. Kvinnan hade blivit opererad.
3. Ungdomarna blir konfirmerade.
4. Stolen blev målad.
5. Området har blivit drabbat.
6. Jens blir accepterad.
7. Nils har blivit förvandlad.
8. Pojken blev hämtad från skolan.
9. Anna hade blivit vald till minister.
10. Romanen blev nominerad.

9
1. Mötet har blivit uppskjutet.
2. Huset blir uppvärmt med el.
3. Demonstrationen har blivit inställd.
4. Villan hade blivit ombyggd.
5. Janne blev inlagd på sjukhus.
6. Vägen hade blivit avstängd.
7. Katten blev instängd i källaren.
8. Föreställningen har blivit inställd.

10
2. Lasse blev bjuden till kalaset.
3. Det fina, gamla huset på Bygatan har äntligen blivit renoverat.
4. Många guldklockor blev stulna ur en monter på ett varuhus natten till fredagen.
5. Efter många om och men blev den stora villan såld.
6. Hälsoministern blir ofta intervjuad om coronapandemin.
7. Den trevliga kvinnan blev anställd på resebyrån meddetsamma.
8. Två män har blivit anhållna för bedrägeri.
9. Konserterna har blivit inställda på grund av sjukdom.
10. Samtliga resenärer från Amsterdam blev mycket noggrant kontrollerade, innan de gick ombord på båten.

11
1. Nils Holgersson har blivit förvandlad till en pyssling.
2. Kristina blev bjuden på mat/middag.
3. Väskorna blev stulna.
4. Jag har blivit opererad och ligger på sjukhus.
5. Teaterpjäsen har blivit mycket uppskattad.
6. Lena blev konfirmerad i maj.
7. Flickan blev mobbad.
8. Det nybyggda huset har blivit sålt.

12
1. flegmatisk
2. egoistisk
3. sparsam
4. ytlig
5. melankolisk
6. rastlös
7. tålmodig
8. aggressiv
9. analytisk
10. svartsjuk

13
1. sparsam
2. flitig
3. generös
4. ärlig
5. energisk
6. aggressiv
7. diplomatisk
8. omtänksam
9. noggrann
10. blyg
11. envis
12. optimistisk

14
1. Eva har mörkbrunt hår, är kortklippt och har lugg.
2. Thomas har brunt, kort, lockigt hår. Han har lite skägg.
3. Emma har brunt hår och hästsvans.
4. Greta är blond och har långa flätor.
5. Lina är gråhårig/har grått hår och har uppsatt hår.
6. Sara har långt, ljusbrunt, utsläppt hår.

15 Här rättar kursledaren.

16a
1. Lotten, Tintin, Älgen, Håkan
2. Årgång 40, Aida, ÅsaP
3. Björnen, Tommy, Snurran
4. Luckis, Terapeut, Janne

Lösungen

16b Fördelar

Man kan dela glädje när man är ute och reser.
Föräldrar kan vara lugnare när de vet hur barnen har det.
Lättare att stämma träff.
Positivt för ensamma människor.
Man kan blogga och chatta.
Man kan skriva meddelanden.
På nätet möts flera generationer.
Man kan känna samhörighet med människor som bor längre bort.
Nätet och sociala medier är globala.
Man kan hålla kontakt med folk.
Det är en bra marknadsföringskanal för företag och privatpersoner.
Man kan dela bilder med kompisar.

Nackdelar

Man kan få sömnproblem.
Like-jakten kan vara jobbig.
Man kan få dålig självkänsla.
Ungdomar kan fara illa och utnyttjas.
Nätmobbning blir vanligare.
Bilder kan användas till utpressning och hot.
Vi kan bli distraherade och förlora kontakten med nuet.
Sociala medier kan bli en energitjuv.
Det tar mycket tid från annat viktigt.
Man kan bli spelberoende.
Det sprids fake-news.
Man kan bli väldigt självupptagen.
Man kan få dåligt självförtroende.

16c Här rättar kursledaren.

17
1. blev
2. smög
3. stal
4. kunnat
5. hetat
6. hållit
7. ville
8. valde
9. finner
10. tagit
11. fallit
12. dött
13. stod
14. haft
15. sett
16. heter
17. bet
18. vetat

18
1. hos
2. av
3. efter
4. Enligt
5. av
6. för
7. hos
8. i
9. genom/i
10. längs/på
11. ur
12. av
13. för
14. på
15. på
16. från
17. på
18. om
19. på
20. om, genom
21. i
22. på
23. för
24. av
25. längs

19
1 5 4
6 2 7 3

20
1. Örjan
2. Sandra
3. Jan
4. Ellen
5. Torkel
6. Truls
7. Ella
8. Gino
9. Peter
10. Hanna

21a Gruppen rättar tillsammans med kursledaren.
Här är några exempel:
2. ... skulle jag prata med honom först.
3. ... skulle jag fråga min granne om jag får låna hennes bil.
4. ... skulle jag ringa stationen och fråga om någon har hittat den.
5. ... skulle jag ringa polisen.
6. ... skulle jag prata med henne om monarki.

21b Gruppen rättar tillsammans med kursledaren.
Här är några exempel:
2. ... skulle jag ha klappat lejonen.
3. ... skulle jag ha bett någon att ta bort den.
4. ... skulle jag ha studerat psykologi.
5. ... skulle jag ha informerat ett museum.
6. ... skulle jag ha stekt dem och ätit dem till lunch.

22a
2. Om Emil hade pengar, skulle han flytta till Stockholm.
3. Om Lotta fick chansen, skulle hon utbilda sig till sångerska.
4. Om Pelle hade ork, skulle han bygga om sitt hus.
5. Om Eva fick bättre betalt, skulle hon unna sig en resa till Thailand.
6. Om Lars tog traktorkörkort, skulle han hjälpa sin bror på gården.

22b
1. a Om Kalle hade känt till vägen, skulle han ha kört rätt.
   b Kalle skulle ha kört rätt, om han hade känt till vägen.
2. a Om Signe hade vunnit 20 000, skulle hon ha köpt nya kläder.
   b Signe skulle ha köpt nya kläder, om hon hade vunnit 20 000.
2. a Om Anders hade haft råd, skulle han ha köpt en sommarstuga.
   b Anders skulle ha köpt en sommarstuga, om han hade haft råd.
2. a Om mannen hade kört försiktigt, skulle olyckan aldrig ha hänt.
   b Olyckan skulle aldrig ha hänt, om mannen hade kört försiktigt.

23
konditionalis, diplomatisk, dejtingsajten
sommardagen, kommunikativ, alternativ
egocentrisk, reserverad, universitetet
gemenskapen, entusiastisk, förändringen

24 1. b 2. d 3. b 4. c 5. a

Hörtext:
1. Vet du vad som hände Erik? Det var jättehemskt. Han gick genom parken, när två killar hoppade på honom och försökte ta plånboken. De slog ner honom och den ene killen lade sig över honom. Den andre killen hade kniv, men han använde den inte.

De tog både plånboken och mobiltelefonen och stack sedan iväg. Erik blev inte skadad, lite blåmärken bara, men han blev ju chockad så klart. Han hade 1 000:- i plånboken. Han kunde inte ringa polisen, förrän han kom hem. Han tror inte, att de hittar rånarna.

2. Viktor jobbade på en verkstad i Blekinge och reparerade bilar. Viktor trivdes inte på jobbet, så han letade hela tiden efter något nytt jobb eller en intressant utbildning. Han älskade sin flickvän väldigt mycket, men ville inte fråga henne om de skulle gifta sig, förrän han hade ett säkert jobb, som han trivdes med. En dag orkade han inte längre, så han gick in till chefen och sa att han ville sluta, trots att nästa jobb inte var klart. Det ordnar sig nog, tänkte Viktor.
3. Patrik var på väg till Vägverket för att avlägga det teoretiska körkortsprovet. När han gick över gatan, kom plötsligt en bil i hög fart och körde på honom. Patrik fördes i ambulans till sjukhuset, där han opererades direkt. Operationen lyckades och han blev bra igen, men usch, vilka idioter det finns i trafiken!
4. Efter påsklovet skulle eleverna i klass 8D ha prov i historia. Det var bara en vecka kvar till sportlovet, så alla hade läst särskilt mycket under helgen, för att inte behöva göra om testet efter lovet. Men tyvärr var provet ändå så svårt att alla fick dåligt betyg. Så efter sportlovet fick de ett nytt test och den här gången gick det bättre. Bra betyg för alla utom en.
5. En resväska stod kvarlämnad på flygplatsen i Köpenhamn. Ingen frågade efter den. Tulltjänstemännen blev rädda och larmade både polis och bombexperter, som genast kom och undersökte väskan väldigt noga. I stället för en bomb hittade man 4 kg guld i botten på väskan. Polisen tog hand om väskan och tog med den till polisstationen för närmare undersökning.

25
1. I vilket stjärntecken är du född?
2. Jag retar mig på lata människor.
3. Jag tycker Olle ser snygg ut.
4. Jag tycker Charlotte är trevlig och sympatisk.
5. Jag tror att Eva känner sig utanför.
6. Det är hopplöst. / Jag tycker att det är hopplöst.
7. Jag tycker synd om Lena.
8. Vad bra du är på att spela piano, Lina!

Avsnitt 18

1

1. f.Kr.	4. bl.a.	7. tel.	10. osv.	13. s.
2. m.m.	5. ca	8. t.o.m.	11. kl.	14. s.k.
3. e.Kr.	6. obs.	9. t.ex.	12. dvs.	

2
1. Lika barn leka bäst. - *Gleich und gleich gesellt sich gern.*
2. liv i luckan - *Leben in der Bude*
3. ligga och lata sig - *faulenzen*
4. ditten och datten - *dies und das*
5. slit och släng - *nutzen und wegwerfen*
6. hipp som happ - *irgendwie, ohne Plan*
7. klappat och klart - *alles fertig/erledigt*
8. titt och tätt - *oft*
9. med håll och hår - *mit Haut und Haaren*
10. gammal som gatan - *uralt*
11. frid och fröjd - *Friede und Freude*
12. med buller och bång - *mit viel Lärm*

3

1. gris	3. säd	5. dans	7. mat	9. ro
2. fiol	4. hus	6. lag	8. sked	10. pärm

4

2. hette	9. var	16. räckte
3. kom	10. gick	17. sårade
4. satt	11. bad	18. rann
5. hade	12. svarade	19. gav
6. kunde	13. ville	20. sänkte
7. hände	14. åt	21. fick
8. stampade	15. drack	22. visade

5

1.	sjunga	sjunger	sjöng	sjungit
2.	sjunka	sjunker	sjönk	sjunkit
3.	ljuga	ljuger	ljög	ljugit
4.	suga	suger	sög	sugit
5.	skjuta	skjuter	sköt	skjutit
6.	njuta	njuter	njöt	njutit
7.	bjuda	bjuder	bjöd	bjudit
8.	hugga	hugger	högg	huggit

6
Levnadsstandarden var lägre **förr**.
Levnadsstandarden är högre **nuförtiden**.
Läkarvården var sämre **förr**.
Läkarvården är bättre **nuförtiden**.
Fordonen var långsammare **förr**.
Fordonen är snabbare **nuförtiden**.
Luftkvaliteten var bättre **förr**.
Luftkvaliteten är sämre **nuförtiden**.
Man producerade mindre avfall **förr**.
Man producerar mer avfall **nuförtiden**.
Det fanns färre människor **förr**.
Det finns fler människor **nuförtiden**.
Medellivslängden var lägre **förr**.
Medellivslängden är högre **nuförtiden**.
Man utförde mer kroppsarbete **förr**.
Man utför mindre kroppsarbete **nuförtiden**.
Grundvattnet var renare **förr**.
Grundvattnet är smutsigare **nuförtiden**.

7a
2. Det var igår (som) Fredrik ringde Lena.
3. Det var på grund av brand (som) skolan stängdes.
4. Det är på Horngatan (som) skoaffären ligger.
5. Det var i måndags (som) Kalle städade.
6. Det är Lilly som äter middag med Nisse.
7. Det är här i Tanums kommun (som) man har funnit många båtar.
8. Det var med båt (som) man färdades.

7b
2. Vad är det (som) killen heter?
3. Vilket träd var det som blev fällt?
4. Är det på restaurangen (som) festen ska äga rum?
5. Var det igår (som) festivalen började?
6. Vem är det (som) du pratar med?
7. Vilken mobil var det (som) du köpte?
8. Vad var det (som) du gjorde hela dagen igår?

8a

ovänlig	tillfälle	erfarenhet
importera	samhälle	vantrivas
betyda	förklara	deformera

8b

betydelse	praktik	telefon
affär	loppis	väninna
ungdom	student	hopplös
tekniker	läkare	traditionell
station	turism	

9
1. Plötsligt händer det något förskräckligt.
2. Så inträffar det fruktansvärda den 10 augusti.
3. Sedan börjar Vasa byggas på skeppsgården.
4. Klockan fem på eftermiddagen sjunker det stora regalskeppet.
5. Redan på 1600-talet försökte man bärga Vasa.
6. Efter utgrävningen startade arkeologerna bärgningen.
7. Snart ser man fyra segel hissas.

10

1. Vad	4. När	7. Vad	10. Vilket
2. Vem	5. Vem	8. Hur	
3. Varför	6. Vart	9. Varför/Hur länge	

11

1. besättningsmän	10. letande
2. dykare	11. flotta
3. konserveringsvätska	12. ekar
4. kajen	13. ingenjör
5. dykarklocka	14. original
6. kunskaper	15. kanoner
7. etapper	16. bärgningen
8. Djurgården	17. augusti
9. imponera	18. enda

12

1. rätt	4. fel	7. fel	10. rätt	13. rätt
2. fel	5. rätt	8. rätt	11. rätt	14. rätt
3. rätt	6. fel	9. fel	12. fel	

Hörtext: **Gamla Linköping**
T: Tage U: Ulla-Britt

U: Jag var i Gamla Linköping med Kajsa i lördags. Det var jättetrevligt!

T: Jaha, jag har faktiskt aldrig varit i Linköping. Men jag har hört att det är en riktig stadsdel.

U: Ja, just det. Det är ett friluftsmuseum som bildar en egen stadsdel. Här får man verkligen ett intryck av hur en svensk landsortsstad såg ut i början av nittonhundratalet. Gatorna, belysningen, staketen, skyltarna, ja allt är som det var förr. Många hus har restaurerats och fått stå kvar i sin ursprungsmiljö. En del har flyttats dit.

T: Då finns det butiker och hantverksbodar och sådant också?

U: Ja, det är helt enormt. Man kan t.ex. handla choklad i Cloettas chokladbod. Där har de hantverksmässig tillverkning. Jättegoda karameller! Det finns en textilverkstad, en bagarebod och till och med en gammal fotoateljé. Man har en känsla av att tiden har stannat på något sätt. I Carin Nilsons villa t.ex., som är ett borgerligt hem från 1913, är det som om familjen bara har gått ut tillfälligt.

T: Finns det museer också?

U: Javisst. Det finns t.ex. ett skolmuseum, apoteksmuseum, post-, bank- och polismuseum.

T: Kan man göra guidade rundvandringar?

U: Ja, det är klart. I Mariaboden kan man få information om det. Sedan har de en omfattande programverksamhet i Gamla Linköping också. Särskilt på sommaren. Kajsa blev ju lycklig, hon kunde titta på barnteater, men jag vet att de har andra programpunkter också, t.ex. gatuteater, marknader, danskvällar och spelmansstämmor.

T: Tack för tipset, Ulla-Britt. Det låter verkligen spännande och intressant! Dit måste jag helt enkelt åka nästa helg!

13

1. en kyrka/domkyrka	5. en skeppssättning
2. en hällristning/ hällristningar	6. en runsten
3. en ruin	7. en skulptur/en staty
4. en väderkvarn	8. ett slott

14

1. tältade	8. problem	15. sakta
2. passera	9. 22 (tjugotvå)	16. sak
3. regn	10. mindre	17. glad
4. livet	11. ner	18. upptäckt
5. farlig	12. vatten	19. land
6. försiktig	13. undrade	20. rädda
7. kanske	14. vandraren	

15 1. h 2. e 3. b 4. d 5. a 6. i

16 9, 6, 10, 3, 12, 2, 7, 5, 1, 8, 11, 4

17 Här rättar kursledaren.

18a
1. Jan joggade runt sjön på 20 minuter.
2. Jan lagade gräsklipparen på 2 timmar.
3. Jan läste ut romanen på 1 timme.
4. Jan rensade bort ogräset i rabatterna på 30 minuter.
5. Jan åt upp sin glass på 2 minuter.

18b
1. Under semestern metade/fiskade de.
2. För tre år sedan flyttade Anna till Sverige.
3. Om fyra månader börjar jag studera.
4. Sedan fem år tillbaka arbetar jag i Bryssel.
5. För tre veckor sedan red jag längs/på stranden i solnedgången.

6. Under min resa i USA träffade jag supertrevliga människor.
7. Sedan två veckor tillbaka råder strikta regler.
8. För fyra månader sedan gifte jag mig med min stora kärlek.

18c
1. Arne tänker skriva meddelandet om en timme.
2. Arne tänker hålla ett föredrag om två dagar.
3. Arne tänker resa till USA om en månad.
4. Arne tänker laga mat om en kvart.
5. Arne tänker söka nytt jobb om ett halvår.

19

2. en inbjudan	6. en längtan
3. en uppfostran	7. en önskan
4. en predikan	8. en ansökan
5. en efterfrågan	9. en förmodan

20

1. karusell	5. fascinerad	9. teknisk
2. rymd	6. annons	10. hastighet
3. chans	7. duktig	11. forska
4. astronaut	8. tillryggalägga	12. idé

21

1. sitt	5. deras	9. sin	13. sin
2. Hennes	6. mina/våra	10. hans	14. hans
3. Hennes	7. sin	11. hans	15. sina, Deras
4. sin	8. Hans	12. Hans	16. sin

22

1. flög	6. driver/drev	11. bröt	16. rann
2. gjorde	7. valde	12. spruckit	17. legat
3. fick	8. blivit	13. hade	18. sagt
4. tagit	9. sjönk	14. sovit	19. valt
5. insåg	10. lät	15. drack	20. funnits

23

1. språk	8. smycken	15. landskap
2. kontinenter	9. verktyg	16. stjärntecken
3. sporter	10. fordon	17. träd
4. förkortningar	11. insekter	18. grönsaker
5. husdjur	12. rovdjur	19. världsarv i Sverige
6. årstider	13. yrken	
7. historia	14. egenskaper	

24
1. Skorna är gjorda av läder.
2. Jag saknar min mamma/mor väldigt mycket.
3. Jag längtar efter lingonsylt.
4. Förr fanns det mer snö på vintern.
5. Som barn hade jag hemlängtan ibland.
6. Jag har planer på att resa till Island i sommar.
7. Jag stormtrivs/stortrivs i min nya lägenhet.
8. Om jag skulle flytta till Sverige, skulle jag kunna vara mer ute i naturen.

Test 1

1
1. Tack detsamma!
2. Ingen orsak!
3. Ingen fara!/Det gör inget!
4. Tack,tack!/Tack själv!
5. Ja, det är det. / Nej, det är det inte.
6. Hade ni?/Säger du det?
7. Hur långt är det till fjällen?
8. Hur är vädret?
9. Var är toaletterna?
10. Hur länge ska ni stanna?
11. Vad är hyran på?
12. Vad tycker du om min skärm?

2

1. med	4. Tack	7. vilja	10. tillåtet
2. i	5. vad	8. om	11. Usch
3. på/in	6. Hur	9. på	12. Vilken

3

1. av	4. kom	7. hans	10. svart
2. att	5. dricka	8. Först	11. också
3. koppar	6. sig	9. där	12. framför

4

1. rätt	3. fel	5. fel	7. fel
2. fel	4. rätt	6. rätt	8. rätt

5

1. rätt	3. fel	5. rätt	7. fel
2. rätt	4. fel	6. rätt	8. fel

Hörtext: **Vasaloppet**
R: Reporter O: Olle

R: Hejsan, Olle. Välkommen hit!
O: Tack.
R: Olle, du brukar åka Vasaloppet. Det är ju ett långlopp på skidor. Hur lång är sträckan?
O: Ja, sträckan är 90 kilometer. Den går från Sälen till Mora i Dalarna.
R: 90 kilometer ... det är rätt långt.
O: Ja. Vasaloppet är ju faktiskt en av världens längsta längdåkningstävlingar.
R: När går Vasaloppet?
O: Första söndagen i mars varje år.
R: Vilket år anordnades Vasaloppet för första gången?
O: Det var 1922. Det är ju till minne av Gustav Vasas flykt mot Norge 1521.
R: Ja, just det. På hur lång tid kan man klara att åka en sträcka på 90 kilometer?
O: Ja, alltså den snabbaste segern tog Peter Göransson 1998. Han åkte de nio milen på 3 timmar, 38 minuter och 57 sekunder.
R: Oj, vilken tid!
O: Ja, det är alltså en medelhastighet på 24,66 km/h.
R: Hur snabb är du?
O: Förra året åkte jag loppet på något under 7 timmar.
R: Men det är bra! Man brukar förknippa blåbärssoppa med Vasaloppet, eller hur?
O: Ja, enligt en tradition från 1958 serverar man Ekströms blåbärssoppa vid kontrollerna längs spåret. Men det serveras också sportdryck och bröd.
R: Hur många kontroller finns det?
O: Nio.

R: En sista fråga Olle: Vem får delta i Vasaloppet?
O: Alla människor från alla länder får delta. Och sedan 2008 anordnar man även UngdomsVasan. Man vill locka fler ungdomar att åka skidor. För det är ju en härlig sport!
R: Tack Olle!
O: Tack.

6 **Till exempel:**
Hej Emma!
Tack för ditt mejl. Vad roligt att jag kan bo hos dig! Jag kommer den 8 augusti och skulle vilja stanna en vecka. Jag skulle vilja besöka Vasamuseet eller Slottet. Vädret är fint, solen skiner och det är omkring 15 grader.
Vi ses!
Kram/Hälsningar

Bewertung: max. 10 Punkte, 2 Punkte minus:
- wenn man etwas vergessen hat
- wenn mehrere Rechtschreibfehler vorliegen
- wenn mehrere Satzstellungsfehler vorliegen
- wenn große inhaltliche Fehler vorliegen

Test 2

1
1. Tycker du?/Tack!
2. Nej men, vad säger du!
3. Den var jättebra/fantastisk/superbra/urdålig/botten/... .
4. Det får du bestämma./Ja, det vore snällt!
5. Grattis!
6. Vilken tur!
7. Vad sysslar/jobbar du med?
8. Hej, mitt namn är ... . Kan jag få tala med ... (personalchefen)?
9. Var ska vi träffas?
10. Vilken storlek har du?
11. Hur ser den ut?
12. Är matbordet i gott skick?

2

1. av	4. lugnt	7. i	10. lämna
2. till	5. Lova	8. hittat	11. ut
3. roll	6. vilja	9. handlar	12. angående

3

1. brukar	4. som	7. alla	10. varje
2. lilla	5. ofta	8. brett	11. lågt
3. sjuka	6. snabbt	9. Hennes	12. blivit

4 1. C 2. G 3. K 4. H 5. A 6. D

5

1. 26 år	5. ekonomi
2. 18. 000 kronor	6. mellan sju och fyra
3. i Platsbanken	7. stressigt och tungt
4. som lastbilschaufför	8. korta turer

Hörtext: **En annons i Platsbanken gav jobb**
I början av sommaren tog Johan Hedlund, som är 26 år, sitt lastbilskörkort. Han betalade körutbildningen själv. Den kostade 18 000 kronor. Några veckor senare såg han en annons i Platsbanken på Arbetsförmedlingen. Johan mejlade sin ansökan och fick jobb direkt som chaufför på Schenker Åkeri AB i Helsingborg.
Johan studerar ekonomi och jobbet som chaufför på Schenker har han bara över sommaren. Men han tänker fortsätta att köra lastbil vid sidan av sina studier. När Johan började jobba på Schenker, fick han först följa andra chaufförer en tid. På så sätt lärde han sig jobbet i terminalen och att hitta adresserna. Det gällde för Johan att vara noggrann, så att inte godset hamnade fel. Nu kan han sitt jobb och trivs, även om jobbet som chaufför både kan vara stressigt och tungt ibland. Hans arbetstider är mellan sju och fyra varje dag. Även om Johan gillar att köra lastbil, vill han inte köra långturer i Sverige eller andra länder. Han trivs med korta turer, där han kan prata med folk.

6 **Till exempel:**
Hej Jonas!
Tack för senast! Midsommarfesten var fantastisk! Jättegod mat, bra musik och underbart väder!
Jag glömde min tröja hos dig. Det är en randig bomullströja. Jag tror att den ligger på en stol vid baren.
Kram

Bewertung: max. 10 Punkte, 2 Punkte minus:
- wenn man etwas vergessen hat
- wenn mehrere Rechtschreibfehler vorliegen
- wenn mehrere Satzstellungsfehler vorliegen
- wenn große inhaltliche Fehler vorliegen

Test 3

1 Bewertung:
10 Punkte, wenn die Vorstellung vollständig und flüssig ist.
Je **2 Punkte** Abzug:
- wenn der Prüfer häufig helfen muss
- bei vielen formalen Fehlern
- wenn nicht flüssig vorgetragen wird
- bei schlechter Aussprache

2 Bewertung:
Die Bewertung setzt sich zusammen aus kommunikativer Fähigkeit + formaler Korrektheit + Aussprache.
Kommunikative Fähigkeit:

Gespräch kommt zustande; kaum Mängel:	9 Punkte
Gespräch kommt nur teilweise zustande:	5 Punkte
Gespräch kommt kaum zustande, große Mängel:	1 Punkt

Formale Korrektheit:	kaum Fehler:	6 Punkte
	mehrere Fehler:	4 Punkte
	sehr viele Fehler:	1 Punkt

Aussprache:	gut:	5 Punkte
	mittelmäßig:	3 Punkte
	schlecht:	1 Punkt

3

1. de	5. båda	9. på
2. lyssnade	6. också	10. vad
3. sekunder	7. fått	
4. livet	8. gamla	

4 1. I 2. D 3. B 4. H 5. A

5
1. Ingvar Karlsson
2. 155
3. 044-24 36 25
4. Till Folkuniversitetet, 044-20 76 40
5. I Rörum, Simrishamn
6. På internet, turistbyråer och bibliotek

6
1. ras, nationalitet, hudfärg, kön, religion, ålder, övervikt, funktionshinder (handikapp), sexuell läggning
2. 2007
3. DO/Diskrimineringsombudsmannen
4. fel
5. i skolan
6. gift
7. rätt
8. rätt
9. 40.000:-
10. De hade fel kläder./ De hade inte rätt kläder.

7

1a: kl. 15.00	3a: Lena	5a: kl. 16.00
1b: Ja	3b: 21 56 30	5b: Ja
2a: kl 7.00	4a: 3	
2b: Ja (med BP-kort)	4b: 25 %	

Hörtext:

1. Välkommen till Sparbanken! Vi har öppet 10 till 15 måndag till fredag. Bankomaten är öppen dygnet runt.
2. Du har kommit till BP. Våra öppettider är vardagar 7.00 till 18.00. Har du vårt BP-kort, kan du tanka när som helst.
3. Du har kommit till 21 56 30, Lena och Jan Jansson. Vi är inte hemma just nu, men lämna ett meddelande, så ringer vi snart.
4. Välkommen till Stadshotellet! Just nu har vi 25 % rabatt på dubbelrum.
   Vill du hyra ett rum, tryck 1.
   Vill du beställa bord i restaurangen, tryck 2.
   Vill du tala med receptionen, tryck 3.
5. Badhuset har öppet varje vardag 10-18, lördag 10-16, söndag 11-17. Välkommen!

8
1. kräftor
2. blommor och vin
3. De har fiskat kräftorna själva.
4. jordgubbstårta
5. De går hem sent.

Hörtext: **Kräftskivan**

Det är sommar. Fredrik och Lisa har bjudit hem några vänner på fest, och eftersom det är augusti, väljer de att ordna en kräft-skiva. De har dukat ett fint bord på uteplatsen. Kräftorna är kokta, köttbullarna är stekta, potatisgratängen står i ugnen och nu väntar de bara på gästerna. Klockan sju kommer de första. Några gäster har blommor med sig, och några har vinflaskor.

- Välkomna, säger Lisa och ger dem en välkomstdrink. Så småningom är alla samlade, klockan är halv åtta och de sätter sig för att börja äta.
- Skål och välkomna, säger Fredrik. Hoppas vi ska få en trevlig kväll.
- Det var verkligen gott, säger Olof efter en stund. Har ni fångat kräftorna själva?
- Ja, i sjön här nere, svarar Fredrik. Ta lite mer. Vi har gott om kräftor.

Alla äter och skickar runt fat med ost, bröd och annat. Till slut är alla mätta och Lisa går in för att sätta på kaffe. Hon tar fram tårtan som hon har gjort också.

– Oh, vad gott! säger alla.
– Ja, säger Lisa, äpplena var ju inte färdiga ännu, jag har inga hallon och Britt tål ju inte choklad, så det fick bli något med jordgubbar.

Kvällen är varm och skön, och alla sitter länge och pratar.

- Tack för en trevlig kväll, det var verkligen gott!, säger gästerna, när de går.
- Tack själva, det var roligt att ni kom, säger Lisa och Fredrik.

Efter ett par dagar ringer några av gästerna och tackar för senast. Veckan efter får Lisa och Fredrik även ett par tackkort.

9 1. C 2. A 3. C 4. A 5. B

Hörtext:

Dialog 1

A: Hej, kan du säga, hur jag ska komma till parken?
B: Visst, det är lätt. Kör rakt fram den här gatan ända till kyrkan. Efter kyrkan tar du till höger och sen ligger parken på vänster sida.
Åt vilket håll ska han köra efter kyrkan?

Dialog 2

Anna och hennes man jämför priserna i reklambladen från ICA, Netto och Konsum.
C: Vem har billigast kaffe?
D: Netto, tror jag. Nej, Konsum.
C: Jaså, men där är det ju alltid kö.
D: ICA har extrapris på både kaffe och frukt.
C: Men det är längre att köra dit.
D: Ok, då väljer vi Netto.
Var tänker de handla?

Dialog 3

A: Du Ove, när går tåget?
D: 20.25.
A: Men då hinner du inte. Klockan är redan halv nio.
D: Oj då, men om jag springer, hinner jag med 20.55.
A: Visst, men skynda dig då!
Vilket tåg springer Ove till?

Dialog 4

C: Vilket vackert, långt hår du har, Lena!
A: Tack, jag har precis färgat det mörkt. Vad tycker du om mina nya glasögon?
C: Jättesnygga. Passar precis.
På vilken bild är Lena?

Dialog 5

B: Pelle, det är viktigt att stå rätt, när du lyfter ett paket eller en låda. Stå på båda fötterna, med rak rygg och böjda knän. Håll paketet nära kroppen. Vrid dig inte och gå inte baklänges.
På vilken bild lyfter Pelle på rätt sätt?

10 **Till exempel:**
Hej Anna-Lena!
Tack för ditt brev. Det är verkligen bra för mig att träna svenska. Det är en bra idé att du skriver på tyska och jag svarar på svenska. Jag tänker nog skaffa internet om några veckor. Då kan vi äntligen mejla. Jag vill gärna komma och hälsa på. Passar det i juli? En bäddsoffa är perfekt!
Kram

Bewertung: max. 10 Punkte, 2 Punkte minus:
- für eine nicht beantwortete Frage
- wenn mehrere Rechtschreibfehler vorliegen
- wenn mehrere Satzstellungsfehler vorliegen
- wenn große inhaltliche Fehler vorliegen

Test 4

1 Bewertung:
Die Bewertung setzt sich zusammen aus kommunikativer Fähigkeit + formaler Korrektheit + Aussprache.
Kommunikative Fähigkeit:

Diskussion kommt zustande; kaum Mängel:		9 Punkte
Diskussion kommt nur teilweise zustande:		5 Punkte
Diskussion kommt kaum zustande, große Mängel:		1 Punkt
Formale Korrektheit:	kaum Fehler:	6 Punkte
	mehrere Fehler:	4 Punkte
	sehr viele Fehler:	1 Punkt
Aussprache:	gut:	5 Punkte
	mittelmäßig:	3 Punkte
	schlecht:	1 Punkt

2 Bewertung siehe Aufgabe 1

3 **Älg räddad**
Strax efter klockan fyra är Jessica på väg hem från jobbet. Det regnar **lite**.
Plötsligt **får** hon **se** något **komma** upp **från** sidan **av** vägen. **En** älg! **Både** Jessica **och** älgen **blir** lika **rädda** av **det** plötsliga **mötet**. Jessica **springer** in i **skogen** och **älgen** över **vägen**, rakt **ner** i **sjön**. Jessica **ringer** räddningstjänsten **som** kommer **efter** bara **några** minuter. **Man** försöker **locka** älgen **ur** det **kalla** vattnet. Efter **många** försök **kan** det **stora** djuret **äntligen** ta **sig** upp **på** fast **mark** och **försvinner** snabbt **in** i skogen.
– Det känns skönt att det blev ett lyckligt slut, säger Jessica.

Hipp, hipp, hurra!
Camilla och Tommy Andersson träffades på en krog. Det **var** i **juni** för **några** år **sedan**. De **kom** att **prata** om **allt** möjligt, **även** om **sina** födelsedagar. **De** upptäckte **att** de **fyllde** år **på** precis **samma** dag, **den** 15 maj.
– Jag **vet** inte **riktigt** hur **vi** kom **in** på **det**, men **jag** minns **att** jag **tyckte** att **det** var **väldigt** mystiskt, **säger** Tommy.
De **gifte** sig **och** två **år** senare **föddes** sonen Jakob. Han **var** beräknad **till** den 2 maj, **men** bestämde **sig** för **att** komma **på** föräldrarnas **födelsedag**!
– Alla **på** sjukhuset **pratade** om **det**, så **vi** fattade **nog** redan **då** att **det** är **något** mycket **ovanligt**, säger Camilla och ler.
– Det är den största presenten vi någonsin fått, instämmer Tommy.

Bewertung:
Je Text max. 5 Punkte. Je 1 Punkt Abzug pro 3 fehlerhafte Wortvervollständigungen.

4 1. J 2. E 3. G 4. H 5. C 6. K 7. F

5 1. Mening 17 2. Mening 10 3. Mening 0 4. Mening 39 5. Mening 14 6. Mening 7 7. Mening 26

6 1. a 2. b 3. b 4. c 5. b 6. a

7 1.

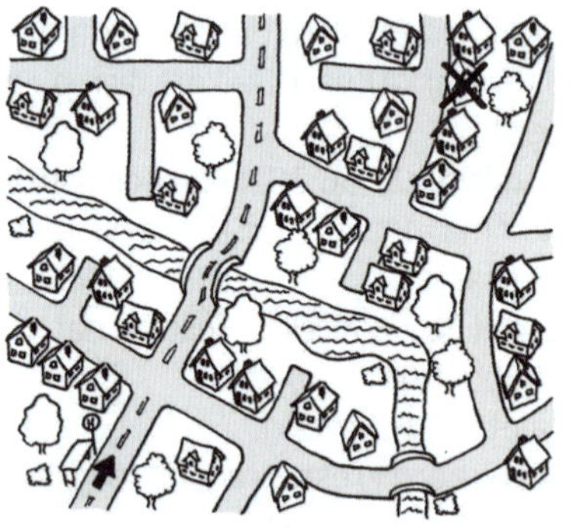

Hörtext:
B: Bertil.
J: Hej, det är Johan.
B: Hej, Johan, Vad bra att du ringde!
J: Ja, jag tänkte på mötet i morgon. Vi skulle ju titta på de där bilderna. Kan vi vara hemma hos mig, så ordnar jag lite fika? Vid tretiden?
B: Ja, vad trevligt. Hur hittar jag dit?
J: Adressen är Parkvägen 5. Från busshållplatsen går du Storgatan rakt fram, över en tvärgata, fortsätter över kanalen och svänger nästa gata till höger.

Lösungen

Det är Nygatan. Sedan tar du första tvärgatan till vänster. Jag bor i tredje huset på höger sida.
B: Fint, det ska jag klara. Annars ringer jag. Vi ses i morgon då.
J: Ja, välkommen!

2.

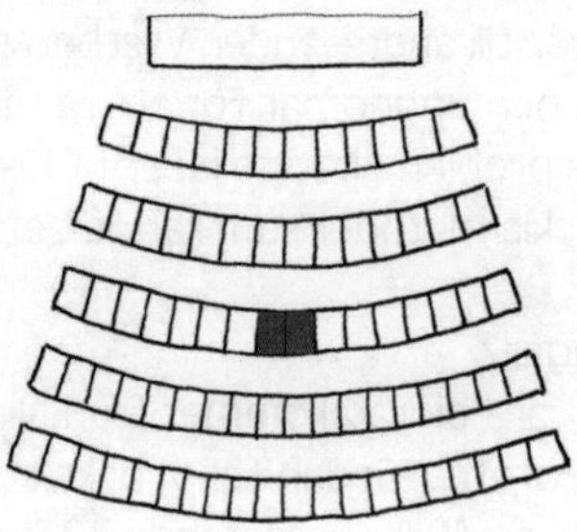

Hörtext:
A: Jag skulle vilja beställa två biljetter till föreställningen på fredag kl 19.
B: Jaha, vill ni sitta långt fram eller........?
A: Vi sitter gärna så nära scenen som möjligt.
B: Vi har två platser kvar på andra bänk. Men de är längst ut i raden. På tredje bänk har vi platser kvar precis i mitten.
A: Då tar vi hellre tredje bänk i mitten.
B: Och det var tre personer?
A: Nej, bara två. Hur mycket kostar biljetterna?
B: De kostar 175:- styck. De måste hämtas en timme före föreställningen. Hur var namnet?
A: Ekberg.
B: Välkomna då.
A: Tack.

3. Svar: C

Hörtext:
A: Jag håller på att sy en ny blus till Anna. Vill du se?
B: Javisst, snygg färg! Ska du ha en eller två fickor?
A: Bara en. Och så ska jag självklart sy fast manschetten på ärmen. Sen är den färdig.
B: Jag tycker att det är snyggt med många knappar.
A: Jag med. Hoppas Anna tycker om den.
B: Hon blir säkert glad.

Texter: Ann-Christine Olofsson

8 Program 1: G — Program 3: A — Program 5: F
Program 2: J — Program 4: D — Program 6: B

Hörtext:
Program 1
Åklagaren lämnade på fredagen in en stämningsansökan till tingsrätten. Han väckte då åtal mot en 37-årig man för narkotikabrott.
Den 13 augusti i år hade polisen fått syn på en bil med tre för dem kända narkomaner. Vid kontroll visade det sig att de tillsammans hade 5,3 g heroin. En man hade dels en påse i handen, dels en påse i kalsongerna. Alla tre var vid gripandet påtända av både heroin och amfetamin.

Program 2
Mer än var fjärde pokerspelare på Internet har problem med spelmissbruk, enligt en ny rapport. Av dem som spelar på vanliga, traditionella spel beräknas 2 % ha problem med spelmissbruk. För spelarna på Internet är motsvarande siffra 27 % bland dem som spelar poker på nätet. Undersökningen är gjord på en socialvetenskaplig avdelning av Stockholms universitet, som arbetar med och forskar kring drog- och alkoholberoende.

Program 3
En manlig lärare blev beskjuten av en elev mitt under lektionen på en skola i Småland. Enligt polisen är det en så kallad soft air gun, en luftpistol, som man måste ha tillstånd för att använda. Alltså är det fråga om olaga vapeninnehav. Läraren träffades i benet men skadades inte allvarligt. Polisen rubricerar fallet som misshandel, men eftersom eleven inte fyllt 15 år, är han inte straffmyndig, utan fallet lämnas över till socialtjänsten.

Program 4
Cannabismarknaden i Sverige är tio gånger större än vad myndigheterna tidigare trott. Rikskriminalpolisen har gjort en ny undersökning. Tidigare hade man beräknat förbrukningen till ungefär 3 ton per år, men i stället visar det sig att det är cirka 30 ton. Det betyder i pengar 2,4 miljarder per år. En missbrukares dos är ungefär 0,2 - 0,5 gram. 30 ton räcker alltså till ungefär 400 000 pipstopp varje dag under ett år. Den senaste beräkningen visar att det finns ungefär 300 000 tunga missbrukare i landet. Man måste undersöka vidare, vilka det är som använder narkotika. Speciellt måste ungdomar kontrolleras. Nya uppgifter visar att det finns risk för psykiska skador vid tidig användning av cannabis.

Program 5
Arbetarna i Kina har mycket dålig arbetsmiljö. Det är de internationella fackföreningarna som klagar.
Man har bl.a. träffat på barn i 12-års-åldern, som arbetar i produktionen, och vuxna, som har arbetat hårt för hälften av den minimilön, som föreskrivs i lagen. Det gäller t.ex. väskor, mössor, tröjor och andra saker som produceras i fabriker i Kina och som säljs vid stora idrottsevenemang, t.ex. OS.
Undersökningen, som är gjord av bl.a. Internationella fackliga samorganisationen, ITUC, pekar ut fyra kinesiska fabriker, som begår "svåra brott mot grundläggande arbetsvillkor och lagar om arbetsmiljö".

Program 6
När det är tisdag och klockan börjar närma sig 14, gäller det att vara extra försiktig på jobbet. Tisdagseftermiddagar är nämligen den vanligaste tidpunkten för arbetsolyckor, enligt statistiken.
Socialstyrelsens databas över akutskador visar att 19 procent besöker akutsjukvården under veckan, och det just på en tisdag. 8,9 procent av olycksfallen

sker mellan klockan 14 och 15. Därefter är timmen mellan 10 och 11 farligast. Oktober är den vanligaste skademånaden, följt av september.

9

1. a) rätt	3. a) fel	5. a) fel
b) fel	b) rätt	b) rätt
2. a) fel	4. a) rätt	
b) fel	b) rätt	

Hörtext:

1. Intervju

R: Jag står här i radioköket med den kände matjournalisten Stefan Åberg. Du lagar själv all mat som du skriver om, eller hur?

S: Ja, jag är väldigt intresserad av allt som rör mat, läser flera mattidningar, tänker mycket på råvarorna, kryddorna, smaken.

R: Har du egen trädgård?

S: Javisst, på sommaren använder jag bara egna grönsaker och färska kryddor. På vintern handlar jag så ekologiskt som möjligt.

R: Vad ska du laga idag?

S: Vi har en specialartikel den här veckan om barnmat, hemlagad barnmat. Det är inte så svårt som man tror att laga mat även till småbarn. Det blir billigare och nyttigare än alla burkar. Grunden är potatismos och sen varierar du med kyckling, fisk och köttfärs m.m. Det underlättar väldigt om du har en mixer. Du har många recept på tidningens hemsida. Där finns också en del råd och tips.

R: Tack så länge, Stefan. Vi bryter för lite musik och återkommer strax.

2. Intervju

R: Vad skulle du säga är det speciella med familjen Lindgren, Birgitta?

B: Speciellt? Ja, det skulle väl vara våra tio barn, då. Det är ju inte så vanligt. Men det är faktiskt bara en fråga om organisation. Det måste ju vara lite ordning på mattider och kläder. Vi måste ha en minibuss i stället för en vanlig bil och framför allt måste alla hjälpa till. Barnen lär sig väldigt mycket av att hjälpa varandra och vi trivs med att vara en stor familj.

R: Kan ni resa på semester ?

B: Vi brukar dela upp det lite. Mina föräldrar har en sommarstuga nära en sjö, så de brukar ha några barn åt gången under sommaren. Sen gör vi lite olika utflykter till havet, till djurparken ... Men att åka utomlands med hela familjen, det har vi varken råd eller möjlighet till.

R: Jobbar du?

B: Inte så mycket, men jag hoppar in extra ibland i affären där borta någon kväll och på helgen. Jag sitter i kassan mest.

R: Jaha, hur gör ni med ... (tonas bort)

3. Intervju

A: Vad gör ni egentligen ?

B: Vi arbetar för att förbättra barns situation i Sverige och hela världen. Vi ger direkt stöd till barn, i synnerhet vid katastrofer. Vi har ju tack och lov inte så många naturkatastrofer i Sverige, så en stor del av våra pengar går till andra länder. Vi arbetar också direkt med barn och ungdomar för att få mer kunskap om olika problem, bättre idéer till lösningar och för att utveckla metoder som kan få betydelse för flera.

A: Hur får ni in pengar?

B: Över hälften av våra bidrag kommer från allmänheten och olika företag. Sedan får vi också bidrag från SIDA och EU, ca 40 %. Resterande 10 % tar vi in på medlemsavgifter, försäljning av böcker, second hand-affärer ...

A: Var finns ni?

B: Rädda Barnen är en svensk organisation med huvudkontor och fyra regionkontor i Sverige. Vi har också åtta regionkontor runtom i världen.

4. Samtal

A: Hur mycket ger du Peter i fickpengar?

B: 20:- i veckan. Hurså?

A: Jo, vi har mycket diskussioner hemma om pengar, hur mycket barnen ska få i fickpengar, om de ska få betalt, när de hjälper till. Mia och Malin är ju 11 nu liksom Peter. Får Peter extra betalt, när han hjälper till?

B: För sina fickpengar ska han duka av, städa sitt rum, gå ut med soporna och hjälpa till lite till vardags. För storstädning, biltvätt, trädgårdsarbete kan han få lite extra. Hur gör ni?

A: Vi har försökt med 100:- per månad, men det funkar ju inte, så vi måste nog gå tillbaka till veckopeng i stället. Sedan är det ett himla tjat om extra betalt jämt, när de gör något.

B: Ja, man måste ha klara regler. Det kommer ett program på tv i morgon kväll om barn och ekonomi. Man kan kanske få något tips där.

A: Oh, vad bra. Sen ska jag ta upp det på nästa föräldramöte, faktiskt.

5. Samtal

A: Vi åkte faktiskt till Egypten, när Cecilia bara var 10 månader. Det finns en speciell plats med hylla för barnvagnsinsatsen på flygplanet och det tog bara fem timmar. Det gick jättebra.

B: Men hur gick det med maten?

A: Vi hade all mat med oss, burkar och grötpulver. Och så bodde vi på ett lägenhetshotell, där vi kunde värma allt i köket. Det gick fantastiskt bra.

B: Ja, men jag åker ändå inte längre än till sommarstugan, innan barnen är 2 år. Då kan de ju eventuellt sitta själva på flyget. Och inte då heller, förresten. Jag tänker vänta till 4-5-års-åldern. Man behöver inte flyga till främmande länder. Vad är det för fel

på Sverige?
A: Lätt att svara på. VÄDRET!! Du kan inte lita på vädret. Det kan ju regna en hel vecka i sommarstugan. Hur kul är det?
B: Ja, men jag tycker ändå ... (tonas bort)

Texter: Ann-Christine Olofsson

10 Meddelande 1:
1. Arne har inget varmvatten och behöver hjälp.
2. Arnes mobilnummer är 0733-15 62 39.

Meddelande 2:
1. De ska ha en tjejträff.
2. Hon frågar, om Sara skulle kunna hämta henne.
3. Hon kan nå Eva efter klockan sju nästa dag.

Hörtext:

Meddelande 1

– Hej, det är Arne Stenberg, Storgatan 5, lägenhet nummer 52. Vi har inget varmvatten och vill gärna ha hjälp så snart som möjligt. Mitt mobilnummer är 0733-15 62 39. Tack och hej!

Meddelande 2

– Hej Sara, det är Eva. Jag har pratat med Annette nu. Hon har också tid på fredag, så vi kan ha vår tjejträff då. Vi träffas hos Annette den här gången. Sedan undrar jag, om du skulle kunna hämta mig? Hasse är på tjänsteresa hela denna vecka, så jag har ingen bil. Jag jobbar hela dagen i morgon, så du kan nå mig efter klockan sju. Ha det bra så länge! Hej då!

11 Bewertung: max. 10 Punkte, 2 Punkte minus:
- wenn eines der genannten Stichwörter nicht verwendet wurde
- wenn mehrere grammatische Fehler vorliegen
- wenn mehrere Satzstellungsfehler vorliegen
- wenn mehrere Rechtschreibfehler vorliegen
- wenn große inhaltliche Fehler vorliegen

Audiodateien

Zu diesem Lehrwerk können kostenlos Audiodateien von www.groa.de heruntergeladen werden.

Produktion:	GROA Verlag
Tontechnik:	Stefan Guttke
Sprecher:	Annsofi Backman-Fröberg, Thomas Bark, Peter Carstens, Håkan Fröberg, Erbrou Guttke, Carin Henne, Gesa Liethschmidt, Åke Marcusson, Ingrid Norlund-Brinck, Anna Sander, Samuel Sander, Sebastian Scarpa, Sophia Schutte, Gunilla Sundström, Linnea Widén
Musik:	Tina Schütze, Erbrou Guttke (Gesang), Christopher Sindt, Ruth Sindt (Folkgruppe Knuppene) Hintergrundmusik Track 28: Maret Guttke

Bildquellen

Seite 6: IRINA ORLOVA- shutterstock • **Seite 7:** BGStock72- stock.adobe.com • **Seite 8:** contrastwerkstatt- stock.adobe.com; contrastwerkstatt- stock.adobe.com; byrdyak- stock.adobe.com; Unique Vision- stock.adobe.com; Kalim- stock.adobe.com; adam121- stock.adobe.com • **Seite 9:** vladuzn- stock.adobe.com • **Seite 10:** auremar- stock.adobe.com; Monika Wisniewska- stock.adobe.com; vladimirfloyd- stock.adobe.com; sebra- stock.adobe.com; Antonioguillem- stock.adobe.com; sebra- stock.adobe.com; gumpapa- stock.adobe.com • **Seite 11:** quicklinestudio- stock.adobe.com • **Seite 13:** Patryk Kosmider- stock.adobe.com • **Seite 14:** Drobot Dean- stock.adobe.com • **Seite 16:** nullplus- stock.adobe.com • **Seite 17:** Stefan Guttke; luckybusiness- stock.adobe.com • **Seite 18:** Stefan Guttke; M.studio- stock.adobe.com; Peter Hermes Furian- stock.adobe.com; radenmas- stock.adobe.com • **Seite 20:** Romanchuck- stock.adobe.com; Cobalt- stock.adobe.com; Maridav- stock.adobe.com • **Seite 21:** Mangostar- stock.adobe.com • **Seite 22:** nerthuz- stock.adobe.com; Proxima Studio- stock.adobe.com • **Seite 23:** Rawpixel.com- stock.adobe.com • **Seite 25:** kristoffer83- stock.adobe.com • **Seite 28:** Markus Mainka- stock.adobe.com; Valentina R. - stock.adobe.com; Tim UR- stock.adobe.com; Alekss- stock.adobe.com; missty- stock.adobe.com; Valentina R. - stock.adobe.com; Valentina R. - stock.adobe.com; Markus Mainka- stock.adobe.com; Natika- stock.adobe.com • **Seite 29:** HildaWeges- stock.adobe.com • **Seite 30:** bit24- stock.adobe.com; Stefan Guttke; kristina rütten- stock.adobe.com; Tomsickova- stock.adobe.com; denio109- stock.adobe.com; Magnus B- stock.adobe.com; Marén Wischnewski- stock.adobe.com; Sergi- stock.adobe.com; Dudzenich- stock.adobe.com; Yana Kovalenko- stock.adobe.com; Vadim Andrushchenko- stock.adobe.com; imfotograf- stock.adobe.com; Oliver- stock.adobe.com • **Seite 31:** Stefan Guttke; MIGUEL GARCIA SAAVED- stock.adobe.com; Artenauta- stock.adobe.com; Lucky Dragon- stock.adobe.com; He2- stock.adobe.com; larisabozhikova- stock.adobe.com; Alexandr Bognat- stock.adobe.com • **Seite 32:** Syda Productions- stock.adobe.com • **Seite 33:** New Africa- stock.adobe.com • **Seite 34:** Monkey Business Images; contrastwerkstatt- stock.adobe.com • **Seite 37:** Виталий Сова- stock.adobe.com • **Seite 38:** vichie81- stock.adobe.com; popartist- stock.adobe.com; Robert Kneschke- stock.adobe.com; Piotr Wawrzyniuk- stock.adobe.com; Kanea- stock.adobe.com • **Seite 39:** Jens Klingebiel- stock.adobe.com • **Seite 40:** Kalin Eftimov- stock.adobe.com • **Seite 41:** Malmö Live Konserthus; Malmö Live Konserthus; Malmö Live Konserthus, Foto: Andreas Hillergren • **Seite 42:** kegfire- stock.adobe.com • **Seite 43:** NDABCREATIVITY- stock.adobe.com; ponomarencko- stock.adobe.com • **Seite 46:** Studio Romantic- stock.adobe.com • **Seite 47:** baranq- stock.adobe.com; M.Dörr & M.Frommherz- stock.adobe.com; kegfire- stock.adobe.com • **Seite 48:** panimo- stock.adobe.com; petrrunjela- stock.adobe.com • **Seite 49:** Veronica Ahnberg; Dolomite AB • **Seite 51:** fizkes- stock.adobe.com • **Seite 53:** Rido- stock.adobe.com • **Seite 56:** Syda Productions- stock.adobe.com • **Seite 58:** OLAYOLA- stock.adobe.com; goodluz- stock.adobe.com; ©Sergii Figurnyi - stock.adobe.com; Kavalenkava- stock.adobe.com; evannovostro - stock.adobe.com; contrastwerkstatt- stock.adobe.com; Charlotte- stock.adobe.com; bbsferrari- stock.adobe.com • **Seite 59:** superelaks- stock.adobe.com • **Seite 60:** goodluz- stock.adobe.com; Lars Johansson- stock.adobe.com • **Seite 61:** Syda Productions- stock.adobe.com • **Seite 65:** creativenature.nl- stock.adobe.com; tobyphotos- stock.adobe.com • **Seite 66:** puhimec- stock.adobe.com • **Seite 67:** deagreez- stock.adobe.com; Scanrail- stock.adobe.com • **Seite 68:** imfotograf- stock.adobe.com; Torbjrn- stock.adobe.com; Michal- stock.adobe.com; Antje Lindert-Rottke- stock.adobe.com; Erbrou Guttke • **Seite 69:** Erbrou Guttke • **Seite 70:** TTstudio- stock.adobe.com; Björn- stock.adobe.com • **Seite 71:** imfotograf- stock.adobe.com; rottenman- stock.adobe.com; Александр Нестеров- stock.adobe.com • **Seite 72:** denis_vermenko- stock.adobe.com • **Seite 74:** Mediteraneo- stock.adobe.com; mdi- stock.adobe.com; Gina Sanders- stock.adobe.com • **Seite 76:** yellowj- stock.adobe.com; Stefan Guttke; contrastwerkstatt- stock.adobe.com; woff- stock.adobe.com; freezeframe- stock.adobe.com; Maridav- stock.adobe.com; Dejan Jovanovic- stock.adobe.com; Minerva Studio- stock.adobe.com; New Africa- stock.adobe.com; Andrey Popov- stock.adobe.com • **Seite 78:** Halfpoint- stock.adobe.com • **Seite 79:** Syda Productions- stock.adobe.com • **Seite 80:** Chalabala- stock.adobe.com • **Seite 81:** JenkoAtaman- stock.adobe.com • **Seite 82:** fizkes- stock.adobe.com • **Seite 83:** Syda Productions- stock.adobe.com • **Seite 85:** Rido- stock.adobe.com • **Seite 86:** LIGHTFIELD STUDIOS- stock.adobe.com • **Seite 87:** Oksana Kuzmina- stock.adobe.com; Oksana Kuzmina- stock.adobe.com; Oksana Kuzmina- stock.adobe.com; Oksana Kuzmina- stock.adobe.com • **Seite 88:** Drobot Dean- stock.adobe.com; Valerii Honcharuk- stock.adobe.com; elnariz- stock.adobe.com; Krakenimages.com- stock.adobe.com; JackF • **Seite 90:** Melica- stock.adobe.com • **Seite 91:** mmuenzl- stock.adobe.com • **Seite 92:** Robert Kneschke- stock.adobe.com • **Seite 94:** dimbar76 - shutterstock • **Seite 95:** Roland Magnusson- shutterstock • **Seite 96:** TTstudio- stock.adobe.com; Kalin Eftimov- shutterstock • **Seite 97:** www.sl.se • **Seite 98:** borisb17- stock.adobe.com • **Seite 99:** Ivan Vasylyev- shutterstock • **Seite 100:** Liliya Kandrashevich- shutterstock; MaxkyTH- shutterstock • **Seite 103:** Mikael Damkier- shutterstock • **Seite 104:** Agata Kowalczyk- shutterstock • **Seite 107:** mylisa- shutterstock • **Seite 108:** IvanZivkovic- shutterstock; Tomas Hulik ARTpoint- shutterstock • **Seite 109:** Tommy Alven- shutterstock • **Seite 110:** William Perugini- shutterstock • **Seite 112:** Ronald Sumners- shutterstock; Antonio Guillem- shutterstock; everst- shutterstock; BrunoK1- shutterstock; Stefan Guttke • **Seite 113:** stockfour- shutterstock • **Seite 114:** Pressmaster- shutterstock • **Seite 115:** Dusan Petkovic- shutterstock • **Seite 116:** Jon Buscall- shutterstock • **Seite 117:** Henrik Larsson- shutterstock • **Seite 118:** Oliver Hoffmann- shutterstock • **Seite 119:** footageclips- shutterstock • **Seite 120:** Roman Yanushevsky- shutterstock • **Seite 124:** contrastwerkstatt- stock.adobe.com; Andrii Muzyka- shutterstock • **Seite 125:** Thomas- stock.adobe.com • **Seite 128:** rontav- shutterstock; Estrada Anton- shutterstock • **Seite 132:** Iryna- stock.adobe.com • **Seite 134:** Maridav- shutterstock; Anton Watman- shutterstock; Kamil Macniak- shutterstock; YAKOBCHUK VIACHESLAV- shutterstock; BGStock72- shutterstock; LightField Studios- shutterstock; bbernard- shutterstock; FocusStocker- shutterstock; conrado- shutterstock • **Seite 135:** BalanceFormCreative- stock.adobe.com; Lars Ove Jonsson- shutterstock; Almgren- stock.adobe.com • **Seite 136:** Nor Gal- shutterstock • **Seite 139:** Popova Valeriya- shutterstock; contrastwerkstatt- stock.adobe.com • **Seite 140:** Khorzhevska- stock.adobe.com; William Perugini- shutterstock • **Seite 143:** S6Wigj- shutterstock; Konstantinos Moraiti- stock.adobe.com • **Seite 145:** Babich Alexander- shutterstock • **Seite 146:** Krasula- shutterstock • **Seite 148:** Filip Jedraszak- shutterstock • **Seite 149:** Ska_Zka- shutterstock; kristina rütten- stock.adobe.com • **Seite 151:** baranq- stock.adobe.com • **Seite 152:** StockLite- shutterstock • **Seite 153:** mykhailo pavlenko- shutterstock; tale- shutterstock; wavebreakmedia- shutterstock; Ljupco Smokovski- shutterstock; Mintr- shutterstock; koosen- shutterstock; Krasula- shutterstock; Mega Pixel- shutterstock; adriaticfoto- shutterstock; pelfophoto- shutterstock; PickOne- shutterstock; eurobanks- shutterstock; symbiot- shutterstock; docent- shutterstock; Richard Peterson- shutterstock; William Perugini- shutterstock • **Seite 155:** Subbotina Anna- stock.adobe.com • **Seite 156:** Elke Gasser • **Seite 158:** Yumania- shutterstock • **Seite 160:** stockfour- shutterstock; Anatoliy Karlyuk- shutterstock; fizkes- shutterstock; Freeman Studio- shutterstock; Jacob Lund- shutterstock; Pressmaster- shutterstock • **Seite 161:** ESB Professional- shutterstock; Monkey Business Images- shutterstock • **Seite 163:** Monkey Business Images- shutterstock • **Seite 165:** Antonio Guillem- shutterstock • **Seite 166:** Moritz Wussow- stock.adobe.com • **Seite 170:** Everöds Sockenförening • **Seite 171:** Victor Maschek- shutterstock • **Seite 172:** Per Wilhelmsson- shutterstock • **Seite 173:** Marita Thiel • **Seite 176:** Everett Collection- shutterstock • **Seite 177:** Tommy Alven- shutterstock • **Seite 178:** Conny Sjostrom- shutterstock; Andrey Armyagov- shutterstock • **Seite 179:** ICW- shutterstock; NASA • **Seite 180:** max dallocco- shutterstock; William Perugini- shutterstock • **Seite 184:** Stefan Guttke • **Seite 187:** Majblommans Riksförbund • **Seite 188:** Erik Hübscher • **Seite 190:** Ann-Christine Olofsson; IKEA • **Seite 197:** goodluz- stock.adobe.com; Fotolyse- stock.adobe.com; David Thyberg- stock.adobe.com; David_Steele- stock.adobe.com; maxmustermama- stock.adobe.com • **Seite 198:** detailblick-foto- shutterstock • **Seite 200:** CLIPAREA.com- stock.adobe.com • **Seite 258:** CameraCraft/Shutterstock • **Seite 262:** fizkes/Shutterstock • **Seite 264:** fizkes/Shutterstock • **Seite 268:** Monkey Business Images - shutterstock • **Seite 279:** Iakov Filimonov/Shutterstock • **Seite 281:** Vera Petrunina/Shutterstock • **Seite 282:** Drazen Zigic/Shutterstock • **Seite 287:** Dean Drobot/Shutterstock

Bei mehreren Bildern auf einer Seite sind die Quellen jeweils in der Reihenfolge der Bilder von oben nach unten und von links nach rechts aufgeführt. Illustrationen von Stefan Guttke sind hier nicht aufgeführt.
Wir haben uns bemüht, alle Inhaber von Text- und Bildrechten ausfindig zu machen. Sollten Rechteinhaber hier nicht aufgeführt sein, so wären wir für entsprechende Hinweise dankbar.

Die Übung 10 auf S. 145, Übung 24 auf S. 166 und Übung 9 auf S. 204, sowie der gesamte Test 3 auf den Seiten 190 bis 196 sind von Ann-Christine Olofsson.